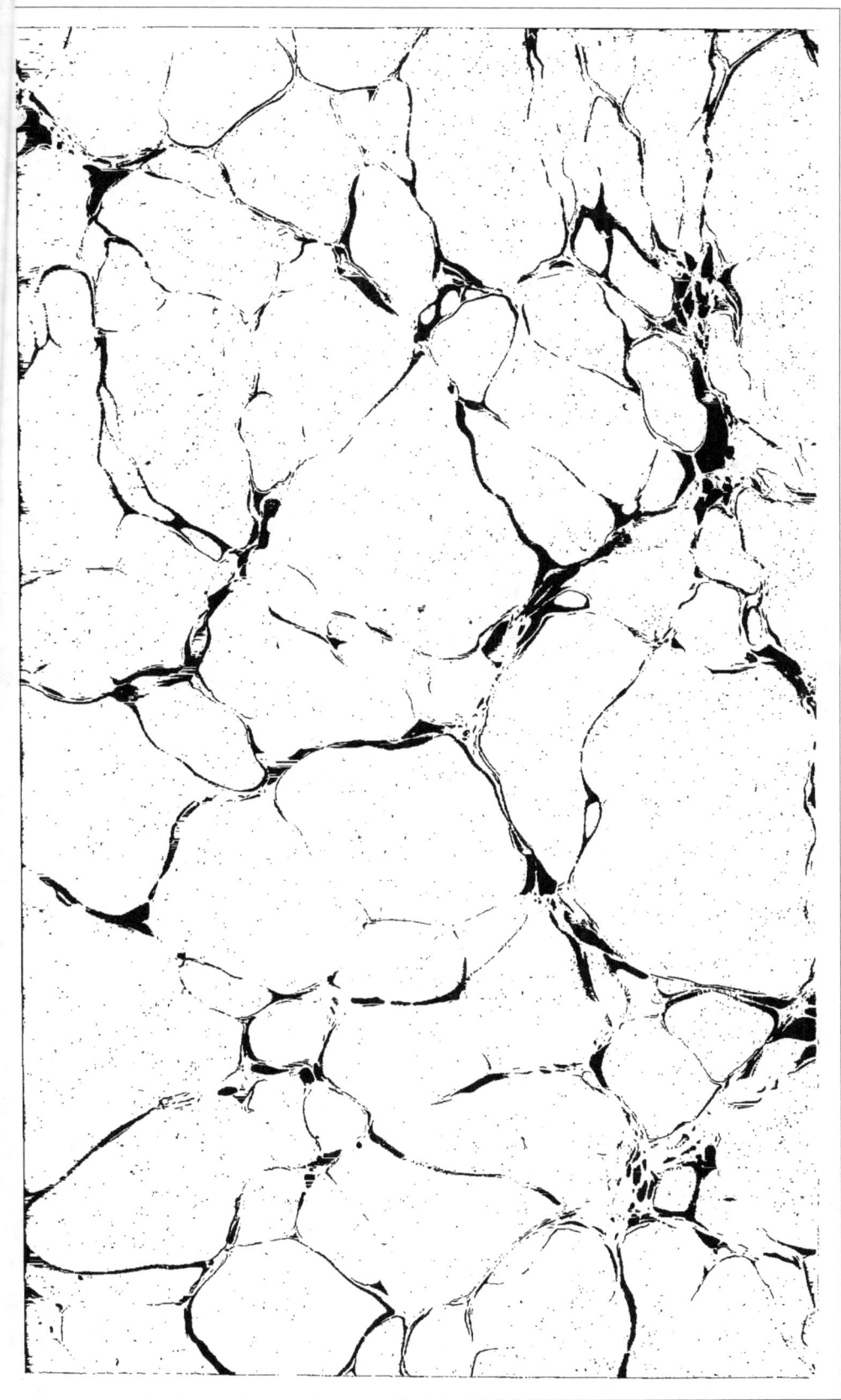

LA Guerre DE 1870-71

L'INVESTISSEMENT DE PARIS

II
CHATILLON
(DOCUMENTS ANNEXES)

PARIS
LIBRAIRIE MILITAIRE R. CHAPELOT ET Cⁱᵉ
IMPRIMEURS-ÉDITEURS
30, Rue et Passage Dauphine, 30
—
1909
Tous droits réservés.

LA
GUERRE DE 1870-71

L'INVESTISSEMENT DE PARIS

II
CHATILLON

Publié par la **Revue d'Histoire**

rédigée à la Section historique de l'État-Major de l'Armée

LA Guerre

DE

1870-71

L'INVESTISSEMENT DE PARIS

II

CHATILLON

(DOCUMENTS ANNEXES)

PARIS
LIBRAIRIE MILITAIRE R. CHAPELOT ET Cie
IMPRIMEURS-ÉDITEURS
30, Rue et Passage Dauphine, 30
—
1909
Tous droits réservés.

SOMMAIRE

I
Garde et rupture des voies de communication 1

II
Marche des armées allemandes de Sedan sur Paris.

Documents antérieurs au 4 septembre.................. 65
    Places et troupes diverses......................... 65
        b) Organisation et administration 65
        c) Opérations et mouvements.................... 68
    Renseignements 73

Journée du 4 septembre............................. 76
    13ᵉ corps 76
        c) Opérations et mouvements.................... 76
    Renseignements 78

Journée du 5 septembre............................. 80
    13ᵉ corps 80
        c) Opérations et mouvements.................... 80
    Troupes diverses.................................. 81
        c) Opérations et mouvements.................... 81
    Renseignements 83

Journée du 6 septembre............................. 86
    13ᵉ corps 86
        c) Opérations et mouvements.................... 86
    14ᵉ corps 87
        c) Opérations et mouvements.................... 87
    Divisions Reyau et de Champéron.................. 88
        c) Opérations et mouvements.................... 88

	Pages.
Troupes diverses.................................	88
c) Opérations et mouvements.................	88
Renseignements....................................	90
Journée du 7 septembre........................	91
13ᵉ corps..............................	91
c) Opérations et mouvements.................	91
14ᵉ corps..............................	91
a) Journaux de marche....................	91
Divisions Reyau et de Champéron........	92
c) Opérations et mouvements.................	92
Renseignements........................	95
Journée du 8 septembre........................	98
13ᵉ corps..............................	98
c) Opérations et mouvements.................	98
Divisions Reyau et de Champéron........	98
c) Opérations et mouvements.................	98
Capitulation de Laon...................	100
c) Opérations et mouvements.................	100
Renseignements........................	103
Journée du 9 septembre........................	105
13ᵉ corps..............................	105
c) Opérations et mouvements.................	105
Divisions Reyau et de Champéron........	106
c) Opérations et mouvements.................	106
Renseignements........................	107
Journée du 10 septembre.......................	109
13ᵉ corps..............................	109
c) Opérations et mouvements.................	109
Divisions Reyau et de Champéron........	110
c) Opérations et mouvements.................	110
Capitulation de Laon...................	123
c) Opérations et mouvements.................	123
Renseignements........................	124
Journée du 11 septembre.......................	128
13ᵉ corps..............................	128
c) Opérations et mouvements.................	128

SOMMAIRE. VII

	Pages.
14ᵉ corps....................................	129
c) Opérations et mouvements..................	129
Divisions Reyau et de Champéron................	132
c) Opérations et mouvements..................	132
Renseignements.................................	139

Journée du 12 septembre............................ 143
  14ᵉ corps.................................... 143
    c) Opérations et mouvements.................. 143
  Divisions Reyau et de Champéron................ 145
    c) Opérations et mouvements.................. 145
  Commandement supérieur de Saint-Denis......... 151
    c) Opérations et mouvements.................. 151
  Renseignements................................ 153

Journée du 13 septembre............................ 156
  13ᵉ corps.................................... 156
    c) Opérations et mouvements.................. 156
  14ᵉ corps.................................... 157
    c) Opérations et mouvements.................. 157
  Divisions Reyau et de Champéron................ 160
    c) Opérations et mouvements.................. 160
  Renseignements................................ 167

Journée du 14 septembre............................ 170
  13ᵉ corps.................................... 170
    c) Opérations et mouvements.................. 170
  14ᵉ corps.................................... 170
    c) Opérations et mouvements.................. 170
  Commandement supérieur de Saint-Denis......... 174
    c) Opérations et mouvements.................. 174
  Renseignements................................ 174

Journée du 15 septembre............................ 177
  13ᵉ corps.................................... 177
    c) Opérations et mouvements.................. 177
  14ᵉ corps.................................... 179
    c) Opérations et mouvements.................. 179
  Commandement supérieur de Saint-Denis......... 180
    c) Opérations et mouvements.................. 180

SOMMAIRE.

	Pages.
Divisions Reyau et de Champéron	184
c) Opérations et mouvements	184
Forts et secteurs. Troupes diverses	184
c) Opérations et mouvements	184
Renseignements	186
Journée du 16 septembre	**194**
13ᵉ corps	194
c) Opérations et mouvements	194
14ᵉ corps	199
c) Opérations et mouvements	199
Division de Champéron	205
c) Opérations et mouvements	205
Commandement supérieur de Saint-Denis	206
c) Opérations et mouvements	206
Forts et secteurs. Troupes diverses	217
c) Opérations et mouvements	217
Renseignements	217
Journée du 17 septembre	**227**
13ᵉ corps	227
c) Opérations et mouvements	227
14ᵉ corps	231
c) Opérations et mouvements	231
Commandement supérieur de Saint-Denis	232
c) Opérations et mouvements	232
Forts et secteurs. Troupes diverses	243
c) Opérations et mouvements	243
Renseignements	247
Journée du 18 septembre	**257**
Commandement du général Ducrot	257
13ᵉ corps	258
c) Opérations et mouvements	258
14ᵉ corps	264
a) Journaux de marche	264
c) Opérations et mouvements	264
Commandement supérieur de Saint-Denis	268
c) Opérations et mouvements	268
Forts et secteurs. Troupes diverses	272
c) Opérations et mouvements	272
Renseignements	275

SOMMAIRE.

	Pages.
Journée du 19 septembre............................	283
Commandement du général Ducrot....................	283
13ᵉ corps..	301
a) Journaux de marche........................	301
c) Opérations et mouvements...................	306
14ᵉ corps..	311
a) Journal de marche..........................	311
1ʳᵉ division...	313
a) Journaux de marche........................	313
c) Opérations et mouvements...................	319
2ᵉ division..	329
a) Journaux de marche........................	329
c) Opérations et mouvements...................	332
3ᵉ division..	339
a) Journaux de marche........................	339
c) Opérations et mouvements...................	343
Cavalerie..	349
a) Journaux de marche........................	349
c) Opérations et mouvements...................	351
Artillerie...	353
a) Journaux de marche........................	353
c) Opérations et mouvements...................	353
Génie...	360
Forts..	361
a) Commandement supérieur de Saint-Denis.......	361
b) Forts de l'Ouest............................	384
c) Forts du Sud...............................	389
d) Forts occupés par la marine.................	393
Secteurs..	397
Renseignements...	399

ERRATUM.

Page 150, ligne 7, *au lieu de* « Balheau », *lire* « Ratheau ».

DOCUMENTS ANNEXES

I.

Rupture et garde des voies de communication.

Note du lieutenant-colonel Karth sur la destruction des voies de communication à l'Est de Paris.

Paris, 16 août.

Les routes qu'un ennemi venant de l'Est peut suivre pour se porter sur Paris sont les suivantes :

1° La route de Paris à Soissons par Dammartin, Nanteuil et Villers-Cotterets;

2° La route de Paris à Metz et Strasbourg par Meaux et Châlons;

3° La route de Paris à Nancy et Strasbourg par Lagny, Coulommiers et Vitry-le-François;

4° La route de Paris à Troyes par Provins;

5° La route de Paris à Lyon par Melun.

Nous allons indiquer les points où l'on pourrait couper ces routes en s'avançant jusqu'à une douzaine de lieues en avant de Paris.

Route n° 1 de Paris à Soissons. — La route n° 1 parcourt un pays qui offre peu d'obstacles et ne franchit aucun cours d'eau important; on ne pourrait l'intercepter que pour très peu de temps en faisant des abatis dans la traversée de la forêt de Villers-Cotterets. Il est peu probable, du reste, que l'ennemi vienne dans la direction de Soissons; seulement, si, arrivé à Meaux, il rencontrait quelque obstacle dans la vallée de la Marne, il pourrait se porter sur la route de Soissons par une route départementale conduisant de Meaux à Dammartin et qui n'offre aucun moyen de défense.

Route n° 2 de Paris à Strasbourg. — La route n° 2 est la ligne que suivra probablement une armée prussienne déjà arrivée sur la Moselle entre Metz et Nancy. Dans son parcours, entre la Ferté-sous-Jouarre et Paris, elle présente plusieurs points où elle peut être coupée avantageusement :

1° A Trilport, à 5 kilomètres à l'Est de Meaux, la route passe de la rive gauche de la Marne sur la rive droite au moyen d'un pont en maçonnerie qu'il sera de la plus grande urgence de détruire complètement, ainsi que le pont du chemin de fer qui est un peu à l'aval du précédent. Cette rupture sera d'autant plus avantageuse que l'armée ennemie ne trouvera sur la rive gauche de la Marne que des chemins difficiles sur une étendue de 5 à 6 kilomètres pour regagner la route venant de Meaux et conduisant sur celle n° 3, au point où elle traverse le Grand-Morin ;

2° Entre Trilport et Meaux, la route traverse deux fois le canal de l'Ourcq et, au-dessous de Meaux, elle le franchit une troisième fois; tous ces passages peuvent être interceptés et l'on trouverait une position défensive dans la presqu'île comprise entre Meaux et Trilport ;

3° A Claye, on traverse trois fois successivement le même canal de l'Ourcq sur des ponts que l'on fera également sauter. Remarquons ici que ces ponts de Claye se trouvant rompus, l'ennemi sera forcé de se reporter sur Meaux pour retrouver une route carrossable ;

4° Dans la traversée des forêts de Claye et de Bondy, on pourra rendre pour quelque temps la route impraticable au moyen d'abatis. Toutefois, la forêt de Bondy est actuellement percée de plusieurs avenues qu'il faudrait également fermer par des abatis si l'on voulait tenir quelques temps sur cette position.

Route n° 3 de Paris à Nancy. — La route n° 3 de Paris à Nancy par Coulommiers pourrait être également suivie par l'armée ennemie laissant sur sa droite le camp de Châlons. Elle franchit entre Couilly et Saint-Germain la rivière du Grand-Morin sur un pont qu'il faudra détruire, et, à Lagny, elle traverse la Marne sur un pont de maçonnerie qu'il faudra faire sauter. De ce point au bois de Vincennes, il n'y a aucun endroit favorable à la défense. Le pont de Lagny étant rompu, l'ennemi peut continuer à suivre la rive droite de la Marne ; plusieurs routes secondaires et chemins vicinaux viennent traverser cette rivière aux ponts de Gournay, de Brie et de Saint-Maur. Les deux premiers devront aussi être détruits, le troisième est situé dans la zone des fortifications.

Route n° 4 de Paris à Troyes. — Sur la route n° 4 de Paris à Troyes par Provins, il n'y a à détruire qu'un petit pont sur l'Yères, entre Brie-Comte-Robert et Mormant. Cette route, depuis Provins, suit des plateaux assez découverts et ne présente de position défensive que sur le mamelon de Boissy-Saint-Léger, s'appuyant à la Seine à Villeneuve-Saint-Georges.

Route n° 5 de Paris à Lyon. — La défense de la route n° 5 de Paris à Lyon, déjà assez en dehors de la ligne probable suivie par l'invasion, exigera la destruction du pont de Montereau sur la Seine et celle du pont de Villeneuve-Saint-Georges sur l'Yères. Cette route traverse la grande forêt de Sénart mais il serait difficile d'en fermer le passage par des abatis à cause du grand nombre d'avenues qui la traversent.

Chemins de fer. — Quant aux chemins de fer qui aboutissent de ce côté à la capitale, ils exigent peu de travaux de défense parce que, leur parcours étant rendu impraticable à une grande distance de Paris, l'ennemi ne pourra s'en servir, n'ayant aucun moyen d'y transporter son matériel roulant. Il faudra seulement, sur la voie de Paris à Strasbourg, entre Meaux et Lagny, détruire deux ponts placés sur la Marne et qui faciliteraient à l'ennemi les communications entre les routes n°s 2 et 3. Il faudra aussi faire sauter les deux ponts du chemin de fer sur le canal de l'Ourcq, entre Trilport et Meaux.

Le chemin de fer de Paris à Lyon pourra être intercepté, si c'est nécessaire, en coupant le pont de Melun sur la Seine.

Résumé. — En résumé, des dispositifs de mines doivent être établis immédiatement :

Sur la route n° 2, aux ponts de Trilport, du canal de l'Ourcq à Meaux et à Claye et aux ponts du chemin de fer de Strasbourg entre Meaux et Lagny ;

Sur la route n° 3, aux ponts de Couilly et de Lagny, de Gournay et de Brie ;

Sur la route n° 4, au pont de l'Yères ;

Sur la route n° 5, au pont de Montereau et à Villeneuve-Saint-Georges.

Les ponts de Trilport, de Couilly et de Lagny devront être détruits aussitôt que l'ennemi sera signalé dans les environs de la Ferté-sous-Jouarre ; on fera sauter les autres d'après les mouvements ultérieurs de l'armée d'invasion.

M. Léon Chevreau, Ministre de l'Intérieur, au Ministre de la Guerre.

Paris, 19 août.

La conservation des voies ferrées est de la plus haute importance.

Ne pensez-vous pas qu'il serait possible d'engager les préfets des départements que l'ennemi peut occuper à s'entendre avec les généraux pour que les mobiles soient transformés, en quelque sorte, en gardes de chemins de fer armés, pour tenir tête aux quelques uhlans que les Prussiens chargent de détruire la voie ?

En marge, de la main du Ministre de la Guerre :

« Très bonne idée à mettre de suite à exécution. Je préviens les généraux.

Signé : Général DE PALIKAO ».

Note du lieutenant-colonel Karth sur les ponts à détruire autour de Paris.

Paris, 20 août.

Une armée prussienne se dirigeant sur Paris par les routes de Meaux ou de Coulommiers ou bien par celle de Provins trouvera devant elle la ligne des forts de l'Est, mais elle pourrait choisir comme point d'attaque une autre direction, les fronts Sud ou bien le terrain au Nord-Ouest.

Il sera donc nécessaire pour favoriser, dans tous les cas, la défense, de rendre, autant que possible, difficiles les moyens de communication qui existent autour de la place.

Les routes et chemins qui contournent Paris en partant des lignes de l'Est sont trop nombreux et situés dans un terrain trop peu accidenté pour que l'on puisse les rendre pour quelque temps impraticables. Quelques portions seulement traversant des terrains boisés pourront être interceptés par des abatis.

Le meilleur moyen de retarder les opérations d'un siège sera de faire sauter les divers ponts qui relient les deux rives de la Seine, tant en amont qu'en aval et ceux placés sur l'Oise dont l'existence favorise les communications sur la rive droite de la Seine.

Les ponts que l'on aurait à enlever sur l'Oise sont les suivants :

A Pontoise, le pont de la grande route de Rouen ;

A l'Isle-Adam et à Beaumont, deux ponts de chemins vicinaux ;

En amont de Pontoise, le pont du chemin de fer de Saint-Quentin.

Sur la Seine inférieure, au-dessous du confluent de l'Oise et au delà du terrain des attaques, il faudra détruire en partie les ponts de Poissy, Meulan, Mantes, établissant la communication entre les opérations sur les deux rives.

Enfin, sur la Seine en amont de Paris que l'ennemi doit traverser pour assiéger les fronts Sud, il sera nécessaire de faire sauter les ponts suivants : Choisy-le-Roi, Villeneuve-Saint-Georges, Corbeil, Melun (deux ponts, l'un au milieu de la ville, l'autre en aval pour le passage du chemin de fer).

Il sera peut-être nécessaire d'ajouter à cette liste le pont de Sens, surtout si l'armée ennemie venait dans la direction de Troyes.

La route impériale n° 186, entre Versailles et Choisy-le-Roi, se trouve partout tracée à 4 ou 5 kilomètres en avant de la ligne des forts du Sud et forme une ligne de parcours très favorable à l'attaque ; il est difficile de la couper et on ne pourrait la rendre impraticable pour quelque temps que dans la partie à l'Ouest de Châtenay où une forêt permet d'y faire des abatis.

Ce point est aussi le plus rapproché de la ligne des forts. Celui que l'on construit actuellement au-dessus de Clamart n'en est qu'à 3,200 mètres.

Les deux presqu'îles, comprises dans les deux grands coudes que forme la Seine au Nord-Ouest de Paris, sont susceptibles d'une bonne défense ; la plus avancée est fermée au Nord par la ligne des hauteurs de Sannois et Cormeilles que l'on peut rendre défensive ; mais les trois bras parallèles de la Seine, compris entre Saint-Germain et Paris, sont traversés par un grand nombre de ponts qui devront tous recevoir des dispositifs de mines pour être détruits au moment du besoin.

Le bras le plus éloigné de Paris qui longe la forêt de Saint-Germain comprend quatre ponts savoir :

A Maisons (Sartrouville), un pont sur la route ordinaire, un pont sur le chemin de fer de Rouen ;

A Saint-Germain, un pont sur la grande route, un pont sur le chemin de fer.

Les terrains de la rive gauche de la Seine dominant entièrement ceux de la rive droite dans cet intervalle, les positions défensives que l'on prendra dans cette presqu'île ne pourront être rapprochées de cette portion du fleuve et ne pourront consister qu'en têtes de ponts placées en avant de Chatou, Bezons, Argenteuil ; par conséquent les ponts de Maisons (Sartrouville) et de Saint-Germain ne sauraient être défendus et devront être détruits aussitôt que l'ennemi sera signalé sur les hauteurs de Saint-Germain.

Sur la portion de la Seine qui s'étend de Chatou à Argenteuil, il y a six ponts, savoir :

A Argenteuil, un pont de route départementale, un pont de chemin de fer ;

A Bezons, un pont sur la route de Pontoise ;

En aval de Bezons, un pont sur le chemin de fer de Rouen ;

A Chatou, un pont sur la route de Saint-Germain, un pont sur le chemin de fer.

Ces ponts seront conservés jusqu'au moment où l'on devra repasser sur la rive gauche de la Seine et occuper la ligne de Saint-Cloud à Gennevilliers.

Enfin, si l'on devait se retirer jusqu'à l'intérieur de l'enceinte de Paris, il serait nécessaire de détruire les ponts qui se trouvent sur la troisième portion du fleuve entre Saint-Denis et Sèvres. Ces ponts sont les suivants :

A Saint-Denis, un pont sur la route de Gennevilliers ;

A Asnières, un pont sur la route d'Argenteuil, un pont sur le chemin de fer.

A Neuilly, un pont sur la route de Cherbourg ;

A Suresnes, un pont conduisant au Bois de Boulogne ;

A Saint-Cloud, un pont ;

A Sèvres, un pont sur la route de Versailles.

En résumé, il faudrait établir dans le plus bref délai les fourneaux de mines nécessaires à la destruction, en tout ou en partie, de tous les ponts que nous venons de citer. Quand l'ennemi sera très rapproché de Paris, on fera sauter ceux qui sont sur la Seine en amont et ceux en aval à partir de Saint-Germain ainsi que ceux de l'Oise ; les ponts entre Saint-Germain et Paris seront conservés jusqu'au moment où ils deviendront nuisibles à la défense.

P.-S. — Il faut ajouter à l'indication des ponts à faire sauter sur la Marne, ceux de Joinville-le-Pont, Champigny et Créteil, qui donnent accès dans la presqu'île de Saint-Maur, et le pont du chemin de fer à Nogent ; sur la Seine, en amont de Paris, le pont du chemin de fer à Athis.

Le général de Chabaud la Tour au colonel Gras.

Paris, 20 août.

M. Gras, colonel du génie, est chargé de faire préparer les destructions de ponts qui seront nécessaires, tant sur la Seine que sur la Marne, aux abords de Paris (1).

Le général de Chabaud la Tour à M. Piérard, directeur de la Compagnie du chemin de fer de l'Ouest.

Paris, 23 août.

Dans les circonstances présentes, il est extrêmement important d'exécuter au plus tôt les dispositifs de mines destinés à faire sauter au besoin les ponts sur la Seine.

J'ai l'honneur de vous faire connaître que j'ai chargé de la direction de l'ensemble de ce travail M. le colonel du génie Gras et je viens vous

---

(1) Le même jour, le commandant Bénier, commandant du génie à Meaux, et le capitaine Marcille étaient adjoints au colonel Gras. Le 26 août, le capitaine Bardonnaut recevait la même affectation.

prier de vouloir bien, si vous n'y voyez pas d'inconvénients, donner des instructions aux ingénieurs sous vos ordres pour qu'ils aient à s'entendre avec cet officier supérieur au sujet des mesures à prendre en ce qui concerne les ponts du chemin de fer de l'Ouest.

Il serait d'ailleurs très désirable, vu l'urgence, que les dispositions arrêtées pussent être immédiatement exécutées par ces ingénieurs sans qu'il fût nécessaire d'établir préalablement un procès-verbal de conférence dont la transmission entraînerait certainement des retards préjudiciables au bien du service (1).

Le Ministre de la Guerre au Général commandant la 4e division militaire, à Reims.

Paris, 23 août.

J'ai prescrit l'établissement de fourneaux de mines permettant à un moment donné d'interrompre les communications de l'ennemi dans un certain rayon à l'Est de la capitale. M. le maréchal de Mac-Mahon est informé de ces dispositions et prendra sans doute les mesures nécessaires pour en tirer parti pour la réalisation de ses combinaisons.

Il est toutefois certaines voies qui pourraient être en dehors du théâtre des opérations du Maréchal, sur lesquelles l'ennemi pourrait se diriger et que je crois devoir signaler spécialement à votre attention.

Ce sont : d'abord, le chemin de fer de Troyes à Chaumont, ensuite, les routes impériales de Troyes par Provins et de Lyon.

Je vous ai déjà entretenu de la première de ces trois voies.

En ce qui concerne la route de Troyes, je prescris l'établissement d'un dispositif dans le pont sur l'Yères, entre Brie-Comte-Robert et Mormant.

Enfin, sur la route de Lyon, il sera aussi établi des fourneaux pour faire sauter au besoin les ponts de Montereau sur la Seine et de Villeneuve-Saint-Georges sur l'Yères.

Je vous prie, Général, soit par vous-même, soit d'après les instructions qui pourraient vous être données par le commandant en chef de l'armée, de veiller à ce qu'il soit fait usage, s'il y a lieu, en temps opportun, de ces moyens de défense.

Le Ministre de la Guerre au général de Chabaud la Tour.

Paris, 24 août.

D'après une note qui a été rédigée par le lieutenant-colonel Karth et

---

(1) Même lettre, le 24 août, aux directeurs des Compagnies de l'Est et de Paris-Lyon-Méditerranée.

que vous m'avez adressée le 19 août courant, j'ai décidé qu'il serait immédiatement établi des dispositifs de mines pour faire sauter au besoin les ponts désignés par cet officier supérieur.

Veuillez, je vous prie, donner à qui de droit les instructions nécessaires pour que les travaux soient poussés avec la plus grande activité.

Les poudres et cordeaux porte-feu et bourrages doivent être déposés en mains sûres à proximité de chaque fourneau de manière que le chargement et l'explosion puissent avoir lieu rapidement, le cas échéant.

Mais, pour ces dernières opérations, le service du génie doit se concerter avec le commandement de l'armée et du territoire.

Le même au même.
Paris, 24 août.

Par lettre du 23 août courant, M. le Général Gouverneur de Paris, me fait connaître que le Conseil de défense, considérant qu'il est du plus haut intérêt que les communications de Paris avec le Sud et avec l'Ouest puissent être gardées pendant le cours des opérations d'un siège éventuel de Paris, a décidé qu'il y aurait lieu d'assurer une protection spéciale aux gares de chemins de fer, particulièrement à celles où aboutissent des voies de communication grandes et moyennes.

Pour remplir cet objet, il faudrait que les bâtiments dont ces établissements se composent fussent crénelés, réunis entre eux par des tranchées ou des palanques et que des barrières faciles à fermer fussent disposées en travers des voies.

Le service du génie préparerait d'urgence le croquis des dispositions à prendre et les ingénieurs de la voie seraient chargés d'exécuter le travail qui devrait s'étendre jusqu'à une distance de 25 lieues.

Je vous prie, Général, de vouloir bien, d'après ces indications, donner des instructions au Directeur des fortifications à Paris pour la réalisation des mesures dont il s'agit. Les officiers du génie se mettront immédiatement, pour cet objet, en rapport avec les ingénieurs des chemins de fer qui, de leur côté, recevront des instructions émanant du Département des Travaux publics.

Note du général de Chabaud la Tour au bas du document ci-dessus :

Pour copie conforme et notification à M. le Directeur des fortifications qui est chargé d'assurer, en ce qui le concerne, l'exécution de ces dispositions en laissant toutefois de côté ce qui concerne la ligne de Troyes et celle d'Epernay qui sont l'objet de dispositions spéciales.

Pour l'étude de l'organisation défensive à donner aux gares, il aura sous ses ordres :

Sur la ligne de Lyon, le commandant Maréchal, à Melun ;
Sur la ligne d'Orléans, le capitaine Soulé, à Chartres ;
Sur la ligne de Bretagne, le commandant Hennebert, à Versailles ;
Sur la ligne de Normandie et sur la ligne du Nord, le commandant Guyot, à Paris (rive droite).

Le général de Chabaud la Tour au colonel Sauzay.

Paris, 24 août.

M. le lieutenant-colonel du génie Sauzay est chargé du service de la destruction des ouvrages d'art sur la ligne du chemin de fer de Paris à Troyes et Chaumont. En même temps, il aura à faire mettre les gares, sur cette ligne, en état de défense, les travaux étant exécutés par le service de la voie.

Cet officier supérieur se rendra, le 25 août à 8 heures du matin, chez M. le Ministre des Travaux publics qui le mettra en rapport avec les ingénieurs.

Le général de Chabaud la Tour au colonel Fervel.

Paris, 24 août.

M. le colonel Fervel est chargé du service de la destruction des ouvrages d'art de la ligne du chemin de fer de Paris à Châlons et Vitry-le-François.

(*Le reste comme ci-dessus.*)

Le Ministre de la Guerre au général de Chabaud la Tour.

Paris, 25 août.

Veuillez mettre à la disposition de chacun des deux officiers supérieurs chargés d'assurer la destruction des ouvrages d'art sur les voies ferrées de Châlons et de Troyes un détachement de 10 sapeurs du génie, armés et équipés, sous le commandement d'un sergent.

Comme j'ai déjà invité le directeur de la Compagnie de l'Est à faire préparer les fourneaux, il est à croire que les deux officiers dont il s'agit en trouveront une partie, si ce n'est la totalité, prête à fonctionner.

Si, de leurs investigations, il résultait que les mesures ont été convenablement prises pour assurer le jeu des fourneaux par les soins des ingénieurs de la compagnie, vous aurez à examiner s'il ne conviendrait pas de faire rentrer à Paris ces deux officiers supérieurs et les détachements de sapeurs et vous prendrez, à cet égard, les ordres du Gouverneur de Paris.

M. Lépine, inspecteur principal de la Compagnie de l'Est, au Général commandant le département de la Haute-Saône.

Vesoul, 26 août.

Je m'empresse de vous informer que je reçois avis que la circulation est suspendue à partir de Payns, deuxième gare au delà de Troyes, sur la ligne de Paris à Mulhouse.

Le même au même.

Vesoul, 27 août.

J'ai l'honneur de vous informer que je reçois avis qu'après le passage à Bricon des trains (40) 35 et (40) 38, ce soir, le service cessera complètement sur la ligne de Chaumont à Châtillon et que la ligne Paris-Mulhouse étant coupée, la circulation des trains sera limitée de Mulhouse à Chaumont.

Le Ministre de la Guerre au Gouverneur de Paris.

Paris, 27 août.

J'ai reçu votre lettre du 24 août courant, par laquelle vous m'avez fait l'honneur de me transmettre les propositions du Conseil de défense sur les moyens à employer pour mettre l'ennemi dans l'impossibilité de faire usage du réseau des voies ferrées à l'Est de la capitale.

Le principal de ces moyens consisterait à confier spécialement à des officiers du génie, accompagnés chacun d'un petit détachement de sapeurs, le soin de diriger l'établissement de fourneaux de mines et d'en déterminer l'explosion.

J'ai l'honneur de vous annoncer, mon cher Général, qu'il a été déjà donné suite à cette proposition.

M. le colonel du génie Fervel, d'une part, pour la ligne d'Épernay, et M. le lieutenant-colonel Sauzay, de la même arme, d'autre part, pour les lignes de Troyes et embranchements, ont reçu la mission indiquée et ont chacun, à leur disposition, un nombre de sapeurs suffisant avec les ressources que peut leur fournir la Compagnie du chemin de fer ou qu'ils peuvent requérir dans la population.

De plus, ces deux officiers supérieurs ont reçu pleins pouvoirs des Ministres de la Guerre et des Travaux publics pour réclamer le concours et l'appui des autorités civiles et militaires.

Des dispositifs de mines ont aussi été préparés sur les lignes de Soissons à Laon et de Soissons à Reims. Seulement, dans cette région, M. le maréchal de Mac-Mahon a été prié de charger, sous son autorité, le commandant du génie de son armée du soin de tirer parti, le cas échéant, des préparatifs faits par le service territorial du génie, de concert avec les ingénieurs des Compagnies de chemins de fer.

J'ajouterai, d'ailleurs, que des instructions détaillées et formelles ont été données dans un but analogue, en ce qui concerne les voies transversales susceptibles de favoriser l'invasion.

Grâce à ces mesures, j'ai lieu d'espérer qu'on ne verra point se reproduire des faits qui puissent permettre à l'ennemi d'user, sans difficulté, des portions de chemins de fer dont il n'est point encore en possession.

Le général de Chabaud la Tour au Ministre des Travaux publics.

Paris, 28 août.

J'ai l'honneur de faire connaître à V. E. que j'ai désigné M. Maréchal, chef de bataillon, commandant du génie à Melun, pour succéder à M. le lieutenant-colonel Sauzay, décédé, dans le service qui avait été confié à ce dernier officier supérieur pour la protection des gares et pour les explosions des dispositifs de mines à effectuer sur la ligne ferrée de Paris à Troyes.

Le commandant Maréchal, qui était déjà de sa personne sur cette ligne, a reçu de M. le Ministre de la Guerre ordre de venir prendre les instructions de V. E. au cas où elle ne croirait pas suffisant de les lui faire parvenir par écrit.

Le général de Chabaud la Tour au colonel Gras.

Paris, 28 août.

Conformément à la demande de la Compagnie du chemin de fer de l'Ouest, j'ai décidé qu'on ne ferait sauter qu'à la dernière extrémité les ponts d'Asnières, d'Argenteuil, de Bezons, de Chatou, du Pecq et de Maisons qui portent les voies ferrées. Comme il y aurait de graves inconvénients à charger quelque temps à l'avance les fourneaux de mines établis dans ces ponts, surtout à cause de l'impossibilité où l'on serait de les faire garder par des détachements de troupes, vous ajournerez le chargement de ces fourneaux et vous ferez déposer les poudres dans les stations les plus rapprochées de chacun des ponts à détruire, sous la garde et la responsabilité des chefs de gare.

Vous aurez, d'autre part, à prendre les mesures nécessaires pour préparer la destruction éventuelle par la mine des ponts de Meulan, Pontoise et Conflans sur la basse Seine, de Pontoise et de Fin-d'Oise sur l'Oise, et celle des ponts situés sur le canal de l'Ourcq sur la lisière de la forêt de Bondy.

Le capitaine Capperon, commandant la 2ᵉ compagnie de mineurs du 3ᵉ régiment du génie, au général de Chabaud la Tour.

Romainville, 31 août.

J'ai l'honneur de porter à votre connaissance le malheureux accident dont ont été victimes les mineurs du détachement que j'ai envoyé à Troyes, le 26 août, d'après votre ordre, et qui se composait de 1 sergent, 1 caporal et 8 mineurs.

Voici les renseignements que le sergent Lorenze, chef de ce détachement, m'adresse de l'hôpital de Nogent-sur-Seine.

Le détachement est parti de Troyes, le 27, à 6 heures du matin, sous la direction de M. le lieutenant-colonel Sauzay et de deux ingénieurs des Ponts et Chaussées, se dirigeant sur Nogent en explorant le pays.

Les uhlans avaient détruit entièrement les fils télégraphiques et le chemin de fer en plusieurs endroits.

Les habitants et les employés de chemin de fer avaient disparu sur ce parcours.

Arrivé au pont de Bernière qu'il s'agissait de faire sauter, M. le lieutenant-colonel, craignant quelques surprises, laissa au travail le caporal et 3 mineurs sous la direction d'un des ingénieurs. Le reste du détachement partit en chemin de fer sur Nogent pour explorer la voie. Après un quart d'heure de marche, le train fut heurté par un autre marchant à sa rencontre ; le wagon dans lequel s'était embarqué le détachement, placé en avant de la machine, fut complètement brisé ; d'après les termes du sergent, « en deux secondes, les deux machines se touchaient ».

Le lieutenant-colonel Sauzay et l'ingénieur Brabant (je ne suis pas sûr du nom) furent tués. Le sergent Lorenze a une cuisse cassée. Le mineur Bivereau, une jambe coupée, le mineur Lorgeste, les deux jambes cassées, les mineurs Gérard, Perrud et Nivert ont eu de fortes contusions aux jambes mais sans gravité. Ces six hommes sont soignés à l'hôpital de Nogent-sur-Seine.

Le caporal Claudillon et les trois mineurs laissés au pont de Bernière, privés de leur chef, ont, sur l'avis de M. l'Ingénieur des Ponts et Chaussées qui les dirigeait, repris le premier train vers Paris et sont rentrés au fort de Noisy, le dimanche 28.

Le Ministre de la Guerre aux Généraux commandant les subdivisions de Seine-et-Oise, de Seine-et-Marne, de l'Oise, du Loiret, de l'Aube et de l'Yonne, et au Général commandant la 4ᵉ division militaire.

Paris, 31 août.

Je viens d'inviter M. le général de Chabaud la Tour, directeur supérieur des travaux de mise en état de défense de Paris, à renouveler les prescriptions relatives aux moyens de faire sauter au besoin les ouvrages d'art, dont la suppression peut interrompre le passage sur les voies de communication ordinaires aux abords de la capitale.

En exécution de ces prescriptions, les fourneaux de mines doivent être chargés, mais on aura soin de ne les faire jouer que sur l'ordre des généraux subdivisionnaires avec qui les officiers du génie ou, à leur défaut, les ingénieurs des Ponts et Chaussées, à ce spécialement délégués, doivent se mettre et se tenir constamment en rapport.

Je vous prie de prendre toutes les dispositions nécessaires pour assurer, en ce qui vous concerne, la ponctuelle exécution de ces instructions.

Le Ministre de la Guerre aux Généraux commandant les 1ʳᵉ et 8ᵉ divisions.

Paris, 31 août.

J'ai reçu la lettre du 8 courant par laquelle vous me consultez sur la réponse à faire aux questions qui vous ont été posées par plusieurs généraux commandant des subdivisions militaires au sujet des dispositions qu'ils auraient à prendre dans le cas où le territoire de leur commandement serait menacé ou envahi.

On ne saurait évidemment donner à cet égard que des indications générales, l'autorité locale pouvant seule apprécier le meilleur parti à prendre en présence des événements, en tenant compte des circonstances particulières.

Toutefois, il est certaines dispositions dont l'application pourra toujours être très utilement recommandée. Ainsi, en l'absence de troupe de ligne, il devra être fait appel à la garde nationale mobile ou sédentaire pour l'organisation sur les voies de communication d'un service d'éclaireurs et la formation de détachements destinés à protéger les chemins de fer et les gares contre toute tentative de destruction de la part des coureurs ennemis.

Si l'ennemi se présente en nombre trop considérable pour qu'on puisse songer à le repousser, il faut se retirer sur un point où la résistance soit possible, après avoir détruit les ponts, barricadé les routes et chemins et enfin pris toutes les mesures de nature à arrêter ou retarder sa marche, en se concertant avec le service des Ponts et Chaussées et le génie militaire.

Toutefois, il doit être entendu qu'en ce qui concerne les chemins de fer, ce soin doit être laissé aux officiers du génie qui sont chargés, sur chaque ligne, de couper la voie, quand cela devient nécessaire, et qui disposent d'un personnel suffisant à cet effet.

En dehors de ces dispositions qui trouveront toujours utilement leur application partout où l'on pourra craindre l'approche de l'ennemi, je ne saurais indiquer à l'avance à chacun la conduite qu'il devra tenir à un moment donné. Ceux-là seuls qui sont sur les lieux peuvent apprécier ce que les circonstances réclament, et ils doivent user de l'initiative qui leur appartient nécessairement dans des conjectures comme celles où nous nous trouvons aujourd'hui.

Je vous renvoie ci-jointes les lettres qui accompagnaient la dépêche à laquelle répond la présente.

Le général de Chabaud la Tour au lieutenant-colonel Devèze.

Paris, 1er septembre.

M. le lieutenant-colonel Devèze sera chargé des travaux de défense sur la voie ferrée de Paris à Épernay (mines dans les ponts et mise en état de défense des gares).

Cet officier supérieur se rendra immédiatement près de S. E. le Ministre des Travaux publics et prendra ses instructions.

Le commandant du génie Maréchal au Ministre des Travaux publics (D. T.).

Melun, 1er septembre, 5 h. 3 soir. Expédiée à 6 h. 35 (n° 39530).

Je pense, comme la Compagnie de l'Est, qu'il convient de reconstruire provisoirement en charpentes les ponts de la ligne de Troyes qu'on s'est un peu trop pressé de faire sauter et de rétablir le service.

On mettra fin ainsi à la panique si peu justifiée qui s'était emparée des populations. Je dispose les chargements des mines à Montereau, Chalmaison et Saint-Loup avec des appareils électriques, de façon à ce que les trains puissent circuler sans danger.

Le Général de Chabaud la Tour au Ministre de la Guerre.

Paris, 2 septembre.

M. Talabot, directeur général de la Compagnie du chemin de fer de la

Méditerranée, vient de me dire qu'il se faisait fort de défendre vigoureusement les gares du chemin de fer de Lyon, depuis Paris jusqu'à Tonnerre, avec son personnel composé presque entièrement d'anciens militaires, pourvu qu'on lui fasse remettre 300 fusils et des cartouches. Il suffirait de fusils à piston, à âme lisse, du modèle de 42 transformé, dont la guerre possède d'énormes quantités.

Le service du génie fait organiser défensivement toutes ces gares au moyen de palissades, de créneaux et des ouvrages de fortification passagère, faciles à défendre avec peu d'hommes. Mais encore faut-il des hommes armés. Je crois donc que l'offre de M. Talabot doit être acceptée comme fort utile et qu'il doit être donné suite immédiatement à sa demande et j'ai l'honneur de vous prier de la faire transmettre à qui de droit afin que les armes et les munitions soient délivrées.

Il me semble même que cette mesure devrait être étendue à toutes les lignes de chemins de fer, dans un rayon de 30 lieues autour de Paris ; le génie dispose toutes les gares de ce rayon pour pouvoir résister à l'attaque d'un corps de cavalerie, mais il faut armer les défenseurs.

L'Ingénieur en chef de la navigation au Ministre des Travaux publics (D. T.).

Châlons-sur-Marne, 2 septembre, sans heure. Expédiée à 8 h. 35 (n° 39924).

J'arrive à Châlons à 5 h. 30. Je prends des mesures pour que, dans la matinée de demain, les portes de deux écluses au-dessus de Châlons soient enlevées.

La navigation du canal latéral sera aussi arrêtée à 15 kilomètres de Châlons. Si j'avais sous la main un bataillon d'infanterie, je pourrais remonter jusqu'aux abords de Vitry. Cette ville est encore occupée par 1,500 Prussiens.

Le général de Chabaud la Tour au colonel Gras.

Paris, 3 septembre.

J'ai décidé que, vu l'urgence, on chargerait immédiatement les fourneaux de mines préparés dans les piles et culées des ponts de chemins de fer aux abords de Paris. A cet effet, vous devrez vous entendre avec MM. les Directeurs de ces voies ferrées pour que les poudres, déjà déposées dans diverses gares, conformément à mon ordre du 28 août dernier, soient mises en place avec toutes les précautions nécessaires.

Les fourneaux ainsi chargés seront gardés soit par des agents des compagnies, soit par la garde nationale, lorsque les ponts seront éloignés des gares.

Il reste entendu que c'est au commandement territorial qu'incombe le soin de donner les ordres pour faire sauter les ouvrages au moment du besoin.

Le Ministre de la Guerre au Commandant du génie, à Soissons (D. T.).

Paris, 4 septembre, 10 h. 32 matin (n° 29538).

Je donne des ordres au général d'Exéa concernant la rupture des voies de communication après le passage de nos troupes. Prenez ses instructions.

Le général de Maud'huy au Ministre de la Guerre (D. T.).

Laon, 4 septembre, 9 h. 50 matin.

Le général d'Exéa étant à Soissons, je prescris de détruire le pont de Berry-au-Bac sur la route de Reims à Laon. Quant au pont de Guignicourt sur le chemin de fer de la même direction, il va aussi être détruit. On opérera de même sur la route d'Hirson quand le général Vinoy qui est à Marle aura rallié Laon.

Le Préfet de l'Aube au Ministre de l'Intérieur (D. T.).

Troyes, 5 septembre, 5 h. 5 soir. Expédiée à 7 h. 10 (n° 41160).

La population résiste énergiquement aux mesures prises pour faire couper les ponts sur les routes que pourrait suivre l'ennemi. Elle demande des ordres précis du nouveau Gouvernement.

L'Ingénieur des Ponts et Chaussées à M. Bouniceau, attaché au Comité de défense, rue d'Albe, 1, à Paris (D. T.).

Château-Thierry, 5 septembre, 7 h. 15 soir.

J'arrive de Damery. Les quatre premiers biefs sont vides, les portes d'écluses de Damery et Vandières sont brûlées. La culée aval de Damery est en partie démolie. La Marne et la dérivation de Damery sont barrées par des moellons. Les hausses sont enlevées et jetées à l'eau. Je ferai continuer demain.

Le colonel Fervel au Ministre de la Guerre (D. T.).

Paris, gare du Nord, 5 septembre, 10 h. 45 soir. Expédiée le 6, à 6 h. 40 matin (n° 30036).

Pour la destruction des ouvrages d'art du réseau du Nord, arrive de

Soissons. Toutes les troupes, en retraite par la ligne de Villers-Cotterets, sont arrivées sur ce dernier point et l'on peut faire sauter tous les ouvrages d'art entre Laon, Soissons et le tunnel de Vierzy inclusivement; un convoi de fours de campagne à expédier à minuit 15 Soissons empêche seul de donner l'ordre. Faut-il laisser partir ce train de l'Intendance qui pourrait compromettre l'explosion du tunnel?

Le général de division de Chabaud la Tour au Gouverneur de Paris.

Paris, 6 septembre.

J'ai l'honneur de vous rendre compte que les dispositifs nécessaires pour faire sauter les ponts des routes et des chemins de fer, dans le rayon d'action de la capitale, sont prêts. Un petit nombre seulement d'entre eux ont été chargés. Quant aux autres, quand on s'est présenté pour en opérer le chargement, on a rencontré une opposition formelle de la part des autorités locales. J'ai cru devoir porter ces faits à votre connaissance en même temps qu'à celle de M. le Ministre de la Guerre.

Le Préfet de l'Aube au Ministre de l'Intérieur (D. T.).

Troyes, 6 septembre, 1 heure soir. Expédiée à 2 h. 45 (n° 41547).

Je viens de voir l'ingénieur en chef. A vérifié par lui-même l'état de l'Aube et de la Seine. Les eaux sont tellement basses que la destruction actuelle et immédiate des ponts ne semble pas nécessaire; de là, uniquement, la résistance des riverains. Aucune mauvaise volonté. Au fond, ne protestent pas contre la destruction des ponts, mais contre destruction inutile.

Je renvoie ce soir l'ingénieur, accompagné de quelques gendarmes pour le soutenir et le protéger au besoin, pour préparer la destruction immédiate des ponts en cas d'ordres nouveaux, à Lesmont-sur-l'Aube (pont en pierre), Maquicourt, Brillecourt, Nogent-sur-Seine, Ramerupt (ponts en bois), Arcis-sur-Aube (pont en pierre), Plancy (pont sur l'Aube, en bois), Mery (pont sur la Seine, en bois), Nogent-sur-Seine (pont sur la Seine, en pierre).

Le commandant Maréchal au Ministre de la Guerre (D. T.).

Nogent-sur-Seine, 6 septembre, 1 h. 55 soir. Expédiée à 3 h. 20 (n° 41561).

M. le maire de Nogent a déjà apaisé presque entièrement l'opposition qu'un certain nombre d'habitants apportaient à l'exécution des dispositifs de mines. L'assurance que j'ai donné au Conseil municipal que l'explosion n'occasionnerait pas, comme on le craignait, la destruction des maisons voisines du pont achève de calmer les esprits.

Le colonel Fervel au Ministre de la Guerre (D. T.).

Paris, 6 septembre, 4 h. 10 soir. Expédiée à 6 h. 45 (n° 30268).

Ligne de Laon à Soissons, bifurcation de Laon sur Tergnier et Soissons détruite par ordre du général Vinoy. Le pont d'Anizy-sur-Lette va sauter. Le pont de l'Aisne, en face de Soissons, 60 mètres détruit. Le tunnel de Vierzy coupé sur 50 mètres, l'éboulement continue. De Laon à Soissons, communications définitivement interrompues comme de Soissons à Villers-Cotterets. Ni le détachement Devèze, ni la poudre demandée ne sont arrivés encore.

Le Général commandant la subdivision de Seine-et-Marne au Général commandant la 1re division (D. T.).

Melun, 6 septembre, 8 h. 2 soir. Expédiée à 8 h. 48 (n° 73).

Le lieutenant-colonel du génie dont j'ignorais la mission m'adresse de Meaux la dépêche suivante : « Je viens de faire sauter le pont de Trilport, chemin de fer, en vertu de ma mission. On signale l'ennemi à Épernay. Devons-nous faire sauter demain le pont Trilport, route de terre (1) ? » Je demande vos ordres et vos instructions afin que les troupes qui sont détachées puissent rentrer avant d'être coupées.

Le Gouverneur de Paris au Général commandant la subdivision de Seine-et-Marne (D. T.).

Paris, 6 septembre.

Faites sauter demain matin le pont de Trilport, route de terre.

Le Général commandant la subdivision de Seine-et-Marne au lieutenant-colonel Devèze, à Meaux (D. T.).

Melun, 7 septembre, 4 h. 50 matin. Expédiée à 8 h. 40 (n° 41943).

Je donne l'ordre de faire retirer sur Meaux toutes les troupes en

---

(1) Cette dépêche, datée de Meaux, 6 septembre, 5 heures soir, fut expédiée à 7 h. 25 (n° 41691).

avant de Meaux. Dans tous les cas, faites sauter aujourd'hui le pont de Trilport, route de terre, aussitôt que ces troupes seront rentrées.

Rendez-moi compte, puisque vous êtes chargé de ce service. Faites-moi connaître à temps les autres ponts qu'il y aura lieu de faire sauter afin que je puisse faire retirer les troupes en temps utile.

Le même au Commandant d'armes, à Meaux (D. T.).

Melun, 7 septembre, 4 h. 55 matin. Expédiée à 9 heures (n° 41950).

Je vais donner l'ordre de faire sauter le pont de Trilport, route de terre.

Faites retirer sur Meaux la gendarmerie et tous les petits postes et détachements en avant de Meaux. Rendez-moi compte et informez le lieutenant-colonel du génie à Meaux.

Le même au Gouverneur de Paris (D. T.).

Melun, 7 septembre, 12 h. 35 soir. Expédiée à 2 h. 35 (n° 93).

Après avoir transmis cette nuit votre ordre pour faire sauter le pont de Trilport, route de terre, je reçois à l'instant l'ordre d'attendre, pour faire sauter ce pont, l'arrivée de l'ennemi à la Ferté-sous-Jouarre. J'envoie contre-ordre, arrivera-t-il à temps?

Le lieutenant-colonel Devèze au Général commandant la subdivision de Seine-et-Marne (D. T.).

Lagny, 7 septembre, sans heure. Expédiée à 3 h. 50 soir (n° 42446).

Suivant l'ordre de ce matin, j'ai fait sauter, à 9 h. 30 matin, le pont de Trilport (1) et ensuite les deux ponts de l'Ourcq entre Trilport et Meaux, le pont de Meaux sur le canal de Chalifert et celui d'Esbly, chemin d'Isles-les-Villenoy à Esbly sur la Marne. La dépêche donnant contre-ordre est arrivée trop tard. Toutes les troupes au delà de Trilport étaient rentrées.

Le matériel des gares est rentré jusqu'à Lagny et Meaux ; on signalait l'ennemi à La Ferté.

---

(1) Route de terre.

Le Commandant du génie au colonel Fervel, gare du Nord, Paris (D. T.).

Tergnier, 7 septembre, 4 h. 50 soir. Expédiée à 9 h. 15 (n° 42317).

Pont n° 18 de décharge, sur la prairie, chargé et bourré, va sauter. Ordre donné.
Pont n° 20 sur l'Oise, chargé, pas bourré.
Pont n° 22 sur la rivière Lette, du côté de Laon, sauté.

M. Duverger, ingénieur en chef des Ponts et Chaussées de Seine-et-Oise, au Ministre des Travaux publics.

Versailles, 7 septembre.

J'ai l'honneur de vous informer que, après m'être concerté avec l'autorité militaire, j'ai prescrit, sur toutes les routes de mon service, l'ouverture de coupures transversales de 4 à 6 mètres de largeur et de 3 à 4 mètres de profondeur avec établissement d'un pont en charpente de 3 à 5 mètres de largeur suivant les besoins de la circulation. Ces travaux sont en cours d'exécution dans les cinq arrondissements du service ordinaire de Seine-et-Oise, sous la direction de MM. les Ingénieurs ordinaires assistés de leurs conducteurs. Les cantonniers de nos routes auxquels on a adjoint le nombre d'auxiliaires nécessaires y sont employés.

Je me suis entendu avec M. l'Agent-Voyer en chef pour que des coupures se reliant avec les nôtres fussent établis sur les chemins de toutes classes placés dans ses attributions.

Enfin, appelé par M. le général de division du génie Tripier à coopérer aux dispositions qu'il est chargé de prendre pour organiser la résistance dans la banlieue de Paris, je m'occupe à réunir les demandes et les renseignements dont il a besoin pour accomplir la mission qui lui est confiée.

J'ajoute à ce compte rendu que les travaux qui m'ont été prescrits pour préparer la destruction des ponts seront terminés ce soir et que les fourneaux sont en grande partie chargés.

Le colonel Fervel au Ministre de la Guerre (D. T.).

Paris gare du Nord, 8 septembre, 7 h. 30 matin. Expédiée à 10 h. 25 (n° 30745).

De Hirson à Laon, viaduc d'Origny détruit. De Laon à La Fère, pont n° 22 sauté; la destruction des ponts n°s 18 et 20 (*sic*). De Soissons à

Villers-Cotterets, tunnel Vierzy et tranchée en arrière ont sauté. De Villers-Cotterets à Paris, on travaille à Nanteuil et à Mitry. De Creil à Paris, le pont sur l'Oise et la tranchée en arrière entrepris. Ce matin, détachement Benier et cinq nouveaux mineurs arrivés cette nuit sont dirigés sur Nanteuil et Creil.

Le colonel Gras au Général commandant la 2e subdivision (Seine-et-Oise) de la 1re division.

Paris, 9 septembre.

M. le général de Chabaud la Tour, directeur supérieur des travaux de défense de Paris, m'a prescrit de préparer la destruction d'un certain nombre de ponts aux abords de cette place ; il m'a communiqué, en outre, une décision ministérielle du 30 août dernier, aux termes de laquelle je dois vous rendre compte de mes opérations et ne faire procéder à la destruction des ponts qui se trouvent dans votre subdivision qu'autant que vous en aurez donné l'ordre formel. Pour obéir à ces prescriptions, j'ai l'honneur de vous adresser l'état ci-joint faisant connaître : 1° les ponts dont la destruction a été préparée par mes soins dans le département de Seine-et-Oise ; 2° la nature de ces ponts ; 3° le mode employé pour leur destruction ; 4° des renseignements sur les employés devant mettre le feu aux fourneaux de mine au moyen de l'électricité ou qui mettront le feu aux ponts de bois. Il est à observer que les fourneaux des ponts à faire sauter par la mine sont chargés, à l'exception de ceux qui sont désignés ci-après et pour lesquels la poudre a été apportée sur les lieux, savoir :

Seine. — Conflans, Poissy, Triel, Meulan.

Oise. — Fin-d'Oise, Neuville, Pontoise (chemin de fer du Nord), Pontoise (route), Epluches (chemin de fer du Nord), Auvers, l'Isle-Adam, Beaumont.

Un officier du génie, M. le capitaine Hertz, va, à l'aide de M. Duverger, ingénieur en chef des Ponts et Chaussées du département de Seine-et-Oise, faire mettre les poudres en place, mais, comme on ne pourra pas se servir de l'électricité et qu'on a à craindre l'humidité, le travail devrait être interrompu, si vous pensez que ces ponts ne doivent être détruits que dans plusieurs jours.

Quant aux autres ponts, il faudra, pour les faire sauter, que les employés actuellement logés à Paris se transportent sur les lieux et qu'ils aient le temps de développer des câbles de 100 mètres pour se mettre à l'abri des explosions. Il serait donc à désirer qu'ils fussent prévenus un jour d'avance. Il sera également nécessaire de prévenir quelques heures à l'avance les directeurs des chemins de fer.

Je vous serais très reconnaissant, mon Général, si vous vouliez bien me donner vos ordres sur ces divers points.

Le Préfet de l'Aube au Ministre de l'Intérieur (D. T.).

Troyes, 9 septembre, 1 h. 15 matin. Expédiée à 3 h. 50 (n° 43054).

On a résisté partout aux travaux préparatoires pour la destruction des ponts sur l'Aube, notamment à Arcis et à Méry. Il n'y a pas, dans tout le département, la moindre force sur laquelle on puisse compter. Je n'ai en tout que 50 gendarmes environ, éparpillés sur tous les points. La garde nationale prête sa force à la résistance dans chaque localité intéressée. Si vous voulez exécuter à tout prix, envoyez sur les lieux au moins 1,000 hommes de troupes régulières; du reste, la destruction immédiate est absolument inutile *aujourd'hui* : la rivière fourmille de gués dont le fond est solide et où l'eau n'a pas plus de 25 centimètres de hauteur. Je reçois à l'instant une dépêche du maire de Chavanges, qui m'annonce avoir vu ce soir des habitants de Margerie et de Drosnay, villages de la Haute-Marne, limitrophes de l'Aube, lesquels lui ont dit que le 8 septembre, il a été affiché dans toutes les communes voisines, un placard portant, au nom du roi de Prusse : 1° que la loi qui appelle la classe 1870 est abolie ; 2° que chaque commune du canton fournira une réquisition en nature, dont l'importance, fixée par l'ennemi, est de 25,000 francs environ ; 3° qu'il sera fourni des voitures attelées pour le transport des réquisitions à Vitry, où elles devront être rendues le 12, à heure indiquée. Toutes ces communes seraient consternées. Je doute encore un peu de cette nouvelle, dont certains détails me paraissent contradictoires. Je vais m'informer. Je vous avertirai du résultat de ma vérification.

Le Sous-Préfet de Pontoise au Préfet de Seine-et-Oise (D. T.).

Pontoise, 9 septembre, 9 h. 29 matin. Expédiée à 4 h. 8 soir (n° 43155).

Les maires des communes traversées par des routes demandent l'autorisation de faire des tranchées et abattre des arbres sur ces routes. Prière d'accorder cette autorisation.

Le Commandant du génie à Soissons au Ministre de la Guerre (D. T.).

Soissons, 10 septembre, 11 h. 45 matin. Expédiée à 6 h. 45 soir (n° 43788).

État des ouvrages démolis. — Ligne de Reims—Soissons : pont du chemin de fer. Ligne Laon—Soissons : pont sur l'Aisne, pont de décharge. Cours de l'Aisne, en aval de Soissons : pont de Pammiers, pont de Pasly, passerelle de Soissons. En amont : pont de Missy, pont de Condé. Ligne de Soissons à Paris : viaduc de Belleu, remblai de Vignolles, tunnel de Vierzy. Un sergent du génie et quatre sapeurs sont allés charger et faire sauter la tranchée du Mamelon, près Villers-Cotterets.

Communication impossible; s'assurer que l'opération est faite. Dispositifs ont été ordonnés et commencés sur la même ligne aux trois points suivants : pont de la Nonette-Nanteuil, pont de la Biberonne-Compans, pont de l'Abîme-Mitry ; suivre le travail.

Le Préfet de l'Aube au Ministre de l'Intérieur (D. T.).

Troyes, 9 septembre, 4 h. 20 soir. Expédiée à 9 h. 30 (n° 43288).

Je reçois ampliation de deux délibérations du Conseil municipal de Méry. La première contient l'adhésion unanime du Conseil au Gouvernement de la République. Par la seconde, le Conseil déclare que la destruction du pont serait, dans l'état actuel de la rivière et en l'absence de tout corps français qui tienne la campagne, évidemment inutile ; que les habitants, prêts à tous les sacrifices pour sauver la Patrie, seraient, au besoin, les premiers à brûler ce pont de leurs propres mains, mais qu'ils prient le Gouvernement de surseoir, quant à présent, à l'exécution.

Dans sa lettre d'envoi, le maire déclare que, malgré son dévouement entier et ancien à la République, il déposerait sa démission si le Gouvernement refusait d'admettre la réclamation de toute la population dont il partage le sentiment.

Mon opinion personnelle, que j'ai déjà eu l'occasion de vous exprimer plusieurs fois, est que la résistance ne provient pas d'un esprit d'égoïsme, peu soucieux des dangers de la Patrie, et qu'elle est née uniquement de la conviction de l'inutilité actuelle de la mesure qui ne serait, aux yeux des habitants, qu'un coup d'autorité sans profit possible pour la défense.

Si le Gouvernement persévère à ordonner la destruction immédiate, il faudra employer et envoyer, sur les lieux, une grande force militaire. Il appréciera les inconvénients qui pourraient en résulter, au point de vue politique et, en même temps, les dangers que présenterait le voisinage des Prussiens.

Mon avis serait que l'on renonçât, pour le moment, à l'exécution, assuré que l'on serait de pouvoir toujours faire sauter ou brûler en temps utile. Quant à la nécessité de conserver intact le prestige du Gouvernement, je crois pouvoir m'arranger de telle sorte que son autorité ne soit aucunement atteinte.

En tout cas, je suis et demeure entièrement dévoué à l'exécution de vos ordres.

Le commandant Bénier au colonel Gras (D. T.).

Creil, 9 septembre, 7 h. 45 soir. Expédiée le 10 à 5 h. 5 matin (n° 43504).

Une idée émise par l'ingénieur de Senlis et qui paraît bonne pour arrêter la marche de l'ennemi sur les routes pavées dans les environs de Paris, serait de bouleverser les pavages.

Le Gouverneur de Paris au Général commandant la subdivision de Seine-et-Marne (D. T.).

Paris, 10 septembre.

Placez des hommes sûrs pour faire sauter les ponts et travaux d'art, seulement à l'approche immédiate de l'ennemi et après la retraite de notre cavalerie.

Le commandant Maréchal au Ministre de la Guerre (D. T.).

Provins, 10 septembre, 10 h. 1 soir. Expédiée à 2 h. 5 (n° 44134)

La Compagnie de l'Est évacue par ordre de son directeur, depuis Gretz-Armainvilliers jusqu'à Nogent-sur-Seine. En conséquence, je ferai sauter les mines demain matin, à moins d'ordre contraire.

Le même au même (D. T.).

Longueville, 10 septembre, 5 h. 55 soir. Expédiée le 11 à 8 h. 10 matin (n° 44171).

La Compagnie de l'Est se prépare à évacuer la ligne de Nangis à Nogent et l'embranchement de Montereau à Flamboin. Dès que cette évacuation aura eu lieu, je ferai sauter les ouvrages d'art à moins d'ordres contraires de vous.

Le Gouverneur de Paris au général Reyau, à Meaux (D. T.).

Paris, 11 septembre.

Le pont de Claye, sur l'Ourcq, vient d'être détruit par les ordres du général commandant en Seine-et-Marne.

Le Gouverneur de Paris au Préfet de Seine-et-Oise (D. T.).

Paris, 11 septembre.

Dans le but de gêner les mouvements de cavalerie ennemie, donnez ordre que, dans la plaine d'Argenteuil et le long de la Seine, les échalas ne soient pas arrachés après la vendange.

Le Gouverneur de Paris au Général commandant la subdivision de Seine-et-Oise (D. T.).

Paris, 11 septembre.

Défense expresse de faire sauter aucun pont sur les chemins de fer des lignes de l'Ouest et d'Orléans. Laissez ce soin aux compagnies.

Le Gouverneur de Paris aux Généraux commandant la subdivision du Loiret.

Paris, 11 septembre.

Défense expresse de faire sauter aucun pont sans mon ordre dans votre commandement.
Accusez-moi réception de la présente dépêche.

Le Général commandant au Gouverneur de Paris (D. T.).

Orléans, 12 septembre, 12 h. 6 soir. Expédiée à 12 h. 45 (n° 230).

Aucun pont dans mon commandement ne sautera sans votre ordre. Fourneaux de mines sous ponts de Loire pas même encore établis.

Le commandant Maréchal, au Ministre de la Guerre (D. T.).

Montereau, 11 septembre, 1 h. 50 soir. Expédiés à 4 h. 15 (n° 44374).

Je viens de faire sauter le tunnel de Saint-Loup et la tranchée de Chalmaison. Le pont de Saint-Germain-Laval étant bien gardé et servant à la Compagnie de l'Est pour enlever les rails de la voie, j'attendrai quelques jours avant de le faire sauter (1).

---

(1) H. Budde (*Die französischen Eisenbahnen im Deutschen Kriegsbetriebe*, p 111) prétend que ce dernier pont sauta le 10 septembre.

Le Préfet de l'Aube au Ministre de l'Intérieur (D. T.)

Troyes, 11 septembre, 10 h. 15 soir. Expédiée le 12 à 12 h. 45 m. (n° 44615).

Je n'ai pas un seul soldat, pas un seul officier dont je puisse disposer. Il y a uniquement 50 ou 60 gendarmes éparpillés dans tout le département. Que faire avec cela contre toute une population ameutée? Cependant, j'espère que, maintenant, il y aura moins de résistance contre les préparatifs de destruction des ponts. Si M. le Ministre de la Guerre veut bien envoyer quelques officiers du génie, je m'entendrai avec eux et M. l'Ingénieur des Ponts et Chaussées. Je les ferai appuyer par un détachement de francs-tireurs de la garde nationale.

Le Général commandant la subdivision de Seine-et-Marne au Général commandant la division de cavalerie, à Melun.

Melun, 11 septembre.

Toutes nos communications sont coupées excepté avec Paris, non par l'ennemi, mais par la destruction des ponts, des routes, des gares de chemin de fer et des télégraphes, par ordre, je pense, des administrations elles-mêmes.

La dépêche que j'ai envoyée cette nuit au commandant du bataillon de la garde mobile à Nangis, devant passer par Provins n'a pu y parvenir. Je vous serai donc très reconnaissant si vous pouviez me faire parvenir de suite par un homme monté, qui rejoindrait l'escadron en route pour Nangis, l'ordre de mouvement ci-joint.

Je reçois du Gouverneur de Paris, une dépêche ainsi conçue :

« Il faut que la cavalerie opère sa retraite prudemment et la carte à la main, qu'elle entraîne avec elle les bataillons de mobiles qui ne sont pas en déroute. La division de cavalerie se concentrera sur Paris. »

Le Ministre de la Guerre au Président du Gouvernement.

Paris, 11 septembre.

Un des principaux moyens de défense du territoire, dans les circonstances actuelles, consiste à mettre l'ennemi dans l'impossibilité de faire usage des voies de communications existantes. Mais, pour atteindre ce but sans confusion, sans hésitation et sans précipitation qui puissent compromettre le mouvement de nos propres troupes ou causer au pays des dommages inutiles, il importe de préciser les règles à suivre dans l'exécution des opérations.

Le soin de déterminer le moment de l'interruption des communications doit être laissé à l'autorité militaire qui, seule, peut apprécier l'opportunité de détruire un pont, un viaduc, un tunnel, etc., d'après la connaissance qu'elle a des mouvements des troupes ou des approvisionnements militaires. Ses agents d'exécution pour la préparation des fourneaux de mine, leur chargement et leur explosion, sont les officiers du génie ou, à leur défaut, des ingénieurs des Ponts et Chaussées spécialement délégués à cet effet. En ce qui concerne les voies ferrées, les officiers du génie doivent se concerter avec les ingénieurs des compagnies pour la préparation des fourneaux et leur chargement, mais l'ordre formel d'explosion doit toujours émaner du commandement. Rien ne s'oppose, d'ailleurs, à ce que le commandement, dans certaines circonstances, délègue ses pouvoirs soit à l'autorité civile, soit aux agents des services du génie et des Ponts et Chaussées, soit aux Compagnies des chemins de fer.

Telle est la règle que le Département de la Guerre s'est toujours efforcé de faire prévaloir dans toutes les dépêches qu'il a adressées dans ces derniers temps aux Ministres de l'Intérieur et des Travaux publics, ainsi qu'aux généraux d'armée et aux généraux commandant les divisions et subdivisions militaires.

Une certaine hésitation se manifeste néanmoins encore en ce moment à l'égard de l'explosion de fourneaux : d'une part, M. le Ministre de l'Intérieur paraît avoir donné directement l'ordre de faire sauter certains ponts ; de l'autre, sur la demande du Comité de défense, des officiers supérieurs du génie ont reçu pleins pouvoirs pour détruire des ouvrages sur les voies ferrées, au moment où ils en reconnaîtraient eux-mêmes l'opportunité.

Il en résulte, que MM. les Généraux commandant les divisions et les subdivisions se demandent si leur droit d'initiative est demeuré intact et s'ils doivent continuer à porter la responsabilité des interruptions des voies de communication.

J'ai l'honneur de vous demander formellement de vouloir bien ne pas admettre d'autre manière de procéder que celle énoncée ci-dessus. Persuadé que c'est le seul moyen d'éviter toute confusion et tout danger, je renouvelle aujourd'hui même, en ce qui concerne les 1re, 2e, 16e et 18e divisions, les instructions précédemment adressées à un certain nombre de commandants territoriaux.

Je crois d'ailleurs devoir, en votre qualité de Gouverneur de Paris, appeler votre attention sur l'existence d'un grand nombre de dispositifs préparés par le service du génie pour couper les ponts avoisinants la capitale. J'envoie à M. le général commandant la 1re division l'état détaillé de ces dispositifs. Vous jugerez sans doute devoir donner des instructions spéciales à cet officier général, ainsi qu'à M. le général de

Chabaud la Tour, touchant le fonctionnement de ces éléments de défense.

Le Ministre de la Guerre au Général commandant la 1re division.

Paris, 11 septembre.

J'ai l'honneur de vous annoncer que M. le colonel du génie Fervel, qui a déjà été chargé de déterminer les emplacements des fourneaux de mine à préparer sur les voies ferrées de l'Est et du Nord, dans le voisinage de la capitale, va remplir successivement la même mission pour les voies de l'Ouest et d'Orléans.

Mais, la mission de cet officier supérieur doit se borner à préparer les fourneaux, à les charger et à les bourrer; quant aux explosions, c'est à vous, Général, qu'il appartient de les ordonner, lorsque vous le jugerez opportun, ainsi, d'ailleurs, que je le rappelle dans une dépêche circulaire en date de ce jour.

Je vous adresse, ci-joint, accompagnés de rapports, deux tableaux faisant connaître, pour les abords de Paris, les ponts dont la destruction a été préparée conformément aux ordres de M. le général de Chabaud la Tour, directeur supérieur des travaux de défense de la capitale.

Les opérations mentionnées dans ces tableaux devront nécessairement être coordonnées avec la défense de Paris, dont elles font essentiellement partie.

Note du Gouverneur de Paris.

Paris, 11 septembre.

Cours de la Marne. — Les ponts de Meaux sont détruits.

Le pont de Claye sur l'Ourcq l'est également.

Faire sauter dès à présent les ponts ci-dessous indiqués : Gournay, les quatre ponts du canal latéral de la Marne près Chelles, celui de Bry-sur-Marne, Champigny, Chennevières, Créteil.

Les ponts de Lagny et de Joinville, très importants pour les mouvements de retraite, devront être conservés le plus tard possible. Il en sera de même pour les petites arches du pont-viaduc du chemin de fer de Mulhouse à Nogent.

Un officier du génie sera mis à la disposition du général Reyau et s'entendra avec lui de manière que la retraite de ses différentes colonnes soit assurée en ne coupant les ponts de Lagny et de Joinville qu'en temps utile.

M. le capitaine Bardonnaut, du génie, s'entendrait avec l'officier adjoint au général Reyau et pourrait mettre à sa disposition les employés des télégraphes pris parmi le personnel dont il dispose.

Note du Gouverneur de Paris.
                                            Paris, 11 septembre.

Cours de la Seine. — Le capitaine du génie Marcille se mettra à la disposition de la brigade de cavalerie formant l'aile droite du corps de cavalerie et destinée à éclairer et couvrir le cours de la Seine en se retirant de Nangis sur Paris.

La brigade rallierait à Corbeil le détachement de cavalerie qui doit s'y trouver avec les employés des télégraphes qui doivent faire sauter tous les ponts, jusqu'à Choisy-le-Roi inclus, et aussi le pont du chemin de fer du Bourbonnais à Athis.

Le Gouverneur de Paris au Directeur du chemin de fer de Lyon.
                                            Paris, 11 septembre.

J'ai l'honneur de vous prévenir que des ordres sont donnés pour que le pont du chemin de fer, à Athis, soit coupé lorsque les détachements de cavalerie, stationnés à Corbeil, auront fait leur retraite sur Paris.

Vous pourriez, pour toute sûreté, envoyer demain un de vos employés qui s'entendrait avec l'officier de cavalerie commandant les détachements, avec les employés du télégraphe, MM. Lesplus et Lagi, chargés de faire sauter les ponts et avec M. le capitaine du génie Marcille qui, probablement, se trouvera à Corbeil.

Le Gouverneur de Paris au Préfet de Seine-et-Oise (D. T.).
                                            Paris, 12 septembre.

Aucun pont ou ouvrage d'art des chemins de fer de l'Ouest et d'Orléans ne doit être détruit sans de nouveaux ordres. Je vous ai déjà donné des ordres hier à cet égard. Veillez à leur exécution.

Le colonel Fervel au Ministre de la Guerre (D. T.).

Paris, 12 septembre, 8 h. 10 matin. Expédiée à 10 h. 5 (n° 32095).

L'ennemi a coupé la voie au Sud-Ouest de Chauny, a annoncé au maire de cette commune qu'il rétablirait la voie aujourd'hui et que ses éclaireurs se dirigeraient sur Tergnier qui paraît devoir servir aux Prussiens de tête de ligne; dès lors, Amiens serait menacé. Sur la ligne Amiens—Rouen, on travaille pour démolir un viaduc et deux tunnels; la démolition du viaduc, facile, est assurée. La ligne Soissons—Paris est coupée à Vierzy à la tranchée du Mamelon et à Nanteuil, le sera en outre dans la journée au pont de l'Abîme à Mitry qui est prêt. Sur la ligne Creil—Saint-Denis, le pont de Creil sera chargé dans la journée; de même à Saint-Ouen.

Le Maire de Montereau au Général commandant la subdivision de Seine-et-Marne (D. T.).

Montereau, 12 septembre, 9 h. 15 matin. Expédiée à 11 heures (n° 44709).

L'unanimité des habitants de Montereau demande qu'on ne fasse pas sauter les ponts; le manque d'eau rend cette opération complètement illusoire; réponse de suite.

Le commandant Maréchal au Général commandant la subdivision de Seine-et-Marne.

Montereau, 12 septembre, 2 h. 5 soir.

Je me suis assuré en passant qu'aucune disposition de mines n'était établie sur les ponts et viaducs du chemin de fer de Lyon et que, par conséquent, on ne peut rien faire sauter sur cette ligne.

Le capitaine Marcille au colonel Gras.

Corbeil, 12 septembre, 5 h. 25 soir.

Le pont de Corbeil saute ce soir à 7 heures et les autres successivement.

Le Sous-Préfet de Corbeil au Ministre de l'Intérieur et au Président du Gouvernement (D. T.).

Corbeil, 12 septembre, 5 h. 55 soir.

Je demande que le pont du chemin de fer à Athis, ligne de Montargis, ne soit pas coupé avant demain 10 heures du matin. Je charge 150 wagons de farine et blés pour Paris. Veuillez me renvoyer des ordres; l'ingénieur veut couper immédiatement.

Le Gouverneur de Paris au Sous-Préfet de Corbeil et au Chef de gare, à Athis, pour remettre à l'Ingénieur chargé de la destruction du pont.

Paris, 12 septembre.

Le pont du chemin de fer à Athis, ligne de Montargis, ne devra être coupé qu'après que les 150 wagons de farine et blés seront passés demain dans la journée.

Le colonel Fervel au Général commandant, à Beauvais (Oise) (D. T.).

Paris, gare Nord, 12 septembre, 6 h. 22 soir.

Le pont du chemin de fer de l'Oise après Creil, ligne de Luzarches, est prêt pour sauter. Je crois le moment venu, et si c'est l'avis du général, je préviendrai immédiatement la Compagnie et ferai mettre le feu par commandant du génie Bénier.

Réponse de suite s'il vous plaît.

Le général Soumain, commandant la 1re division militaire, au Gouverneur de Paris.

Paris, 12 septembre.

Les ordres précédents prescrivaient aux généraux de s'entendre avec les officiers du génie, les ingénieurs des Ponts et Chaussées et ceux des chemins de fer pour la destruction successive des ponts et tunnels dans le but d'entraver la marche de l'ennemi. Des fourneaux de mines étaient préparés à l'avance et le moment de l'explosion ne pouvait être déterminé que sur place et de concert entre l'autorité militaire et les ingénieurs.

Il me semble que les instructions précédemment données étaient assez explicites pour n'occasionner aucune confusion et que la nouvelle lettre du Ministre me prescrivant d'ordonner ces opérations quand je le jugerai opportun pourrait apporter un obstacle à l'exécution bien entendue de ces moyens de défense.

Je ne peux, de Paris, être juge de l'heure précise où il convient de détruire les ponts ou tunnels et si les généraux commandant les subdivisions doivent prendre mes ordres à ce sujet, il y aura forcément des retards qui pourront compromettre le salut des troupes ou gardes mobiles se repliant sur Paris.

J'ai donc l'honneur de vous adresser les ordres et instructions que je reçois à l'instant de M. le Ministre de la Guerre.

Le colonel Fervel au Ministre de la Guerre (D. T.).

Paris, 13 septembre, 7 h. 30 matin.

Le pont de Creil, voie de Chantilly, est complètement renversé et la gare du Nord ne communique plus avec son réseau que par Pontoise où le pont de Saint-Ouen-l'Aumône est prêt à sauter. Il importerait de le faire surveiller afin de le conserver le plus longtemps possible.

Le Sous-Préfet de Corbeil à l'Ingénieur en chef de la Haute-Seine, à Paris (D. T.).

Corbeil, 13 septembre, 10 h. 20 matin. Expédiée le 13 à 11 h. 55 matin.

Les ponts de Ris et d'Evry ont sauté cette nuit. Je fais de grands efforts pour passer les bateaux de farine malgré l'obstacle. Si je ne réussis pas, les bateaux seront détruits.

L'ennemi n'est pas signalé dans nos environs.

Le Général commandant la 4ᵉ subdivision au Ministre de la Guerre (D. T.).

Paris, 13 septembre, 12 h. 24 matin.

Les habitants de Melun et de Bray prient qu'on leur conserve leurs ponts, comme on a conservé celui de Montereau, la rivière étant aussi guéable à Melun et à Bray qu'à Montereau.

Le Sous-Préfet de Corbeil au Général commandant la subdivision de Seine-et-Oise (D. T.).

Corbeil, 13 septembre, 1 h. 30 soir.

Le pont de Corbeil a sauté à 11 heures. Point de nouvelles de l'ennemi et du général Reyau. Ni l'un, ni l'autre ne paraissent être dans les environs.

Tous les ponts de la Seine sont coupés ainsi que ceux de la rivière l'Essonne.

Le général Champéron est à Corbeil avec sa division. Il rentre demain dans Paris.

L'employé Tolin, des Télégraphes, au colonel Gras (D. T.).

Argenteuil, 13 septembre, 1 h. 35 soir.

Escadron hussards passé. Immense difficulté pour brûler pont d'Argenteuil ; prière envoyer immédiatement de la troupe pour faire face à l'opposition.

Le Gouverneur de Paris au Maire d'Argenteuil.

Paris, 13 septembre.

Le pont d'Argenteuil donnant passage sur la presqu'île de Gennevilliers où se trouvent des ouvrages importants à défendre, le Gouverneur de

Paris fait appel au patriotisme des habitants pour qu'ils ne s'opposent pas à sa destruction, sans quoi il serait dans la nécessité de faire employer la force armée.

Le colonel Gras à l'employé des Télégraphes Tolin, à Argenteuil.

Paris, 13 septembre.

Le Gouverneur fait appel au patriotisme des habitants et télégraphie, à cet effet, au maire d'Argenteuil. Si l'on continue, l'on enverra des troupes. Envoyez dépêche; entendez-vous avec M. Moreau, conducteur des ponts et chaussées, s'il est à Argenteuil.

L'employé des Télégraphes Tolin au colonel Gras (D. T.).

Argenteuil, 13 septembre, 6 h. 30 soir. Expédiée à 8 h. 35 soir (n° 45570).

Le calme s'est rétabli dès l'arrivée d'un détachement de mobiles. Il n'y a pas eu de résistance. Le pont est en feu.

L'Ingénieur en chef des Ponts et Chaussées au Général commandant la subdivision de Seine-et-Marne, 6, avenue de Friedland, à Paris (D. T.).

Melun, 13 septembre, 7 h. 15 soir. Expédiée à 10 h. 40 soir (n° 45652).

J'ai reçu, ce matin, l'ordre de couper les ponts de Montereau, mais, par suite du contre-ordre, le commandant du génie avait fait décharger les fourneaux des ponts de la route et donné l'ordre d'envoyer la poudre à Vincennes.

La population s'étant opposée à la rupture des ponts, et le maire m'ayant télégraphié qu'il s'opposait formellement à ce que l'autorité civile fit sauter ces ponts, j'ai fait connaître la situation au commandant du génie rentré cette nuit à Melun et devant quitter ce soir.

En l'absence de toute force militaire à Montereau, et à la suite du contre-ordre donné hier, il ne nous a plus paru possible de faire sauter les ponts, opération qui aurait duré jusqu'à demain pour les recharger de nouveau. Nous avons décidé de faire dépaver les ponts et d'établir sur chacun d'eux une forte barricade avec des pavés, qui prendra autant de temps pour être enlevée que le demanderait la construction d'un passage provisoire. Le pont du chemin de fer a sauté hier. Avis de ces dispositions a été donné à M. le Général commandant la 1re division militaire par M. Maréchal, commandant du génie, ce matin à 11 heures sans qu'il ait été répondu. Tous les autres ponts de mon service sont coupés, et il en eût été de même de celui de Montereau sans le contre-ordre très formel que je vous ai remis.

Le Commissaire de surveillance administrative de la gare du Nord au Ministre des Travaux publics (D. T.).

Paris, gare du Nord, 13 septembre, 8 h. 5 soir. Expédiée le 14 à 9 h. 40 matin (n° 32680).

La Compagnie vient d'être avisée que demain, après le passage du train n° 8, le génie militaire fera sauter le pont sur l'Oise à Saint-Ouen-l'Aumône. A partir de demain, le service sur la ligne de Pontoise s'arrêtera à Pontoise.

Le colonel Fervel au Ministre de la Guerre (D. T.).

Paris, gare du Nord, 13 septembre, 5 h. 40 soir. Expédiée à 8 h. 20 soir (n° 45555).

Le pont de Saint-Ouen-l'Aumône sur la voie ferrée près de Pontoise sautera cette nuit probablement après minuit, et tout service cessera à la gare du Nord. Je me tiens en communication avec le général commandant Seine-et-Oise, mais c'est moi qui, plus rapproché, donnerai l'ordre de la gare du Nord. Avis en cas d'observations.

Le Ministre des Travaux publics au Ministre de la Guerre.

Paris, 13 septembre.

M. Petiet, ingénieur en chef de l'exploitation du chemin de fer du Nord me fait observer, avec juste raison, qu'il ne faut pas faire sauter les ponts prématurément.

Le pont sur l'Oise, à 4 kilomètres de Creil, sur la ligne de Chantilly, a été détruit par la mine dans la nuit du 12 au 13 ; on peut encore passer et on passe par la ligne de Beaumont. Il me semble nécessaire pour nos propres besoins, qu'on puisse se servir le plus longtemps possible de cette communication.

Je vous prie de donner des ordres pour qu'on ne fasse sauter ce pont qu'au dernier moment, dont le génie militaire sera le juge vigilant.

Le général Peitavin, commandant la 7ᵉ subdivision, au Gouverneur de Paris.

Orléans, 13 septembre.

Vous m'avez fait l'honneur de m'adresser, avant-hier, la dépêche suivante :

« Défense expresse de faire sauter aucun pont dans votre commandement sans mon ordre. »

Cette défense se trouvant en contradiction avec les instructions de M. le Ministre de la Guerre, qui me sont communiquées aujourd'hui, par une lettre de M. le Général commandant la 1re division, veuillez me permettre de vous demander ce que je dois faire?

J'informe par ce courrier M. le Ministre de la Guerre et M. le Général commandant la 1re division, de mon hésitation et de mon incertitude en présence de deux ordres contradictoires.

En marge : « Répondu dépêche télégraphique. Il faut conserver les communications du chemin de fer d'Orléans. »

Le général de Chabaud la Tour au Ministre de la Guerre.

Paris, 13 septembre.

L'arrivée de l'ennemi devant Paris étant désormais prochaine, il me semblerait de toute urgence de limiter la mission qui a été confiée à deux officiers supérieur du génie, MM. le colonel Fervel et le lieutenant-colonel Devèze, afin qu'ils puissent rentrer dans la capitale et y prendre le poste qui a été désigné à chacun d'eux dans la défense.

J'ai l'honneur de prier votre Excellence de vouloir bien prendre une décision dans ce sens et de me la faire connaître.....

Le général d'Exéa au Général commandant le 13e corps d'armée, à Paris.

Paris, 14 septembre.

Hier au soir, vers 9 heures, deux personnes en bourgeois, se disant employés des Ponts et Chaussées, sont venues me présenter un télégramme du colonel du génie Gras leur donnant l'ordre d'incendier immédiatement le pont d'Asnières.

Cette mesure m'a paru si exorbitante que j'en ai suspendu l'exécution, et j'ai essayé de vous en référer en vous envoyant un officier d'état-major qui n'a pu traverser les portes de Paris. (Il serait urgent, mon général, qu'on pût désigner d'avance une porte pour pouvoir être, de nuit et de jour, en communication avec vous.)

Pendant la nuit, j'ai télégraphié avec M. le colonel du génie Gras, qui me répond qu'il n'avait donné ni reçu aucun ordre pour brûler le pont d'Asnières, et que les ordres à ce sujet ne concernaient que les ponts en aval d'Argenteuil.

Pour aller au-devant de nouvelles fausses interprétations de cette nature, et qui pourraient avoir de graves conséquences, j'ai l'honneur de vous demander qu'à l'avenir les ordres concernant la défense ne puissent me parvenir que par le commandement.

Le colonel Gras au général d'Exéa, à Asnières (D. T.).

Paris, 14 septembre, 1 h. 40 matin. Expédiée à 1 h. 55 matin.

Je n'ai ni reçu ni donné l'ordre de brûler le pont d'Asnières.

Les ponts à détruire immédiatement sont en aval d'Argenteuil, ceux des chemins de fer restant intacts provisoirement.

Le colonel Fervel au Ministre de la Guerre (D. T.).

Paris, 14 septembre, 7 h. 50 matin. Expédiée à 8 h. 10 matin (n° 32731).

Le pont de Saint-Ouen sur la voie ferrée Paris-Pontoise-Creil a sauté ce matin à 7 h. 15, après le passage de tous les trains de nuit.

M. Grousson, conducteur des Ponts et Chaussées, au colonel Gras, à Paris, et à M. Demouy, ingénieur des Ponts et Chaussées, à Versailles (D. T.).

Saint-Germain, 14 septembre, 2 h. soir. Expédiée à 3 h. 30 soir (n° 45955).

Pont du Pecq et pont de Chatou brûlés.

Le capitaine Marcille au colonel Gras, à Paris (D. T.).

Juvisy, 14 septembre, 2 h. 55 soir. Expédiée à 4 h. 30 soir (n° 45996).

Sous-préfet Corbeil dit que grains ne sont pas passés. Il n'a pas d'ordre.

Faut-il faire sauter Athis ? Réponse.

Le Commandant supérieur du fort de Nogent au Gouverneur de Paris (D. T.).

Nogent, 14 septembre, 7 h. 55 soir.

Le sieur Canard, cultivateur de Thorigny, m'annonce que l'ennemi, au nombre de 2,000 environ, cavaliers et infanterie, est à Lagny et répare le pont du chemin de fer dudit lieu, dont la partie sur la rive droite est mal détruite. J'informe les postes qui se trouvent près de moi.

Le même au même (D. T.).

Nogent, 14 septembre, 9 h. 10 soir. Expédiée à 9 h. 30 soir (n° 356).

Le capitaine de Trémaudan, commandant un détachement de plusieurs corps, 5 compagnies, me signale que le pont de Bry n'est pas entièrement détruit et qu'il peut servir au passage de la Marne, en se mouillant les pieds seulement.

Le Gouverneur de Paris au Général commandant le 13e corps d'armée.

Paris, 14 septembre.

J'ai l'honneur de vous informer que le service du génie va mettre à votre disposition un personnel suffisant d'employés du télégraphe pour faire sauter les ponts par les procédés électriques. Ce personnel devra être mis sous la direction de M. le chef de bataillon Guyot, commandant le génie de la 3e division, qui a une très grande expérience de ce service. Il sera aussi chargé d'examiner les appareils et d'en diriger l'emploi de concert avec les chefs du génie des autres divisions, qui s'entendront avec lui à ce sujet. Il s'adressera pour recevoir le matériel nécessaire à M. le capitaine du génie Bardonnaut.

Le Général commandant le 13e corps d'armée au Général commandant la 2e division d'infanterie.

Paris, 14 septembre.

J'ai examiné le rapport du commandant du génie de votre division et les observations que vous m'avez adressées.

D'après les mesures adoptées, la destruction des ponts ne peut avoir lieu que sur un ordre du Gouverneur de Paris. Cet ordre, en ce qui concerne les dix ponts placés sur le front du 13e corps, doit m'être adressé, et je le transmettrai ensuite aux commandants des divisions qui auront comme moyen de surveillance le commandement du génie de leurs divisions respectives.

Je pense que, pour l'exécution, les employés du télégraphe seront mis prochainement à la disposition du génie de chaque division.

Les ouvrages que l'on construit en avant des ponts de Billancourt, de Sèvres et de Meudon seront occupés ; on s'occupe de fixer les corps affectés à leur garde ; dès que les désignations auront été faites, je vous les communiquerai. Il en est de même des questions relatives à la manière dont ces troupes opéreront leur retraite ; cette fixation est nécessaire pour statuer sur le moment précis, où il deviendra nécessaire de faire sauter les ponts.

Le général de Chabaud la Tour au capitaine Marcille.
Paris, 15 septembre.

M. Marcille, capitaine du génie, sera adjoint à M. le colonel Fervel, chargé des destructions de ponts à effectuer sur la ligne de l'Ouest.

Le Commissaire de surveillance administrative de la gare de Pontoise au Ministre des Travaux publics (D. T.).

Pontoise, 15 septembre, 6 h. 50 soir. Expédiée à 10 h. soir (n° 46669).

Pont métallique Pontoise sauté ce matin à 11 heures, service Gisors supprimé, matériel refoulé sur Rouen. Sur embranchement Magny, relié à ligne Gisors, existe un matériel roulant de 70 wagons et voitures et deux machines pouvant servir à l'ennemi. Compagnie Ouest pourrait l'enlever sur ordre supérieur, qui peut être transmis par ligne de Rouen à Pont-de-l'Arche et Vernon.....

Le Colonel commandant la place de Vincennes au Gouverneur de Paris (D. T.).

Vincennes, 15 septembre, 7 h. 5 soir. Expédiée à 9 h. 30 soir (n° 46670).

M. Ducrot, ingénieur, est venu me prévenir à 5 heures, que le pont de Joinville avait dû sauter, qu'il en avait entendu l'explosion en revenant. Mais, comme il ne pouvait me l'affirmer, j'ai envoyé un chasseur à cheval pour s'informer et me rendre compte *de visu*. Il n'est pas encore revenu. Je ne puis donc vous dire que ce dont m'a rendu compte M. Ducrot. Au reçu de votre dépêche, je fais sortir 500 hommes pour balayer les uhlans signalés par vous.

Le même au même (D. T.).

Vincennes, 15 septembre, 7 h. 45 soir. A domicile à 7 h. 55 soir (n° 46678).

Il est 7 heures 30, j'ai la certitude que le pont de Joinville a sauté, et que trois arches ont été détruites complètement. L'assurance m'en est donnée par M. Gras, colonel du génie. Dans le cas où on voudrait faire sauter le pont de Nogent, M. Évrard, employé, a été laissé près de moi par M. le colonel Gras.

Le Gouverneur au Commandant du fort de Vincennes.
                                            15 septembre.

Le colonel Gras me dit que vous avez à votre disposition les moyens de faire sauter immédiatement le viaduc de Nogent par les employés du télégraphe qu'il vous a laissés (chemin de fer de Mulhouse).

Donnez des ordres en conséquence. Dites-moi d'abord si cela est possible et rendez-moi compte, après, de l'exécution.

Le Colonel commandant la place de Vincennes au Gouverneur de Paris (D. T.).

Vincennes, 15 septembre, 11 h. soir. Expédiée le 16, à 12 h. 10 matin (n° 46733).

Ce que vous demandez est possible. M. Évrard, employé au télégraphe, est parti à 11 heures pour faire sauter le viaduc de Nogent. Il vous sera rendu compte après l'exécution, si toutefois il n'arrive pas trop tard.

Le Général commandant le 13ᵉ corps au Gouverneur de Paris.
                                            Paris, 15 septembre.

J'ai l'honneur de vous rendre compte que, dans la soirée du 13 du courant, deux individus ont été amenés à M. le général d'Exéa, étant porteurs d'un télégramme de M. le colonel du génie Gras, leur prescrivant d'incendier le pont d'Asnières.

M. le général d'Exéa a immédiatement pris des mesures pour suspendre l'exécution d'une opération si intempestive et m'en a référé. J'ai chargé M. le colonel du génie Dupouët d'élucider cette affaire et je joins à ma lettre le rapport que m'adresse à ce sujet cet officier supérieur.

Il en résulte que les deux individus arrêtés sont bien des agents des Ponts et Chaussées, qu'ils ont bien reçu de M. le colonel Gras le télégramme en question, et que c'est à une erreur impardonnable de l'employé du télégraphe d'Argenteuil, qu'il faut faire remonter la responsabilité d'un malentendu qui eût pu avoir des conséquence très graves, nos troupes occupant encore la rive gauche de la Seine.

Rapport du colonel Dupouët, commandant le génie du 13ᵉ corps.
                                            Paris, 15 septembre.

Les deux individus en bourgeois se disant employés des Ponts et

Chaussées, qui se sont présentés à M. le général d'Exéa, porteurs d'un télégramme du colonel du génie Gras, leur donnant l'ordre d'incendier immédiatement le pont d'Asnières sont :

1° M. Moreau, conducteur des Ponts et Chaussées qui avait été préposé par son administration au soin de faire sauter le pont d'Argenteuil.

2° Un simple ouvrier qui accompagnait M. Moreau.

M. Moreau avait reçu de l'employé du télégraphe d'Argenteuil le télégramme qui est ci-annexé ; ce télégramme qui lui était adressé par le colonel du génie Gras est ainsi conçu : « Ordre de brûler immédiatement le pont route d'Argenteuil et aussitôt le pont d'Asnières. »

M. Moreau a fait sauter le pont d'Argenteuil et s'est immédiatement replié sur le pont d'Asnières pour y exécuter la même opération. Avant toutefois d'y procéder, voyant nos troupes sur la rive gauche de la Seine, il a pris avis du chef de poste voisin et il a été successivement renvoyé au général de brigade, puis au général de division d'Exéa, qui l'a fait arrêter et l'a retenu jusqu'au moment où l'affaire serait éclaircie.

Il a été reconnu que le télégramme ci-annexé contenait dans son texte une erreur véritablement déplorable, le mot *aussitôt* devant être remplacé par le mot *non*, ainsi que l'a reconnu l'employé du télégraphe d'Argenteuil, M. X.... qui, de sa propre main, après avoir reconnu son erreur, a substitué le mot *non* au mot *aussitôt*.

Le télégramme était arrivé par la station d'Asnières et c'est à son arrivée à Argenteuil que l'erreur a eu lieu.

M. X.... me paraît avoir commis une faute grave dans son service, et cette faute, si elle n'avait pas été relevée en temps utile, aurait pu entraîner des conséquence très graves.

Le Colonel commandant la place de Vincennes au Gouverneur de Paris (D. T.).

Vincennes, 16 septembre, 6 h. 40 matin. A domicile à 6 h. 56 matin (n° 413).

Le viaduc de Nogent est complètement sauté, à l'entrée et la sortie, en deux explosions : la première à 4 heures du matin, la deuxième à 5 heures.

Quatre arches et deux piles ont complètement disparu.

Le colonel Fervel au Ministre de la Guerre (D. T.).

Paris, 17 septembre, 9 h. 35 matin. Expédiée à 10 h. 15 matin (n° 33603).

Ligne de Tergnier à Amiens : le pont de Nesle, seul obstacle préparé sur cette ligne, est prêt pour sauter. J'en préviens le commandant à

Amiens d'où l'ordre doit partir. Ce pont éloigné, aventuré doit sauter immédiatement, du moins à mon avis. Je transmets au général à Amiens.

Le Gouverneur de Paris au colonel Gras.

17 septembre.

Le pont de Charenton, sur la Marne, et les ponts encore conservés sur la Seine ne devront sauter que sur un ordre formel du Gouverneur.

Le Ministre de l'Intérieur au Maire de Mantes (D. T.) *(Très urgent).*

Paris, 17 septembre, 9 h. 25 soir. Expédiée à 10 h. 30 soir (n° 33834).

Détruisez immédiatement votre pont; faites-le sauter à tout prix. Les Prussiens se dirigent sur vous.

Le Maire de Mantes au Ministre de l'Intérieur, à Paris (D. T.).

Mantes, 17 septembre.

La mine du pont n'est pas prête; personne ici de compétent pour faire sauter; envoyez quelqu'un si temps encore.

Un parti de 600 cavaliers est parti pour Mantes où il doit arriver vers le point du jour. Envoyez du monde par train spécial.

Le Commissaire de surveillance administrative de la gare Saint-Lazare au Ministre des Travaux publics (D. T.).

Paris, 18 septembre, 10 h. 5 matin. Expédiée à 4 h. 55 soir (n° 2635).

J'ai l'honneur de vous informer que le service des lignes de Normandie, de Versailles rive droite, et de Saint-Germain est supprimé à partir de ce jour.

Le colonel de Courville au capitaine Bardonnaut (D. T.).

Paris, 19 septembre, 11 h. 30 matin.

Le Gouverneur vient de prescrire de détruire les ponts de Saint-Ouen, Clichy, Asnières route, Asnières chemin de fer, et Courbevoie outre les ponts de Saint-Ouen, Sèvres et Billancourt. Assurez l'exécution de cet ordre en vous transportant au besoin à Asnières. Il y a urgence. Rendez compte.

Le Sous-Préfet de Mantes au Ministre de la Guerre (D. T.).

    Mantes, gare, 18 septembre, 12 h. 30 soir. Expédiée à 1 h. 35 soir (n° 47961).

On a essayé de faire sauter le pont de Mantes. L'essai a très incomplètement réussi. Envoyez cinq cents kilos poudre. Urgence pour terminer destruction.

Un corps d'armée prussien essaye de tourner Paris par le Sud.

Le Commissaire spécial de la gare Montparnasse au Ministre de l'Intérieur (D. T.).

    Paris, rue de Rennes, 18 septembre, 8 h. soir. Expédiée le 19 à 5 heures matin (n° 63).

Le train 10 devant arriver à Paris à 5 h. 50 s'est arrêté à Chartres. Le train 15 parti de Paris à 5 heures soir a franchi Versailles. Les communications télégraphiques entre Paris et le Mans sont encore intactes. Le service de la gare Montparnasse est arrêté. La gare est fermée.

Le colonel Fervel au Ministre de la Guerre (D. T.).

    Paris, gare Saint-Lazare, 19 septembre, 12 h. 10 soir. Expédiée à 1 h. 10 soir (n° 34236).

Le commandant du génie Bénier et le capitaine Marcille qui, dans la nuit du 17 au 18, et avec deux mineurs chacun, étaient en opérations, le commandant à l'entrée de Rouen, le capitaine en deçà d'Évreux, à Boisset-Pacy, ont été mis, par la cessation subite des trains sur la ligne de Rouen, dans l'impossibilité de regagner la gare Saint-Lazare. Je leur ai donné aussitôt l'ordre de gagner le Mans, pour rallier par Chartres si possible ; sinon se rabattre sur Cherbourg, où ces deux officiers qui ne peuvent plus rentrer à Paris pourront être chargés de continuer sur le réseau de l'Ouest, la destruction des ouvrages d'art dont la liste, dressée de concert avec la Compagnie par le colonel Fervel, sera dans la journée soumise à l'approbation du Gouverneur de Paris.

Le commandant Bénier remplirait parfaitement cette tâche. Je renvoie à Romainville le détachement de la 2ᵉ mineurs qui m'était adjoint.

Tableau résumant les travaux de destruction de ponts exécutés par le capitaine Hertz.

DÉSIGNATION DU PONT.	NATURE DU PONT.	DATES ET HEURES de LA MISE DE FEU.
Chemins de fer à Trilport.	Maçonnerie....	6 septembre, à 1 h. après-midi. Détruit. Brèche de 30 mètres.
Route sur la Marne, Trilport.	Id.......	7 septembre, à 9 h. matin. Détruit. Brèche de 35 mèt.
1er pont de la route de Trilport à Meaux, sur canal de l'Ourcq.	Id.......	7 septembre, à 11 h. 30 matin. Détruit. Brèche de 18 mèt.
2e pont de la route de Trilport à Meaux, sur canal de l'Ourcq.	Id.......	7 septembre, à midi. Détruit. Brèche de 18 mètres.
Pont sur canal de Chalifert, à Meaux (route).	Id.......	7 septembre, à 2 h. après-midi. Détruit. Brèche de 40 mètres.
Pont de la route d'Iles-les-Villenoy, à Esbly, sur la Marne.	Métallique.....	7 septembre, à 7 h. soir. Détruit.
Pont du chemin de fer, à Iles-les-Villenoy, sur la Marne.	Maçonnerie....	8 septembre, 7 h. matin. Détruit. Brèche de 40 mètres.
Tunnel du canal de Chalifert latéral à la Marne, qui quitte la Marne un peu en amont de Meaux et le rejoint un peu en aval du pont du chemin de fer, à Chalifert.	Id.......	8 septembre, à 10 h. Voûte démolie sur 40 mètres de longueur.
Pont du chemin de fer, à Chalifert-sur-Marne.	Id.......	8 septembre, à 8 h. 45. Détruit.
Pont sur la Marne, à Lagny.	Métallique.....	On ne connaît ni la date, ni les effets produits. Travaux par les Ponts et Chaussées de Meaux.
Pont à Lagny, en aval du précédent.	Maçonnerie....	On ne connaît ni la date, ni les effets produits. Travaux par les Ponts et Chaussées de Meaux.
Pont de la route de Paris à Meaux par Claye, sur canal de l'Ourcq.	Id.......	On ne connaît ni la date, ni les effets produits. Travaux par le génie de Meaux.
Pont de la même route, sur canal de l'Ourcq, à Claye.	Id.......	On ne connaît ni la date, ni les effets produits. Travaux par les Ponts et Chaussées de Meaux.
Remblai de Bel-Air, sur route de Meaux à Paris, par Claye.	Id.......	On ne connaît ni la date, ni les effets produits. Travaux par les Ponts et Chaussées de Meaux.

DÉSIGNATION DU PONT.	NATURE DU PONT.	DATES ET HEURES de LA MISE DE FEU.
Meulan (sur Seine)	Maçonnerie	13 septembre, à 4 h. soir. Brèche de 50 mètres.
Triel (sur Seine)	Suspendu	Feu à 5 h. 25 soir, le 13 septembre. Détruit.
Poissy (sur Seine)	Maçonnerie	14 septembre, à 4 h. 15 soir. Détruit. Brèche de 50 mèt.
Beaumont (sur l'Oise)	Id	14 septembre, à 6 h. 30 matin. Détruit. Brèche de 15 mèt.
Isle-Adam (sur l'Oise)	Id	14 septembre, à 9 h. 30 matin. Détruit. Brèche de 20 mèt.
Fin d'Oise (sur l'Oise)	Suspendu	14 septembre, à 1 h. après-midi. Détruit.
Conflans (sur la Seine)	Id	14 septembre, à 4 h. soir. Détruit.
Neuville (sur l'Oise)	Id	15 septembre, à 6 h. matin. Détruit.
Auvers (sur l'Oise)	Id	15 septembre, à 7 h. matin. Détruit.
Pontoise (sur l'Oise)	Maçonnerie	14 septembre, à 11 h. matin. Détruit. Brèche de 26 mèt.
Billancourt (sur la Seine)	Métallique	19 septembre, à 9 h. 30 matin, au pont qui réunit la rive droite à l'île de Billancourt. Détruit. — Le second pont n'a été rompu que le lendemain par les soins du colonel Gras.
Sèvres	Maçonnerie	19 septembre, à 10 h. matin. Deux fourneaux d'amont seuls prennent feu et la rupture, incomplète, permet encore de passer aux piétons. La boîte d'amorce du troisième fourneau, dont la poudre était humide, a été remplacée dès l'après-midi par les soins du colonel Gras et la brèche a été complétée sur 20 mètres de longueur.
Saint-Cloud	Id	Feu 19 septembre à 10 h. 30. Un seul fourneau a fait explosion par suite de l'humidité des poudres des boîtes : c'est celui d'amont du côté de la rive droite. Le passage n'était pas interrompu. Celui d'aval, du même côté, a été brûlé le soir par les soins du colonel Gras et la brèche a été faite sur environ 14 mètres d'ouverture.

DÉSIGNATION DU PONT.	NATURE DU PONT.	DATES ET HEURES de LA MISE DE FEU.
Courbevoie (sur la Seine)...	Pont métallique double divisé en deux par l'île de la Grande-Jatte.	Feu 19 septembre, à 2 h. soir, au pont du bras gauche, et à 2 h. 30 à celui du bras droit. — Les culées ont été enlevées et les premières arches sont tombées.
Asnières......	Bois.........	19 septembre, à 4 h. 30. Les deux premières arches sont tombées. — La charpente écroulée et celle qui restait ont été brûlées ensuite par la compagnie des pompiers de Clichy.
Clichy-la-Garenne.........	Métall. triple...	19 septembre, à 8 h. soir, à travée de la rive gauche ; à 8 h. 30, à celle de la rive droite. Les deux arches métalliques tombent après rupture des culées.
Saint-Ouen (Seine).......	Métall. double...	19 septembre, à 2 h. 30 après-midi pour le pont du bras gauche ; à 3 h., pour le bras droit. Piles brisées, deux travées de chaque pont tombées.

Rapport du colonel Fervel sur les travaux de protection et de destruction, avant l'investissement de Paris, sur les chemins de fer de l'Est, du Nord et de l'Ouest.

Paris, 4 novembre.

Ligne de l'Est. — Délégué le 25 août par le Comité de défense et les Ministres de la Guerre et des Travaux publics sur la ligne de Strasbourg envahie jusqu'à Châlons, pour en mettre les gares à l'abri des surprises de la cavalerie ennemie et pour en détruire les principaux ouvrages d'art, le colonel soussigné se mit tout d'abord en relations avec le Directeur de l'Est, et cette conférence préliminaire lui ayant donné la certitude que l'ennemi occupait le camp de Châlons, de la gare même, il donna l'ordre de brûler l'estacade de Châlons à Mourmelon ; puis, accompagné seulement d'un ingénieur de la Compagnie, il se mit en route, prit en passant à Meaux, et par ordre, le commandant du génie de cette place, M. Bénier, et arriva vers la fin de la nuit à Épernay.

Il devait y trouver ou, du moins, y recevoir aussitôt que possible une force armée demandée à Reims la veille et destinée à protéger ses travaux. En attendant, il envoya en avant une machine prendre des nouvelles de l'estacade et de l'ennemi, et lui-même se mit de suite en relations avec les autorités locales. La gare de réparations d'Épernay qui a un périmètre fort étendu comptait plus de 800 ouvriers, anciens militaires la plupart, et tous bien disposés à se défendre. Une vingtaine de fusils auraient suffi et les pompiers de la ville en avaient une centaine. Mais le maire, nous affirma le sous-préfet, ne voulait en aucune façon, directe ou indirecte, compromettre ses administrés et je rencontrai là, non toutefois sans protestations, une résistance invincible.

A 10 heures, la reconnaissance était de retour. Elle avait vu l'estacade en feu et avait néanmoins poussé jusqu'à Châlons, qui était à peu près évacué; seulement, des dépôts de cavalerie, appartenant à plusieurs corps et en communication journalière avec la ville, campaient à moins d'un myriamètre à l'Est, dans le bois du Bauchet, et ils avaient poussé, assurait-on, un détachement de uhlans du côté de Vertus, à la pointe orientale du massif des bois qui s'étendent au Sud d'Épernay.

Sur ce, j'envoyais à Reims le commandant Bénier demander du secours, et comme sur ces entrefaites, vers 11 heures, arrivait le détachement du génie qui m'avait été promis la veille, 9 mineurs de la 2ᵉ compagnie du 3ᵉ régiment commandés par un sergent, je résolus de commencer sur-le-champ la mise en état de défense de la gare, sous la protection de ces dix fusiliers que j'établis dans une pièce voisine de l'entrée principale, avec la consigne de ne point s'écarter et de se tenir prêts à se jeter sur le premier point qui serait menacé. Puis, avec une centaine d'ouvriers civils, je parcourus la vaste enceinte de la gare en faisant barricader ses principales issues vers la campagne. Quelques hommes d'équipe, munis de trompes, s'étaient, d'eux-mêmes, improvisés en vedettes sur les hauteurs opposées à la ville; et les travaux que seul je dirigeais, en recrutant sans cesse de nouveaux travailleurs, prenaient déjà de la consistance, quand, vers 2 h. 30, j'entends du côté de la gare des voyageurs des coups de feu précipités. J'accours et voici ce qui venait de se passer en quelques minutes.

Une troupe de uhlans avaient tranquillement pénétré dans la ville et pendant que les uns en gardaient les issues et que les autres se rendaient à la poste, 15 ou 20 cavaliers s'étaient portés, sans aucune hâte et en deux pelotons, sur la gare, l'un sur l'entrée du public, l'autre sur un train qui chauffait pour Paris. Nos dix hommes alors s'étaient élancés de leur poste et, partagés aussi par moitié, ils venaient de repousser ces deux attaques. Déjà même, les plus ardents s'étaient mis, au travers de la foule accourue de tous côtés, à la poursuite des fuyards qui laissèrent sur place leur chef prisonnier, 4 morts et 2 blessés, sans compter ceux, au nombre de 5 ou 6, qui s'échappèrent sur une voiture saisie à cet effet par les leurs, à la sortie de la ville. Le détachement avait deux hommes hors de combat et un troisième légèrement blessé à la main, le mineur Duboin, qui, par son courage et son sang-froid dans la poursuite, fit l'admiration de la ville où il tua deux uhlans, l'un à bout portant qui refusait de se rendre, l'autre au fond d'une rue à 600 mètres. Ce vigoureux soldat fut décoré, le sergent Armand reçut la Médaille et le soussigné des félicitations ministérielles pour ces premiers coups de feu tirés dans une de nos gares envahies.

A la nuit tombante, arrivèrent de Reims deux bataillons de marche sous la protection desquels j'achevais le lendemain 27 d'ébaucher la défense de la gare que les chefs des deux corps occupants se chargèrent de continuer sous la direction du commandant Bénier.

La veille, dans son excursion à Reims, cet officier supérieur avait appris que les fourneaux chargés du tunnel de Rilly, le seul obstacle préparé sur la ligne d'Épernay, n'étaient point gardés, que même ils semblaient presque oubliés, et, comme l'occupation d'Épernay par deux bataillons de Reims rendait cette surveillance plus nécessaire que jamais, je me transportais à Reims accompagné par le commandant Bénier et nous y arrêtâmes toutes les dispositions à prendre pour assurer la destruction du tunnel, même dans le cas qui me parut probable où l'ordre de le faire sauter ne partirait pas de Reims. Et c'est précisément ce qui arriva, car ce fut d'Épernay et après l'évacuation de Reims que le colonel Devèze alla mettre le feu aux poudres qui éventrèrent ce grand tunnel de la manière la plus satisfaisante.

Le 28, nous étions à Château-Thierry. Là, après avoir chargé le commandant Bénier des travaux de destruction dont la plupart avaient été antérieurement commencés par lui, j'entrepris la mise en état de défense de la gare de cette ville dont la garde nationale, complètement organisée et très bien commandée, était appuyée par deux compagnies de mobiles et par une population des mieux disposées. Aussi, trois jours après, sous l'active direction de l'ingénieur des Ponts et Chaussées Joson, la gare de Château-Thierry se trouvait-elle transformée en un solide ouvrage de campagne qui barrait toutes les routes aboutissantes et présentait en aval, au nœud des routes de la Marne, de Montmirail et de Soissons, un réduit terrassé, dominant, véritablement respectable.

Les coups de feu d'Épernay avaient surexcité cette brave population de Château-Thierry qui se souvenait aussi de 1814 et, dans cette journée du 28, il en partit une reconnaissance de volontaires dirigée par un ancien chef d'escadrons d'état-major, le commandant Corbet qui s'était spontanément adjoint au colonel Fervel.

On venait d'annoncer, comme l'avant-veille à Châlons mais avec plus de précision et de détails, que 500 uhlans se dirigeaient sur Montmirail et de là sans doute sur La Ferté. Il fallait mettre ce dernier point à l'abri d'une surprise et je m'y rendis à l'entrée de la nuit.

A mon arrivée, le Conseil municipal qui était en séance m'invita à prendre part à ses délibérations et il fut décidé que, dès le lendemain, la jeunesse de la ville organiserait une compagnie d'éclaireurs, armée à ses frais, et que je ferai les démarches nécessaires pour obtenir de la place de Meaux qui comptait plus de 1,000 hommes de garnison, une seconde compagnie de mobiles pour renforcer celle qui occupait déjà La Ferté.

Le lendemain 29, une trentaine d'éclaireurs s'organisaient et s'armaient, une deuxième compagnie de mobiles arrivait de Meaux et la gare s'entourait de retranchements. Toutefois, la reconnaissance partie la veille de Château-Thierry me confirma la marche sur La Ferté des uhlans de Montmirail : ils avaient pris, à la suite du gros de l'armée du Prince royal, la direction du Nord, du moins au dire de quelques traînards qui avaient été faits prisonniers par les gens du pays.

Nous avions donc, suivant toute probabilité, quelques jours de répit pour nos travaux et j'en profitais pour retrancher les gares de Dormans, de Nogent-l'Artaud et de Meaux, préparer la destruction du pont d'Épernay sur la Marne et la ligne de Reims, enfin, si le temps le permettait, pour étudier ou faire reconnaître le pays aux abords de La Ferté, cette porte de l'Ile-de-France qu'on n'avait jamais abandonnée sans la défendre.

Un ingénieur très actif de la Compagnie, qui avait servi dans la ligne, M. Bara, fut chargé du pont d'Épernay et, pendant que le commandant Bénier terminait les fourneaux de Nanteuil, Armentières, Trilport, Esbly et Chalifert, je fis entreprendre ou achever les travaux de toutes les gares ci-dessus désignées. Toutes, moins celle de Meaux qui ne fut qu'ébauchée, furent mises en bon état de défense et celle de La Ferté fut, comme celle de Château-Thierry, pourvue d'un réduit plongeant d'où, par des propriétés closes et un bois voisin, on pouvait gagner la ligne de l'Ourcq (sic).

Le commandant Bénier mit les cinq ouvrages dont il était chargé en situation de sauter au premier signal.

Je lui avais spécialement, et en toute connaissance de cause, confié cette partie technique de notre mission et il la remplit avec un succès fort remarquable. La préférence que nous avions donné à l'électricité comme mode d'inflammation nous affranchissait de la crainte des surprises. Néanmoins, l'importance du tunnel le plus avancé vers l'Est, celui de Nanteuil, entre Château-Thierry et La Ferté, me détermina à le faire garder sérieusement et, pour ne pas y employer la mobile qu'il importait de laisser concentrée dans les deux postes adjacents, j'eus recours à un moyen dont j'avais avec raison prévu l'efficacité. A l'entrée Ouest du tunnel en question s'élevait une masure à demi ruinée ; je la fis consolider et retrancher et le lendemain, elle était gardée et remplie par les gardes nationaux des villages environnants qu'il n'avait pas été nécessaire de requérir autrement.

Déjà La Ferté, que le Petit-Morin ouvre aux invasions directes de Châlons, présentait l'aspect d'une petite place de guerre qui s'entourait d'avant-postes et où se faisait chaque matin, et avec une régularité toute militaire, le rapport des reconnaissances de la veille.

Dirigé par un frère d'un officier d'ordonnance du général Hoche, le brave commandant Corbet dont les 76 ans ne reculaient pas devant une nuit passée dans les bois, ces jeunes éclaireurs se préparaient ainsi à rendre de précieux services à la défense organisée sur laquelle ils étaient en droit de compter. Toutefois, cet entrain qui s'étendait jusqu'à Château-Thierry d'un côté, de l'autre ne dépassait pas Meaux bien que la reprise des trains de voyageurs sur Châlons et Reims eut quelque peu relevé la Brie, exclusivement préoccupée alors de l'ordre de faire, sous peine d'incendie, rentrer ses récoltes dans la capitale. Nous réussîmes toutefois à y faire rentrer une partie des bois de construction qui encombraient les quais de toute la ligne, en dénonçant aux propriétaires l'usage qu'en pourrait faire l'ennemi, en cas de siège de la capitale.

Enfin, le 1er septembre, prévenu par le Directeur de l'Est que les Prussiens embarquaient leur matériel par le canal, j'expédiai à M. Bara, en train de miner le pont d'Épernay, l'ordre d'entreprendre, tout autre travail cessant, la destruction de toutes les hausses de barrage de la Marne et de toutes les portes d'écluses de son canal qu'il pourrait atteindre.

Mais, le lendemain 2, comme j'apprenais que ces derniers travaux venaient de recevoir un commencement d'exécution, je reçus l'ordre de remettre mon service au lieutenant-colonel Devèze dont l'arrivée, dans la journée du 3, me permit d'être rendu à Paris le 4.

En résumé, ces huit jours avaient abouti aux résultats suivants :

Le parcours de Paris à Châlons et à Reims restait libre ; il pouvait être intercepté au premier signal (1) et il était largement affranchi des excursions des uhlans.

---

(1) Le 4, le colonel Devèze fit sauter les tunnels de Rilly, de Nanteuil et d'Armentières, leurs têtes du côté de Paris; le 6, le pont de Trilport ; le 8, les ponts d'Esbly et de Chalifert. On n'employa la pile que pour les deux premiers tunnels qui furent troués avec grande projection de matériaux tandis qu'à Armentières, comme au souterrain du canal à Chalifert, dans des circonstances identiques, la détonation plus sourde produisit, avec un effet extérieur moindre, un ébranlement qui

Le pays, entre Épernay et Meaux, était tout disposé et préparé à seconder les opérations, par cette ligne, d'un corps d'armée.

Enfin, la Compagnie de l'Est avait donné, dans les circonstances les plus pénibles qui pussent lui être faites, une nouvelle preuve de l'énergie, de l'intelligence et de l'abnégation de son concours à la défense nationale.

Réseau du Nord. — Délégué le 4 septembre pour les mêmes travaux sur le réseau du Nord, je m'attachai d'abord à la ligne la plus menacée, à celle de Soissons que j'allais reconnaître dans la journée du 5.

Les travaux de mines en exécution attaquaient le tunnel de Vierzy, une profonde tranchée entre Vierzy et Villers-Cotterets, le viaduc de Nanteuil et les deux ponts au-dessus et au-dessous de Mitry. Seules, les mines du tunnel touchaient à leur achèvement; les autres demandaient encore plusieurs jours. Les gares de Villers-Cotterets, de Crépy et de Mitry, comme d'ailleurs toutes celles du réseau, avaient été récemment palanquées, bien que sur le moindre développement possible. Toutefois, ces clôtures m'ayant paru suffisantes, je ne me préoccupai plus, là comme sur les autres lignes du Nord, que de la destruction des ouvrages d'art.

Après avoir pris à Soissons l'avis du commandant du génie, qui devait terminer ses fourneaux de Vierzy dans la nuit suivante et qui ne doutait pas de l'imminence de l'investissement, comme aussi je venais de rencontrer à Villers-Cotterets les dernières troupes de la division d'Exéa engagées sur cette voie, enfin que Soissons n'attendait plus que des fours de campagne qu'il devait recevoir dans la nuit, le jour venu, je donnai l'ordre de faire sauter le tunnel qui fut largement ouvert sur une cinquantaine de mètres de longueur.

Les deux fourneaux opposés étaient pratiqués dans l'intérieur du souterrain ce qui avait un peu compliqué le travail, mais le résultat compensait largement les difficultés d'exécution, et l'écroulement se prolongea pendant plusieurs jours. Les fourneaux plus rapprochés des embouchures paraissent d'un effet moindre.

La ligne de Soissons, une fois obstruée par un tel encombrement,

---

sembla plus profond : ce qu'on peut attribuer à la simultanéité du jeu des fourneaux de droite et de gauche et aussi peut-être au synchronisme des vibrations de la récente théorie du chimiste anglais Abel (*Compte rendu de l'Académie des Sciences de Paris*, 1re quinzaine de juillet 1869). Quoi qu'il en soit, on pourrait en conclure que l'inflammation électrique permettrait de diminuer la charge de la formule dk^3 qui est celle que l'on a employée (*Note* du colonel Fervel).

les quatre autres coupures, peu avancées d'ailleurs, n'avaient plus qu'une importance secondaire et, à défaut de personnel militaire, je confiai la suite de ces travaux à un ingénieur de la compagnie, M. Belhomme.....

Le temps pressait et l'on ne pouvait plus guère songer à entreprendre de nouvelles mines que, par surcroît, l'excellence de la plupart des maçonneries rendait aussi longues que pénibles. On n'avait plus d'ailleurs à opérer, comme à l'Est, sur la plus grande ligne d'opérations de l'ennemi et déjà le Nord comprenait des voies à ménager, celle d'Amiens à Rouen entre autres. On s'attacha donc à quatre points seulement : au pont de Nesle sur la voie d'Amiens à Tergnier, dont l'ennemi, arrêté-là un moment, paraissait vouloir faire une tête de ligne ; au pont de Creil sur la route de Chantilly, au pont de Saint-Ouen sur la ligne de Creil à Paris, par l'Isle-Adam, enfin, au pont de Pontoise, qui permettait à l'ennemi, maître de l'embranchement Gournay—Gisors, de se retourner sur Paris.

Ajoutons que les lignes Creil—Tergnier, Creil—Amiens, Creil—Gournay n'offraient aucun ouvrage d'art dont la destruction pût être un obstacle de quelque importance.

On s'arrêta donc définitivement aux quatre points précités et, le 6, les deux officiers supérieurs que j'avais quittés, le 3, sur la ligne de l'Est étant venus me rejoindre au Nord avec leur détachement que je fis compléter à 12 hommes, le colonel Devèze fut envoyé à Nesle et le commandant Bénier sur le groupe Creil, Saint-Ouen et Pontoise.

La maçonnerie du pont de Nesle opposant une excessive résistance, le colonel Devèze fit pratiquer en avant de sa culée Est une tranchée assez large pour créer, tout d'abord, un très sérieux obstacle, puis, il laissa avec quatre mineurs de notre détachement le garde du génie d'Amiens continuer les fourneaux qui, d'après son appréciation, devaient exiger huit jours au moins. Là, d'ailleurs, se borna la coopération aux travaux du Nord du colonel Devèze qui reçut une autre destination et fut remplacé par le capitaine Marcille.

Le 7, M. Belhomme, secondé par quelques mineurs du génie, fit mettre le feu aux deux mines en regard de la tranchée, au-dessus de Villers-Cotterets, mais un seul fourneau fit explosion et il ne fallut pas moins de cinq jours pour découvrir l'entrée de la galerie d'en face. On ne saurait trop louer, du reste, l'intelligente persévérance avec laquelle fut conduit ce travail de reprise en sous-œuvre qui, plus tard, acheva sur ce point l'encombrement de la voie. Il eut été préférable d'échelonner les deux galeries.

Le lendemain, 8, ce fut le tour du viaduc de Nanteuil, mais il ne fut que lézardé, assez cependant pour empêcher le passage d'un train. Le 13, le pont de l'Abîme au sud de Mitry fut complètement détruit, mais son voisin au Nord, souvent abandonné par les ouvriers civils, n'était pas prêt et il devenait dangereux de le faire surveiller d'une manière permanente, les uhlans ne cessant de rôder dans ces parages. Néanmoins, dans la nuit du 14 au 15, j'y envoyai un agent dévoué, mais il ne revint pas, et il est probable que ce puits a été abandonné, ainsi que les poudres qu'il devait recevoir, lesquelles étaient enterrées à proximité.

Restaient les ponts de Creil, de Saint-Ouen et de Pontoise. Dès le 13, on y commençait les bourrages, mais la rupture de ces trois ponts devait couper court à tous les trains du Nord dont le matériel se repliait sur Lille où la Compagnie allait établir son nouveau centre. On différa autant que possible ces trois opérations capitales. Le Ministre, les commandants territoriaux furent prévenus vingt-quatre heures à l'avance; le commandant Bénier veillait sur les lieux et je ne quittais pas le télégraphe qui suivait tous les mouvements de l'ennemi. Enfin, le 14 au matin, après le passage de tous les trains de nuit, le pont de Creil sauta et de telle sorte que ses piles même furent rasées.

Le 15, le personnel de la gare qui devait se reconstituer à Lille partit dans la matinée et, dans l'après-midi, un train fut attaqué vers Senlis. Il n'y avait donc plus à hésiter et, avant le jour du 16, le pont de Saint-Ouen fut également anéanti et le pont de tôle de Pontoise précipité dans la Seine. La gare du Nord était séparée de son réseau....

Réseau de l'Ouest. — Le 15 septembre, s'étant transporté à la gare de l'Ouest, le colonel soussigné dont la délégation du 4 septembre comprenait le réseau de l'Ouest comme celui du Nord, entra tout d'abord en conférence avec le Directeur de la Compagnie de l'Ouest et tous deux convinrent de soumettre à M. le Président du Comité de défense le programme que voici :

1° Conserver, à la suite de la voie Amiens—Rouen qui appartient au Nord et qui était encore intacte, la ligne Rouen—Tourville—Serquigny—Mézidon—Surdon—le Mans, c'est-à-dire la communication qu'il paraissait absolument indispensable de se ménager entre le Nord et le Centre et par conséquent le Midi du territoire.

2° Préparer la destruction de quelques ouvrages d'art des embranchements qui, de cette artère, se dirigent sur Paris et l'on s'arrêta aux ouvrages suivants :

Sur la ligne Tourville—Paris, les tunnels de Tourville et de Rolleboise ;

Sur la ligne Serquigny—Paris, les tunnels de Conches, à l'Ouest d'Évreux et de Boisset-Pacy, à l'Est d'Évreux ;

Sur la ligne Surdon—Paris, le viaduc de l'Eure touchant Dreux à l'Est ;

Sur la ligne le Mans—Paris, le viaduc, aussi sur l'Eure, au Nord (1) de Dreux.

Ces ouvrages détruits, les diverses sections comprises entre Paris et ces coupures se trouvaient isolées et les Prussiens dans l'impossibilité de faire un libre usage du réseau de l'Ouest, tandis que le matériel de cette Compagnie, qui devait être refoulé en Bretagne comme l'était à Lille celui du Nord, restait maître des communications du Nord au Midi (*sic*).

Le Havre et Cherbourg, dont alors on se préoccupait beaucoup, pouvaient être abordés, il est vrai, par Amiens et Rouen. Mais d'abord, on travaillait déjà depuis plusieurs jours à miner sur cette ligne du Nord, le tunnel de Famechon, le viaduc de Poix et le grand souterrain de Sommery. Toutefois, comme il avait été reconnu que ces mines ne pouvaient guère sauter avant le 21 au soir, et que le tunnel de Beauvoisine qui touchait à la gare de Rouen pouvait être détruit beaucoup plus vite, on convint d'ajouter ce dernier à la liste des destructions à préparer pour toutes les éventualités.

Quant à retrancher les gares principales, il n'y fallait pas songer, faute de temps.

Mais ce programme conservateur était à peine communiqué à M. le Président du Comité de défense qui l'avait approuvé, qu'un autre, bien différent, qui avait été élaboré à Cherbourg et qui, notamment, sacrifiait tous les ponts et viaducs de la ligne de Rouen—Serquigny—Mézidon recevait ce même jour la double approbation des Ministres de la Marine et de la Guerre. Plusieurs préfets de l'Ouest venaient en outre d'ordonner la destruction d'un assez grand nombre d'ouvrages sur les lignes qui traversaient leurs départements.

Sans compter que le temps manquait pour leur exécution, ces projets qui sacrifiaient à Cherbourg et à quelques chef-lieux de département, la communication vitale du territoire non envahi et qui, par surcroît, représentaient l'anéantissement d'un capital que la Compagnie évaluait à une centaine de millions, ces projets insensés ne pouvaient aboutir qu'à un avortement, et en effet, le Conseil de défense en faisait justice le surlendemain. Mais il n'y avait pas un jour à perdre pour quelques travaux d'une urgence hors de discussion, et, le 16 au matin, j'envoyai mon personnel entreprendre ou presser cette catégorie de travaux. Ainsi, le capitaine Marcille alla préparer la destruction des deux tunnels de la ligne d'Évreux et le commandant Bénier hâter la coupure au pont de Nesle, sauver (par délégation de l'artillerie) ce qu'il pourrait faire transporter sur la côte des 40,000 kilogrammes de poudre entassés

---

(1) Sud ?

dans la citadelle d'Amiens, empêcher la destruction qui était imminente des trois ponts entre Corbie et Amiens, enfin et en prévision du cas où l'ennemi occuperait cette dernière place, miner (ce qu'on pouvait faire en deux jours) le tunnel Beauvoisine pour suppléer au retard déjà certain des préparatifs destinés à faire sauter les trois ouvrages de la ligne Amiens—Rouen. Il était bien entendu d'ailleurs que le commandant Bénier ne provoquerait sur place aucune explosion et qu'il se contenterait de prévenir son chef du moment où chacune de ces explosions pourrait s'effectuer.

Les choses en étaient donc là, quand, dans la nuit du 17 au 18, l'ennemi s'étant présenté, paraît-il, aux abords de Mantes et de Dreux ou, plus exactement, quelques télégraphes de la ligne ayant donné l'alarme, la Compagnie crut devoir interrompre brusquement ses trains sur Évreux et Rouen, sans prévenir le service du génie, en sorte que MM. Bénier et Marcille ne pouvaient plus regagner Paris que par le Mans, ce qui exigeait près de 24 heures. C'est ce que je me hâtais de leur télégraphier en ajoutant que, dans l'impossibilité de retour, ils eussent à se replier sur Cherbourg.

Or, le soir même, les deux gares de Versailles étaient occupées par les Prussiens, toutes les communications télégraphiques interrompues et mes deux officiers, plus six mineurs, coupés par l'investissement.

Ce même jour 18, M. le Directeur de l'Ouest me donna communication d'une dépêche que venait de lui adresser M. le Ministre des Travaux publics. Elle portait « que le Conseil de défense avait décidé que la Compagnie ne devait plus obéir, pour ce qui concernait les ordres de miner des ouvrages d'art sur les voies ferrées, à aucune autre réquisition qu'à celles qui lui seraient faites directement par le Gouverneur de Paris ».

Cette dépêche mettait fin à la mission qui m'avait été confiée et au compte rendu de laquelle je n'ai plus à ajouter qu'un renseignement : un agent de la Compagnie qui avait vu le capitaine Marcille à Boisset-Pacy, au moment de l'interruption des trains, m'a rapporté de sa part que, sauf le cas d'empêchement absolu par l'ennemi, il resterait à son poste jusqu'à la destruction du tunnel qu'il était en train d'attaquer.

Rapport du colonel Gras sur les travaux exécutés en vue de la destruction des ponts aux abords de Paris en 1870 (1).

Paris, 18 mars 1871.

Motifs pour lesquels on a préparé la destruction des ponts dont il s'agit. — . . . .

---

(1) Archives du Dépôt des fortifications, art. 15, carton 2.

Résumé historique de ce qui a été fait. — La décision la plus ancienne que nous connaissions porte la date du 24 août 1870 et a été adressée par le Ministre de la Guerre à M. le général de Chabaud la Tour, Président du Comité des fortifications. Elle contient l'ordre de préparer des dispositifs de mines sur les voies de communications à l'Est de Paris. Un peu antérieurement à cette décision, on avait commencé à miner les ponts dont l'existence à proximité des fortifications pouvait compromettre la défense; un peu plus tard, des ordres furent donnés par M. le général de Chabaud la Tour pour qu'une mesure semblable fût prise à l'égard de presque tous les ponts situés même à une certaine distance de Paris et dans toutes les directions. Mais ce fut surtout à partir du 24 août que les travaux prirent une grande extension. Ils furent conduits avec une extrême rapidité sous la direction de MM. les Ingénieurs en chef des départements de Seine-et-Oise et de la Seine, Duverger et Beaulieu, ayant sous leurs ordres MM. les Ingénieurs ordinaires Philippe, Picard, Demouy, Barabant, Aron pour le département de Seine-et-Oise, et Belhomme (jeune) et Saint-Yves pour le département de la Seine. Les ponts du département de Seine-et-Marne furent en partie minés par MM. les Ingénieurs en résidence à Meaux, sous la direction du commandant du génie Bénier et du capitaine Hertz. Enfin, les dispositifs de mines des ponts des chemins de fer de l'Ouest, de Lyon et de l'Est furent exécutés par les soins de MM. Clerc, Garet et Ledru, ingénieurs de ces compagnies.

La direction générale des travaux fut confiée au colonel du génie Gras auquel furent adjoints à diverses époques les capitaines du génie Bardonnaut, Hertz et Marcille. En dernier lieu, quatorze employés des lignes télégraphiques furent mis à la disposition du service du génie pour charger les fourneaux de mines et y mettre le feu.

On prépara ainsi la destruction de 67 ponts, indiqués sur l'état ci-joint (pièce n° 1), savoir :

1° Les 7 ponts existant sur la haute Seine à partir de Corbeil jusqu'à l'enceinte, soit..........................	7
2° Les 26 ponts établis sur la basse Seine à partir de l'enceinte jusqu'à Meulan inclusivement...................	26
3° 16 ponts sur la Marne depuis la jonction de cette rivière avec la Seine jusqu'à Trilport inclusivement (déduction faite du pont de Meaux que la Commission de défense consentit à conserver).................................	16
4° 1 pont sur le canal de Chalifert en remplacement du pont de Meaux précité.................................	1
5° 4 ponts sur le canal de l'Ourcq, savoir 2 entre Trilport et Meaux, 1 entre Meaux et Claye et 1 à Claye............	4

6° 4 ponts et 1 pont éclusé sur le canal de Chelles entre cette ville et la jonction du canal avec la Marne............ 5
7° Les 6 ponts existant sur l'Oise à partir de fin d'Oise jusqu'à Beaumont inclusivement (déduction faite des ponts du chemin de fer à Pontoise et à Épluches, ponts à la destruction desquels a présidé M. le colonel du génie Fervel).... 6
8° Enfin 2 ponts sur le canal de Saint-Denis près de l'entrée de cette ville, savoir 1 sur la route nationale n° 1 et l'autre sur la route départementale n° 11.................... 2

TOTAL......... 67

Conformément aux ordres de M. le général de Chabaud la Tour, en date du 29 août et 3 septembre 1870, le chargement des fourneaux de mines de ces ponts eut lieu à partir de la première date pour les routes ordinaires et de la deuxième pour les chemins de fer. Une décision ministérielle du 30 août de la même année portait que les fourneaux ne devraient jouer que sur l'ordre du général commandant la subdivision. Conformément à cette décision et sur l'ordre de M. le Général commandant la subdivision de Melun, M. le capitaine du génie Hertz a fait sauter dans les journées des 6, 7 et 8 septembre :

1° Les 5 ponts restant sur la Marne depuis Trilport jusqu'à Lagny *exclusivement* (déduction faite du pont de Meaux devant rester intact ainsi qu'on l'a dit plus haut);

2° 1 pont sur le canal de Chalifert aux abords de Meaux;

3° 2 ponts sur le canal de l'Ourcq entre Trilport et Meaux.

Cet officier ayant dû quitter le département de Seine-et-Marne pour s'occuper de divers ponts sur l'Oise, nous ignorons si le commandement a fait détruire les ponts de Lagny sur la Marne et ceux qui existaient sur le canal de l'Ourcq, à Claye et entre Meaux et Claye. Comme l'évacuation de ces positions a eu lieu à la hâte, on croit que ces ponts sont restés intacts.

Le 11 septembre 1870, M. le Gouverneur de Paris a prescrit de faire sauter tous les ponts de la haute Seine, depuis Corbeil jusqu'à Choisy-le-Roi inclusivement en y comprenant le pont du chemin de fer d'Athis. M. le capitaine du génie Marcille a exécuté cet ordre les 13 et 14 du mois précité.

Le pont d'Ivry se trouvant sous les feux du fort de ce nom a été conservé.

A la date précitée du 11 septembre, ordre fut donné de détruire les ponts qui existaient encore aux abords de Paris sur la Marne et sur le canal latéral de Chelles, à l'exception de ceux de Lagny, de Joinville et du pont du chemin de fer à Nogent.

Cet ordre fut exécuté les 13 et 14 septembre, excepté en ce qui concerne le pont éclusé du canal de Chelles. Le fourneau pratiqué sur ce pont n'étant pas bourré et l'arrivée des Prussiens dans cette localité ayant été annoncée officiellement comme devant être immédiate, on a dû jeter les poudres dans la rivière.

Les 13, 14 et 15 septembre, sur des ordres verbaux donnés successivement par le Gouverneur de Paris, on détruisit tous les ponts établis sur la basse Seine pour le service des chemins ordinaires depuis Meulan jusqu'à Saint-Denis *exclusivement*.

Le 15 septembre, sur un ordre semblable, on dut faire sauter deux arches du pont de Joinville sur la Marne et couper en deux points le viaduc du chemin de fer de l'Est à Nogent.

Le 17 septembre, en exécution d'un ordre semblable aux précédents, on fit sauter le pont du chemin de fer de la Compagnie de l'Ouest à Argenteuil, en laissant intacts les autres ponts de cette compagnie sur la basse Seine.

Le 19 septembre, après l'affaire de Châtillon, M. le Gouverneur de Paris fit détruire les ponts de la basse Seine desservant les routes ordinaires à Billancourt, Sèvres, Saint-Cloud, Courbevoie, Asnières, Clichy et Saint-Ouen. Le pont du chemin de fer à Asnières fut épargné.

Enfin, le 22 septembre, le général Ducrot fit mettre hors de service le pont de Suresnes et fit brûler, peu de temps après, un pont en bois mettant en communication l'île de Billancourt avec la rive opposée à Paris, pont dont la destruction n'avait pas été prévue.

En résumé, des 67 ponts dont la mise hors de service avait été préparée, il restait seulement intacts à la fin de septembre, pour les voies ordinaires :

A Ivry, sur la haute Seine	1
A Neuilly et Saint-Denis, sur la basse Seine	2
A Charenton, sur la Marne	1
Sur les routes nationales n° 1 et départementale n° 11, traversant le canal Saint-Denis aux abords de cette ville.	2
Pont de l'écluse du canal de Chelles	1
TOTAL	7

Pour les voies ferrées :

A Asnières, sur la basse Seine	1
A Bezons	1
A Chatou	1
Au Pecq	1
A Maisons	1
A Charenton, sur la Marne	1
TOTAL GÉNÉRAL	13

Il est à remarquer que les ponts conservés sur les routes ordinaires étaient tous nécessaires pour assurer les communications entre divers forts et Paris. Le pont de Neuilly, construit par Peronnet et si remarquable sous tous les rapports, avait paru surtout devoir être ménagé dans tous les cas; une seule arche devait être détruite, et des travaux considérables ont été faits, sous la direction de MM. les Ingénieurs en chef des Ponts et Chaussées Beaulieu et Maurandière, pour soutenir les arches adjacentes en cas d'explosion. En ce qui concerne les voies ferrées, on a renoncé à détruire la plupart des ponts aboutissant à la presqu'île de Gennevilliers, parce qu'il ne s'est pas dessiné d'attaque de l'ennemi de ce côté et qu'on a cru devoir ménager autant que possible tous les ponts de cette nature, dans la prévision du besoin qu'on en aurait, à la fin du siège, pour le ravitaillement de Paris.

Observations sur les travaux préparatoires exécutés en vue de la destruction des ponts. — Les ponts à détruire étaient de constructions très diverses, on peut toutefois les ranger en six classes :

1° Les ponts en bois avec piles en maçonnerie ;

2° Les ponts entièrement en maçonnerie avec voûtes en plein cintre ou peu surbaissées ;

3° Les mêmes ponts avec voûtes surbaissées ;

4° Les ponts à piles en maçonneries supportant des arcs en fonte sur lesquels repose le tablier ;

5° Les ponts dont le tablier est supporté par deux grandes poutres en tôle servant de garde-fous et reposant soit sur des piles en maçonnerie, soit sur des colonnes en fonte avec intérieur en béton de mortier hydraulique (pont du chemin de fer d'Argenteuil) ;

6° Enfin les ponts suspendus.

On a admis que l'on se contenterait de brûler les ponts de la 1re classe. A cet effet, on a fait pour chaque pont des approvisionnements de dix bottes de paille et d'une vingtaine de fagots et de tourteaux. En outre, pour que l'incendie fût plus prompt, on avait préparé vers le milieu du tablier de chaque arche à brûler une étagère suspendue par des chaînes en fer et destinée à recevoir des matières incendiaires.

En ce qui concerne les autres ponts, on s'est conformé, autant qu'on l'a pu, aux règles posées dans l'instruction du 13 juillet 1857 sur les dispositifs de mines. Toutefois, comme les travaux devaient être exécutés sur un grand nombre de points à la fois, ce qui empêchait de prendre une décision à loisir pour chaque point en particulier, comme d'un autre côté, il était possible que les poudres restassent longtemps dans les fourneaux avant qu'on y mit le feu et que, par suite, on avait à craindre les avaries rendues probables par la mauvaise saison, on a admis que les fourneaux auraient en général une charge uniforme et supérieure au maximum indiqué dans l'instruction précitée; pour atteindre ce résultat, il fut admis :

1° Que la distance d'axe en axe de deux fourneaux consécutifs n'excéderait pas 6 mètres, et, plus généralement, que la distance de l'axe d'un fourneau au point le plus éloigné des maçonneries à atteindre n'excéderait pas 3 mètres ;

2° Que, sauf dans des cas particuliers pour lesquels il serait donné des instructions détaillées, tous les fourneaux devraient avoir pour vide un cube de $0^m,90$ à 1 mètre de côté et recevraient pour charge quatre barils de poudre de mine de 50 kilogrammes, soit en tout 200 kilogrammes.

Il fut donné, en outre, les instructions suivantes :

1° On devait préparer pour chaque pont la destruction des deux arches les plus rapprochées de Paris ;

2° S'il existait une île et si, par suite, le pont se composait de deux parties, chacune d'elle devait subir l'opération précitée ;

3° Pour les ponts de la 2e classe autres que ceux des chemins de fer, les fourneaux devaient être placés sur les reins de la voûte, et des puits débouchant par le côté de la chaussée devaient y donner accès ;

4° Pour les ponts de la 2e classe, servant aux chemins de fer et pour ceux des 3e et 4e classes, les fourneaux devaient être percés directement soit dans une culée et dans la pile voisine, soit dans deux piles consécutives, en se conformant aux règles de l'instruction du 13 juillet 1857;

5° Pour les ponts de la 4e classe, il y avait lieu d'établir, outre les fourneaux mentionnés au paragraphe 4 ci-dessus, un ou deux fourneaux dans la partie supérieure de chaque culée ou pile, afin de briser les arcs en fonte ;

6° Pour les ponts de la 5e classe, on devait préparer, outre les fourneaux indiqués au paragraphe 4 ci-dessus, d'autres fourneaux destinés à rompre les grosses poutres latérales. A cet effet, il était prescrit de placer sur les côtés de ces poutres des espèces de caisses en bois pouvant contenir chacune un baril de 50 ou 75 kilogrammes de poudre de mine. Le dessous de ces caisses devait s'appuyer sur les culées ou sur les piles ou être relié à la partie supérieure au moyen de forts boulons ; le dessus devait être maintenu au moyen de pièces de bois venant s'arc-bouter sur le rebord supérieur de la poutre en tôle ; les à-côtés, excepté celui qui touchait la poutre, devaient être fixés par des étrésillons s'appuyant sur les poutres en tôle de deuxième ordre destinées à relier entre elles les diverses parties du pont. Enfin, le côté de la caisse adjacent à la grosse poutre ne devait avoir aucune liaison avec les autres parties, afin de ne pas gêner l'action de la poudre sur ladite poutre ;

7° En ce qui concerne les ponts suspendus formant la 6° classe, on devait en premier lieu faire des préparatifs pour que le tablier fût brûlé comme pour les ponts en bois. Des poudres devaient en outre être placées dans les chambres d'amarres pour rompre les points d'attache des chaînes. Il est à remarquer à ce sujet que ces chambres ayant souvent de grandes dimensions et étant très humides, on a dû changer de système. Pour beaucoup de ponts on a creusé dans chacun des deux pilastres contenant les chaînes du côté de Paris, et à 1 mètre environ au-dessus de la chaussée, des chambres pouvant contenir, suivant la force des pilastres, un baril de 50 ou de 25 kilogrammes de poudre de mine. Les entrées de ces deux chambres se faisaient face du côté de la chaussée. Elles étaient fermées au moyen de forts plateaux en bois qui, au moment de la mise à feu, étaient maintenus par des pièces de bois formant étrésillons. Enfin, sur quelques points, on a préparé des ciseaux et des marteaux de forgeron pour couper les chaînes de ponts-levis.

Observations sur le chargement et la mise à feu des fourneaux. — Tous les fourneaux ont été chargés au moyen de tonneaux de poudre de mine *non éventrés*. On obtenait ainsi plus de rapidité et plus de sécurité dans l'opération. On mettait le feu à ces tonneaux (quelquefois revêtus d'une chape) en déterminant l'explosion d'environ 3 kilogrammes de poudre de mine, renfermés dans une solide boîte en bois fermée par deux forts crochets.

Pour tous les ponts situés à une certaine distance de Paris et qu'on devait faire sauter peu de temps après le chargement, on s'est servi du saucisson Bickford, à raison de 9 mètres courant environ par fourneau. On a employé ce moyen pour tous les ponts de la Marne, du canal de l'Ourcq et du canal de Chalifert au delà de Lagny, pour tous ceux de la basse Seine au delà de Maisons et enfin pour tous ceux de l'Oise. On n'a pas cru devoir se servir du Bickford pour les ponts situés aux abords de Paris. En effet, on espérait pouvoir défendre ces abords pendant quelque temps et il paraissait indispensable de prendre des mesures pour empêcher des gens malveillants ou timorés de faire sauter ces ponts sans un ordre formel de l'autorité compétente. On a donc organisé les fourneaux de manière à ce qu'on ne pût en déterminer l'explosion qu'à l'aide d'une pile électrique.....

Observations sur les faits produits au moment de la destruction des ponts. — 1° (Considérations techniques).....

2° En ce qui concerne l'installation des dispositifs de mines, il ne convient d'employer les puits comme moyen d'arriver aux emplacements des fourneaux, qu'autant qu'on a le temps nécessaire pour revêtir soigneusement ces puits en maçonnerie imperméable aux eaux de pluie. Dans le cas contraire, il est à craindre que ces eaux ne pénètrent jusqu'au fond des puits et qu'en suivant les fils des amorces, elles ne transforment en bouillie la petite quantité de poudre qui enveloppe les amorces dans les boîtes mentionnées ci-dessus.

Pour éviter cet inconvénient, on avait enveloppé de toile grasse ces boîtes, ainsi que les tonneaux de poudre. Mais, malgré cette précaution, le 19 septembre, lorsqu'à la suite de la malheureuse affaire de Châtillon, le Gouverneur de Paris a prescrit de faire sauter les ponts de Sèvres et de Saint-Cloud, il s'est produit un nombre de ratés tellement grand qu'après la mise à feu des fourneaux les communications n'étaient pas interrompues pour les piétons. On a dû faire débourrer à la hâte et en présence des avant-postes prussiens, les puits donnant accès aux fourneaux dont il était essentiel de déterminer l'action. On a remplacé les boîtes d'amorces dans lesquelles les eaux de pluie avaient pénétré, par de nouvelles boîtes qui avaient été apportées de Paris, et aux poudres desquelles on a mis le feu, après avoir recomblé les puits en damant les remblais autant que le permettait le peu de temps dont on disposait. On a détruit ainsi deux arches au pont de Sèvres et une arche au pont de Saint-Cloud.....

Observations sur le personnel chargé des diverses opérations. — MM. les Ingénieurs des Ponts et Chaussées chargés de la direction des travaux ont tous fait preuve d'un grand zèle et d'une grande capacité. Nous citerons, en particulier, MM. Duverger, ingénieur en chef des Ponts et Chaussées du département de Seine-et-Oise et M. Belhomme jeune, ingénieur ordinaire du département de la Seine.

Parmi les officiers du génie, il convient de citer, d'une manière particulière, M. le capitaine Hertz qui a été chargé presque exclusivement de la destruction des ponts situés à une certaine distance de Paris et a rempli avec succès cette pénible et difficile mission. Les 14 employés des lignes télégraphiques, mis à la disposition du service du génie, ont aussi fait preuve de zèle et de capacité ; nous croyons devoir faire mention spécialement de M. Evrard, qui s'est distingué d'une manière particulière par son énergie et sa capacité.....

État, dressé par le colonel Gras et joint au rapport précédent des ponts dont la destruction a été préparée aux abords de Paris et date de leur rupture.

DÉSIGNATION DU PONT.	DESTINATION et NATURE DU PONT.	NOMBRE de fourneaux.	QUANTITÉ de poudre. kilogr.	OBSERVATIONS.
1° Haute Seine.				
Corbeil............	Route. Métallique.	3	600	Une pile sautée le 13 septembre. Deux arches détruites.
Evry...............	Route. Suspendu..	2	600	Amarres d'une rive sautées le 13 septembre; puis chaînes coupées. Tablier intact.
Ris................	Id..........	4	600	Pilastres d'une rive sautés le 13 septembre; puis chaînes coupées. Tablier en partie brûlé.
Athis..............	Chemin de fer de Lyon. Pierres.	4	800	Une arche sautée le 14 septembre, entraîne toutes les autres dans sa chute.
Villeneuve-St-Georges..	Route. Suspendu..	»	»	Pilastres des deux rives renversés le 13 septembre. Tablier intact.
Choisy-le-Roi.......	Route. Métallique.	6	1,200	Une seule pile sautée le 13 sept. Deux arches rompues.
Ivry...............	Route. Bois......	»	»	Encore intact.
2° Basse Seine.				
Billancourt (2 bras)...	Route. Métallique.	6	1,200	Ponts sur les deux bras détruits le 19 septembre.
Sèvres.............	Route. Pierres....	3	600	Deux arches sautées le 19 sept.
Saint-Cloud........	Id..........	4	800	Une arche seule sautée, 19 sept.
Suresnes...........	Route. Suspendu..	2	600	Amarres d'une rive ébranlée et tablier brûlé le 22 septembre.
Neuilly............	Route. Pierres....	3	600	Intact.
Courbevoie (2 bras)...	Route. Métallique.	8	1,400	Une arche sautée à chaque bras le 19 septembre.
Asnières...........	Chemin de fer de l'Ouest. Métallique.	13	2,900	Intact.
Id.................	Route. Bois......	»	»	Brûlé le 19 septembre.
Clichy (3 bras)......	Route. Métallique.	6	1,400	Sauté le 19 septembre.
Saint-Ouen (2 bras)...	Id..........	4	800	Id.
Saint-Denis (2 bras)..	Route. Suspendu..	»	1,200	Intact.
Argenteuil..........	Chemin de fer de l'Ouest. Métallique.	13	2,000	Deux arches détruites le 17 septembre.
Id.................	Route. Bois......	»	»	Brûlé le 13 septembre.
Bezons.............	Route. Métallique.	6	1,200	Deux piles et deux arches sautées le 14 septembre.

LA GUERRE DE 1870-1871.

DÉSIGNATION DU PONT.	DESTINATION et NATURE DU PONT.	NOMBRE de fourneaux.	QUANTITÉ de poudre.	OBSERVATIONS.
			kilogr.	
ezons	Chemin de fer de l'Ouest. Métallique.	6	1,200	Intact.
hatou (2 bras)	Route. Bois	»	»	Brûlé le 14 septembre.
Id.. (2 bras)	Chemin de fer de l'Ouest. Métallique.	4	800	Conservé.
ugival (2 bras)	Route. Métallique.	7	1,600	Ponts sur les deux bras sautés le 13 septembre
cq	Route. Bois	»	»	Brûlé le 14 septembre.
Id	Chemin de fer de l'Ouest. Bois.	»	»	Conservé.
isons	Chemin de fer de l'Ouest. Métallique.	6	1,200	Id.
Id	Route. Pierres	4	800	Sauté le 14 sept. Entièrement détruit.
nflans	Route. Suspendu	2	50	Pilastres sautés le 14 septembre. Tablier brûlé.
issy	Route. Pierres	4	800	Deux piles et trois arches sautées le 14 septembre.
iel	Route. Suspendu	2	50	Fléaux de support sautés le 13 sept. Chaînes coupées.
ulan	Route. Pierres	4	800	Deux piles et trois arches sautées le 13 septembre.
	3° Marne.			
arenton	Chemin de fer de Lyon. Métallique.	6	1,200	Conservé.
d	Route. Pierres	3	600	Id.
teil	Route. Bois	»	»	Brûlé le 12 septembre.
nnevières	Route. Métallique.	6	1,200	Sauté le 12 septembre. Détruit complètement.
mpigny	Route. Bois	»	»	Brûlé le 12 septembre.
ville	Route. Pierres	4	800	Deux arches sautées le 15 sept.
ent-sur-Marne	Chemin de fer de l'Est. Pierres.	6	1,200	Pile et deux arches sautées le 15 septembre à chaque extrémité.
-sur-Marne	Route. Suspendu	»	»	Pilastre de la rive droite sauté et tablier brûlé le 12 sept.
rnay	Route. Métallique.	4	800	Deux piles sautées le 12 sept. Tablier projeté, non brisé.
ny	Route. Pierres	2	400	On ne sait s'il a été conservé.
d	Route. Métallique.	4	200	Même observation.
ly	Id	2	400	Une pile renversée et une arche brisée le 7 septembre.
lifert	Chemin de fer de l'Est. Pierres.	2	400	Une pile et deux arches sautées le 8 septembre.
-les-Villenoy	Id	2	400	Une arche sautée le 8 sept.
port	Id	2	600	Une arche sautée le 6 sept.
f	Route. Pierres	2	500	Une arche sautée le 7 sept.

DÉSIGNATION DU PONT.	DESTINATION et NATURE DU PONT.	NOMBRE de fourneaux.	QUANTITÉ de poudre. kilogr	OBSERVATIONS.
\multicolumn{5}{c}{4° **Canal de Chalifert.**}			
Aux abords de Meaux..	Route. Maçonnerie.	4	400	Grande arche détruite le 7 septembre.
\multicolumn{5}{c}{5° **Canal de l'Ourcq.**}			
Pont entre Trilport et Meaux.	Route. Maçonnerie.	4	400	L'arche sautée le 7 septembre
Id................	Id.........	4	400	Id.
Pont entre Meaux et Claye.	Id.........	4	400	Non détruit.
Pont à Claye.........	Id.........	4	400	Id.
\multicolumn{5}{c}{6° **Canal de Chelles.**}			
Gournay............	Route. Pierres....	2	300	Pont sauté le 12 sept. Débris projetés au loin.
Id................	Id.........	1	150	Id.
Id................	Id.........	1	150	Id.
Fin de l'Eau........	Id.........	1	150	Id.
Ecluse.............	»	»	»	Non détruite faute de temps
\multicolumn{5}{c}{7° **Oise.**}			
Fin d'Oise..........	Route. Suspendu..	2	50	Pilastres brisés le 14 septembre Tablier tombé d'une pièce dans l'eau.
Neuville............	Id.........	2	50	Pilastres brisés le 13 septembre Tablier à l'eau.
Pontoise............	Route. Pierres....	4	800	Une arche sautée le 14 sept.
Auvers.............	Route. Suspendu..	2	400	Pilastres de la rive gauche sautés le 15 septembre. Tablier entier dans l'eau.
L'Isle-Adam.........	Route. Pierres....	2	300	Une arche sautée le 14 sept.
Beaumont...........	Id.........	2	300	Id.
\multicolumn{5}{c}{8° **Canal de Saint-Denis.**}			
Saint-Denis.........	Route nation. n° 1. Pierres.	2	300	Conservé.
Id................	Route département. n° 11. Pierres.	2	300	Id.

II.

Marche des armées allemandes de Sedan sur Paris.

Documents antérieurs au 4 septembre.

PLACES ET TROUPES DIVERSES.

b) **Organisation et administration.**

Le général Théremin d'Hame au Général commandant la 4ᵉ division militaire.

Laon, 20 août.

J'ai reçu hier au soir à 5 heures une dépêche du Ministre de la Guerre qui, après m'avoir nommé au commandement du département de la Haute-Saône, me prescrit d'attendre ma nomination au commandement de la subdivision de l'Aisne en remplacement du général de Gerbrois auquel il compte donner le commandement d'une brigade de cavalerie. Je n'ai pas encore reçu cette nomination. Cependant, je suis allé à Laon pour prendre connaissance de la situation.

Il y a à Laon un bataillon de mobiles et le dépôt du 15ᵉ de ligne composé de recrues de 1869. Ces hommes ne sont pas instruits et n'ont pas encore tiré un coup de fusil. Le poste de Laon est pourvu de matériel et de munitions d'artillerie, mais il n'y a qu'un garde d'artillerie, pas un officier, pas un artilleur. Je pense néanmoins que la ville et la citadelle doivent être défendues. Elles ne peuvent, l'une et l'autre, résister à une attaque sérieuse et un peu prolongée, car la place n'a aucun approvisionnement. Il n'y a pas un biscuit ni une livre de farine et on ne pourrait guère se procurer ici que pour deux ou trois jours de vivres.

Le Conseil de défense prendra ses mesures pour boucher les issues par lesquelles l'ennemi pourrait pénétrer à l'improviste.

Je pense, du reste, qu'une division ou une brigade en retraite venant occuper Laon y trouverait un poste facile à défendre. Mais, dans l'état actuel de la ville, les moyens de défense sont à peu près nuls.

Cette circonstance de l'arrivée d'une troupe en retraite peut se présenter bientôt peut-être, le camp de Châlons devant être levé demain et se retirer probablement sur Reims et peut-être sur Laon.

Je vous serai bien reconnaissant, mon général, de m'adresser vos instructions le plus tôt possible en vue des moyens si faibles dont je dispose.

Le Ministre de la Guerre au Gouverneur de Paris.

Paris, 25 août.

Suivant la demande que vous m'avez adressée au nom du Comité de défense de Paris, j'ai l'honneur de vous donner les renseignements suivants sur la situation actuelle des moyens de défense de la place de Soissons.

Les escarpes, les parapets sont en bon état ; la plus grande partie de l'armement, composé de 150 bouches à feu, est déjà en place et en bonne voie d'être convenablement abritée par des traverses et parados. On a prescrit de mettre l'eau dans les fossés. D'ici à peu de jours, on sera en mesure de tendre la grande inondation qui doit couvrir une grande partie des abords de la place. Déjà les magasins à poudre sont à l'abri de l'artillerie de campagne ; on continue les travaux nécessaires à leur complète sécurité contre tous moyens d'attaque.

La confection des palissades et leur pose se poursuit également avec activité.

En un mot, la place est dès à présent matériellement à l'abri d'un coup de main. Elle sera, avant la fin du mois, en état de résister à une attaque en règle, d'autant que le maréchal de Mac-Mahon a fait diriger sur ce point un matériel considérable d'artillerie provenant du camp de Châlons.

La garnison, qui devrait être de 4,500 hommes, se compose en ce moment d'un dépôt d'infanterie d'un effectif de 1,300 hommes ; on peut y envoyer rapidement les bataillons de garde nationale mobile de l'Aisne, déjà organisés. La question est à l'examen.

Des mesures vont aussi être prises en ce qui concerne les provisions de bouche.

A ces renseignements, je crois, mon cher général, devoir ajouter les suivants relativement à deux autres points qui jouent, par rapport à la défense de Paris, un rôle analogue à celui de Soissons.

La place de La Fère est considérée comme devant être en état de résister non à une attaque en règle, mais seulement à une attaque de vive force.

Pour jouer ce rôle, elle tire sa plus grande force d'un système de manœuvres d'eau qui sont, dès à présent, en état de fonctionner.

Les autres moyens de défense sont également en bonne voie de préparation et seront achevés dans peu de jours. Il n'existe malheureusement pour la garnison ou pour les poudres aucun abri assez sûr contre un bombardement.

Des ordres sont donnés et des fonds sont alloués aujourd'hui même pour suppléer, dans une certaine mesure, à ce défaut, au moyen de blindages.

L'armement normal comprend 54 bouches à feu déjà en place. Il existe en outre des ressources considérables en matériel de campagne.

La garnison nécessaire est fixée à 3,000 hommes. L'effectif actuel atteint à peu près ce chiffre, sans parler des habitants. Enfin, des mesures vont être prises pour les approvisionnements de bouche.

La citadelle de Laon n'est considérée que comme devant offrir, au besoin, un réduit aux défenseurs de la position importante du plateau occupé par cette ville. Les travaux indispensables pour lui permettre de jouer ce rôle sont à peu près terminés.

L'armement de défense, comprenant 32 bouches à feu, existe sur les lieux. Onze de ces pièces formant l'armement de sûreté sont déjà en batterie. Les poudres sont en sûreté.

La garnison nécessaire a été fixée à 1,000 hommes. Elle ne se compose actuellement que d'un bataillon de la garde mobile; mais on peut compter sur la population qui s'est toujours montrée animée d'un énergique patriotisme, et qui peut fournir un millier de bons défenseurs.

On s'occupe de la question des approvisionnements de bouche.

M. Mutel, inspecteur principal de la Compagnie du Nord à Saint-Quentin, au Commandant de la garde nationale de Saint-Quentin.

Saint-Quentin, 1ᵉʳ septembre.

J'ai l'honneur de vous informer que j'ai reçu votre lettre de ce jour concernant les mesures que vous avez prises pour mettre les abords de la gare à l'abri d'un coup de main. Je viens de donner des ordres pour que les gardes-barrières soient munis d'amarres qui puissent, en cas de danger, enrayer les barrières de nos passages à niveau. J'approuve les moyens de défense pris dans les environs des gares pour prévenir les incursions qui pourraient être faites par l'ennemi et vous remercie de les avoir portées à ma connaissance.

c) Opérations et mouvements.

Le Chef d'escadron commandant la gendarmerie de Seine-et-Marne au Général commandant la subdivision de Seine-et-Marne.

Melun, 26 août.

Pour éviter toute surprise des éclaireurs de l'ennemi, des postes d'observation fournis par la garde nationale vont être placés : 1° à Montereau; 2° Bray-sur-Seine (arrondissement de Provins); 3° Melz-sur-Seine; 4° Montceaux-lès-Provins (arrondissement de Provins); 5° La Ferté-Gaucher; 6° Hondevilliers (arrondissement de Coulommiers); 7° Nanteuil-sur-Marne (arrondissement de Meaux).

En cas d'approche de l'ennemi, les postes d'observation apporteraient la nouvelle rapidement et par écrit aux brigades de gendarmerie ci-après, savoir :

Le poste de Montereau à la brigade de Montereau;
Le poste de Bray à la brigade de Bray;
Le poste de Melz à la brigade de Provins;
Le poste de Montceaux à la brigade de Villiers-Saint-Georges;
Le poste de La Ferté-Gaucher à la brigade de La Ferté-Gaucher;
Le poste d'Hondevilliers à la brigade de Rebais;
Le poste de Nanteuil à la brigade de La Ferté-sous-Jouarre.

Les brigades de Montereau, Bray, Provins, Villiers, La Ferté-Gaucher, Rebais, La Ferté-sous-Jouarre ont pour mission d'apporter avec la plus grande célérité à Melun le renseignement fourni par le poste d'observation avec lequel elle est en rapport immédiat (*sic*).

Ces brigades devront donc se diriger, pour accomplir leur mission, sur la brigade voisine du côté de Melun, afin que le renseignement me parvienne dans le plus bref délai.

Indépendamment du renseignement écrit qui me sera apporté, le gendarme porteur de la dépêche passera au premier bureau télégraphique sur son parcours, afin qu'il en soit donné connaissance au préfet par le télégraphe.

Le Général commandant la subdivision de Seine-et-Marne au Général commandant la 1re division militaire.

Melun, 26 août.

J'ai l'honneur de vous informer que, d'accord avec M. le Préfet, nous avons établi un cordon de petits postes de garde nationale sédentaire (pompiers) sur toute la partie Est de la subdivision, de Montereau à Nanteuil. Ces postes sont au nombre de sept.

De plus, je vais établir à Salins et à Laval, deux points élevés placés sur les routes que suivrait probablement l'ennemi pour arriver, deux embuscades. Ces deux derniers points sont en vue du poste principal établi à Montereau avec lequel, au moyen de signaux de jour et de nuit, ils devront être constamment en communication.

Les pompiers à 4 kilomètres de chaque poste concourent à la formation et à l'entretien de ces postes.

Chaque poste doit être relevé toutes les 24 heures et jusqu'à nouvel ordre à la pointe du jour, de manière que les allers et retours servent de patrouilles.

Chaque poste est en rapport permanent avec la brigade de gendarmerie la plus proche, chargée elle-même de visiter autant que possible le poste chaque jour.

La copie ci-jointe de l'ordre que je viens de faire adresser à la gendarmerie du département par son chef vous fera connaître les principales dispositions prises et les points gardés.

Ces points sont principalement choisis aux réunions des chemins, chemins de fer, cours d'eau se croisant.

De plus, je me suis entendu avec M. l'Ingénieur en chef du département pour que les conducteurs des travaux des ponts et chaussées et les 1,800 cantonniers sous leurs ordres veillent, autant que possible, et avertissent le poste le plus voisin de tout ce qui pourrait intéresser la sûreté du pays.

Enfin, j'attends la compagnie des gardes forestiers dont la formation m'est annoncée par le grand-veneur, qui me dit de la placer sous mes ordres. Aussitôt que j'aurai ces hommes, je les chargerai de l'observation des parties boisées en les reliant aux postes établis et, par correspondance, au quartier général de la subdivision.

J'espère éviter ainsi une surprise et déterminer la population craintive à se servir des armes qui lui sont confiées pour défendre ses foyers.

Tant pour les déterminer que pour suppléer à l'insuffisance des gardes nationaux, sur certains points, je serai peut-être forcé de détacher une ou deux compagnies de la mobile qui donnera l'entrain et commencera le feu, si c'est nécessaire.

Ci-joint une carte du département de Seine-et-Marne sur laquelle sont indiquées :

1° La position des petits postes à établir sur la limite Est du département ;

2° La position des deux postes d'observation, en vue du poste principal placé à la gare de Montereau.

Le commandant du bataillon de Fontainebleau m'informe que les gendarmes de l'Aube viennent d'arriver à Fontainebleau, chassés par les Prussiens qui seraient à Troyes.

J'apprends par la préfecture que le dépôt du corps d'armée du général Douay est depuis six jours à Meaux (700 hommes environ).

Vu l'urgence, j'accepte l'offre que me fait M. le Préfet d'envoyer un exprès à Paris pour en rapporter des cartouches sans lesquelles nous ne pouvons rien faire.

Demain à 8 h. 30 du matin, je passerai, accompagné de M. le Préfet, à Montereau, la revue de la garde nationale, à laquelle j'ai donné quarante-huit heures pour se constituer, de la 8e compagnie du 4e bataillon de chasseurs à pied et des gardes mobiles que j'y ai envoyés.

En revenant demain à Montereau, je m'arrêterai à Fontainebleau pour passer également en revue le 1er bataillon de la garde nationale mobile.

P.-S. — Je vous prie, mon général, de donner votre approbation aux dispositions prises par moi.

Ordre du Général commandant la subdivision de Seine-et-Marne.

Melun, 27 août.

M. de La Rue, inspecteur des forêts, désigné par Son Excellence le grand-veneur, pour prendre le commandement de la 1re compagnie de gardes forestiers, formée en exécution de l'ordonnance du 27 août 1831, entrera, à partir de ce jour, en fonctions.

La compagnie commandée par M. de La Rue prend la dénomination de 1re compagnie de gardes forestiers de la subdivision de Seine-et-Marne.

Cette compagnie dont l'effectif peut être porté à 50 et même à 80 hommes est composée aujourd'hui de :

M. de La Rue, capitaine-commandant ;

M. Domet, lieutenant ;

M. Widepluk, adjudant sous-officier ;

4 sous-officiers ;

40 gardes forestiers.

M. de La Rue se rendra immédiatement avec la troupe sous ses ordres à Longueville et disposera sa troupe de manière à avoir des nouvelles de l'ennemi, en donnant et en se conformant lui-même aux instructions qu'il a reçues.

M. de La Rue s'établira, ainsi que ses hommes, de préférence près des postes établis qui, tous, appartenant soit à l'armée, soit à la garde nationale sédentaire, devront en toutes circonstances lui prêter aide toutes les fois que lui et ses hommes seront dans le cas d'y recourir.

Les gardes forestiers marcheront toujours deux à deux; leur mission est principalement de dépister l'ennemi, de le voir sans être vu, de le suivre, de le compter et de rendre compte.

Toutes les fois que le service l'exigera, les hommes de cette compagnie, pour se transporter promptement d'un point sur un autre, voyageront sur la voie ferrée à la simple réquisition du chef de cette troupe.

M. le Commandant de La Rue rendra, toutes fois qu'il le jugera nécessaire, compte par le télégraphe ou autrement, mais au moins une fois par vingt-quatre heures, du résultat des observations faites par lui et ses hommes et, en même temps, fera connaître où les lettres de service doivent lui être adressées.

Le Général commandant la subdivision de Seine-et-Marne au Commandant d'armes, à Provins (D. T.).

Melun, 27 août, 8 h. 32 matin. Expédiée à 10 h. 55 matin (n° 37105).

Le bataillon de garde mobile de Provins se dirigera et s'établira à Nangis avec poste d'avant-garde et d'avertissement à Longueville. Si l'ennemi se présente, selon sa force, combattre ou se retirer sur Paris en s'arrêtant à Noisy-le-Sec. Si on n'y trouve pas d'ordres, en demander à la division à Paris.

Le dépôt du 5e lanciers se retirera sur Longueville, emballera ses armes et ses munitions qu'il emportera. Le reste du magasin sera aussi emballé et restera provisoirement à Provins sous la garde de quelques hommes chargés de cet emballage. A Longueville, le commandant du dépôt de lanciers s'éclairera, et, si l'ennemi se présente, résistera autant qu'il le pourra, mais, plutôt que de se laisser faire prisonnier, il se retirera sur Noisy-le-Sec où il solliciterait des ordres de la division à Paris s'il n'en trouvait pas à son arrivée.

Le Commandant des mobiles de Provins au Général commandant la subdivision de Seine-et-Marne (D. T.).

Provins, 27 août, midi. Expédiée à 2 h. 20 soir (n° 37248).

Ai reçu la dépêche. Serai à 4 heures avant-garde à Longueville. Cinq compagnies à Nangis. Ai tout prévu. Passerai la nuit de ma personne à Longueville. En cas d'attaque sérieuse, replierai sur Noisy-le-Sec.

Le Préfet de l'Yonne au Colonel de gendarmerie, à Orléans (D. T.).

Auxerre, 27 août, 2 h. 10 soir. Expédiée à 7 h. 45 soir (n° 37031).

Quatre brigades de gendarmerie viennent d'être faites prisonnières dans l'Aube à 5 ou 6 lieues de Villeneuve-l'Archevêque. Je donne, de concert avec le général et le commandant, l'ordre à toutes les brigades de l'arrondissement de Sens de se replier sur Sens.

M. Mutel, inspecteur principal de la Compagnie du Nord à Saint-Quentin, à M. Petiet, ingénieur en chef de l'Exploitation, à Paris.

Saint-Quentin, 30 août.

J'ai l'honneur de vous informer que je me suis mis en rapport avec le général commandant le département de l'Aisne pour les mesures à prendre concernant la défense de certains points de notre réseau. Il a décidé qu'un poste de 30 à 40 hommes de la garde nationale mobile serait mis immédiatement à la gare de Laon ; un de 15 à 20 hommes à Chaillevois ; un autre de 25 à 30 hommes à Anizy et qu'un détachement de 200 à 300 hommes parcourerait la ligne entre Soissons et Laon. Dans deux jours, on mettra également un poste de 20 à 30 hommes aux stations de Crécy et de Marle et un fort détachement parcourera la ligne entre Hirson et Vervins.

A Hirson, 400 gardes mobiles seront envoyés : moitié seront logés en ville et les autres à la gare, dans la halle aux marchandises qui est tout à fait libre en ce moment. On établira de plus quelques retranchements pour protéger au besoin la défense. Ces ouvrages seront en terre et ne gêneront en rien le service. A Crépy-Couvron et à La Fère, nous avons déjà un poste de 25 hommes et un détachement parcourt la ligne. A La Fère, des canons sont placés dans l'enceinte même de la gare. Les patrouilles qui circulent sur la voie sont toutes accompagnées par un agent de la 3e division. Entre Laon et Reims, de forts détachements parcourent également la ligne. Enfin, il a été convenu avec le général que, s'il croyait devoir prendre d'autres dispositions, il m'en donnerait de suite avis. Je dois également vous faire connaître que j'ai reçu hier, par l'entremise du chef de gare de Laon, une dépêche du général commandant la 1re division du 13e corps à Reims me demandant de lui faire connaître d'urgence le nombre d'hommes que l'on pourrait armer dans les gares qui, par leur position, auraient à redouter une incursion de détachements ennemis. J'ai répondu, après avoir consulté les chefs locaux, qu'à Laon on pourrait en donner 150 et à Tergnier 800, mais que, dans ce nombre, se trouvaient des mécaniciens, chauffeurs, conducteurs et graisseurs que leur service appelait à des déplacements journaliers, de sorte qu'il était assez difficile de donner un chiffre exact et que, quant aux autres stations qui, par leur position stratégique, pourraient craindre une attaque de détachements ennemis, le nombre des agents y était si peu important que je ne croyais pas qu'il valut la peine de les mentionner.

Le même au même.
                                    Saint-Quentin, 3 septembre.

J'ai l'honneur de vous informer que Laon a reçu tous les trains de troupes expédiés de Paris, depuis le train d'artillerie parti le 30 août à 9 heures du soir. Tous les trains qui le précédaient ont dû être débarqués à Mézières, car je n'ai plus avis de nouveaux trains d'Hirson. Nous faisons arriver les six derniers trains du parc d'artillerie qui ont dû être arrêtés à Soissons, d'après ordre du général de Maud'huy.

Trois trains seulement seront conservés à Laon et les autres garés à Tergnier.

Les subsistances sont conservées à Laon par ordre de l'intendant.

D'après divers renseignements qui me parviennent, on s'attend demain à être attaqué à Laon.

J'ai pris mes dispositions pour faire évacuer notre matériel dans les stations comprises entre Soissons et Aulnoye; c'est-à-dire que les stations de Vervins à Laon et celles de Soissons à Laon ont évacué sur Tergnier et celles d'Hirson à Aulnoye sur cette dernière gare.

On m'informe à l'instant que des reconnaissances ennemies ont été signalées dans la matinée à Rozoy, se dirigeant sur Neufchâtel près Guignicourt. Le général commandant à Laon est convaincu que la gare et les halles seront brûlées.

RENSEIGNEMENTS

Le Ministre de la Guerre au Gouverneur de Paris.
                                    Paris, 26 août.

Suivant la promesse que je vous ai faite, j'ai l'honneur de vous adresser ci-joint le résumé des renseignements qui me sont parvenus sur les positions et marches des armées ennemies à la date d'hier et d'aujourd'hui.

Nord.

Il résulte de l'examen des rapports des autorités locales dans les départements voisins des armées ennemies que les corps prussiens, signalés hier entre la Chiers et la Meuse dans les forêts de Wœvre, Damvillers et Gremilly, ont continué leurs mouvements de descente dans la vallée de la Meuse qu'ils ont continué à franchir par les ponts de Consenvoye, Brabant et Vilosnes, en face des défilés de Grandpré et de Varennes. Ils se sont étendus vers le Nord et dépassent Stenay qui a dû être occupé par eux. Sur la Chiers, ils se sont avancés jusqu'à Lamouilly. Du côté de l'Argonne, ils ne semblent pas s'être avancés beaucoup et paraissent attendre les forces qui les suivent et qui descendent du plateau d'Étain. Quoi qu'il en soit, ce corps d'armée ne paraît pas considérable parce qu'il ne réquisitionne que près de lui; il doit s'être détaché de l'armée d'investissement pour vivre.

Sud.

L'armée entière du Prince royal continue son mouvement de l'Est à l'Ouest, de Nancy à Saint-Dizier. Elle a rappelé à elle le IIIe corps qu'elle avait détaché vers Pont-à-Mousson et le IVe qui a pris part au bombardement de Toul (le retrait de ce corps a fait penser que le blocus de Toul était abandonné mais il n'en est rien : il a dû être remplacé devant cette place par la landwehr qui a été signalée à son passage à Nancy).

Les bagages du VIe et dernier corps sont passés hier à Bayon; le gros de l'armée se dirige de Vaucouleurs et Gondrecourt vers Saint-Dizier et Joinville; le corps d'avant-garde est en avant de Saint-Dizier. Sur le flanc gauche de cette armée, la cavalerie s'avance au loin en suivant la vallée de l'Aube où elle fait des réquisitions. A l'importance des réquisitions et la grande distance à laquelle elles sont faites, on doit regarder cette armée comme considérable; elle traîne derrière elle des fourgons de munitions et de vivres qui couvrent 10 kilomètres de route. Enfin elle marche en deux grosses colonnes parallèles, l'une de Nancy à Saint-Dizier par Ligny-en-Barrois, l'autre de Lunéville à Vassy par Bayon, Gondrecourt et Joinville. L'avant-garde est près de Vitry et la pointe d'avant-garde à Châlons et au camp.

Est.

Strasbourg a beaucoup souffert du bombardement. L'incendie de l'arsenal qui se trouve entre la citadelle et le corps de place est très regrettable. Pour la première fois, les Allemands ont pris possession de la rive gauche du Rhin entre Strasbourg et Neufbrisach, en face de Marckolsheim qu'ils occupent avec une force de 6,000 hommes dit-on.

OBSERVATIONS GÉNÉRALES.

Partout on constate que les Prussiens s'avancent avec appréhension dans l'intérieur de la France ; les officiers paraissent très préoccupés et les soldats sont tristes. Tous regardent le vide qui se fait devant eux comme effrayant. Les ordres n'en sont pas moins ponctuellement exécutés et aujourd'hui la marche du Prince royal devient plus décidée et même plus rapide.

Le Chef d'escadron commandant la gendarmerie de l'Yonne au Général commandant la 1re *division militaire.*

Auxerre, 27 août.

J'ai l'honneur de vous rendre compte que, d'après les avis donnés cette nuit par le sous-préfet de Sens et le procureur impérial annonçant que l'ennemi était sur la limite de leur arrondissement à quelques kilomètres seulement et que cinq brigades de la compagnie de l'Aube étaient prisonnières, de concert avec M. le Général commandant la subdivision et M. le Préfet, toutes les brigades de l'arrondissement ont été réunies à Sens, en attendant de nouveaux ordres.

Le procureur impérial a reçu l'ordre de faire évacuer tous les détenus de la maison d'arrêt de Sens, au nombre de 18, sur Montargis.

Le général d'Exéa au général de Maud'huy, à Laon (D. T.).

Reims, 3 septembre, 8 h. 40 soir.

Ma reconnaissance a fouillé Neufchâtel et les environs ; il n'y a pas l'ombre d'un Prussien.

Journée du 4 septembre.

13ᵉ CORPS.

c) Opérations et mouvements.

Le général de Maud'huy au Ministre de la Guerre (D. T.).

Laon, 4 septembre, 6 h. 25 matin. Expédiée à 7 h. 25 matin (n° 2832).

Le général Vinoy épuisé, suivi d'un corps prussien, a couché à Montcornet ; je vais lui tendre la main avec ma division. Je fais refluer sur Paris les cinq trains du parc d'artillerie garés à Tergnier.

Le Préfet de l'Aisne au Ministre de la Guerre (D. T.).

4 septembre, 7 h. 9 matin. Expédiée à 10 h. matin (n° 40404).

Exprès envoyés nous informent général Vinoy quitte ce matin Montcornet, 33 kilomètres de Laon, se dirigeant directement sur Marle et Laon avec division d'infanterie, artillerie considérable, régiment de cavalerie, le tout très fatigué, mais intact.

Le général d'Exéa au Ministre de la Guerre (D. T.).

Soissons, 4 septembre, 8 heures matin.

J'attends vos ordres pour savoir si je dois arrêter ma division à Soissons ou la conduire vers Paris ; il n'y a pas de vivres à Soissons pour ma division.

Le Ministre de la Guerre au général d'Exéa, à Reims. (Faire suivre.) (D. T.).

Paris, 4 septembre, 8 h. 45 matin.

Le général Vinoy, épuisé, a couché à Montcornet. Il est poursuivi par un corps prussien. M. le général de Maud'huy qui est à Laon lui donne la main.

Mettez-vous de suite, par son intermédiaire, en communication avec le commandant du 13e corps. Concertez-vous avec lui.

Le Ministre de la Guerre au général d'Exéa, à Soissons (D. T.).

Paris, 4 septembre, 10 h. 10 matin.

Si vous le pouvez, attendez à Soissons le général Vinoy qui est près de Laon. Mettez-vous en communication avec lui.

Faites des réquisitions pour vivre. S'il vous rejoint, dirigez-vous tous sur Paris. Si vous ne pouviez l'attendre, partez pour Paris.

Donnez des ordres au colonel du génie de Soissons pour faire sauter dans toutes les directions après le passage de nos troupes.

Tenez-moi au courant.

Le général d'Exéa au Ministre de la Guerre (D. T.).

Soissons, 4 septembre, 10 h. 50 matin.

Je suis à Soissons. Ma division y sera concentrée ce soir. J'attends ici les ordres du général Vinoy qui se trouve à Marle. Deux bataillons de ma division qui étaient à Épernay ont, par mes ordres, pris la route de Paris voie ferrée par Château-Thierry.

Le Ministre de la Guerre au général de Maud'huy ou au général Vinoy, à Laon (D. T.).

Paris, 4 septembre, 11 h. 5 matin.

On me signale à Laon un grand nombre de batteries d'artillerie. Conservez celles de ces batteries qui peuvent servir au général Vinoy et à vous. Renvoyez les autres à Paris par Tergnier.

Le général Vinoy au Ministre de la Guerre (D. T.).

Marle, 4 septembre, 11 h. 30 matin.

J'arrive à Marle en bon ordre avec tout mon monde. Je n'ai eu que des engagements sans grande importance ; trois morts dont un officier et une cinquantaine de blessés. J'apprends de graves nouvelles que je pressentais. J'ai encore peu de monde derrière moi. Que m'ordonnezvous? Faut-il défendre Laon et Soissons ou battre en retraite sur Paris?

Le Préfet de l'Aisne aux Ministres de l'Intérieur et de la Guerre (D. T.).

Laon, 4 septembre, 1 h. 20 soir.

Le général Vinoy est arrivé avec ses troupes à Marle, 23 kilomètres de Laon, dans de bonnes conditions; il annonce qu'il sera demain à Laon où il trouvera sa 2e division. Il a reçu communication des dernières nouvelles. Des corps prussiens signalés dans la direction de Rosoy (Aisne) et de Château-Porcien (Ardennes).

RENSEIGNEMENTS

Le Sous-Préfet de Reims au Ministre de l'Intérieur (D. T.).

Reims, 4 septembre, 4 heures matin. Expédiée à 4 h. 30 matin (n° 40355).

Une partie de l'armée prussienne marche sur Reims. Les troupes françaises et la garde mobile quittent la ville. Le général de division se replie également et je crois devoir le suivre pour me conformer aux instructions que vous m'avez données par dépêche télégraphique.

M. Delamar à l'Agence Havas, à Paris (D. T.).

Bruxelles, 4 septembre, 7 h. 37 soir. Expédiée le 5 à 4 h. 5 soir (n° 40839).

Dépêche particulière Echo annonce Prussiens, à 24 kilomètres de Saint-Quentin, marchent directement sur Paris. On doit donc s'attendre voir coupées très prochainement communications entre Paris-Bruxelles par Mons-Hautmont.

Empereur avec suite nombreuse passé par Liége 4 heures.

Le Général commandant à Beauvais au Ministre de la Guerre (D. T.).

Beauvais, 4 septembre, 9 h. 50 soir.

Une dépêche télégraphique du commandant du détachement de hussards à la gare de Crépy (Oise) m'annonce l'arrivée de l'ennemi dans la

Journée du 5 septembre.

13ᵉ CORPS.

c) Opérations et mouvements.

Le général de Maud'huy au Ministre de la Guerre (D. T.).

Laon, 5 septembre. Expédiée à 10 h. 20 matin (nᵒ 40850).

Ma division quitte en ce moment Laon et arrivera ce soir à Paris. Faites-moi connaître en gare de Soissons où je dois, à leur arrivée, diriger mes troupes et l'endroit fixé pour le quartier général.

Le général d'Exéa au Ministre de la Guerre (D. T.).

Soissons, 5 septembre, 4 h. 15 soir. Expédiée à 5 h. 55 soir (nᵒ 41116).

Je quitte Soissons et j'arriverai ce soir à Dammartin où j'attendrai vos ordres ou ceux du général Vinoy. Le 6ᵉ dragons et l'artillerie ne seront à Dammartin que le 7 au soir. On ne peut embarquer les chevaux.

Le général Vinoy au Ministre de la Guerre (D. T.).

Laon, 5 septembre, 6 h. 40 soir. Expédiée à 8 h. soir (nᵒ 41210).

Cessation complète d'envois des trains pour compléter l'embarquement des troupes. Reste encore la division Blanchard et un régiment de la 2ᵉ division. On écrit aux différents chefs de gare de la ligne qui ne répondent pas. Il y a urgence. Prière de donner des ordres.

Notes marginales de la main du Ministre: « Il avait été convenu que le transport des troupes du général Vinoy serait assuré avant tout; cependant je suis informé qu'il est interrompu ; il y urgence d'envoyer des trains à Laon ; veuillez prendre les mesures les plus promptes (11 heures du soir) ».

direction de Soissons. Faut-il faire sauter les six ponts qui existent sur l'Oise dans le département?

Notes marginales au crayon de la main du Ministre : « Il me semble très dangereux de faire sauter les ponts entre Soissons et Paris.

« Le général Vinoy marche par étapes avec son corps d'armée de Marle à Paris. Ne faites pas sauter de ponts entre Soissons et Paris avant le passage de cette troupe (5 septembre). »

Le Ministre de la Guerre au général de Bernis, à Hirson (D. T.).

Paris, 4 septembre.

Dirigez-vous sur Landrecies par Avesnes avec tous les hommes que vous pourrez rallier. J'ai fait préparer à Landrecies des moyens de transport par chemin de fer pour vous ramener à Paris.

Répondu : « Si les wagons ne vous arrivent pas, revenez par étapes à Paris ; on me dit que la ligne a été coupée cette nuit entre Soissons et Berzy (6 septembre, 8 h. 30 matin) ».

Le général Vinoy au général d'Exéa, à Soissons.
Faire suivre à Dammartin (D. T.).

Laon, 5 septembre. Expédiée à 7 heures soir (n° 51).

Je ne comprends pas votre départ pour Dammartin. Si vous avez reçu des ordres directs, exécutez-les. Je comptais vous faire envoyer des moyens de transport à Soissons. Renseignez-moi si vous le pouvez. Le point de rassemblement à Paris est exact. Je pars pour Paris. Réponse à École militaire.

Le général Vinoy au Ministre de la Guerre (D. T.).

Laon, 5 septembre (n° 41066).

J'arrive avec la division Blanchard en bon ordre. La division de Maud'huy a commencé son mouvement sur Paris. Il continuera sans interruption. Tout le matériel d'artillerie a été envoyé en gare de Tergnier pour laisser la voie libre. La division d'Exéa a reçu l'ordre de se tenir prête à quitter Soissons. On lui enverra les trains aussitôt que l'évacuation de Laon sera complète.

TROUPES DIVERSES.

c) Opérations et mouvements.

Le Général commandant la 4° division militaire au Ministre de la Guerre (D. T.).

Soissons, 5 septembre, 9 h. soir. Expédiée le 6 à 1 h. 25 matin (n° 41297).

J'avais adressé cet après-midi au commandant du Ier bataillon de la garde nationale mobile de l'Aisne la dépêche suivante :
Si des ordres de Laon ou de moi ne vous arrivent pas assez tôt, prenez vos dispositions au chemin de fer pour partir, avant que des forces trop considérables ne vous coupent la retraite ; retirez-vous sur Paris ; prévenez-moi si vous le pouvez.

Je reçois de lui ce télégramme : Pas de train assuré cette nuit ; 1ᵉʳ bataillon part à pied pour Dammartin.

Le commandant de ce bataillon en partant aussitôt a cru à de faux bruits ou a mal interprété mon ordre qui ne lui avait été donné que pour prévoir toutes les éventualités.

Si vous voulez disposer de ce bataillon, vous pouvez lui donner des ordres à Dammartin.

Rapport du capitaine Bouxin, commandant la 7ᵉ compagnie du IIIᵉ bataillon de mobiles de l'Aisne, au Général commandant la subdivision de l'Aisne (1).

Le 4 septembre, je me trouvais à Guignicourt en détachement avec ma compagnie, forte de 200 hommes ; j'avais pour mission de garder la voie ferrée de Laon à Lille.

Un poste de 35 hommes, commandé par un officier, se trouvait à Loivre, un autre à Guignicourt. Ces postes, à cause de la grande distance qui les séparait, étaient relevés tous les deux jours seulement. J'avais en outre à Amifontaine un poste de 25 hommes commandés par un sergent.

Le 4 septembre, l'administration fait enlever le télégraphe. Vers 9 heures, deux cavaliers m'arrivent : le premier envoyé par le maire de Neufchâtel, le second par celui de Bertricourt. Tous deux m'annoncent qu'une colonne de cavaliers ennemis, forte d'environ 150 hommes s'avance sur la ligne pour la couper. Ces cavaliers se dirigent sur Loivre sans que le poste puisse les apercevoir, masqués qu'ils étaient par un bois situé à deux cents mètres de la station. L'estafette envoyée sur Loivre arrive trop tard pour prévenir à temps le poste dont la moitié des hommes était allé dîner. Le sergent Fleury, surpris, ne juge pas la défense opportune. Ses hommes se dispersent dans différentes directions ; cinq d'entre eux tombent aux mains de l'ennemi.

Il est à regretter que le lieutenant Cordier ne se soit pas trouvé au poste.

A l'arrivée du courrier qui m'annonce cette nouvelle, je requiers immédiatement des voitures pour me transporter avec 40 hommes au secours du poste attaqué.

A notre approche, les uhlans prirent la fuite.

---

(1) Sans date mais transmis le 6 septembre par le général Theremin d'Hame, commandant la subdivision de l'Aisne, au général commandant la 4ᵉ division militaire à Soissons.

RENSEIGNEMENTS

Le Préfet de l'Aisne, démissionnaire, aux Ministres de l'Intérieur et de la Guerre (D. T.).

Laon, 5 septembre, 9 h. 10 matin (n° 40875).

On signale des uhlans dans nos environs; des dispositions sont prises. Le général Vinoy est arrivé à Laon. Les troupes intactes et en bon ordre partent pour Paris par chemin de fer.

Le Directeur des Postes de l'Aisne au Directeur général des Postes, à Paris (D. T.).

Laon, 5 septembre. Expédiée à 9 h. 55 matin (n° 40906).

Ennemi signalé environs. Serait prudent pour éviter vol de caisse et destruction complète replier recette principale et direction sur Tergnier.
Avis de l'administration attendu.

Le Préfet des Ardennes au général Vinoy, à Laon (D. T.).

Mézières, 5 septembre, 10 h. 35 matin. Expédiée à 3 h. 25 soir (n° 40997).

Les Prussiens qui étaient près de Mézières ont suivi votre corps. D'autres les ont remplacés et ont fait des sommations, mais le mouvement s'est accentué vers Paris, et les pièces et munitions prises à Sedan et destinées à l'attaque de Mézières ont été dirigées, dit-on, vers la capitale. Je sais qu'il y a même des troupes vers Signy-l'Abbaye et Chaumont.

Le Commissaire de surveillance administrative de Saint-Quentin au Ministre de la Guerre (D. T.).

Saint-Quentin, 5 septembre, 12 h. soir. Expédiée à 3 h. 25 soir (n° 41007).

L'avant-garde prussienne est arrivée à Laon.

L'Agence Reuter à l'Agence Havas, à Paris (D. T.).

Londres, 5 septembre, 1 h. 45 soir. Expédiée le 6 à 7 h. matin (n° 41261).

Times, Brussels, lundi, 1 h. 45 matin : Prince héritier Prusse Saxe marche sur Paris ce matin. Corps bavarois reste à Sedan d'où 90,000 prisonniers envoyés Allemagne. Roi, comte Bismarck accompagnent armée vers Paris.

Dépêche adressée à M. Washburne, Ministre des États-Unis, à Paris.

Londres, 5 septembre, 2 h. 20 soir. Expédiée à 11 h. 25 soir (n° 41155).

L'*Écho du Parlement*, de Bruxelles, d'hier soir, dit que les Prussiens sont à 24 kilomètres de Saint-Quentin, marchant directement sur Paris.

L'Empereur a été envoyé à Wilhelmshöhe, près Cassel. Aucune nouvelle certaine de Metz. Le Roi a ordonné de cesser le feu sur la ville de Strasbourg et de le limiter aux fortifications.

Note du Directeur des lignes télégraphiques pour le Ministre de la Guerre.

Paris, 5 septembre.

Une dépêche anglaise arrivée cette nuit disait que les Prussiens s'avançaient sur Paris. Cette nouvelle est confirmée par un télégramme de Bruxelles adressé à Havas. Les deux ont été communiqués à Intérieur. Les Prussiens seraient à Saint-Quentin.

Le Général commandant la 4ᵉ division militaire au Ministre de la Guerre (D. T.).

Soissons, 5 septembre, 2 h. 45 soir.

La division d'Exéa vient de quitter Soissons pour se rapprocher de Paris. Les Prussiens se montrent aux environs de Fismes.

Le Sous-Préfet de Mulhouse au Ministre de l'Intérieur (D. T.).

Mulhouse, 5 septembre, 3 h. 42 soir. Expédiée à 4 h. 50 soir (n° 41094).

L'ennemi paraît sur plusieurs points de l'arrondissement et traverse le Rhin vis-à-vis Kembs. Francs-tireurs volontaires et gardes nationales courent à sa rencontre.

LA GUERRE DE 1870-1871.

Le Préfet de la Haute-Marne au Ministre de l'Intérieur (D. T.).

Chaumont, 5 septembre. Expédiée à 6 h. 55 soir (n° 41138).

Dépêche de l'employé du service télégraphique à Neufchâteau : « L'ennemi près d'entrer en ville. Je ferai mon possible pour faire mon service, mais je ne réponds de rien ».

L'Employé du Télégraphe à l'Inspecteur des lignes télégraphiques, à Chaumont. En communication à Paris (Cabinet).

Neufchâteau, 5 septembre. Expédiée à 11 heures soir (n° 41260).

L'annonce de l'arrivée de l'ennemi à Neufchâteau était une fausse alerte. Considérez ma dépêche de service comme non avenue.

M. Delille à « Presse » New-York (D. T.).

Paris, 5 septembre, 7 h. 55 soir. Expédiée à 10 h. 25 soir (n° 29993).

Officiel annonce Banque France enverra valeurs déposées à succursale. Rappelle, suivant loi, n'est pas responsable de dépôts volontaires en cas circonstances fortuites ou force majeure.

Avis officiel : Prussiens éclaireurs vers Loivre et Fismes. Corps Vinoy se replie sur Laon. Havre proclamé République sans désordre. De même dans beaucoup d'endroits. Soldats arrivent ici par groupes de Sedan, Carignan.

Gazette France dit Jules Favre parti en mission vers roi Prusse. Louis Blanc arrivé ici. Bruit Bazaine et Metz capitulé. Armées prussiennes précédées par 50 escadrons uhlans. Législatif clos. Ex-députés seulement admis salle Conférences. Bruits 200 protestent contre dissolution. Sceaux placés sur archives Sénat. Bruit Tachard allait Londres mission secrète. Mobile fait grande manifestation aujourd'hui faveur Trochu, Rochefort.

Journée du 6 septembre.

13ᵉ CORPS.

c) Opérations et mouvements.

Le Préfet de l'Aisne aux Ministres de l'Intérieur et de la Guerre (D. T.).

Laon, 6 septembre, 8 h. 40 matin. Expédiée à 9 h. 40 matin (nº 41380).

Le général Vinoy, les troupes d'infanterie, de cavalerie et d'artillerie sous ses ordres viennent de quitter Laon, se dirigeant par étapes sur La Fère, Tergnier et Paris. Le matériel du chemin de fer, pour les transporter, n'est pas arrivé. Le général espère en trouver à La Fère ou à Tergnier. D'après avis du commandant de place de Soissons, les communications de cette ville seraient menacées. Rien de nouveau à Laon ni dans les environs immédiats.

Le général Blaise au général de Maud'huy.

Paris, 6 septembre.

J'ai l'honneur de vous rendre compte que je viens d'arriver de Laon par le dernier train qui a pu s'y former. Le bataillon du 95ᵉ, faisant partie du 12ᵉ régiment de marche, n'a pu prendre les voies ferrées. Il est parti avec la division de M. le général Blanchard qui s'est mise en marche à 9 heures du matin se dirigeant sur La Fère. Des wagons ont été envoyés à sa rencontre et il est probable qu'elle arrivera ici soit dans la nuit, soit demain matin. Je suis installé avenue de la Grande-Armée, 76.

Le Ministre de l'Intérieur au Maire de Paris (D. T.).

Paris, 6 septembre, 6 h. 40 soir. Expédiée à 7 h. 30 soir (nº 3877).

Général Vinoy est arrivé à 4 heures, par le chemin du Nord, avec son corps presque intact.

14ᵉ CORPS.

c) Opérations et mouvements.

Le général Renault, commandant le 14ᵉ corps, au général d'Hugues, commandant la 2ᵉ division du 14ᵉ corps.

Paris, 6 septembre, 9 heures soir.

D'après les ordres qui ont été donnés par le général commandant en chef le 14ᵉ corps d'armée, la 2ᵉ division d'infanterie de ce corps ira s'établir après-demain, 8 septembre (jeudi), dans la presqu'île de Gennevilliers pour occuper la position de Gennevilliers et de Colombes.

Vous aurez à faire exécuter, sous la direction du capitaine chef du génie de votre division, tous les travaux de défense qui seront jugés nécessaires. Vous vous entendrez à cet effet avec le général Malcor ou le commandant Gabé, chargés des travaux du fort de Gennevilliers.

Les troupes s'établiront au bivouac. Toutefois vous pourrez profiter du baraquement de Gennevilliers où l'on peut placer environ 2,000 hommes.

Les hommes emporteront deux jours de vivres qui resteront dans le sac en réserve.

Je vous prie d'amener demain au rapport avec vous les officiers de votre état-major qui seront chargés d'aller reconnaître dans la journée la position et les emplacements des bivouacs.

Le quartier général de la 2ᵉ division sera à Courbevoie.

Donnez l'ordre à votre sous-intendant militaire de venir s'établir au quartier général de la division avec le personnel administratif et médical.

Le général Renault, commandant le 14ᵉ corps, aux Généraux commandant les trois divisions.

Paris, 6 septembre, 10 heures soir.

D'après les ordres du Gouverneur de Paris, les troupes d'infanterie du 14ᵉ corps d'armée iront prendre le jeudi 8 septembre les positions suivantes :

1ʳᵉ division : bivouac en avant de Saint-Denis, position de Stains, Pierrefitte, Villetaneuse et Épinay ; quartier général à Saint-Denis.

2ᵉ division : à Gennevilliers et Colombes ; quartier général à Courbevoie.

3ᵉ division : à Meudon, Châtillon, Clamart et Bagneux; quartier général à Vanves.

Les détachements et les officiers du génie affectés à chaque division iront rejoindre leur division pour diriger les travaux de défense jugés nécessaires sur chacune des positions.

On demande au Gouverneur de Paris l'autorisation pour chacune des divisions d'appeler à elle son artillerie.

On demande également à donner à chacun des généraux commandant les divisions un piquet de cavalerie pour assurer la correspondance.

L'intendant militaire est invité à assurer, pour chacune des divisions et dans les localités ci-dessus désignées, le service des ambulances et des vivres.

Les sous-intendants des divisions iront s'établir au quartier général de ces divisions avec leur personnel de santé et d'administration.

Les hommes partiront avec deux jours de vivres de réserve.

DIVISIONS REYAU ET DE CHAMPÉRON.

c) Opérations et mouvements.

Le Président du Gouvernement de la Défense nationale au Ministre de la Guerre.

Paris, 6 septembre.

Veuillez donner des ordres pour que toutes les troupes de cavalerie de Paris et environs se tiennent prêtes à partir. Organisez-les en quatre brigades avec un commandant pour toute la cavalerie.

Faites-moi connaître sans délai les noms du commandant et des commandants de brigade. L'état-major du commandant sera constitué par ses propres ressources.

TROUPES DIVERSES.

c) Opérations et mouvements.

L'inspecteur Mutel à M. Léoni, inspecteur à Maubeuge.

Saint-Quentin, 6 septembre.

Je vous fais connaître ci-après la manière dont seront réparties les troupes de garde mobile pour la surveillance des voies ferrées dans votre district :

300 hommes à Aulnoye qui, tous les cinq jours, seront relevés de Maubeuge. Une garde de 100 hommes à Landrecies qui sera relevée journellement de la ville. La 4ᵉ batterie, forte de 175 hommes, détachée au Cateau, y restera en permanence. Cambrai détachera à Busigny un poste de 100 hommes qui sera relevé tous les cinq jours..... Tous ces postes feront patrouille jusqu'à demi-route du poste voisin.

L'inspecteur Mutel à M. Sandrard, chef de gare, à Hirson.
Saint-Quentin, 6 septembre.

Je vous fais connaître la manière dont seront réparties les troupes de la garde mobile des voies ferrées : 1,000 hommes à Hirson pour diriger les patrouilles sur les trois directions : Mézières, Vervins et Anor.

150 hommes à Anor qui seront relevés d'Avesnes tous les cinq jours. Leur surveillance s'exercera sur les lignes d'Hirson, Avesnes et Chimay, jusqu'à la frontière.

L'inspecteur Mutel à M. Peliet, ingénieur en chef de l'exploitation, à Paris.
Saint-Quentin, 6 septembre.

J'ai l'honneur de vous confirmer ma dépêche de ce matin, vous informant que, par ordre du général Vinoy, la voie a été coupée ce jour à 8 heures du matin à la bifurcation de Laon sur Soissons et Tergnier. Hier la voie avait également été coupée par ordre du général entre Laon et Coucy-les-Eppes et entre Laon et Crécy.....

Tout le matériel qui se trouvait à Laon a été évacué ainsi que celui qui était sur la ligne de Laon à Vervins.

Le Gouverneur de Paris au Chef de bataillon de la garde mobile de Meaux (D. T.).
Paris, 6 septembre.

Restez à Meaux. Des ordres ultérieurs vous seront donnés pour concourir à la défense du pays.

Le Gouverneur de Paris au Général commandant à Melun (D. T.).
Paris, 6 septembre.

Le 2ᵉ bataillon de la garde mobile doit rester à Meaux. Ne lui donnez pas autorisation de partir.

Le Gouverneur de Paris au Directeur des chemins de fer de l'Est (D. T.).

Paris, 6 septembre.

Le bataillon de la garde nationale de Meaux s'est mis en route pour Paris. Arrêtez d'urgence ce mouvement à n'importe quelle gare où ce bataillon se trouve et faites le rétrograder sur Meaux. Je vous donne, vu l'urgence et par mesure exceptionnelle, plein pouvoir à cet égard.

RENSEIGNEMENTS

Le Ministre de l'Intérieur aux Préfets (D. T.). (*Circulaire. — Très urgent. — Nouvelles de la guerre*).

Paris, 6 septembre, 10 h. 50 matin.

L'ennemi se rapproche de plus en plus de Paris.

Nos troupes se replient vers la capitale. Le Gouvernement et la population déploient une égale activité pour préparer la résistance.

L'élection des officiers de la garde nationale se continue. Les armes sont distribuées au fur et à mesure de la formation des cadres.

Sur toute l'étendue du territoire, la République a été acclamée avec enthousiasme.

Le Gouverneur de Paris au Ministre des Travaux publics.

Paris, 6 septembre.

Une personne arrivant de Sedan a remarqué que les Prussiens avaient passé la rivière sur les trains de bois qui paraissaient avoir été amarrés tout naturellement et qui cependant leur ont servi d'une manière très efficace. Il prétend qu'il y en a déjà de réunis en aval de la Seine.

Cette indication qui manque de précision n'est pas sans intérêt. Je la recommande à toute votre sollicitude.

Journée du 7 septembre.

13ᵉ CORPS.

c) Opérations et mouvements.

Le général Daudel, commandant la 2ᵉ brigade de la 1ʳᵉ division du 13ᵉ corps, au Ministre de la Guerre (D. T.).

Sevran, 7 septembre (nº 41972).

Arrivé hier soir à Sevran venant de Dammartin-Saint-Martin, se trouve ce matin sans vivres assurés. Les habitants s'étant retirés, en ce moment les hommes sont tous dépourvus.

Prière de faire diriger le plus tôt possible sur Sevran-Livry 6,000 rations de biscuits. Général très embarrassé. Demande s'il peut compter sur cet envoi vers midi.

14ᵉ CORPS.

Journal de marche de la 2ᵉ division du 14ᵉ corps.

7 septembre.

Ce matin, la division a reçu l'ordre de se rendre le 8 à la presqu'île de Gennevilliers pour occuper la position de Gennevilliers et de Colombes. Le quartier général serait à Courbevoie. Au rapport du général en chef, cet ordre a été annulé, mais il a été prescrit à la division de se tenir prête à faire mouvement et à marcher au premier ordre.

DIVISIONS REYAU ET DE CHAMPÉRON.

c) Opérations et mouvements.

Le Ministre de la Guerre au Général commandant le 13e corps d'armée, rue de Clichy, 6, Paris (1).

Paris, 7 septembre.

J'ai l'honneur de vous informer que M. le général de division Reyau va être chargé d'une mission spéciale. Huit régiments de cavalerie sont, à cet effet, placés sous ses ordres. Parmi ces régiments figurent les quatre qui appartiennent à votre corps d'armée.

Je vous prie, en conséquence, de les mettre à la disposition de cet officier général qui va recevoir directement des instructions au sujet de la mission dont il est chargé.

Le Ministre de la Guerre au Général commandant la 1re division militaire, à Paris.

Paris, 7 septembre.

Les divisions de cavalerie des 13e et 14e corps d'armée vont être réunies sous les ordres de M. le général Reyau et chargées d'une mission spéciale hors Paris.

En conséquence, j'ai décidé que les 1er et 2e régiments de dragons de marche ainsi que le 1er régiment de cuirassiers de marche qui sont actuellement en route pour Paris et Versailles seraient, dès leur arrivée dans la capitale, acheminés sans aucun retard et sans quitter les wagons, savoir : les cuirassiers sur Meaux et les dragons sur Melun.

Je vous prie de donner les ordres et avis nécessaires à cet effet.

Le Ministre de la Guerre au général Jolif Ducoulombier et, en son absence, au Colonel du 6e régiment de hussards, à son passage à Senlis, le 8 (D. T.).

Paris, 7 septembre.

Restez avec le 6e hussards à Senlis ; laissez les autres troupes continuer leur route sur Paris ; vous allez recevoir les instructions du général Reyau.

---

(1) Même lettre au Général commandant le 14e corps.

Le Ministre de la Guerre au Président du Gouvernement de la Défense nationale.
Paris, 7 septembre.

D'après la demande contenue dans votre dépêche du 6 septembre n° 86, je donne l'ordre au général Reyau de se mettre en route avec les divisions de cavalerie des 13ᵉ et 14ᵉ corps pour assurer l'exécution du mouvement dont vous m'avez entretenu dans votre dépêche précitée.

La brigade Ducoulombier rayonnera autour de Senlis, la brigade Cousin autour de La Ferté-sous-Jouarre, la brigade de Gerbrois autour de Nangis et la brigade Ressayre s'établira à Meaux avec le général Reyau.

Le 6ᵉ hussards, le 6ᵉ dragons, le 9ᵉ chasseurs, les spahis et le 9ᵉ cuirassiers commenceront leur mouvement demain. D'un autre côté, je donne l'ordre de transporter à Melun et à Meaux, au lieu de Versailles et Paris, les deux régiments de marche de dragons et le régiment de marche de cuirassiers.

Enfin, le 1ᵉʳ de chasseurs dont les derniers escadrons débarquent en ce moment rejoindra, dans le plus bref délai, le 9ᵉ chasseurs et les spahis à La Ferté-sous-Jouarre.

Pour faciliter au général Reyau sa mission, je lui envoie 44 exemplaires de la feuille de la carte de France qui contient la région dans laquelle il doit opérer.

P.-S. — Je m'occupe de réunir les éléments d'une nouvelle division de cavalerie dans laquelle entreront les dépôts de la Garde. Le travail sera terminé demain et cette division ne tardera pas à être disponible.

Le Ministre de la Guerre au général Reyau, commandant la cavalerie du 13ᵉ corps.
Paris, 7 septembre.

Je vous envoie ci-joint les instructions pour le mouvement que vous êtes appelé à opérer avec quatre brigades de cavalerie dans les environs de Paris. Ces quatre bigades comprendront :

1° Le 6ᵉ hussards et le 6ᵉ dragons, général Ducoulombier ;

2° Le 1ᵉʳ et le 9ᵉ chasseurs avec un détachement de spahis, général Cousin ;

3° Les 1ᵉʳ et 2ᵉ régiments de marche de dragons, général de Gerbrois ;

4° Le 9ᵉ de cuirassiers et le 1ᵉʳ régiment de marche de cuirassiers, général Ressayre.

Ainsi que vous le verrez par les instructions ci-incluses, le centre d'opérations de la 1ʳᵉ brigade est Senlis ; le 6ᵉ hussards sera demain dans cette ville avec le général Ducoulombier et je lui donne l'ordre de s'y arrêter et d'y attendre des instructions de votre part; quant au 6ᵉ dragons il doit être rentré aujourd'hui à Paris avec la division d'Exéa (13ᵉ corps). Vous aurez donc à lui indiquer ce qu'il aura à faire.

Le centre d'opérations de la 2ᵉ brigade est La Ferté-sous-Jouarre; vous voudrez bien diriger sur ce point le 9ᵉ de chasseurs qui est réuni à Versailles, ainsi que le détachement de spahis qui se trouve à Paris. Vous laisserez au général Cousin, qui va rejoindre au premier jour à Versailles, l'ordre de se rendre également à La Ferté-sous-Jouarre avec le 1ᵉʳ chasseurs dès que ce régiment sera arrivé en entier.

Les 1ᵉʳ et 2ᵉ régiments de marche de dragons dont le centre d'opérations est Nangis, et qui viennent de Cambrai et de Tours, vont être transportés, par les voies ferrées, à Melun; le général de Gerbrois qui commande cette brigade devra se rendre, à l'avance, à Melun, pour recevoir ces troupes et donner aux divers détachements, au fur et à mesure de leur arrivée, l'indication des directions dans lesquelles ils doivent opérer.

Enfin, la réserve composée de la brigade Ressayre (9ᵉ cuirassiers et 1ᵉʳ régiment de marche de cuirassiers) a pour point de concentration Meaux où vous établirez vous-même votre quartier général. Le 9ᵉ de cuirassiers s'y transportera par étapes et le régiment de marche y arrivera demain ou après-demain par les voies ferrées.

Je n'ai rien à ajouter aux instructions détaillées qui vous tracent le rôle que vous êtes appelé à remplir. Je vous dirai seulement qu'il est de la plus haute importance que ce mouvement *commence dès demain*. Les généraux commandant les 13ᵉ et 14ᵉ corps en étant prévenus, vous pourrez donner directement tous vos ordres de mouvement aux généraux de brigade et aux chefs de corps.

Il est essentiel que toutes ces troupes soient aussi légères que possible et n'aient, en fait de bagages, que l'indispensable.

On devra emporter aussi quatre jours de vivres pour les hommes et, *au moins*, deux jours d'avoine pour les chevaux. Une fois en opérations, on vivra par réquisitions faites d'après les tarifs réglementaires partout où il n'y aura pas d'entrepreneur.

Je vous adresse en même temps que cette dépêche 14 exemplaires collés sur toile et 30 feuilles de la carte de France à 1/320,000ᵉ. Vous les distribuerez entre les généraux, les chefs d'état-major, les colonels et les autres officiers.

Vous m'enverrez un rapport journalier dont vous transmettrez le double au Gouverneur de Paris.

RENSEIGNEMENTS

Le Directeur général des lignes télégraphiques au Ministre de la Guerre (D. T.).

Paris, 7 septembre, 1 h. 55 matin. Expédiée à 2 h. 10 matin (n° 30414).

L'inspecteur des lignes télégraphiques d'Amiens me fait savoir que l'ennemi est signalé à Crépy.

Le Général commandant la subdivision, à Laon, au Ministre de la Guerre (D. T.).

Laon, 7 septembre, 7 h. 55 matin. Expédiée à 1 h. 15 soir (n° 41331).

Rend compte qu'un détachement de 40 à 50 uhlans est arrivé hier vers 6 heures du soir par la route de Reims; ils ont essayé d'entrer en ville au grand galop; je les ai arrêtés par une fusillade de la citadelle;..... il leur a été tiré quelques coups de fusil; trois hommes sont tombés qui ont été faits prisonniers; le reste s'est enfui par le bas de la montagne et aucun d'eux n'a pu pénétrer dans la ville; ils ont répondu par quelques coups de revolver dont un a légèrement blessé un de mes hommes à la main.

J'ai fait rentrer dans la citadelle tous les hommes présents et j'y suis enfermé avec tous les officiers de la garde nationale mobile, sans un seul homme de troupe.

Le Préfet de la Haute-Marne au Ministre de l'Intérieur (D. T.).

Chaumont, 7 septembre, 9 h. 15 matin. Expédiée à 1 h. 20 soir (n° 42020).

Le département de la Haute-Marne n'a qu'un seul de ses points occupé par l'ennemi; c'est Saint-Dizier. Hier, à 10 heures du matin, 1,000 hommes d'infanterie, 100 soldats du génie employés aux réparations du chemin de fer et deux pièces d'artillerie y étaient encore. L'infanterie a dû être remplacée aujourd'hui par 2,000 hommes de la landwehr. Je suppose que cette infanterie doit se répandre dans l'arrondissement de Vassy, dont dépend Saint-Dizier, pour y entraver les opérations des conseils de revision. J'invite ces conseils à opérer avec la plus grande circonspection, de manière à ne pas livrer les conscrits à l'ennemi.....

Le Ministre de l'Intérieur au Ministre de la Guerre (D. T.).

Paris, 7 septembre, 11 h. 55 matin.

Je reçois une dépêche de l'employé du télégraphe au bureau d'Enghien ainsi conçue : Depuis une heure j'ai entendu une canonnade et par moment une fusillade qui viennent de cesser à l'instant. Je ne puis apprécier de quel côté, tout en pensant que ce bruit vient du côté de Saint-Denis.

Le Maire de La Ferté-sous-Jouarre au Préfet de Seine-et-Marne (D. T.).

La Ferté-sous-Jouarre, 7 septembre, 4 heures soir. Expédiée à 8 h. 45 soir (n° 42280).

Un garde national de Viels-Maisons (Aisne), ayant escorté ici un polonais prussien déserteur, dirigé sur-le-champ sur Meaux, dit que la cavalerie ennemie occupe le camp de Châlons, et qu'on n'a vu à Epernay que 5 uhlans repartis après avoir mangé.

Le Sous-Préfet de Meaux au Préfet de Seine-et-Marne (D. T.).

Meaux, 7 septembre, 12 h. 25 soir. Expédiée à 5 h. 35 soir (n° 42150).

Rien de certain sur la position de l'ennemi. Il est probablement à Château-Thierry. Le pont de Trilport a sauté ce matin ; du côté de Villers-Cotterets, on prétend qu'on se bat à Dammartin. Nous avons un camp de 20,000 hommes. Des troupes du général Vinoy se sont repliées hier de Dammartin sur Chivry. Des mouvements de nos troupes se font dans l'arrondissement. Le général Trochu, auquel j'avais télégraphié que la garde mobile s'insurgeait pour rentrer à Paris, a répété l'ordre de la maintenir pour qu'elle coopère à une action qui aura sans doute lieu dans nos environs.

Le Directeur général des télégraphes au Gouverneur de Paris (D. T.).

Paris, 7 septembre, 3 h. 50 soir. Expédiée à 4 h. 30 soir.

Renseignements fournis par Enghien peuvent se résumer comme

suit : Les bruits de canonnade et fusillade entendus ce matin paraissent devoir être attribués aux exercices à feu exécutés vers Saint-Ouen par mobiles, dont terrain manœuvres a été changé hier. Je continue informations.

Renseignements sur l'ennemi (Cabinet du Ministre de la Guerre).

Paris, 7 septembre.

Les seuls renseignements parvenus dans la journée sur la marche de l'ennemi sont ceux envoyés d'Épernay, signalant des cavaliers prussiens aux environs de cette ville et à Crépy (15 kilomètres de Laon).

Une dépêche du sous-préfet de Meaux indiquant que l'on se bat à Dammartin est certainement fausse.

Le Ministre de l'Intérieur aux Préfets.

Paris, 7 septembre.

Nouvelles de la Guerre. — Les autorités du département de l'Aube font connaître qu'il n'y a point de Prussiens dans ces parages.

C'est à Crépy en Laonnais, département de l'Aisne, et non à Crépy (Oise) que l'ennemi a été vu.

Les dispositions des populations sous le coup de l'invasion sont excellentes. A Paris, le Comité de défense fonctionne constamment.

Nouvelles de l'Intérieur. — La République a été acclamée partout.

A Paris, la confiance de la population est entière ; on a acquis la certitude qu'il y a des armes pour tout le monde et la circulaire du Ministre des Affaires étrangères a produit le plus grand effet.

Journée du 8 septembre.

13ᵉ CORPS.

c) Opérations et mouvements.

Le général Vinoy au général de Maud'huy.

Paris, 8 septembre.

Après m'être concerté avec le Ministre de la Guerre, j'ai arrêté que votre division se porterait en avant vers le Mont-Valérien.

Un régiment de votre 1ʳᵉ brigade, le 10ᵉ de marche, est déjà placé à Sèvres ; le 9ᵉ, de la même brigade, sera placé à la ferme impériale de la Fouilleuse.

Vous aurez soin de vous relier par des petits postes de façon que ces deux régiments communiquent entre eux.

Votre artillerie sera placée au rond-point de Courbevoie et la 2ᵉ brigade sur le terrain environnant, aux points que j'ai indiqués verbalement à votre chef d'état-major.

Le mouvement devra être opéré demain après la soupe du matin. Le terrain sera préalablement reconnu par votre état-major.

DIVISIONS REYAU ET DE CHAMPÉRON.

c) Opérations et mouvements.

Le Général commandant la 1ʳᵉ division militaire au Ministre de la Guerre.

Paris, 8 septembre.

J'ai reçu hier au soir et j'ai transmis immédiatement vos ordres relatifs à l'envoi sur Meaux du 1ᵉʳ régiment de cuirassiers de marche, et sur Melun des 1ᵉʳ et 2ᵉ régiments de dragons de marche. Mais avant que ces ordres soient parvenus aux chefs de l'exploitation des lignes d'Orléans et de l'Ouest, le 1ᵉʳ dragons de marche était arrivé et débarqué à Versailles, d'où M. le général commandant la subdivision de Seine-et-Oise l'a dirigé sur l'École militaire de Saint-Cyr pour utiliser les ressources de ce casernement.

Dès que j'ai été prévenu de ces circonstances, j'ai donné l'ordre au général commandant la subdivision de l'Oise de prendre immédiatement des mesures pour que ce régiment soit rappelé de Saint-Cyr et embarqué à Versailles sur un train de la ligne de l'Ouest pour être dirigé sur Melun par la ceinture et la ligne d'Orléans. J'aurai l'honneur de vous rendre compte de l'exécution de ces mesures.

Le général Reyau au Ministre de la Guerre.

Paris, 8 septembre.

Par dépêche de ce jour, M. le général commandant en chef le 13ᵉ corps m'a fait connaître que quatre régiments de cavalerie étaient placés sous mes ordres en dehors des quatre composant ma division.

Par une autre dépêche, M. le général commandant en chef le 14ᵉ corps a mis à ma disposition M. le général de division de Champéron, avec les quatre régiments de cavalerie sous ses ordres.

Enfin, d'après vos instructions en date d'hier, V. E. a bien placé sous mes ordres quatre brigades composant le corps de cavalerie devant concourir à la défense du territoire situé au Nord de la Seine.

J'ai l'honneur de vous prier de vouloir bien me faire connaître quelle désignation devra prendre le commandant de ce corps important de cavalerie.

Le même au même.

Paris, 8 septembre.

Je reçois à l'instant les instructions de V. E. relatives aux opérations à faire aux environs de Paris par les quatre brigades de cavalerie placées sous mes ordres. Je donne immédiatement les ordres nécessaires pour me conformer à ces instructions. Un des points les plus importants à observer en ce moment est La Ferté-sous-Jouarre, sur lequel je dois diriger le 9ᵉ régiment de chasseurs actuellement à Versailles. Il serait nécessaire de mettre ce régiment en route le plus tôt possible et par les voies les plus rapides, et aucune instruction ne m'est donnée de faire voyager ce corps *par les voies ferrées*.

J'ai l'honneur de prier V. E. de vouloir bien me donner des ordres à cet égard, ainsi que pour le 1ᵉʳ de chasseurs, que je sais être arrivé à Versailles avec le général Cousin.

Le même au même.

Paris, 8 septembre.

J'ai reçu en date du 7 septembre vos instructions relatives aux mouvements à opérer aux environs de Paris avec les brigades de cavalerie que vous avez bien voulu mettre sous mes ordres.

J'ai pris immédiatement les premières mesures nécessaires pour me conformer à ces instructions.

1re *brigade*. — J'ai prescrit au général Ducoulombier de se rendre sans retard à Senlis; il y trouvera le 6e hussards qu'il devra immédiatement employer aux reconnaissances. Des ordres sont donnés au 6e dragons de se diriger sur Nanteuil-le-Haudouin où il arrivera demain.

2e *brigade*. — J'ai envoyé un officier de mon état-major à Versailles pour prescrire au général Cousin de diriger immédiatement par étapes les deux régiments de sa brigade (1er et 9e chasseurs) sur La Ferté-sous-Jouarre. Ils coucheront ce soir à Claye, passeront demain matin à Meaux pour arriver dans la journée à La Ferté-sous-Jouarre. Le détachement de spahis, caserné au quartier Napoléon (quai d'Orsay) est parti vers midi pour aller coucher à Claye et se mettre à la disposition du général Cousin.

3e *brigade*. — J'ai communiqué vos instructions au général de Gerbrois, qui doit arriver ce soir à Melun pour recevoir les 1er et 2e régiments de marche de dragons placés sous ses ordres et donner aux divers détachements de son corps, au fur et à mesure de leur arrivée, l'indication des directions dans lesquelles ils doivent opérer.

4e *brigade*. — Le 9e cuirassiers a reçu ce matin l'ordre de se diriger par étapes sur Meaux; il couchera ce soir à Lagny et arrivera à destination demain dans la matinée; le général Ressayre doit s'y trouver pour le recevoir et l'établir, ainsi que le 1er régiment de marche, dans leurs postes. Je me rends demain de ma personne à Meaux pour y établir mon quartier général.

CAPITULATION DE LAON.

c) **Opérations et mouvements.**

Le Préfet au Ministre de l'Intérieur (D. T.).

Laon, 7 septembre (sans heure). Expédiée le 8, à 12 h. 35 matin (n° 12442).

Un parlementaire précédant trois corps d'armée partis de Rethel, de Château-Porcien et de Reims, vient de demander à être conduit à la citadelle et s'est adressé au général au nom du roi de Prusse, qui aurait quitté Rethel de sa personne ce matin.

L'avant-garde d'un corps d'armée serait aux environs de Sissonne, la reconnaissance repoussée hier appartenant à cette avant-garde.

Le général vient de rendre compte au Ministre de la Guerre.

Le Général commandant la subdivision de l'Aisne au Ministre de la Guerre (D. T.).

Laon, 7 septembre (sans heure). Expédiée le 8, à 1 h. 43 matin (n° 42395).

J'allais exécuter l'ordre de me retirer de Soissons, conformément à votre télégramme de ce matin, à l'annonce d'une armée ennemie nombreuse venant à la fois de Rethel et Château-Porcien ; 15,000 rations seraient déjà commandées à Saint-Erme, à trois lieues de Laon, lorsqu'un parlementaire est venu demander l'évacuation de la place au nom du roi de Prusse. J'ai réclamé sursis jusqu'à demain matin à 5 heures.

Le Ministre de la Guerre au Général commandant le département de l'Aisne (D. T.).

Paris, 8 septembre, 2 h. 15 matin. Expédiée à 5 h. 40 matin (n° 30742).

Je ne comprends pas votre dépêche relative à votre évacuation de Laon. Vous devez repousser toute sommation et tenir dans la citadelle tant qu'il vous restera un boulet, une cartouche, un biscuit.

Le Directeur des Postes de l'Aisne au Directeur général des Postes à Paris (D. T.).

Laon, 8 septembre, 10 heures matin. Expédiée à 12 h. 25 soir (n° 42530).

Laon va être envahi, faut-il se retirer ? Impossible voir Préfet.

Le Maire de Laon au Ministre de la Guerre (D. T.).

Laon, 8 septembre, 10 h. 55 matin. Expédiée à 3 h. 55 soir (n° 42597).

Le conseil municipal de la ville de Laon, organe de la population toute entière, appelle l'attention de M. le Ministre de la Guerre sur l'état de défense de la citadelle de Laon. Elle ne possède que 13 canons montés, pas un officier du génie ni d'artillerie, pas d'autres troupes que 900 mobiles inexpérimentés. Poudrière incomplètement blindée, manque absolu d'eau.

Une résistance serait-elle utile pour la défense nationale et n'aurait-elle pas pour effet de sacrifier inutilement ses défenseurs et l'anéantissement complet de la ville sans aucun profit pour la cause du pays ?

Le Général commandant le département de l'Aisne au Ministre de la Guerre (D. T.).

Laon, 8 septembre (sans heure). Expédiée à 6 h. 25 soir (n° 42792).

Le colonel comte Alvensleben vient d'être introduit dans la citadelle, en parlementaire ; il m'a remis les conditions suivantes qu'il dit inexorables ; je crois devoir vous en référer. La ville est entourée, le fil télégraphique sera coupé demain 9 à 8 heures.

Voici le texte remis :

« Laon est entouré d'une partie de mes troupes ; en peu de temps il se trouvera devant la ville (*sic*). J'ai chargé le colonel de Alvensleben, commandant de brigade, de demander à la ville de se rendre.

« Telles sont les conditions :

« 1° Tous les officiers et soldats de l'armée active, ainsi que les officiers de la garde mobile se rendent prisonniers de guerre ;

« 2° Toutes les troupes de la garnison quittent la ville aussitôt et mettent bas les armes. Le colonel de Alvensleben est autorisé de lâcher (*sic*) la garde mobile si elle promet de ne plus prendre les armes pendant cette guerre ;

« 3° Les canons, toutes les armes et les provisions de guerre, quelque nom qu'elles portent, seront à livrer.

« Au cas que ces conditions ne seront pas remplies, la ville doit s'attendre d'être brûlée et la garde mobile sera prisonnière de guerre ».

Saint-Quentin (1), le 8 septembre,

GUILLAUME,
duc de Mecklembourg-Schwerin, général de division.

Le Maire de Laon au général Trochu (D. T.).

Laon, 8 septembre, 7 h. 20 soir. Expédiée à 10 h. 35 soir (n° 42879).

J'ai eu une entrevue avec le plénipotentiaire du corps d'armée prussien ; il m'a déclaré que si demain à 10 heures du matin, la citadelle ne s'est pas rendue, la ville sera bombardée et brûlée avant toute attaque de la citadelle.

---

(1) Il s'agit de Saint-Quentin, canton de Château-Porcien (Ardennes).

Une foule nombreuse et exaspérée s'est portée vers l'hôtel du général; nos exhortations et nos efforts, faute de force publique, n'ont pu le dégager qu'à grand'peine.

Les habitants des environs se sont, depuis plusieurs jours, renfermés dans la ville avec tout ce qu'ils possédaient. Le maire et le conseil municipal supplient le Gouvernement de sauver la ville de l'incendie et du pillage. Ces affreux désastres n'auraient aucun profit pour la défense nationale, car la citadelle est dans l'impossibilité absolue de tenir contre l'armée très nombreuse qui s'approche de la ville.

Le Préfet au Ministre de la Guerre (D. T.).

Laon, 8 septembre, 9 heures soir. Expédiée à 11 h. 18 soir (n° 42978).

Le général, auprès duquel je n'ai cessé de rester, est rentré à la citadelle entouré de ses officiers.

Le Ministre de la Guerre au Général commandant à Laon et au Conseil municipal (D. T.).

Paris, 8 septembre, 10 h. 45 soir. Expédiée à 11 h. 28 soir (n° 31053).

Agissez devant la sommation selon les nécessités de la situation.

RENSEIGNEMENTS

Le Préfet au Ministre de l'Intérieur (D. T.).

Troyes, 7 septembre, 10 h. 40 soir. Expédiée le 8 à 4 h. 52 matin (n° 42441).

Rien de nouveau. Les ennemis ne sont toujours signalés sur aucun point du département; seulement l'employé du bureau de Rosnay télégraphie que les Prussiens sont à Sommesous, village de la Marne, sur la route de Sézanne, et limitrophe de l'Aube.....

Le Sous-Préfet de Meaux au général Trochu et au Ministre de l'Intérieur (D. T.).

Meaux, 8 septembre, 9 h. 7 soir. Expédiée à minuit (n° 42992).

Uhlans prussiens à Château-Thierry, ne font pas de mal aux habitants.

Renseignements sur l'ennemi (Cabinet du Ministre de la Guerre).

Paris, 8 septembre.

Les renseignements sur la marche de l'ennemi sont presque nuls.

Le maire de La Ferté-sous-Jouarre dit que cinq uhlans sont venus à Épernay.

Le sous-préfet de Meaux n'a ses renseignements que d'après des on-dit.

Laon semblerait devoir être investi, d'après une dépêche craintive du directeur des postes.

La marche des Prussiens sur Paris semble s'être ralentie pour une concentration entre Châlons et Reims, en envoyant par sa droite du monde sur Laon.

La rive droite du Rhin est fortement occupée par les Badois.

Les renseignements manquant, il serait bon de donner l'ordre aux autorités de s'assurer par elles-mêmes des mouvements de l'ennemi et de ne pas s'en rapporter aux récits exagérés de paysans terrifiés.

Journée du 9 septembre.

13ᵉ CORPS.

c) Opérations et mouvements.

Le Gouverneur de Paris au général Vinoy.

Paris, 9 septembre.

La direction de la marche générale de l'ennemi faisant pressentir qu'il arrivera sous Paris par les routes du Nord et du Nord-Est, j'ai arrêté les dispositions suivantes, en ce qui concerne le 13ᵉ corps d'armée : il occupera l'ensemble des positions comprises entre Saint-Ouen et le pont de Sèvres. J'ai l'honneur de vous inviter à faire reconnaître immédiatement par votre état-major les localités de Saint-Ouen, Clichy, Neuilly, Boulogne, les ponts de Saint-Cloud et de Sèvres, de manière que vos troupes soient installées le plus commodément possible. Je désire que le mouvement soit terminé le 11 au soir. Je vous informe que la défense de Saint-Denis et des trois forts qui couvrent la ville est confiée au général de Bellemare, qui établit dès aujourd'hui son quartier général à la sous-préfecture de Saint-Denis. Vous voudrez bien vous mettre, par votre droite, en relation avec cet officier général. Il est bien entendu, mon cher général, que c'est une position d'expectative que je donne à votre corps d'armée et qu'elle pourra être modifiée suivant les circonstances qui se produiront à l'apparition de l'ennemi. Il n'en convient pas moins d'étudier avec le plus grand soin les positions indiquées, car il y aura certainement à combattre sur certains points ; il y aura lieu de s'assurer des dispositions prises pour faire sauter les ponts de la Seine, tels que ceux de Sèvres, Saint-Cloud, Neuilly, etc... J'ai prévenu M. le Ministre de la Guerre de ces dispositions qu'il a déjà approuvées (1).

---

(1) Le Gouverneur adressa le même jour au général Soumain une lettre reproduisant les principales parties de celle-ci.

DIVISIONS REYAU ET DE CHAMPÉRON.

c) Opérations et mouvements.

Le commandant de Balincourt au Général commandant la division de cavalerie du 13e corps (D. T.).

Lagny, 9 septembre, 5 h. 40 matin. Expédiée à 8 h. 5 matin (n° 43063).

Général Cousin non arrivé à Lagny. Que dois-je faire ? J'attends des ordres.

Le général Cousin au général Trochu.

Meaux, 9 septembre, 1 heure soir.

Je n'ai pu partir de Versailles que hier soir, à 4 heures. J'ai marché presque toute la nuit et ai fait de Versailles à Paris, 22 kilomètres, et de Paris à Lagny, 26 kilomètres. La route directe de Lagny à Meaux étant coupée, j'ai dû pour arriver à Meaux passer par Claye et faire encore pour arriver à Meaux plus de 30 kilomètres. En tout, depuis hier soir 4 heures et avec des chevaux chargés, 84 kilomètres ; il m'est impossible d'aller plus loin aujourd'hui ; je pourrais à la rigueur envoyer à La Ferté-sous-Jouarre l'escadron de spahis qui vient directement de Paris. Je vous prie de me faire connaître d'urgence et le plus promptement possible ce que j'ai à faire dans ces circonstances, le général de division n'étant pas arrivé. On a fait sauter les ponts sur la route directe entre Meaux et La Ferté, et pour y arriver il faut faire un détour de 28 kilomètres.

Le Gouverneur de Paris au général Cousin, à Meaux (D. T.).

Paris, 9 septembre.

Il ne faut pas surmener votre troupe. J'ai fait dire aux officiers généraux qu'ils avaient toute initiative. Inspirez-vous des circonstances.

Le général Cousin au Général commandant la division de cavalerie du 13e corps (D. T.).

Meaux, 9 septembre, 4 h. 10 soir. Expédiée à 7 h. 40 soir (n° 43350).

Régiment de marche non arrivé. 9e chasseurs venant de Versailles arrivé à Meaux à 2 heures. Ne peut continuer sur La Ferté, pont de Trilport coupé ; retraite encore possible sur Lagny. J'attends des ordres.

Le général Jolif-Ducoulombier au Ministre de la Guerre (D. T.).

Senlis, 9 septembre, sans heure. Expédiée à 11 h. 30 soir (n° 43497).

Le 6e dragons n'est pas à Nanteuil-le-Haudouin. Il y a passé le 6 septembre dirigé sur Paris par Dammartin. Ce village est désert. Que faire ?

En marge : « Répondu le 10 septembre : Si le 6e dragons n'est pas revenu sous vos ordres, adressez-vous au général Reyau pour savoir où et comment ce régiment vous rejoindra ».

RENSEIGNEMENTS

Le Préfet au Ministre de l'Intérieur (D. T.).

Troyes, 9 septembre, 8 h. 20 matin. Expédiée à 11 h. 35 matin (n° 43079).

Les Prussiens ont passé hier à Vitry, au nombre de 4,000 environ. Leurs éclaireurs ont fait de fortes réquisitions dans les communes voisines, au nom du roi de Prusse. Ils déclarent, par affiches ou à son de caisse, la conscription abolie. Du reste, ils ne s'écartent pas notablement de la route de Paris. Jusqu'à présent ils n'ont pas pénétré dans l'Aube.

Les populations sont terrifiées ; mais on peut espérer qu'avec défense énergique à Paris fera naître dans nos campagnes l'esprit de résistance ouverte. Le sentiment qui domine aujourd'hui, c'est le désir de la paix.....

Le Général commandant le département de Seine-et-Marne au Sous-Préfet de Provins (D. T.).

Melun, 9 septembre, 4 h. 40 soir. Expédiée à 11 h. 40 soir (n° 43525).

Des détachements ennemis peu nombreux semblent se rapprocher du département. On signalerait des fantassins prussiens à Villers-Agron et des cavaliers à Château-Thierry.

Trois régiments de cavalerie, sous les ordres du général Reyau, arrivent en ce moment à Melun et à Meaux pour arrêter la marche de l'ennemi. Tout, du reste, est tranquille.

Le Préfet au Ministre de l'Intérieur (D. T.).

Melun, 9 septembre, 5 heures soir.

Je reçois du commandant de gendarmerie de Coulommiers la dépêche suivante : « Le maire de La Ferté-sous-Jouarre informe officiellement le maire de Coulommiers qu'il s'attend à voir arriver les Prussiens ce soir 9 septembre ».

Le Général commandant le département de Seine-et-Marne au Général commandant la 1re division militaire (D. T.).

Melun, 9 septembre, 5 h. 37 soir. Expédiée à 10 h. 15 soir (n° 43438).

Extrait de dépêches reçues :
1° Le commandant des guides forestiers : les paysans affirment que 700 fantassins prussiens ont couché le 7 à Villers-Agron ; qu'un détachement de cavaliers se dirige sur Verneuil et Châtillon, et que d'autres ennemis sont arrivés le 8 à Château-Thierry.....

Le Chef de gare de Paris-Est au Préfet de police (D. T.).

Paris, 9 septembre, 8 h. 47 soir. Expédiée à 11 h. 20 soir (n° 31330).

Voie libre de Paris à Nogent-sur-Seine, et de Chaumont à Mulhouse et Bâle.

Le Sous-Préfet de Meaux au général Trochu (D. T.).

Meaux, 9 septembre, 8 h. 55 soir.

1° Rapport de mes estafettes vers Charly, 6 heures soir : Prussiens ont couché à Chartèves, attendus ce soir à Château ; exigent seulement strict nécessaire, respectent personnes et propriétés ; indisposés lorsqu'ils voient maisons inhabitées.
2° Lettre de l'adjoint au maire de Château-Thierry, 8 heures soir : Détachements ennemis de 400 à 500 hommes séjournent depuis hier sur les deux rives de la Marne, à 8 kilomètres de Château. Discipline sévère empêchant déprédations. On pense qu'ils ont confondu Fère-en-Tardenois avec Fère-Champenoise.

Journée du 10 septembre.

13ᵉ CORPS.

c) **Opérations et mouvements.**

Le général Vinoy au général de Maud'huy.

Paris, 10 septembre.

Les troupes du 13ᵉ corps d'armée se porteront en avant et iront occuper les positions qui ont été reconnues ce matin, 10 septembre, par leurs chefs d'état-major respectifs, en se conformant aux indications et modifications ci-après :

Les troupes se mettront en marche le 11 septembre après la soupe du matin.

La 1ʳᵉ division gardera fortement les ponts de Saint-Ouen, de Clichy et d'Asnières. Elle devra faire occuper Asnières sur la rive gauche de la Seine par un bataillon. Elle se reliera par sa droite à Saint-Denis.

La 3ᵉ division gardera fortement le pont de Neuilly ; à cet effet, elle conservera un bataillon au rond-point de Courbevoie et l'établira dans un ouvrage de campagne (épaulement) qui sera construit, sous la direction du génie du 13ᵉ corps, sur la déclivité du terrain, de telle sorte qu'il ne puisse abriter l'ennemi si cet ouvrage venait à être abandonné. Cette division fera camper son régiment de gauche entre Madrid et l'avenue de Neuilly et les trois autres entre l'avenue de Neuily et Clichy.

La 2ᵉ division sera chargée de la protection du pont de Suresnes, Saint-Cloud et Sèvres. A cet effet, elle enverra des postes en avant de ces ponts, en tenant compte de cette circonstance que Suresnes étant protégé par le Mont-Valérien, un petit poste suffira pour sa défense. Cette division reliera sa droite à la gauche de la 3ᵉ division en appuyant un peu vers Madrid.

Les batteries affectées au service divisionnaire seront campées avec leurs divisions sur les points qui seront désignés par le général commandant la division.

Des ordres ultérieurs seront donnés pour les troupes du quartier général.

Le général de Valdan, chef d'état-major du 13ᵉ corps, au général Schmitz.

Paris, 10 septembre.

La reconnaissance des emplacements à occuper par les troupes du 13ᵉ corps ont été opérées ce matin. Les trois divisions se mettront en marche demain matin après la soupe et iront prendre possession des points qui leur sont assignés.

Je dois cependant vous faire quelques observations : la gauche de mes positions, qui sera confiée à la 2ᵉ division (de Maud'huy), se trouvera en face des bois de Sèvres et de Saint-Cloud, qui permettront à l'ennemi d'arriver jusqu'au fleuve sans tomber sous les coups de notre artillerie ni même de notre infanterie. Il serait, il me semble, de toute nécessité d'éclairer le terrain, soit en pratiquant de nombreuses percées, soit, ce qui serait plus simple et plus rationnel, en les incendiant en partie.

Enfin, la même observation s'applique à la position de Clichy ; elle est dominée par celle d'Asnières sur la rive gauche, et quelques bouquets de bois empêchent de signaler l'approche de l'ennemi. De ce côté, le travail à effectuer serait peu considérable.

J'ajouterai que le Mont-Valérien ne peut protéger notre extrême gauche parce que les feux, dans cette direction, seraient arrêtés par Saint-Cloud.

Les forts que l'on construit de ce côté ne sont pas encore achevés et ne sont pas ornés (*sic*).

C'est d'accord avec M. le général commandant en chef le 13ᵉ corps que je vous adresse cette communication.

DIVISIONS REYAU ET DE CHAMPÉRON.

c) Opérations et mouvements.

Le général Reyau au général Cousin.

Meaux, 10 septembre.

J'ai l'honneur de vous adresser l'ordre de mouvement qu'auront à exécuter, aujourd'hui samedi 10 septembre, les troupes de votre brigade dès l'arrivée à Meaux.

Les troupes formant ces détachements se mettront en route à 8 heures précises.

Le premier détachement, sous votre commandement, composé de deux escadrons du 9ᵉ chasseurs et du détachement de spahis, se portera dans la direction de La Ferté-sous-Jouarre et bivouaquera le plus près possible de cette ville. Si la route directe de Meaux à La Ferté-sous-Jouarre est détruite, vous vous assurerez de la route qui reste libre et vous choisirez le point que vous trouverez le plus convenable pour vous établir dans le but de la mission que vous avez à remplir.

Le deuxième détachement, sous la conduite de M. le colonel Chareyron, composé de deux escadrons de son régiment, prendra la route de La Ferté-Milon et se portera à Lizy-sur-Ourcq, où il s'établira. Il enverra des reconnaissances sur la rive droite de l'Ourcq, au moins jusqu'à May, et sur la rive gauche jusqu'à Crépoil.

M. le colonel Chareyron devra rester en communication constante avec vous au moyen d'estafettes, de correspondances, de reconnaissances de 4 à 8 hommes, commandées par des brigadiers ou sous-officiers, ou même des pelotons commandés par des officiers.

Aussitôt que vous serez établis, vous m'adresserez votre rapport sur votre marche, ainsi que la situation de l'effectif des troupes sous vos ordres en hommes (officiers, troupes) et en chevaux (d'officiers et de troupe).

Même rapport devra m'être envoyé par M. le colonel du 9e chasseurs.

Je ne saurais trop vous engager à bien faire comprendre à MM. les officiers sous vos ordres les instructions que je vous ai transmises au sujet de la mission importante et difficile que vous avez à remplir. Copie devra être donnée aux chefs de corps de la partie des instructions qui concerne votre brigade et des considérations générales.

Le même au même.

Meaux, 10 septembre.

Pour appuyer votre mouvement, j'envoie sur la gauche un escadron du 9e cuirassiers à Dammartin et deux escadrons du même régiment à Coulommiers, en attendant que je puisse faire occuper cette dernière localité par le 1er chasseurs de votre brigade.

Le général Reyau au général Ressayre.

Meaux, 10 septembre.

J'ai l'honneur de vous adresser l'ordre du mouvement que devra exécuter aujourd'hui 10 du courant le 9e de cuirassiers.

Deux détachements devront se mettre en route à 9 heures précises.

Le premier détachement, commandé par un chef d'escadrons, composé d'un escadron, se portera sur Dammartin, où il ira coucher ce soir.

Demain 11, à la première heure, il enverra un peloton commandé par un officier sur Nanteuil-le-Haudouin, pour entrer en relations avec M. le colonel du 6e de dragons.

Il restera en relations avec vous à Meaux par un poste de 18 hommes commandé par un sous-officier, qui s'établira à mi-chemin de la route de Meaux à Dammartin.

Le deuxième détachement, composé de deux escadrons commandés par un chef d'escadrons, se portera sur Coulommiers où il ira coucher. Il laissera en route un peloton à Crécy-en-Brie, pour maintenir sa communication journalière avec Meaux.

Les deux officiers supérieurs commandant ces détachements devront entrer immédiatement en relations avec les autorités civiles.

Ils vous enverront chaque jour un rapport détaillé sur la situation de leur troupe, sur les renseignements qu'ils ont pu recueillir, sur les reconnaissances journalières qu'ils auront poussées dans toutes les directions. Ce rapport devra être accompagné de la situation de l'effectif de leur détachement en hommes et en chevaux.

P.-S. — Je vous engage également à vous mettre continuellement en relations avec les autorités civiles : préfets, sous-préfets, maires, afin d'avoir, soit officiellement, soit secrètement, par des affiliés qu'ils vous enverront, tous les renseignements qu'ils recueilleraient sur tous les mouvements de l'ennemi.

Les instructions les plus larges leur seront données à cet effet. Quant à vous, vous pouvez prendre par réquisition tous guides qui vous seraient nécessaires pour vous faire connaître tous les chemins qui pourraient vous servir au besoin pour aller en avant ou battre en retraite.

Le général Reyau au général Jolif-Ducoulombier.

Meaux, 10 septembre.

Je compte que les régiments de votre brigade sont établis aux environs de Senlis et de Nanteuil-le-Haudouin, conformément à mes instructions et à celles du Ministre, et qu'ils opèrent en vue de remplir la mission importante et difficile qui lui est confiée.

Je vous prie de m'adresser sans retard la situation de ces régiments dans les différentes localités qu'ils occupent, les reconnaissances continuelles qu'ils doivent pousser dans toutes les directions.

J'envoie à Dammartin pour vous appuyer et vous servir de réserve un escadron du 9e de cuirassiers. L'officier supérieur qui le commande a ordre de se mettre immédiatement en relation avec M. le colonel du 6e dragons établi à Nanteuil-le-Haudouin. C'est par cette voie que vous me ferez parvenir vos rapports journaliers.

Pour servir à cette correspondance, des postes intermédiaires seront établis entre Senlis et Nanteuil et entre Nanteuil et Dammartin.

Le général Reyau au Ministre de la Guerre.

Meaux, 10 septembre.

J'ai l'honneur de vous rendre compte des mouvements exécutés par les brigades sous mes ordres depuis que je vous ai adressé ma dépêche du 8.

1re *brigade*. — Les rapports que j'ai prescrits à M. le général Ducoulombier de m'envoyer journellement ne me sont pas parvenus. J'espère que les ordres que je lui ai donnés de se rendre sans délai à Senlis sont exécutés, ainsi que le mouvement du 6e dragons sur Nanteuil-le-Haudouin.

2e *brigade*. — Le général Cousin est arrivé avec le 9e de chasseurs à Claye le 8 septembre, pendant la nuit. Il a atteint Meaux hier 9. Je lui fais continuer aujourd'hui son mouvement en avant. Je lui prescris de se porter avec 2 escadrons du 9e de chasseurs et le détachement de spahis dans la direction de La Ferté-sous-Jouarre. La route directe étant coupée, il s'est porté sur Lizy-sur-Ourcq d'où il a l'ordre de diriger des reconnaissances sur La Ferté-sous-Jouarre et Château-Thierry. Les deux autres escadrons de ce régiment, sous le commandement du colonel Charreyron, se dirigent sur La Ferté-Milon. Ils s'arrêteront aujourd'hui à Lizy-sur-Ourcq et pousseront des reconnaissances sur la route de La Ferté-Milon.

Deux escadrons du 1er chasseurs sont arrivés ce matin à Meaux. Le colonel de ce régiment me rend compte qu'il est d'une ignorance complète du lieu où se trouvent les deux autres escadrons, car, depuis leur débarquement à Toulon, il n'en a pas reçu de nouvelles. Il serait urgent de presser l'arrivée de ces escadrons à Versailles, pour recevoir leur nouvel armement et rejoindre immédiatement les premiers escadrons. Demain, je dirigerai le colonel Gérard sur La Ferté-sous-Jouarre et Coulommiers, avec ordre de battre les bois situés entre Meaux et La Ferté.

3e *brigade*. — En quittant hier Paris, j'ai communiqué vos instructions au général de Champéron, qui doit être rendu en ce moment à Melun. Par le courrier de ce jour, je lui prescris de diriger le général de Gerbrois, avec le 1er régiment de marche de dragons, sur Nangis. Il éclairera la route de Provins et se mettra en relations, par Rozoy-en-Brie, avec le détachement du 9e de cuirassiers qui est à Coulommiers.

4e *brigade*. — J'envoie à Dammartin un escadron du 9e de cuirassiers, commandé par un officier supérieur, pour me tenir en relations avec le général Ducoulombier, et l'appuyer comme réserve. Je fais partir, en même temps, de Meaux pour Coulommiers, deux escadrons du même régiment, commandés également par un officier supérieur, ayant pour mission d'éclairer la route de La Ferté-Gaucher et de me relier avec le général de Champéron.

Je resterai à Meaux avec un escadron du 9e de cuirassiers. J'ai l'honneur de vous faire observer que jusqu'à présent le 1er régiment de marche de cuirassiers n'est pas arrivé à Meaux et que je n'en ai aucune nouvelle. Il serait urgent que ce régiment reçût l'ordre d'arriver le plus promptement possible à Meaux où je me trouve avec un seul escadron.

Le général Reyau au général Ressayre.

Meaux, 10 septembre.

J'ai l'honneur de vous prier de faire partir immédiatement pour Claye, l'escadron du 9e de cuirassiers avec l'état-major et tous les bagages.

Le colonel avec cet escadron s'établira à Claye. Il poussera des reconnaissances dans la direction de Dammartin. Il a pour mission spéciale d'empêcher les coureurs de couper le pont de Claye. Il se tiendra en relations continuelles avec Meaux, afin de vous communiquer dans le moindre délai tous les renseignements sur l'ennemi qu'il pourra recueillir.

Le général Reyau au Colonel du 1er chasseurs.

Meaux, 10 septembre.

Dirigez un peloton commandé par un officier sur la route de Claye ; il se tiendra à mi-chemin de Meaux à Claye.

Le général Reyau au Ministre de la Guerre.

Meaux, 10 septembre.

J'ai l'honneur de vous accuser réception du télégramme que j'ai reçu aujourd'hui à midi. Je suis parti hier 9 du courant pour Meaux, où je suis arrivé pendant la nuit ; j'ai donné immédiatement les ordres pour les divers mouvements dont je vous ai rendu compte dans les dépêches que je vous ai expédiées ce matin.

Les renseignements que votre télégramme m'a transmis m'ont décidé à prendre les nouvelles dispositions suivantes qui complètent celles que j'ai prises ce matin.

Je dirige l'escadron du 9e cuirassiers avec le général Ressayre sur

Claye, avec la mission spéciale d'empêcher les coureurs de couper le pont. Cette position aura le double avantage de me tenir en relations constantes avec Dammartin et avec Nanteuil-le-Haudouin et le général Ducoulombier. Je reçois à l'instant une dépêche de cet officier général et presque en même temps un pli que m'apporte un émissaire particulier, m'informant que le 6ᵉ dragons n'était pas encore arrivé à Nanteuil à la date du 9. Cependant il est de la plus grande importance que le régiment se rende, sans délai, sur ce point important, sans quoi le 6ᵉ hussards se trouve en l'air à Senlis, sans communications avec Dammartin où se trouve cet après-midi un escadron de cuirassiers.

Je reçois un télégramme du général de Gerbrois me prévenant qu'il a été averti par la gendarmerie de Provins que les avant-coureurs de l'ennemi sont passés à Montmirail et à Sézanne et que deux corps d'armée forts chacun de 10,000 hommes étaient à quelques lieues de ces deux villes.

Cette direction des forces ennemies menace directement La Ferté-sous-Jouarre et Coulommiers. J'avertis le chef d'escadrons commandant le détachement du 9ᵉ cuirassiers que j'ai dirigé sur ce dernier point de veiller et de ne cesser d'entretenir avec moi des communications par courriers ou émissaires et de se replier sur Meaux s'il se trouve trop vivement menacé. J'écris dans le même sens au général Cousin. M. le sous-préfet de Meaux me communique des télégrammes de M. le maire de La Ferté-sous-Jouarre annonçant que les Prussiens sont entrés à Château-Thierry entre 10 et 11 heures.

Le général Reyau au général Cousin.

Meaux, 10 septembre.

Je reçois la dépêche que vous m'avez fait tenir par un émissaire ; je m'empresse de vous répondre par la même voie.

J'approuve les dispositions que vous avez prises pour vous éclairer dans les directions qui aboutissent à la route que vous avez choisie à Lizy-sur-Ourcq. Si cette position présente quelques inconvénients ou quelques dangers, abandonnez-la sans délai ; établissez-vous dans une position militaire meilleure, à Congis, si vous le jugez convenable ; je vous laisse absolument libre à tous égards. Prenez toutes les mesures que vous croirez utiles pour l'accomplissement de votre mission.

Si, d'après les rapports que vous allez recevoir des commandants des détachements, vous jugez impossible de vous porter sur Château-Thierry et La Ferté-sous-Jouarre, attendez dans la meilleure position que vous aurez choisie les ordres nouveaux que je ne pourrai vous donner qu'après avoir reçu ces rapports.

Le général Reyau au Commandant du détachement du 9ᵉ de cuirassiers, à Sancy.

Meaux, 10 septembre.

Je reçois le télégramme que vous m'adressez de Coulommiers, m'informant que, menacé par des forces supérieures qui se dirigent de Montmirail sur Rebais, vous vous repliez sur Meaux.

Comme il est essentiel de couvrir cette ville vers le Sud, vous arrêterez votre mouvement à Quincy, où vous prendrez position. Arrivé à Sancy, vous vous dirigerez par Coulomme sur Quincy, où vous établirez vos bivouacs demain matin 11 dudit ; vous attendrez mes ordres. Dans tous les cas, votre retraite, en cas de nécessité absolue, aura lieu sur Lagny, par Couilly et Saint-Germain-les-Couilly.

Le général Reyau au général Cousin.

Meaux, 10 septembre.

Afin d'éviter tout embarras de route, aussitôt que vous vous verrez trop fortement menacé dans la position que vous occupez à Congis, vous effectuerez votre mouvement de retraite sur Saint-Soupplets, pour vous rabattre, s'il y a lieu, sur Claye ou Dammartin, selon les circonstances.

La route que vous aurez à parcourir de Congis à Saint-Soupplets est dans de bonnes conditions.

Le général Reyau au Général commandant la cavalerie, à Melun.

Meaux, 10 septembre.

J'ai reçu le télégramme que vous m'avez adressé pour me donner avis que l'ennemi, en forces, était passé par Montmirail et par Sézanne. Les fortes reconnaissances que j'ai poussées aujourd'hui en avant de Meaux le signalent à Château-Thierry et à La Ferté-sous-Jouarre. Son mouvement semble se dessiner vers le Sud pour aller atteindre la vallée de la Seine. Veillez donc encore plus assidument sur votre gauche et faites-vous éclairer avec la plus scrupuleuse attention vers Provins et Rozoy-en-Brie.

Si Nangis est trop vivement menacé, établissez le régiment qui s'y trouve un peu en arrière à Mormant.

Je désirerais savoir exactement la position que vous occupez. Je n'ai encore reçu aucun des rapports journaliers que vous devez m'adresser. Faites-moi connaître par le télégraphe tous les renseignements que vous pourrez recueillir sur la marche de l'ennemi.

Le général Reyau au Ministre de la Guerre (D. T.).

Meaux, 10 septembre, 4 heures soir. Expédiée à 6 h. 45 soir (n° 43923).

Reçu télégramme à midi. Je vous adresse dépêche indiquant les différents mouvements exécutés pour éclairer toutes directions. Avoir reçu télégramme du général de Gerbrois annonçant l'ennemi en force à Montmirail et à Sézanne. Avoir reçu télégramme du maire de La Ferté-sous-Jouarre annonçant que les Prussiens sont entrés à Château-Thierry entre 10 et 11 heures. J'attends les rapports des chefs de détachement ; je les communiquerai immédiatement.

Le général Reyau au général Trochu (D. T.).

Meaux, 10 septembre, 4 h. 30 soir. Expédiée à 5 h. 20 soir (n° 195).

Je vous adresse dépêche indiquant les différents mouvements exécutés par la division pour éclairer toutes les directions.

Avoir reçu télégramme du général de Gerbrois annonçant l'ennemi en force à Montmirail et à Sézanne.

Avoir reçu un autre télégramme du maire de La Ferté-sous-Jouarre annonçant que les Prussiens sont entrés à Château-Thierry entre 10 et 11 heures. J'attends les rapports des chefs de détachements, que je communiquerai immédiatement.

Le commandant du Ier bataillon de garde mobile à Nangis fait connaître que le chef de gare veut quitter la gare pour se replier et qu'il s'y oppose jusqu'à ce que les postes avancés soient rentrés et que lui-même ait reçu des ordres. Le commandant du IIe mobiles à Meaux informe que l'ennemi est arrivé ce soir avec grandes forces à La Ferté et que lui est obligé de se replier sur Lagny.

Commandant gendarmerie de Meaux informe que le général Reyau étant arrivé avec une partie de sa division avec l'intention de se rendre à La Ferté-sous-Jouarre, il se concentrera avec sa troupe à Meaux. Le même fait connaître l'arrivée de Prussiens à Château-Thierry. Les communications étant coupées avec Meaux et Crécy, le commandant de gendarmerie annonce qu'il se replie sur Vitry-le-François. Le chef de la brigade de gendarmerie de Claye informe qu'il se replie sur Lagny faute de vivres, la ville ayant été complètement évacuée par les habitants. Pas de nouvelles de Dammartin.

Le sous-préfet de Provins signale la présence de 500 Prussiens à Sézanne et la présence d'éclaireurs ennemis près Villenauxe. Le procureur de la République à Provins, en éclairant la route de Montereau à Provins, s'est trouvé au milieu de quatre uhlans, auxquels il a échappé par miracle. 200 cavaliers ennemis déjeunaient ce matin à Bouchy-le-Repos (Marne). Les cantons de La Ferté-Gaucher et Rebais étant envahis, le conseil de revision, qui devait y opérer demain, est forcé de rentrer à Meaux. Le sous-préfet de Coulommiers fait connaître que les Prussiens se sont présentés à Rebais et qu'un nombreux corps de cavalerie est dirigé de Montmirail à Viels-Maisons. Général de division, avec une de ses brigades commandée par son général, arrivée à Melun, ne peut éclairer que les environs, de manière à faciliter la retraite des gardes mobiles sans pouvoir s'écarter. Les ponts étant sautés, les routes étant coupées, les têtes de lignes repliées, l'ennemi menaçant de couper la ligne de retraite, de plus les populations s'étant retirées, il n'y aurait aucun moyen de faire vivre la troupe en dehors des grands centres.

En conséquence, le préfet et les généraux sont d'avis de maintenir la réunion de la brigade à Melun, en faisant faire des reconnaissances dans les environs, et demandent des ordres. Leur préoccupation principale est de ne pas laisser couper la ligne de retraite et de faciliter la réunion en arrière des troupes et gardes mobiles établis en postes peu nombreux sur différents points.

Le commandant de Benque au général Reyau (D. T.).

Coulommiers, 10 septembre, 9 h. 40 soir. Expédiée le 11, à 2 h. 35 matin (n° 44148).

D'après renseignements d'un négociant connu arrivant de La Ferté-sous-Jouarre et prisonnier échappé des mains des Prussiens : 200 uhlans à La Ferté, avant-garde d'un corps de 2,000 hommes à Château-Thierry, uhlans prévenus que le pont de Trilport a sauté. Possible qu'ils se rabattent sur Crécy, nous coupant en arrière de ligne de retraite près Sancy. Rebais et La Ferté-Gaucher occupés par les Prussiens ; partir à minuit suivant la route de ce matin pour Meaux, si vous le jugez convenable. Dans ce cas, je pourrai camper et attendre de nouveaux renseignements, après avoir dépassé le point où la coupure serait possible. Reconnaissances sont envoyées dans toutes les directions. J'attends réponse.

Le général Reyau au commandant de Benque (D. T.).

Meaux, 10 septembre, 11 h. 15 soir. Expédiée le 11, à 5 h. 40 matin (n° 44146).

Effectuez votre mouvement de retraite par Sancy ; vous vous arrêterez à Quincy et vous établirez entre Quincy et Couilly.

Rapport du capitaine d'Agon, du 9ᵉ chasseurs, concernant sa reconnaissance du 10 septembre.

Exploration des routes de Lizy-sur-Ourcq au bord de la Marne, de celle de La Ferté-sous-Jouarre à Château-Thierry et de tous les villages, fermes et bois situés dans les contrées traversées par ces routes. — Rencontre, attaque et fuite d'un escadron ennemi.

11 septembre.

J'ai l'honneur de vous rendre compte que, conformément à vos ordres, j'ai quitté le bivouac de Lizy-sur-Ourcq hier 10 septembre, à 3 heures de l'après-midi, avec un peloton de 35 cavaliers, dans le but d'aller reconnaître la route impériale de Château-Thierry à La Ferté et de prendre des renseignements sur la marche de l'ennemi.

Après avoir disposé mes cavaliers de façon à couvrir et battre constamment un terrain de 3 kilomètres de long sur 2 de large, j'ai donné le commandement du gros de ma troupe à M. de Novital, lieutenant en premier de mon escadron, et j'ai pris la direction de tous mes éclaireurs et flanqueurs.

J'ai reconnu et fait fouiller successivement tous les villages, fermes isolées et bois qui bordent les deux côtés de la route de Lizy à l'embranchement de la route impériale, questionnant les paysans et les piétons qui, presque tous pris de peur, s'enfuyaient à mon approche. Enfin, en ayant rencontré un dont les renseignements me parurent dignes de foi, je le pris comme guide ; après quelques difficultés il s'y décida.

M'ayant fait entrevoir que la route impériale de Château-Thierry à La Ferté devait être couverte de troupes prussiennes et que le grand village de Montreuil-aux-Lions pourrait bien être occupé, je me suis arrêté à l'embranchement de la route qui mène à Chambardy et à Dhuisy et j'ai chargé le maréchal des logis Renard et trois hommes d'aller me reconnaître ces deux villages et celui de Montreuil. J'avais à peine fini la reconnaissance des bois situés entre Chatton et Chambardy que ce sous-officier venait me rendre compte que les villages de Dhuisy et de Chambardy étaient presque déserts, que le village de Montreuil n'était pas occupé et que la route impériale ne dénotait aucune trace d'un passage précipité de troupes. Fort de ces renseignements, j'ai été occuper le village de Montreuil, et j'y ai recueilli auprès de M. Morel, adjoint au maire, du garde champêtre et du facteur rural, les renseignements officiels suivants :

Ce matin, 10 septembre, vers 11 heures, Château-Thierry était envahi par 400 ou 500 cavaliers du *8ᵉ* dragons prussien et 1,200 à 1,500 fantassins du *51ᵉ* de ligne. L'état-major prussien de ces régiments était logé à l'hôtel de l'Éléphant, avec une centaine d'hommes. De plus, quelques troupes d'infanterie et de cavalerie, dont on n'a pu m'apprécier le nombre, s'exerceraient aux manœuvres dans les camps de Jaulgonne et de Crézancy, distants le premier de 4 lieues et le deuxième de 3 lieues au Nord-Est de Château-Thierry. Ces deux camps auraient été renforcés hier. Enfin (mais sous toutes réserves), l'artillerie d'un corps d'armée, que le roi faisait descendre par le canal de la Marne, pour reposer les chevaux et ne pas défoncer les routes, aurait été embourbée par suite de la destruction des écluses, qui a permis l'écoulement des eaux.

Malgré la bonne foi de ces fonctionnaires publics, je me disposais à pousser ma reconnaissance jusqu'à Château-Thierry pour contrôler leurs assertions, lorsque j'appris qu'un escadron du *8e* dragons, fort de 80 à 100 chevaux, se trouvait vers 6 heures du soir à Charly.

Abandonnant alors ma première idée, j'ai immédiatement dirigé ma reconnaissance sur ce point, dans le but d'enlever à l'ennemi quelques éclaireurs et d'avoir, de la sorte, des renseignements précis.

Il était 7 heures du soir lorsque je suis arrivé à l'embranchement des routes qui conduisent aux petits villages de Charly et de Crouttes. J'ai alors envoyé le maréchal des logis Renard et quelques hommes, sous la conduite de mon guide, pour reconnaître le village et j'ai été m'embusquer dans les petits bois qui couronnent le plateau qui s'étend entre Crouttes et Charly.

Vers 8 heures, ce sous-officier me rendait compte que l'escadron ennemi avait quitté Charly depuis environ une heure et que le maire avait reçu avis de l'arrivée de 200 hommes d'infanterie qu'il devait loger pour la nuit.

Après m'être assuré par mon guide et par moi-même que le village de Crouttes n'était pas occupé, j'y suis entré avec ma troupe pour questionner le maire et poursuivre ma reconnaissance. M. Daliban, maire de cette localité, m'ayant appris que les dragons avaient coupé le fil télégraphique, que le tunnel du chemin de fer avait été détruit par nous et m'ayant donné tous les renseignements nécessaires sur la composition de la troupe que je voulais reconnaître, je me disposais à partir lorsque des cris de « Qui vive ! » poussés par mes vedettes avancées et suivis de six coups de feu, m'apprirent que mon avant-garde était attaquée ; je volai aussitôt à son secours avec le gros de ma troupe et, admirablement secondé par la présence d'esprit de M. le lieutenant de Novital, je partis au galop sur la chaussée après avoir formé mes cavaliers sur six de front. A 400 mètres nous essuyâmes un nouveau feu de l'avant-garde ennemie, qui se retira à la charge.

Mes chevaux fatigués par 80 kilomètres de marche ne pouvant que difficilement rejoindre les chevaux frais des dragons, j'ordonnai immédiatement les charges successives recommandées pour l'attaque des chaussées et je prescrivis de couvrir la route de feux. Mes premiers rangs partirent à la charge avec un entrain admirable et soutenus par les autres qui les suivaient au galop ; ils inondèrent de balles la route qui se développait devant eux.

L'obscurité de la nuit, le bruit de l'ennemi qui fuyait sans que nous pussions le voir, les hourras de mes hommes énivrés de vengeance et leurs coups de feu précipités, dont la lumière nous dirigeait, ont donné à cette charge de 3 kilomètres un caractère vraiment saisissant.

Arrivé à cette distance et ne craignant plus un retour offensif de l'ennemi, j'ai jugé prudent d'arrêter la charge, car le bruit de notre fusillade entendu de Charly pouvait me mettre à dos l'infanterie qui y bivouaquait. Je me suis donc replié rapidement et en bon ordre sur Montreuil-aux-Lions, après avoir rallié tout mon monde et fait rapporter trois hommes, dont deux étaient tombés avec leurs chevaux et avaient fait des chutes très graves, et un qui avait reçu une balle sur le côté gauche de la tête, qui, heureusement, ne l'avait qu'étourdi.

Arrivé à Montreuil vers les 11 heures, j'ai établi un poste avec mission de surveiller la bifurcation des routes de Lizy à Charly et la route impériale. J'ai ensuite établi ma grand'garde au carrefour des routes de Lizy et de la route impériale, afin de couvrir, comme poste avancé, le bivouac de notre cavalerie que j'avais laissé à Lizy.

Ma grand'garde établie, j'ai organisé un système de patrouilles, à l'aide duquel j'ai pu constater que nous étions observés et suivis ; seulement les éclaireurs ennemis étant très loin de moi et n'ayant aucun caractère agressif, je me suis contenté de les tenir à distance.

Vers 2 heures du matin, je levais ma grand'garde, ralliais mon poste de Montreuil et me dirigeais en nouvelle reconnaissance sur Chamigny où on m'avait signalé dans la nuit la présence d'une vingtaine de dragons. Arrivé près de ce village, un paysan qui venait de La Ferté m'apprit que la nouvelle d'une reconnaissance offensive de cavalerie française les avait mis en fuite et qu'ils s'étaient retirés à la hâte.

Quant à l'escadron de dragons qu'il m'a été permis de poursuivre, j'ai appris qu'à leur arrivée à La Ferté-sous-Jouarre ils avaient eu connaissance de la présence d'un détachement de spahis et que craignant une embuscade ils s'étaient repliés rapidement pour regagner Château-Thierry. C'est donc pendant leur retraite qu'ils ont attaqué notre avant-garde et que nous avons repoussé énergiquement la leur.

Cette dernière reconnaissance terminée, je me suis replié sur Lizy et de là sur Congis où s'était retiré le bivouac de la cavalerie.

D'après les renseignements que j'ai puisés dans de nombreux villages, j'ai pu constater que toutes les municipalités s'étaient résignées à bien recevoir l'ennemi afin de préserver leurs communes des calamités du pillage. Elles font en conséquence préparer des logements et se tiennent prêtes à assurer les vivres. En un mot, elles font pour l'ennemi ce qu'elles n'auraient jamais fait pour nous. Ces sentiments sont-ils bien patriotiques ?

Quant aux armes des particuliers, elles sont placées dans un endroit secret, mais sont prêtes à être remises entre les mains de l'ennemi à la première réquisition.

Ces différentes mesures sont blâmées par beaucoup d'habitants, mais la majorité prise de peur cède à la crainte, s'enfuit dans les bois ou quitte le pays. J'ai fait mon possible pour relever le moral des localités où je suis passé, en exagérant l'état de nos forces et en leur exprimant toute notre confiance ; mais le découragement qui s'est emparé d'eux est tellement grand qu'il a éteint, pour ainsi dire, dans leur cœur tout sentiment patriotique. Voilà à peu près, mon Général, la situation des esprits dans les localités que j'ai pu parcourir.....

Le colonel Ach. Lafon, commandant les éclaireurs de la Seine, au général X.....

Meaux, 10 septembre.

J'ai l'honneur de vous rendre compte que, conformément aux ordres que vous m'avez donnés, je me suis rendu à Meaux, et là me suis mis en rapport avec M. le sous-préfet, puis avec les généraux qui y sont successivement arrivés.

Je viens de recevoir les ordres de M. le général commandant la division de cavalerie (général Reyau) et je quitte Meaux cette nuit, pour appuyer les reconnaissances de la cavalerie du côté de Dammartin, défendre ensuite la route, à partir de Claye, dans les positions successives et favorables que présentent les bois le long de la grande route et le long du canal de l'Ourcq.

J'aurais bien besoin, mon Général, que l'on me fît passer quelques fonds pour la nourriture de la troupe. On ne reçoit que le pain et, dans certains endroits, il est très difficile de s'en procurer, surtout par simple réquisition.

Le IIIe bataillon a sa solde jusqu'au 15 ; mais le IVe n'a rien touché encore, et a dû emprunter hier 1,000 francs au IIIe.

Soyez assez bon pour donner vos ordres à cet égard à l'officier qui vous portera cette lettre. M. le sous-préfet donnera j'espère tantôt 3,000 francs, sur lesquels 1,000 sont dus au IIIe, et ce sera, vous le voyez, un bien faible acompte sur la solde déjà due à la troupe et aux officiers du IVe bataillon.

CAPITULATION DE LAON.

c) Opérations et mouvements.

Le Préfet au Ministre de l'Intérieur (D. T.).

Laon, 9 septembre, sans heure. Expédiée le 10, à 3 h. 5 matin (n° 43479).

La place n'ayant que quelques pièces d'artillerie, se trouvant réduite depuis hier soir à 700 mobiles, une armée considérable commandée par le duc de Mecklembourg étant sur le point d'entourer Laon, et le plénipotentiaire ayant déclaré que cette armée occuperait et brûlerait la ville avant d'attaquer la citadelle, aux feux de laquelle elle peut se soustraire, le général m'a informé qu'il se croit dans la nécessité d'accepter la capitulation pour préserver la ville d'un désastre inévitable et sans résultat possible; il serait bien à souhaiter que ce nouveau malheur fût du moins expliqué.

Je fais mettre en sûreté tous les papiers pouvant être un sujet de dommage. J'invite les chefs de service à se replier sur Saint-Quentin; je partirai moi-même le plus tard possible, aussitôt après l'occupation, et j'y attendrai dans cette ville vos instructions. La ligne devait être coupée ce matin à 9 heures, elle l'a été à 7 h. 30. J'envoie ce dernier télégramme à Tergnier, par M. Chalenton, agent du télégraphe, de confiance et dévouement.

Le Chef de station de Laon au Directeur général des lignes télégraphiques, à Paris (D. T.).

Sains, 10 septembre, sans heure. Expédiée à 4 h. 30 soir (n° 43848).

Avons pu à grand'peine traverser lignes ennemies, MM. Jumaucourt, Aullet et moi, en passant par les marais de Barenton—Bugny et voyageant la nuit; M. Penelier devait partir une heure après nous, n'aura pu nous rejoindre. MM. César mal portant, Chalenton et les deux auxiliaires ont dû assurer le service jusqu'au dernier moment. Préfet autorisait notre évasion. Mesures prises pour mettre appareils à l'abri.

Renseignements recueillis le 9 : général Théremin d'Hame a rendu citadelle pour sauver ville; à midi, Prussiens entraient dans la citadelle, mobile mise en liberté; à 12 h. 30, poudrière sautée avec partie citadelle, état-major prussien, quelques centaines d'ennemis et quelques mobiles, général survécu, blessé tête; les Prussiens n'exercent pas de violence en ville, sont très découragés, convaincus trouveront leur tombeau à Paris. Troupes prussiennes convergent sur Laon, occupent Nord-Est, arrondissement de Laon. Camp de 5,000 à 6,000 hommes, à Clermont les fermes, réquisitions faites, non occupé (*sic*).

RENSEIGNEMENTS

Dépêche de l'Agence Fournier (D. T.).

Stockholm, 9 septembre, 4 h. 50 soir. Reçue le 10, à 2 h. 30 matin.

Le Ministre de Prusse a dit au Chargé d'affaires autrichien, qui me le rapporte, que devant Paris, comme depuis le commencement de la guerre, les Allemands porteront toutes leurs attaques sur un seul point, en simulant une fausse attaque ; qu'il perdront 100,000 hommes s'il le faut, mais que le reste entrera.

Le Chef de gare au Ministre de l'Intérieur (D. T.).

Provins, 10 septembre, sans heure. Expédiée à 8 heures matin (n° 43616).

Le maire de Villeneuve-la Grande me signale l'ennemi à 19 kilomètres de la ville. Il me remet le convoi de 2,625 kilogr. de fusils et cartouches que le Ministre lui a adressé le 7 courant.
Puis-je expédier à Paris, et à qui ?

Le Maire au Sous-Préfet de Provins (D. T.).

La Ferté-sous-Jouarre, 10 septembre, 8 h. 55 matin. Expédiée à 10 h. 50 matin (n° 43663).

Dernières nouvelles reçues hier soir : Prussiens étaient à 8 kilomètres au-dessus de Château-Thierry.

Dépêche de l'Agence Havas (D. T.).

Bruxelles, 10 septembre. 9 h. 24 matin. Expédiée à 2 h. 5 soir (n° 43783).

Cinq corps d'armée marchent Paris. Deux de ces corps ont pas pris part guerre. Corps Prince royal, corps bavarois qui étaient Sedan reçurent ordre rejoindre cinq autres corps. Tous ces corps reçurent ordre se trouver leur position respective le 14 septembre. Entoureront Paris, dix lieues distance. Ces renseignements sont puisés quartier général Prince royal.

Le Préfet au Ministre de l'Intérieur (D. T.).

Troyes, 10 septembre, 11 h. 15 matin. Expédiée à 1 h. 30 soir (n° 43741).

Les Prussiens sont entrés à Sézanne hier soir en très petit nombre. Ce sont sans doute les premiers éclaireurs du corps dont le passage a été signalé à Vitry. Descendront-ils vers Villenauxe et Nogent ? Rien ne l'indique encore.

Le Général commandant la subdivision de Seine-et-Marne au Général commandant la 1re division (D. T.).

Melun, 10 septembre, 11 h. 31 matin. Expédiée à 1 h. 10 soir (n° 43747).

Dépêche reçue à l'instant de la gendarmerie de Provins :
« Les avant-coureurs ennemis sont passés hier à Montmirail et Sézanne.
« Deux corps d'armée forts chacun de 10,000 hommes étaient à quelques lieues de ces deux villes ».

Le Maire au Préfet de Seine-et-Marne (D. T.).

La Ferté-sous-Jouarre, 10 septembre, 2 h. 22 soir. Expédiée à 5 h. 40 soir (n° 43882).

Second courrier de Château-Thierry dit : « Prussiens entrés entre 10 et 11 heures ». Revenu avec ses dépêches.

Le Général commandant à Beauvais au Ministre de la Guerre (D. T.).

Beauvais, 10 septembre, 2 h. 50 soir. Expédiée à 4 h. 40 soir (n° 43876).

L'ennemi approche de Crépy et Compiègne. Les deux bataillons de la garde mobile qui étaient dans cette ville se replient sur Beauvais, où il va y avoir encombrement.
Faut-il diriger les quatre bataillons sur Paris ou sur Amiens ? Le nouveau préfet assure que la ligne de Paris peut être coupée demain.

Le Préfet au Ministre de l'Intérieur (D. T.).

Melun, 10 septembre, 5 h. 5 soir. Expédiée à 7 heures soir (n° 43918).

Le sous-préfet de Coulommiers me transmet la dépêche suivante, à lui adressée par le maire de La Ferté-Gaucher :

La Ferté-Gaucher, 3 heures.

« Des éclaireurs prussiens ont paru à Sézanne hier, à 11 heures du soir. Aujourd'hui, une personne digne de foi assure que 1,500 éclaireurs prussiens sont à Sézanne. Aussitôt nouveaux renseignements, avertirai ».

Le Préfet au Ministre de l'Intérieur (D. T.).

Melun, 10 septembre, 5 h. 5 soir. Expédiée à 8 h. 20 soir (n° 43949).

Je reçois du Préfet de l'Aube la dépêche suivante : « On me signale à Villenauxe la présence dans la ville de Sézanne de 500 Prussiens environ.

« On me signale également la présence de quelques éclaireurs à Barbonne, près Villenauxe ».

Le Préfet au Ministre de l'Intérieur (D. T.).

Melun, 10 septembre, 5 h. 37 soir. Expédiée à 7 h. 15 soir (n° 43972).

Le sous-préfet de Coulommiers m'adresse la dépêche suivante : « Les Prussiens sont à La Ferté-Gaucher ; ont envahi le canton de Rebais ». La Ferté-Gaucher est à 4 lieues d'ici.

Le général Reyau au Ministre de la Guerre (D. T.).

Meaux, 10 septembre, 6 heures soir. Expédiée à 8 heures soir (n° 43985).

Renseignements sûrs provenant des reconnaissances : détachement ennemi de 1,500 hommes de cavalerie et de 1,500 hommes d'infanterie parti ce matin de Château-Thierry dans la direction de La Ferté-sous-Jouarre, qui est occupé en ce moment ; détachement de même force signalé à Montmirail, se dirigeant sur Rebais. La forte reconnaissance dirigée ce matin sur Coulommiers se replie sur Meaux. J'ai fait occuper le pont de Claye par un escadron.

Le Général commandant le département de Seine-et-Marne au Général commandant la 1re division militaire (D. T.).

Melun, 10 septembre, 6 h. 30 soir. Expédiée à 8 h. 40 soir (n° 44016).

Dépêche reçue du commandant de gendarmerie en tournée de revision à Coulommiers : « Les Prussiens entrent à Rebais, se dirigeant sur Coulommiers ».

Le même au même (D. T.).

Melun, 10 septembre, 6 h. 35 soir.

Dépêche reçue du commandant des gardes forestiers, datée de La Ferté-sous-Jouarre :
« 500 à 600 Prussiens sont à Château-Thierry depuis ce matin. Il arrive ici un détachement de spahis en reconnaissance ».

Dépêche du sous-préfet de Provins :
« Ordre de Paris de faire sauter les ponts et couper les routes. Si on exécute immédiatement l'ordre de Paris, les deux divisions de cavalerie arrivées aujourd'hui seront paralysées dans leurs mouvements ».

Renseignements sur l'ennemi (Cabinet du Ministre de la Guerre).

Paris, 10 septembre.

L'ennemi, dans les journées du 9 et du 10, a commencé son mouvement sur Paris. Les coureurs les plus avancés annoncent qu'ils précèdent des corps de 8,000 à 10,000 hommes. Les uhlans sont signalés à Neuilly, en avant de Soissons, à Château-Thierry, à La Ferté-sous-Jouarre, à Coulommiers, à Sézanne et à Nogent. Leur droite semble être plus avancée ; Crépy et Compiègne sont menacés. Il paraît certain que la citadelle de Laon a sauté. Une seule dépêche parle d'un mouvement de 80,000 hommes sur la Loire. De Schlestadt, on dit que le siège de Strasbourg est devenu plus régulier ; des pièces de gros calibre y sont dirigées. Ses communications sont difficiles. Pas d'ennemi sur la rive droite du Rhin.

Résumé des dépêches télégraphiques (Ministère de l'Intérieur).

Paris, 10 septembre.

Le 8, dix uhlans ont paru à Château-Thierry. Ils ont requis ce qui leur était nécessaire et sont repartis pour Montmirail.

Le 9, les Prussiens ont été signalés à Montmirail et à La Ferté-sous-Jouarre.

Le 9, huit uhlans ont traversé Vailly-sur-Aisne.

Les Prussiens observent une discipline sévère et empêchent les déprédations.

Le 10 septembre, le chef de gare de Provins signale l'ennemi à 19 kilomètres de Villeneuve-la-Grande.

Journée du 11 septembre.

13ᵉ CORPS.

c) Opérations et mouvements.

Le général Berthaud au Général commandant l'artillerie du 13ᵉ corps.

Courbevoie, 11 septembre.

J'ai l'honneur de vous informer que la 2ᵉ division va prendre position aujourd'hui au bois de Boulogne; le quartier général sera à Boulogne, la droite à l'hippodrome des courses, la gauche vers le pont de Sèvres; les trois batteries devant être l'une à droite, l'autre à gauche et la troisième au centre, je camperai près de cette dernière à Boulogne.

Ordre du Général commandant la 2ᵉ division du 13ᵉ corps.

Paris, 11 septembre.

Le pont de Sèvres sera gardé par trois compagnies sous les ordres d'un chef de bataillon; une d'elles sera envoyée en poste avancé sur la rive gauche; les deux autres resteront campées sur la rive droite.

Au pont de Saint-Cloud, il y aura deux compagnies sous les ordres d'un capitaine; une section sera placée sur la rive gauche, en tête du pont; une compagnie et demie sera campée sur la rive droite.

Les gardes se relieront entre elles par des petits postes placés sur la rive droite de la Seine, et elles se mettront en communication avec la brigade placée à la gauche du pont de Sèvres et avec les postes fournis à la droite par la 2ᵉ brigade. Le service sera fait par la brigade Dumoulin.

Le quartier général de la division est au château de Boulogne.

La 1ʳᵉ brigade sera chargée de la garde du pont de Suresnes; une compagnie et demie sera envoyée pour cet objet; elle s'étendra sur la rive droite et détachera une demi-section sur la rive gauche.

La 2ᵉ brigade, chargée de la surveillance des bords de la Seine, depuis le pont de Saint-Cloud jusqu'à celui de Suresnes, établira des petits postes de distance en distance pour cet objet. M. le général Blaise prendra ses mesures en conséquence.

LA GUERRE DE 1870-1871.

M. le commandant du génie s'assurera des moyens préparés pour la destruction des trois ponts dont il vient d'être question et fera placer aux postes qui les gardent des sapeurs chargés, quand ils en recevront l'ordre, de les faire sauter.

M. le commandant du génie et celui de l'artillerie feront connaître aujourd'hui au général commandant la division quels sont les travaux qui seront nécessaires pour la mise en défense de la rive de la Seine que la 2ᵉ division est chargée de garder.

Le général de Maussion au général Vinoy.

Paris, 11 septembre.

J'ai l'honneur de vous rendre compte que, conformément à vos ordres, ma division est établie sur le nouvel emplacement que vous lui avez désigné.

Je ne vous parlerai pas de la position qui est dominée par les hauteurs situées de l'autre côté de la Seine, mais du rond-point de la statue de l'Empereur, où s'exécutent des travaux de défense.

Trois routes seront coupées par des retranchements, ce sont : la route de Bezons, celle de Courbevoie et celle de Cherbourg. Ce travail, fait par le génie seulement, serait très long, et j'ai pris sur moi de fournir 500 travailleurs par jour jusqu'à l'achèvement des travaux. Le génie les a tracés aujourd'hui, et demain matin à 6 heures, les 500 travailleurs seront à l'ouvrage.

Ces travaux de défense s'appuieront à des maisons et il sera indispensable que ces maisons soient mises en état de défense et crénelées.

Je vous prie donc, mon Général, d'obtenir au plus tôt d'entrer dans ces maisons et d'y faire les travaux nécessaires et indispensables pour qu'on s'en serve en cas de besoin pour aider à la défense des ouvrages.

La route de Cherbourg, passant au pied du Mont-Valérien, est bordée.

14ᵉ CORPS.

c) Opérations et mouvements.

Le général Renault au général de Caussade.

Paris, 11 septembre.

Je viens d'être prévenu *verbalement* que votre division devra aller s'établir au bivouac, la droite vers Meudon, la gauche vers la redoute de Villejuif, en avant des forts et en arrière des ouvrages avancés que l'on construit en ce moment ; vous emmènerez avec vous votre artillerie divisionnaire, votre génie, l'ambulance et le service des vivres.

Une brigade de cavalerie vous sera adjointe sous vos ordres, pour pousser des reconnaissances vers Versailles à droite, Sceaux en avant et la Seine à gauche du côté de Choisy-le-Roi.

Vous recevrez des ordres plus détaillés avant ce soir, je pense, lorsque j'en aurai reçu moi-même.

Le mouvement devra s'effectuer mardi matin 13. Je vous prie de prescrire à votre état-major d'aller reconnaître demain après le rapport l'emplacement des bivouacs, afin de conduire les troupes mardi matin.

Le même au même.

Paris, 11 septembre.

Le Gouverneur de Paris m'écrit ce qui suit :

« Je vous prie de donner des ordres pour qu'une division constituée du 14ᵉ corps, avec son artillerie et son ambulance, aille prendre position en dehors de Paris, la droite à Meudon et la gauche à hauteur de la redoute en construction dite des Bruyères.

« Cette division devra se garder en avant de son front en s'éclairant avec un égal soin à droite et à gauche ; elle ne sera pas divisée en plus de quatre fractions.

« Des ordres seront donnés pour que des travailleurs militaires pris dans cette division soient mis à la disposition du génie, pour les travaux de terrassement à terminer au fort des Bruyères et sur le plateau de Châtillon. Ils seront rémunérés.

« Une brigade de cavalerie sera mise à la disposition du général commandant la division du 14ᵉ corps. Il en tirera tout le parti possible en l'employant d'une manière très active à des reconnaissances en avant de son front.

« L'artillerie sera placée dans les ouvrages suivant les indications des généraux Guiod et Chabaud La Tour.

« Il importe que l'état-major étudie avec le plus grand soin les lignes de retraite de l'enceinte et que chaque groupe sache bien par quelle porte il pourra rentrer, s'il est forcé sur sa position.

« Le mouvement s'exécutera après-demain 13 septembre.

« Les hommes et les chevaux seront pourvus de 4 jours de vivres et l'intendant est prévenu du nouvel emplacement de cette troupe ».

Je vous prie, en conséquence, de donner des ordres et de prendre les dispositions nécessaires pour l'exécution de ce mouvement.

Vous établirez votre 1ᵉʳ régiment en avant du fort d'Issy, vers Meudon, le 2ᵉ en avant du fort de Vanves, vers le fort de Clamart, le 3ᵉ en avant du fort de Montrouge vers Arcueil-Cachan, le 4ᵉ en avant du fort de Bicêtre vers la redoute des Bruyères. Ces régiments devront être placés sous la protection des feux des divers forts.

Votre artillerie sera disposée dans les ouvrages suivant les instructions que vous recevrez des généraux Guiod et Chabaud La Tour. Votre ambulance s'établira sous la protection des forts de Vanves et de Montrouge.

Votre quartier général sera à Châtillon. Votre brigade de cavalerie devra reconnaître minutieusement tout le terrain compris entre Versailles à droite et Choisy-le-Roi à gauche, en fouillant avec le plus grand soin le bois de Verrières.

Vous me rendrez compte des emplacements exacts de vos troupes aussitôt que vous aurez exécuté votre mouvement, afin que j'en puisse informer le Gouverneur de Paris.

Cette lettre fait naturellement suite à ma lettre de ce jour n° 80.

Le général Renault au général d'Hugues.

Paris, 11 septembre.

Une dépêche reçue cette nuit de M. le général commandant la 1ʳᵉ division militaire à Paris, prescrit de préparer le mouvement du Iᵉʳ bataillon du 19ᵉ de marche, du 20ᵉ de marche, du 22ᵉ de marche occupant les bastions 34, 26, 27, 29, 89, 87, 91, pour aller s'établir au marché des bestiaux de la Villette, le 11 ou le 12 au matin. Le capitaine Ségérand est allé reconnaître les locaux.

L'ordre de mouvement qui précède est confirmé dans la journée et les corps iront s'installer à la Villette demain après la soupe.

Les batteries divisionnaires (17ᵉ du 8ᵉ, 17ᵉ du 13ᵉ, 17ᵉ du 11ᵉ) ont quitté Vincennes hier dans la journée et sont campées aujourd'hui au Champ de Mars ; la réserve divisionnaire a pris position dans le jardin des Tuileries.

DIVISIONS REYAU ET DE CHAMPÉRON.

c) Opérations et mouvements.

Les autorités civiles et militaires composées de MM. Rousseau, préfet; de Pointe de Gévigny, général commandant la subdivision; de Champéron, commandant la division de cavalerie; de Gerbrois, commandant la brigade de cavalerie, réunis en conseil à la préfecture de Seine-et-Marne, au général Trochu et aux Ministres de la Guerre et de l'Intérieur (D. T.).

Melun, 11 septembre, 1 heure matin. Expédiée à 4 h. 30 matin (n° 44162).

Gendarmerie de Coulommiers partie. Commandant génie Maréchal fait connaître que la Compagnie du chemin de fer de l'Est évacue par ordre depuis Gretz jusqu'à Armainvilliers et Nogent-sur-Seine à Montereau et prévient que, en conséquence, il fera sauter les mines demain matin. Le commandant du Ier bataillon de garde mobile à Nangis fait connaître que le chef de gare veut quitter la gare pour se replier et qu'il s'y oppose jusqu'à ce que les postes avancés soient rentrés et que lui-même ait reçu des ordres. Le commandant du 2e mobiles à Meaux informe que l'ennemi est arrivé ce soir avec grandes forces à La Ferté et que lui est obligé de se replier sur Lagny. Commandant gendarmerie de Meaux informe que le général Reyau y est arrivé avec une partie de sa division, avec l'intention de se rendre à La Ferté-sous-Jouarre. Il concentrera avec la troupe à Meaux. Le même fait connaître l'arrivée de Prussiens à Château-Thierry. Les communications étant coupées avec Meaux et Crécy, le commandant de gendarmerie annonce qu'il se replie sur Vitry-le-François.

Le chef de la brigade de gendarmerie de Claye informe qu'il se replie sur Lagny faute de vivres, la ville ayant été complètement évacuée par les habitants. Pas de nouvelles de Dammartin. Le sous-préfet de Provins signale la présence de 500 Prussiens à Sézanne et la présence d'éclaireurs ennemis près Villenauxe. Le procureur de la République de Provins s'est trouvé au milieu de 4 uhlans auxquels il a échappé par miracle.

200 cavaliers ennemis déjeunaient ce matin à Bouchy-le-Repos (Marne). Les cantons de La Ferté-Gaucher et Rebais étant envahis, le conseil de revision qui devait y opérer demain est forcé de rentrer à Meaux. Le sous-préfet de Coulommiers fait connaître que les Prussiens se sont présentés à Rebais et qu'un nombreux corps de cavalerie est

dirigé de Montmirail à Viels-Maisons. Général de division avec une de ses brigades commandée par son général arrivée à Melun ne peut éclairer que les environs de manière à faciliter la retraite des gardes mobiles sans pouvoir s'écarter. Les ponts étant sautés, les routes étant coupées, les têtes de lignes repliées, l'ennemi menaçant de couper la ligne de retraite, de plus les populations s'étant retirées, il n'y aurait aucun moyen de faire vivre la troupe en dehors des grands centres.

En conséquence, le préfet et les généraux sont d'avis de maintenir la réunion de la brigade à Melun, en faisant faire des reconnaissances dans les environs et demandent des ordres. Leur préoccupation principale est de ne pas laisser couper la ligne de retraite et de faciliter la réunion en arrière des troupes et gardes mobiles établis en postes peu nombreux sur différents points.

Le général Reyau au Colonel du 1er chasseurs.

Meaux, 11 septembre.

Afin d'éviter un encombrement qui pourrait être dangereux sur la route de Meaux à Claye, dans le cas où nous serions dans la nécessité de nous retirer sur cette dernière localité, j'ai l'honneur de vous prescrire de faire diriger aujourd'hui tous vos bagages, mulets et chevaux de bât sur Fresnes, près de Claye. Le convoi se mettra en route à 8 heures du matin ; il sera escorté par les trois pelotons de l'escadron qui a fait partir un premier peloton ce matin.

Ce détachement, avec les bagages, s'établira à Fresnes et attendra de nouveaux ordres. Un détachement envoyé en reconnaissance à Sancy.

Le général Reyau au Ministre de la Guerre (D. T.).

Meaux, 11 septembre, 7 h. 15 matin. Expédiée à 9 heures matin (n° 44175).

Rapport des reconnaissances de nuit :

Forte avant-garde de uhlans à La Ferté-sous-Jouarre ; 2,000 hommes infanterie, artillerie à Château-Thierry. Détachement du 9e cuirassiers à Coulommiers menacé d'être coupé, parti à minuit prendre position en arrière entre Quincy et Couilly ; 9e chasseurs, spahis, général Cousin à Congis. Reconnaissance sur La Ferté-sous-Jouarre et Château-Thierry, mêmes renseignements. Ferté-Milon non occupé. Ce matin, 1er chasseurs en reconnaissance sur Coulommiers jusqu'à Sancy.

Le général Reyau au général Cousin.

Meaux, 11 septembre.

Des renseignements venant de diverses sources prouvent que l'ennemi se porte en forces sur Meaux par La Ferté-sous-Jouarre, Rebais, Coulommiers.

Lorsque j'aurai reçu les rapports des reconnaissances faites ce matin par le 1ᵉʳ chasseurs de ce côté, je déciderai si ma position à Meaux peut être maintenue ou si je dois me retirer sur Claye.

Quant à vous, préparez sans délai votre mouvement de retraite sur Saint-Soupplets; dirigez de suite vos bagages, vos chevaux de bât sur ce point avec une forte escorte.

Avec le reste de votre détachement ainsi dégagé, mettez-vous en route aussitôt que vous aurez la certitude que vous êtes sérieusement menacé.

Avertissez-moi de votre mouvement.

Le général Reyau au commandant de Benque, à Quincy.

Meaux, 11 septembre.

J'attends votre rapport sur le mouvement que vous avez exécuté cette nuit. Donnez-moi des renseignements détaillés sur la position que vous occupez.

Un sous-officier et un brigadier de votre détachement en reconnaissance n'ont pu vous rejoindre. Ils sont rentrés à Meaux.

Celui envoyé à Rebais assure qu'aucun uhlan n'a été signalé de ce côté.

J'envoie un escadron du 1ᵉʳ chasseurs en reconnaissance sur la route de Coulommiers; je prescris au commandant d'entrer en communication avec vous.

Aussitôt que j'aurai reçu votre rapport et celui du commandant de ce détachement, je vous donnerai des ordres.

Le général Reyau au Commandant de la cavalerie, à Versailles (D. T.).

Meaux, 11 septembre.

Se mettre immédiatement en route, aller coucher ce soir 11 à Boissy-Saint-Léger. Diriger demain 12, un escadron à Tournan, l'autre escadron à Lagny.

Le général Reyau au Ministre de la Guerre (D. T.).

Meaux, 11 septembre, 1 h. 30 soir.

Rapport d'une reconnaissance du 9ᵉ chasseurs sur la route de Château-Thierry:

Partie à minuit, rentrée à 8 heures du matin, Château-Thierry occupé par 2,000 infanterie (*51ᵉ*) et 500 cavaliers (*8ᵉ* dragons) ; Charly par 100 dragons. A 1 h. 30 du matin, rencontre d'un escadron de dragons, attaqué, poursuivi pendant 2 kilomètres, mis en désordre. Inquiétée par cette reconnaissance, l'avant-garde ennemie s'est repliée. Un homme atteint d'une balle.

Le Commandant des mobiles de Meaux au Général commandant la place de Paris (D. T.).

Lagny, 11 septembre, 2 h. 45 soir.

Par ordre du général de brigade, j'arrive à Lagny, pas de logement, municipalité au désespoir, pas de vivres, les francs-tireurs ont tout pillé à Lagny. Dois-je poursuivre ma route et où aller ? Télégraphe de la ville coupé, administration chemin de fer sur point de supprimer dernier train et télégraphe ; le maire et moi craignons qu'on fasse sauter les ponts des routes, alors toute retraite coupée. On signale par gendarmerie Prussiens en grand nombre avec artillerie et infanterie en avant de Crécy et à La Ferté-sous-Jouarre. Dois-je me replier et comment ?

Le général Reyau au Ministre de la Guerre (D. T.).

Meaux, 11 septembre, 3 h. 50 soir.

Je reçois un télégramme de M. le Gouverneur de Paris qui m'informe que le pont de Claye sur l'Ourcq est détruit. Je l'avais fait garder par un général et un escadron. Dans les conditions actuelles, impossible de tenir à Meaux. Je me replie sur Fresnes et Lagny.

Le général Reyau au Colonel du 1ᵉʳ chasseurs, à Lagny.

Claye, 11 septembre.

Je compte que vous avez exécuté votre mouvement dans de bonnes conditions ; rendez-moi compte sans délai ; j'attends votre rapport avec la plus vive impatience.

Je vous adresse un ordre concernant les communications télégraphiques que vous devez maintenir *à tout prix* entre Lagny et Paris.

Exécutez à la rigueur l'ordre que je vous adresse, s'il en est encore temps. Si vous ne pouvez faire parvenir par le télégraphe la dépêche que je vous adresse ci-joint pour le Ministre et le général Trochu, mettez-la sous enveloppe en l'adressant à M. le Gouverneur de Paris, en lui faisant connaître la cause de cet envoi insolite.

Je vous ai adressé un ordre, par un brigadier de votre régiment, relatif au mouvement que doivent exécuter demain matin les deux escadrons du 9ᵉ cuirassiers ; assurez l'exécution de cette mesure.

Le général Reyau au Ministre de la Guerre (D. T.).

Claye, 11 septembre.

Le pont de Claye n'est pas coupé ; retraite de mes troupes assurée ; un escadron à la porte de Meaux pour enlever les uhlans et rendre compte des forces qui se présenteraient.

Escadrons du 9ᵉ cuirassiers et escadrons du 9ᵉ chasseurs menacés d'être coupés à Crécy, repliés sur Lagny,

Détachement du général Cousin replié à Saint-Soupplets.

Communications mal assurées avec Senlis, par Dammartin ; découvertes par Nanteuil, faute du 6ᵉ dragons.

Le général Reyau au Colonel du 1ᵉʳ chasseurs, à Lagny.

Claye, 11 septembre.

Le général commandant le corps de cavalerie ordonne, en vertu des pouvoirs qui lui sont dévolus par le Ministre et le Gouverneur de Paris, au directeur du télégraphe de Lagny, de n'interrompre les communications télégraphiques entre Lagny et Paris *sous aucun prétexte* et sous sa responsabilité personnelle. Si la communication est arrêtée, elle devra être rétablie à l'instant.

M. le colonel du 1ᵉʳ chasseurs est chargé d'assurer l'exécution de cet ordre.

Le Gouverneur de Paris au Général commandant la cavalerie, à Lagny (D. T.).

Paris, 11 septembre.

Assurez bien votre retraite et veillez à ne laisser personne en arrière. Donnez-moi des nouvelles.

Le général Reyau au général Ressayre, à Claye.

Claye, 11 septembre.

J'ai l'honneur de vous prier de diriger sur Meaux, demain matin 12 du courant à la première heure, l'escadron de cuirassiers établi à Claye. Ce détachement sera commandé par M. le lieutenant-colonel Gérard. Sa mission est d'appuyer l'escadron du 1ᵉʳ chasseurs que j'ai envoyé ce soir à Meaux et qui doit s'être placé à l'entrée de cette ville, pour surveiller tout ce qui pourrait s'y produire de la part de l'ennemi.

M. le lieutenant-colonel Gérard prendra le commandement des deux escadrons et dirigera leurs opérations. Il s'établira à 500 ou 600 mètres au plus en deçà de Meaux, fera faire des reconnaissances dans toutes les directions et surtout dans l'intérieur de la ville ; il se tiendra en relations constantes avec les habitants par des émissaires ou par des soldats qu'il enverra. Le but principal qu'il doit rechercher est de surprendre et d'enlever les petits postes ennemis qui chercheront certainement à s'y introduire.

S'il se trouve menacé par des forces supérieures, il se repliera sur Claye, s'arrêtant d'abord à Charmentray, puis à Fresnes.

Pour se tenir constamment en relations avec moi, il échelonnera sur la route, entre Charmentray et son bivouac, des cuirassiers de 1,000 en 1,000 mètres. J'établirai la correspondance entre Claye et Charmentray au moyen de gendarmes que fournira le détachement établi à Fresnes.

Le détachement du commandant de Benque, arrivé ce soir à Lagny, rentrera demain matin à Claye.

Le général Jolif-Ducoulombier au Ministre de la Guerre (D. T.).

Senlis, 11 septembre, 10 heures soir. Expédiée à 10 h. 30 soir (n° 44585).

Une dépêche du maire de Meaux signale au maire de Senlis l'arrivée d'un corps prussien à Meaux. Je crois devoir me retirer avec le 6ᵉ hussards, qui est sous mes ordres. Je n'ai pas de nouvelles du 6ᵉ dragons. Je n'envoie pas de dépêche au général Reyau, crainte qu'elle tombe entre les mains de l'ennemi.

Nous nous replions sur Saint-Denis, en passant par Chantilly, Luzarches et Écouen.

Le général Reyau au général Jolif-Ducoulombier.

Meaux, 11 septembre.

J'ai reçu la dépêche que vous m'avez adressée et le pli qui m'a été remis de votre part par un émissaire.

J'ai écrit aussitôt au Ministre pour réclamer l'envoi immédiat à Nanteuil-le-Haudouin du 6ᵉ de dragons, en faisant ressortir la nécessité de la présence de ce régiment en ce point important, qui couvre votre gauche et vous relie, par Dammartin, avec les autres détachements du corps de cavalerie.

Le Préfet au Ministre de l'Intérieur (D. T.).

Melun, 11 septembre, 10 h. 22 soir (n° 44609).

Le général commandant la division de cavalerie m'informe que les deux régiments de dragons actuellement à Melun quitteront cette ville demain à 7 heures du matin, pour se rendre à Corbeil par la rive gauche de la Seine.

Les mobiles sont partis aujourd'hui pour Brie. Le général commandant la subdivision du département replie les troupes sous ses ordres.

Le Gouverneur de Paris au Général commandant le département de Seine-et-Marne (D. T.).

Paris, 11 septembre.

Il faut que la cavalerie opère sa retraite prudemment et la carte en main.

Qu'elle entraîne avec elle les bataillons de mobiles qui ne sont pas en déroute ; celui qui est à Nangis, par exemple.

La mobile de Meaux se retirera également en battant en retraite en ordre.

La division de cavalerie se concentrera à Paris.

Le même au même (D. T.).

Paris, 11 septembre.

Dirigez en retraite la garde mobile et la cavalerie sur Paris. Vous n'êtes pas sans ordres, puisque vous avez celui-là qui est définitif.

J'approuve d'avance toutes les dispositions que vous prendrez pour donner une direction à chacun.

Le Général commandant le département de Seine-et-Marne au Gouverneur de Paris (D. T.).

Melun, 11 septembre, 5 h. 12 soir.

Je reçois vos instructions ; n'ai plus besoin d'aucune, je ferai pour le mieux ; j'assurerai la retraite de chacun et ce n'est qu'après que je ferai sauter les deux ponts de Montereau. Dans tous les cas, je me retirerai le dernier.

RENSEIGNEMENTS

Le Sous-Préfet au Préfet de Seine-et-Marne (D. T.).

Coulommiers, 10 septembre, 11 heures soir. Expédiée le 11 à 3 h. 25 matin (n° 44142).

Des éclaireurs prussiens se sont présentés ce soir à Rebais. Ils ont annoncé qu'ils passeraient demain à Rebais, au nombre de 2,000. Il paraît qu'un corps de cavalerie nombreux s'est dirigé dans l'après-midi, de Montmirail à Viels-Maisons. Les mobiles du canton de Rebais n'ont pu recevoir leur ordre de départ.

Le Sous-Préfet au Ministre de la Guerre à Paris (D. T.).

Meaux, 11 septembre, 6 h. 55 matin. Expédiée à 7 h. 55 matin (n° 44169).

Prussiens en force à La Ferté marchent sur Meaux. Je dirige sur Lagny les jeunes gens convoqués. Moi-même, après ordre du Ministre de l'Intérieur, je me replie sur cette ville. Je conduis à Lagny convoi de poudre et de fusils abandonnés, à destination de Vincennes.

Le Commissaire administratif du chemin de fer au général Trochu.

Compiègne, 11 septembre, 3 h. 30 soir.

On entend, à Compiègne, le canon par intervalles. Le train arrivé à Compiègne à 3 h. 20 informe la gare qu'il vient de voir cinq cuirassiers prussiens à la barrière de Chauny, le pistolet au poing; ils lui ont fait signe d'arrêter, le train a poursuivi. A Saint-Gobain, engagement entre Prussiens et gardes nationaux voulant délivrer un des leurs pris; une trentaine de Prussiens abattus. Voie pas encore occupée; on s'y attend.

Le Sous-Préfet au Préfet de Seine-et-Marne (D. T.).

Provins, 11 septembre, 3 h. 50 soir. Expédiée à 6 h. 55 soir (n° 44469).

Neuf uhlans ont été vus à Villiers-Saint-Georges, à 1 h. 30.
Neuf autres à Saacy, venant de Courgivaux. Après une courte apparition, ils sont retournés sur leurs pas.

Le Secrétaire général de l'Aisne au Ministre de l'Intérieur (D. T.).

Saint-Quentin, 11 septembre, 4 h. 38 soir. Expédiée à 8 heures soir (n° 44439).

Le 9 de ce mois, deux heures avant la reddition de la citadelle, sur l'invitation du préfet, je me disposais à quitter Laon avec les chefs de service, mais l'ennemi qui cernait la ville nous en empêcha. A 1 heure de l'après-midi, quand les formalités de la capitulation s'achevaient, la poudrière fit explosion et une partie de la citadelle sauta.

Bon nombre de maisons de la ville furent gravement endommagées; le nombre des victimes tant tués que blessés est assure-t-on de plus de 400, parmi lesquelles 60 prussiens environ, le surplus appartient à la garde mobile et pour un très petit nombre à la population civile. On ne sait à quelle cause attribuer cette explosion.

Le général Théremin blessé à la tête a été transporté à l'Hôtel-Dieu. Deux heures après, par l'ordre du grand-duc de Mecklembourg, toutes les armes à feu, fusils de chasse, revolvers, etc., durent être portées immédiatement à l'Hôtel de Ville sous peine de mort.

10 otages, le préfet, le président du tribunal, le maire, le directeur des contributions indirectes et 6 conseillers municipaux furent désignés par le grand duc, pour répondre sur leur tête de la sécurité générale; retenus un moment, ils furent ensuite mis en liberté sur parole. Hier 10, à midi, le préfet a été conduit à l'Hôtel de Ville pour être, dit-on interrogé. Une enquête serait ouverte par les Prussiens sur les causes de l'événement. J'ai quitté Laon, hier à 2 heures, non sans peine. J'arrive à Saint-Quentin; j'ai femme et enfants malades; M. le préfet m'a autorisé à les conduire dans ma famille. Tous les services de la préfecture n'existent plus; ma mission est d'ailleurs finie.

L'administration départementale a tenu jusqu'au dernier moment et j'ai (*sic*) jusqu'au dernier péril. La partie du département non occupée par l'ennemi est entre les mains des sous-préfets, tous à leur devoir. Les troupes prussiennes en grand nombre autour de Laon paraîtraient se diriger vers Soissons, sans que je puisse rien affirmer. Le dernier campement que j'ai traversé hier, était à Pierrepont près Marle.

Le Commissaire administratif de Compiègne au général Trochu (D. T.).

Compiègne, 11 septembre, 5 h. 2 soir.

Cavalerie et infanterie prussiennes sont à Chauny, voie coupée, poteaux télégraphiques abattus; arrêtez tous trains et faites-les rétrograder en signalant de façon à reprendre voie normale.

Le Sous-Préfet de Meaux au général Trochu (D. T.).

Lagny, 11 septembre, 7 h. 25 soir.

J'arrive à Lagny : Prussiens en force vers Crécy. J'ai apporté tout ce qui est nécessaire pour les opérations du tirage et au conseil de revision, mais je ne crois pas à la possibilité de ces opérations. En arrivant j'ai trouvé la population très émue par un espion prussien, mais (*sic*) il a beaucoup questionné le pays, demandé aux mobiles s'ils avaient des cartouches, demandé des renseignements sur les mouvements de nos troupes. Il aurait passeport de la légation des États-Unis pour aller en Belgique, il s'intitule ex-ministre des États-Unis en Portugal. Il m'a présenté une lettre sur papier de cabinet du Ministre de la Guerre écrite par le comte de Clermont-Tonnerre pour le recommander chaudement à M. Jacquemin, directeur de l'exploitation du chemin de fer de l'Est ; il prétend lui-même aller au quartier général du roi de Prusse rejoindre le général Sheridan. Donnez-moi des ordres à son sujet.

Le général Reyau est resté un peu en arrière de Meaux vers Fresnes. Un gendarme a rencontré uhlans à Saint-Jean-les-Deux-Jumeaux, un autre en a rencontré vers Dammartin.

Bulletin de renseignements (*Cabinet du Ministre de la Guerre*).

Paris, 11 septembre.

Le mouvement en avant de l'ennemi est général, bien que lent. L'aile droite commandée par le prince de Mecklembourg dont le quartier général est à Laon, a envoyé de la cavalerie, de l'infanterie, s'emparer de la gare de Chauny, couper la voie de fer et détruire le télégraphe, on signale un engagement de cavalerie et de gardes nationaux sur Saint-Gobain entre Laon et Chauny ; cette armée semble se diriger sur Paris en passant par Noyon, Compiègne et Senlis, laissant Soissons dont aucune nouvelle n'est parvenue à sa gauche.

L'armée venant de Reims par Epernay a envoyé ses coureurs jusqu'à Nanteuil (6 kil. de Meaux).

3 heures. — La Ferté-sous-Jouarre, Rebais, Coulommiers et La Ferté-Gaucher sont occupés par 2,000 ou 3,000 hommes de troupes prussiennes. Les coureurs ont été envoyés du côté de Provins jusqu'à Saacy, Villiers-Saint-Georges, du côté de Nogent-sur-Seine jusqu'à Villenauxe.

La défense a dû faire sauter le pont de Trilport, le tunnel de Saint-Loup et la tranchée de Chalmaison. La cavalerie se replie sur Senlis (général de Champéron), général Reyau sur Fresnes, Lagny et Corbeil.

Le siège de Toul a recommencé le 10 par une vive canonnade, pas d'autres détails. La rive droite du Rhin est toujours dégarnie de troupes. Un corps de 150,000 hommes, venant du Nord de l'Allemagne, se rendrait à l'armée en passant par Nancy. Une seule dépêche donne ce renseignement, pas de nouvelles de Strasbourg.

Le Chargé d'Affaires de France en Belgique au Ministre des Affaires étrangères.

Bruxelles, 11 septembre.

Il résulte de divers renseignements qui m'ont été communiqués, mais que je transmets sous toutes réserves, que l'armée prussienne se propose de porter son attaque principale contre la ville de Paris, du côté de la rive gauche de la Seine. Son but serait de s'emparer de plusieurs des forts situés dans cette direction pour pouvoir ensuite bombarder la ville.

Journée du 12 septembre.

14ᵉ CORPS.

c) **Opérations et mouvements.**

Le Gouverneur de Paris au Ministre de la Guerre.

Paris, 12 septembre.

J'ai l'honneur de vous faire connaître que j'ai donné des ordres, à la date d'hier, pour qu'une division constituée du 14ᵉ corps, avec son artillerie et son ambulance, aille prendre position en dehors de Paris, la droite à Meudon et la gauche à hauteur de la redoute en construction, dite des Bruyères.

Cette division a reçu ordre de s'éclairer en avant de son front, à droite et à gauche, mais de ne pas se diviser en plus de quatre fractions. Elle fournira des travailleurs militaires pour terminer la redoute des Bruyères et le plateau de Châtillon.

Une brigade de cavalerie a été mise à la disposition du général de division qui devra, en outre, placer son artillerie d'après les indications de MM. les généraux Guiod et de Chabaud-Latour.

Les lignes de retraite seront étudiées avec soin afin que chaque groupe sache exactement par quel point de l'enceinte il devra rentrer, s'il est forcé.

En outre, j'ai donné l'ordre que les hommes et chevaux aient pour quatre jours de vivres.

Ce mouvement s'effectuera le 13 septembre, et la division dont il s'agit sera remplacée au bivouac du Champ de Mars par une autre du même corps.

Le général Soumain au Ministre de la Guerre.

Paris, 12 septembre.

J'ai l'honneur de vous rendre compte qu'en vertu des ordres du Gouverneur de Paris, le régiment de gendarmerie à cheval caserné au palais de l'Industrie partira le 14 après la soupe mangée, pour aller s'établir à Montrouge, où il sera sous les ordres de M. le général de division de Caussade, commandant la 1re division du 14e corps, et dont le quartier général sera établi demain dans la localité précitée.

Cet officier général est chargé de donner à ce régiment des instructions pour l'établissement de son cantonnement et pour le service qu'il aura à accomplir.

Le général Renault au général d'Hugues.

Paris, 12 septembre.

La division de Caussade devant aller demain 13 septembre occuper au dehors les positions comprises entre Meudon et la redoute des Bruyères, j'ai décidé que votre division viendrait la remplacer au bivouac du Champ de Mars.

Ce mouvement s'effectuera demain aussitôt après la soupe du matin.

Je vous prie de donner les ordres nécessaires pour son exécution et de prendre des dispositions pour que les lignes de votre bivouac aient moins d'épaisseur que celles de la division de Caussade et pour qu'elles se resserrent le plus possible vers Grenelle de manière à laisser complètement libre l'espace sur lequel on construit les baraques.

Le général d'Hugues aux Généraux commandant les 1re et 2e brigades de la 2e division.

Paris, 12 septembre.

Par ordre du général en chef en date de ce jour, la division ira remplacer demain au bivouac du Champ de Mars la division de Caussade envoyée en dehors de Paris pour occuper la position entre Meudon et la redoute des Bruyères.

Veuillez donner les ordres nécessaires pour que les troupes que vous commandez soient rendues au Champ de Mars vers midi. Toutefois le *campement*, ainsi qu'il est prescrit par l'ordonnance sur le service en campagne, y sera envoyé, dès 8 h. 30, pour y reconnaître de nouveau les emplacements et s'entendre avec les corps partants de la 1re division à l'effet de recueillir le bois, la paille, etc., qui pourraient être laissés par eux.

M. le général en chef recommande de prendre des dispositions pour que les lignes du bivouac aient moins d'épaisseur que celles de la division de Caussade, qu'elles se resserrent le plus possible vers Grenelle et laissent complètement libre l'espace sur lequel on construit des baraques.

En conséquence, les corps ne devront pas occuper tout l'espace sur lequel étaient établis les régiments qu'il remplaceront. Ils se resserreront, je le répète, autant que possible.

La division s'établira face à Grenelle, la 1re brigade appuyant sa droite à l'extrémité du Champ de Mars, du côté de la Seine, la 2e brigade à sa gauche.

Les chasseurs à pied à la droite et autant que possible en avant de la 1re brigade dont ils font partie.

Chaque brigade sera formée sur deux lignes, par régiment. Dans chaque régiment, les bataillons seront placés dans l'ordre de leurs numéros de la droite à la gauche, chacun en colonne par division à distance de peloton.

L'ordre général du campement est indiqué dans le croquis ci-joint (1).

Veuillez, je vous prie, donner d'urgence les ordres nécessaires pour assurer l'exécution de ces dispositions.

Les adjudants-majors des différents corps sont d'ailleurs convoqués au Champ de Mars pour ce soir 5 heures, à l'effet de reconnaître les emplacements et de recevoir sur le terrain diverses indications de détail.

DIVISIONS REYAU ET DE CHAMPÉRON.

c) Opérations et mouvements.

Le général Reyau au Ministre de la Guerre.

Claye, 12 septembre.

J'ai l'honneur de vous rendre compte des mouvements exécutés par les corps de cavalerie sous mes ordres, dans la journée du 11 du courant.

Les rapports des chefs des divers détachements me prouvant que Meaux était sérieusement menacé d'être tourné à la fois du côté de Coulommiers et du côté de Lizy-sur-Ourcq, je me vis dans la nécessité de rétrograder.

Le général Cousin, avec le 9e chasseurs et les spahis, reçut l'ordre de quitter Congis à 5 heures de l'après-midi, et d'aller s'établir à Saint-Soupplets où il est arrivé à 7 h. 30.

Le 1er chasseurs dirigea de grand matin ses bagages et ses chevaux de main sur Fresnes, sous l'escorte d'un escadron. L'autre escadron fut

---

(1) Manque.

Invest. Paris. — II. Docum.

envoyé en reconnaissance à Sancy, sur la route de Coulommiers. Vers 4 heures de l'après-midi, le colonel Gérard rejoignit ce détachement, le rallia aux deux escadrons du 9ᵉ cuirassiers en position à Quincy, et se dirigea avec ce détachement sur Lagny, qu'il atteignit à 8 heures du soir.

Deux escadrons du 1ᵉʳ chasseurs, arrivés depuis deux jours à Versailles, ont été dirigés le 11 sur Boissy-Saint-Léger; ils doivent arriver aujourd'hui 12, l'un à Lagny, l'autre à Tournan. Ce dernier est placé dans cette localité pour me relier avec le général de Gerbrois.

J'ai quitté Meaux, avec mon état-major, vers 4 heures de l'après-midi, pour me rendre à Claye. Mais, afin d'empêcher les éclaireurs ennemis de pénétrer impunément dans Meaux, j'ai prescrit à l'escadron du 1ᵉʳ chasseurs établi à Fresnes de se porter à la nuit à 500 mètres en dehors de Meaux, sur la route de Claye, de s'y établir et de pousser des reconnaissances dans les environs et surtout dans l'intérieur de la ville, afin d'enlever les petits partis d'ennemis qui chercheront certainement à s'y introduire. Ce matin, je fais appuyer ce détachement par un escadron de cuirassiers, qui est parti de Claye sous le commandement de M. le lieutenant-colonel Gérard.

Le général Ducoulombier m'a de nouveau exposé sa position difficile à Senlis, que l'absence du 6ᵉ dragons découvre sur sa droite. J'ai donné l'ordre au général Cousin d'envoyer, ce matin, le détachement de spahis à Nanteuil sur la route de Soissons.

Le retard apporté à l'arrivée du 6ᵉ dragons et du 1ᵉʳ régiment de marche de cuirassiers a beaucoup nui aux opérations que j'aurais pu essayer de tenter sur l'ennemi. En raison de l'étendue du pays à observer, mes détachements peuvent difficilement se relier et la crainte d'être tourné ou coupé m'a obligé de quitter Meaux plus tôt que je ne l'eusse désiré. Je désirerais savoir si je puis encore compter sur le concours de ces deux régiments.

Les communications télégraphiques entre Lagny et Paris ont été détruites hier dans l'après-midi. Je ne puis plus correspondre par le télégraphe avec Votre Excellence, ni avec les chefs des différents détachements.

Le général Reyau au Lieutenant-Colonel commandant la cavalerie, à Dammartin.

Claye, 12 septembre.

Je reçois la dépêche que vous m'avez adressée pendant la nuit. Vous vous êtes trop hâté de prononcer votre mouvement de retraite et de retirer, sans me consulter, votre poste de Nanteuil. J'y envoie un escadron de spahis, qui vous couvrira de ce côté, comme vous l'êtes du côté de Saint-Soupplets par le 9ᵉ chasseurs avec le général Cousin. Vous devez continuer à occuper Dammartin pour servir d'appui et de réserve à cet officier général.

Dammartin n'est pas assez sérieusement menacé en ce moment pour que l'on puisse songer à abandonner ce point important.

Veuillez vous tenir continuellement en communication avec le général Cousin et avec le commandant du détachement de spahis à Nanteuil ; un poste de spahis sera établi dans la journée sur la route de Dammartin à Nanteuil vers Lagny-le-Sec.

Le général Reyau au général Cousin.

Claye, 12 septembre.

J'ai l'honneur de vous prier de donner des ordres pour diriger immédiatement sur Nanteuil-le-Haudouin le détachement de spahis qui est avec vous à Saint-Soupplets. Le commandant de ce détachement se mettra de suite en relations avec le général Ducoulombier, qu'il est chargé de couvrir sur la route de Senlis, tout en vous servant d'avant-garde sur la route de Soissons. Il laissera un poste à Lagny-le-Sec, au croisement des routes qui vont de Saint-Soupplets et de Dammartin sur Nanteuil.

Je laisse à Dammartin un escadron de cuirassiers qui vous servira d'appui et de réserve au besoin. Ne cessez pas d'envoyer des reconnaissances dans la direction de la route que vous venez de parcourir et aussi sur la route de Saint-Soupplets à Feuchard pour bien vous éclairer de tout mouvement venant de Meaux.

Voyez s'il ne serait pas utile d'occuper Monthyon par un peloton commandé par un officier.

Entre Chauconin et Meaux, il y aura ce matin, 12 du courant, un détachement composé d'un escadron du 9ᵉ cuirassiers et un escadron du 1ᵉʳ chasseurs, sous le lieutenant-colonel Gérard. Au moyen du poste de Monthyon, vous vous tiendrez continuellement en relations avec cet officier supérieur.

Le général Reyau au général Jolif-Ducoulombier.

Claye, 12 septembre.

Averti de l'envoi des spahis à Nanteuil. L'opération de renverser les arbres sur les routes ne se fera que successivement ; s'entendre avec l'ingénieur des Ponts et Chaussées pour se ménager une ligne de retraite.

Établir un poste entre Nanteuil et Senlis.

Le général Reyau au général de Champéron.

Claye, 12 septembre.

Le général de Champéron pourra faire les mouvements qui lui paraîtront les plus sûrs pour opérer sa retraite. Le général ignorant la position des ennemis par rapport aux détachements français ne peut lui prescrire rien de positif.

Le général Reyau au Lieutenant de gendarmerie, à Fresnes.

Claye, 12 septembre.

Le général commandant le corps de cavalerie prescrit au lieutenant de gendarmerie Rifaut d'échelonner entre Charmentray et Fresnes et entre Fresnes et Claye, de 1,000 mètres en 1,000 mètres, des gendarmes de son détachement. Ils seront chargés d'assurer la correspondance entre le quartier général et M. le lieutenant-colonel commandant le détachement de cavalerie établi aux portes de Meaux.

Le général Reyau au Colonel du 9ᵉ cuirassiers.

Claye, 12 septembre.

Je vous prie de faire diriger demain, 13 septembre courant, de Claye sur Chelles, tous les bagages, les chevaux de main et autres impedimenta du 9ᵉ de cuirassiers.

Un escadron de ce régiment servira d'escorte.

Le commandant de la Rue au général X....

Chaumes, 12 septembre, 10 h. matin.

J'espérais que les gardes conduits par M. le sous-inspecteur Dommet venant de Coulommiers seraient arrêtés à leur passage par Chaumes. Alors j'aurais pu les échelonner le long de la forêt de Crécy depuis Fontenay où j'ai un poste jusqu'au delà de ladite forêt.

Malheureusement M. Dommet a pris des moyens rapides pour voyager, je suppose, et a pu arriver à Melun ce qui change mon plan.

J'aurais besoin de savoir ce que vous faites, mon général, de mon sous-inspecteur M. Dommet et quelles instructions vous lui avez données.

En attendant, je conserve mes postes d'aujourd'hui 12, qui sont Guignes, Verneuil, Chaumes, Vizy et Fontenay.

Veuillez m'adresser vos dépêches à Chaumes.

Le général Jolif-Ducoulombier au Ministre de la Guerre (D. T.).

Saint-Denis, 12 septembre, 2 heures soir. Expédiée à 3 h. 20 soir (n° 44844).

J'arrive avec le 6ᵉ hussards à Saint-Denis. Je vous ai adressé une dépêche télégraphique de Senlis, 8 heures soir, vous prévenant de la décision que je prenais de me replier. Cette décision, basée sur une dépêche du maire de Meaux au maire de Senlis annonçant un corps prussien à Meaux et sur une dépêche du chef d'escadrons du 9ᵉ cuirassiers, M. Degand, posté à Dammartin, me prévenant qu'il se repliait par ordre; qu'il nous laissait ainsi sans appui et sans communication sur notre droite, le 6ᵉ dragons n'ayant pas paru à Nanteuil-le-Haudouin.

Je vous demandais un ordre ne pouvant m'adresser sûrement à mon général de division Reyau, qui avait quitté Meaux. J'ai également prévenu du mouvement que j'allais faire. Pas de réponse.

D'après mes instructions prises à mon départ pour Senlis, je dois me retirer à Versailles. Dois-je toujours agir de même? (1).

Le Gouverneur de Paris au Ministre de la Guerre.

Paris, 12 septembre.

Deux divisions de cavalerie sont actuellement en avant de Paris.

Dans l'état actuel, il est préférable de faire rentrer l'une de ces divisions à Paris et de diriger l'autre du côté de Tours.

Quant à la nouvelle brigade formée des escadrons de marche de l'ex-Garde, elle devrait être mise à la disposition du général commandant la division d'infanterie du 14ᵉ corps d'armée, qui doit prendre position à Châtillon le 13 courant.

Je vous prie de vouloir bien donner des ordres en conséquence.

P.-S. — Les uhlans ont coupé les fils partout et je n'ai entendu parler d'aucun engagement de notre cavalerie avec eux.

Le général de Pointe de Gévigny au Ministre de la Guerre (D. T.).

Melun (gare), 12 septembre, 3 h. 20 soir (n° 44843).

Le général fait connaître qu'en exécution des ordres, instructions et pouvoirs qu'il a reçus et transmis à chaque chef de service :

---

(1) *Note marginale* : « Il a été répondu : Attendez des ordres pour vous retirer et continuez à pousser des reconnaissances en avant ».

1° La division de cavalerie du général de Champéron est partie ce matin à 6 heures pour Corbeil où le général fera sauter le pont;

2° M. l'ingénieur en chef du département fait sauter tous les ponts de la Seine et de l'Yonne qui se trouvent dans son service;

3° M. le commandant du génie Marchal fait sauter tous les ponts de Montereau, mais fait connaître que le Comité du génie, représenté par M. le commandant Balheau, envoyé sur les lieux, n'a pas jugé nécessaire de détruire les ponts du chemin de fer de la ligne de Lyon; qu'en conséquence rien n'est prêt pour les faire sauter;

4° La gendarmerie est partie pour Paris en exécution des ordres qu'elle a reçus;

5° L'intendant a été dirigé sur Chartres;

6° Les quatre bataillons de garde mobile partis seront rendus ce soir, le Ier et IIIe à Charenton, le IIe et le IVe à Noisy-le-Sec et y attendront des ordres de la division;

7° La compagnie des chasseurs et les gardes mobiles, formant l'avant-garde de Montereau, se replieront sur Paris aussitôt que le pont de Montereau aura sauté;

8° Les gardes forestiers ainsi que les francs-tireurs forment l'extrême arrière-garde et se retirent, avec ordre d'avoir toujours l'ennemi en vue. Ce ne sera que lorsque le poste avancé établi à Montereau arrivera dans sa retraite à Melun que le général commandant la subdivision se retirera avec ses dernières troupes et, à son arrivée à Paris, le général ira prendre des ordres à la division.

Le Ministre de la Guerre au général Reyau (D. T.) (*Urgent*).

Paris, 12 septembre, 4 h. 15. Expédiée à 4 h. 45 soir (n° 32258).

Ne vous retirez que devant des forces supérieures tant que les communications existent en arrière de vous (1).

Le Chef de la station de Melun au Chef du Cabinet du Ministre de la Guerre (D. T.).

Melun, 12 septembre, sans date. Expédiée à 8 h. 45 soir.

Le général commandant la division de cavalerie n'est pas à Melun ni

---

(1) Même télégramme au général de Champéron à Melun (même heure), auquel il est ajouté : « et prenez Versailles pour point de direction de votre retraite ».

dans les environs. L'urgence de la Guerre du 12 à 4 h. 15 du soir reste en dépôt.

Le commandant Glimeur, des francs-tireurs de Londres et de Boulogne-sur-Mer, au Comité de Défense nationale (D. T.).

Creil, 12 septembre, 9 h. 15 soir. Expédiée à 10 h. 55 soir (n° 45159).

Refus du chef de gare de Creil de conduire la compagnie à Pont-Sainte-Maxence, où les uhlans sont signalés dans les bois de Sarron, pour couper la voie.

COMMANDEMENT SUPÉRIEUR DE SAINT-DENIS.

c) Opérations et mouvements.

Ordre n° 3 du général Carrey de Bellemare.

Paris, 12 septembre.

Les zouaves du 28ᵉ régiment de marche et 500 hommes du Xᵉ bataillon de la garde mobile, sous les ordres d'un chef de bataillon du 28ᵉ régiment de marche, partiront de Saint-Denis demain à 5 h. 30, sans bruit de caisse ni de clairon ; ils emporteront le campement et les vivres pour vingt-quatre heures.

Ce détachement ira s'établir en grand'garde entre Épinay et Villetaneuse, détachant des postes avancés en avant d'Épinay depuis la Seine, à cheval sur la route du Havre, les villages d'Ormesson, la Barre, Deuil et Montmagny, jusqu'à la grande route de Calais, au lieu dit le Barrage.

Les hommes emporteront les cartouches, mais le chef du détachement ne fera charger les armes que si la présence de l'ennemi lui est signalée.

Cette grand'garde de vingt-quatre heures devra fouiller les bois, reconnaître tous les chemins. Les postes avancés resteront en communication constante avec le poste principal qui lui-même sera en communication constante avec le commandant supérieur de Saint-Denis.

Toutes les denrées fourragères, grains, etc., qui existeraient encore dans les villages fouillés par les troupes seront immédiatement brûlés. Le commandant du détachement prendra telles mesures qui lui paraîtront nécessaires pour que cette opération se fasse avec le plus d'ordre possible en évitant d'occasionner des incendies inutiles.

Le général commandant supérieur confie à l'expérience du colonel Pein le soin de donner au commandant du détachement toutes les instructions de détail nécessaires pour que ce service très important d'éclaireurs soit fait de la manière la plus utile. Le mot sera envoyé au poste principal une heure avant la retraite.

L'extrême droite se reliera à l'extrême gauche d'une grand'garde analogue établie sur la droite.

Nota. — Les vivres pour la journée de demain ne pouvant être achetés ce soir, s'ils ne peuvent l'être avant le départ, seront portés dès que faire se pourra par des corvées régulières des différents corps.

Situation-Rapport du 12 au 13 septembre (Observations du général Carrey de Bellemare).

Au quartier général, 13 septembre.

Le général commandant supérieur a établi un système de grand'-gardes et de postes avancés couvrant tout le terrain en avant de Saint-Denis sur un rayon variant entre 3 et 4 kilomètres et partant à gauche de la Seine en avant d'Épinay, suivant une ligne circulaire passant par Ormesson, la Barre, Deuil-Montmagny, le Barrage, les bois de Garges, Garges, Dugny, le Bourget, Raincy, Bobigny, et s'appuyant à droite sur le canal de l'Ourcq. Il comporte quatre détachements principaux faisant un total de 2,400 hommes environ fournis par les différents corps, de manière que, relevés toutes les vingt-quatre heures vers 9 heures du matin, les hommes aient à peu près de trois à quatre nuits. Il est adjoint à chacun de ces détachements une compagnie de la garde nationale de Saint-Denis, qui est outillée pour ce service et qui a désiré le partager. Avec ce réseau solidement appuyé dans les villages et dans les bois, nous pouvons espérer arrêter les éclaireurs ennemis et retarder de quelque temps l'approche de forces importantes.

De la cavalerie m'est absolument indispensable; j'en réclame d'urgence : j'ai de quoi la loger et la nourrir.

L'armement de la ligne de défense se poursuit activement; presser l'envoi des trente pièces demandées hier.

RENSEIGNEMENTS

L'inspecteur Mutel à l'Ingénieur en chef de l'exploitation des Chemins de fer du Nord (1).

Saint-Quentin, 12 septembre.

..... Voulant connaître par moi-même la situation, je me rendis à Tergnier. Là, je trouvai M. Roume qui m'informa qu'un agent de Chauny était venu prévenir qu'un corps d'armée de 12,000 hommes environ était à Chauny et qu'un officier avait demandé au chef de gare où se trouvait le dépôt de nos machines. M. Bayard lui ayant répondu que c'était à Tergnier, l'officier répondit que l'on irait aujourd'hui.

En présence de ces renseignements, M. Roume continua l'évacuation de ses machines qui est à peu près terminée.....

L'Inspecteur des télégraphes de l'Aube au Directeur général (D. T.).

Troyes, 12 septembre, sans heure. Expédiée à 11 h. 45 matin (n° 44715).

Villenauxe télégraphie à 8 h. 45 que 600 Prussiens sont devant la mairie; ce bureau ne répond plus. Rien dans le reste du département.

Le Sous-Préfet au Ministre de l'Intérieur (D. T.).

Saint-Quentin, 12 septembre (sans heure). Expédiée à 1 h. 15 soir (n° 44975).

Je vous transmets des renseignements que je crois exacts.

Il paraît que la cause de la catastrophe de Laon est encore inconnue. M. Ferrand, préfet démissionnaire, a été maintenu prisonnier, mis au secret et conduit avec égards vers Craonne et de là, pense-t-on, devant le général de Moltke. Le général Théremin d'Hame, blessé, est toujours détenu et gardé à vue Hôtel-Dieu. Les corps d'armée du duc de Mecklembourg et du duc de Saxe, qui sont installés à la préfecture, sont déjà passés par Laon. Ils doivent appartenir à une armée qui serait d'au moins 200,000 hommes. Le dire des officiers prussiens intéressés à le faire croire est qu'ils voudraient arriver sous Paris

---

(1) Archives de la Compagnie des chemins de fer du Nord.

rapidement avec 800,000 hommes. Ils paraissent se diriger par la vallée de l'Oise et de l'Aisne. Le chemin de fer du Nord et le télégraphe ont été coupés hier à Chauny. La garde nationale désarmée. Opération de recrutement heureusement terminées hier. Pas encore un Prussien dans l'arrondissement.

Le Sous-Préfet au Préfet de Seine-et-Marne et au Général commandant à Melun (D. T.).

Provins, 12 septembre, 3 heures soir. Expédiée à 6 h. 35 soir (n° 44920).

Uhlans arrivés à 11 h. 45, repartis à 2 heures, retournant du côté de Villiers-Saint-Georges et annonçant pour demain un corps de 20,000 hommes. L'officier s'est borné à demander au conseil municipal, des cigares. Les troupes annoncées se composeraient de huit régiments infanterie, cinq de cavalerie, seize batteries d'artillerie et six bataillons chasseurs à pied. Que dois-je faire ?

Prière de répondre à ma dépêche de ce matin.

Le Maire de Chauny au Ministre de l'Intérieur (D. T.).

Terguier, 12 septembre, sans heure. Expédiée à 5 h. 15 soir (n° 44940).

Un détachement de cuirassiers blancs est à Chauny et dans les environs. Sont campés dans les villages voisins ; attendent le gros de l'armée pour faire le siège de Soissons. La Fère résiste ; communications coupées à Chauny et à Noyon. Gare de Tergnier évacuée.

Le Sous-Préfet au Ministre de l'Intérieur et au Préfet de Seine-et-Marne (D. T.).

Fontainebleau, 12 septembre, 5 h. 15 soir. Expédiée à 7 h. 40 soir.

Je reçois du maire de Montereau la dépêche suivante :

Montereau, 12 septembre, 3 heures soir.

« Des uhlans arrivés ce matin à Provins en sont repartis à environ 2 heures, annonçant l'arrivée d'un corps d'armée de 15,000 hommes ».

Le Sous-Préfet au Préfet de Seine-et-Marne et au Général commandant à Melun (D. T.).

Provins, 12 septembre, 7 h. 10 soir. Expédiée à 11 h. 26 soir (n° 45071).

700 à 800 Prussiens, tant à Villiers Saint-Georges qu'à Cerneux et

Augers; 8,000 à 10,000 à Villenauxe, qu'on accuse, mais on ne sait encore s'ils passeront ici. Dois-je me replier?

Vous trouverai-je demain matin à Melun?

Le Préfet au Ministre de l'Intérieur (D. T.).

Troyes, 12 septembre, 7 h. 20 soir. Expédiée à 9 h. 20 soir (n° 45086).

Les Prussiens ont pénétré ce matin à Nogent-sur-Seine, en petit nombre. Ils l'ont quitté quelques heures après, retournant à Villenauxe, où se trouve une colonne assez forte. Ils ont, paraît-il, annoncé qu'ils reviendraient le lendemain. Tous les autres points du département sont libres.

Le Ministre de l'Intérieur aux Préfets (Circulaire).

Paris, 12 septembre, 9 h. 5 soir.

La résolution prise par le Gouvernement de demeurer à Paris pendant le siège a produit le meilleur effet.

Le général Trochu, président du Gouvernement de la Défense nationale, passera demain une revue générale des 160 bataillons de la garde nationale de Paris. Les forts sont complètement armés; les exercices des gardes mobiles continuent et tout le monde se fortifie dans l'idée de la résistance la plus acharnée.

Les dernières nouvelles de la guerre signalent l'entrée des Prussiens à Nogent-sur-Seine; dans la matinée du 12, l'ennemi a essayé de forcer la place de Toul; il a été repoussé et toutes ses batteries ont été démontées; le commandant de la place de Soissons, sommé de se rendre par des uhlans, a énergiquement refusé.

Journée du 13 septembre.

13ᵉ CORPS.

c) Opérations et mouvements.

Le Gouverneur de Paris au général Soumain.

Paris, 13 septembre.

Dans la répartition qui a été faite des troupes du 13ᵉ corps d'armée, il a été décidé qu'un régiment serait placé au rond-point de Courbevoie, couvert par un épaulement en terre.

Le régiment placé dans cette position se trouvant sous les feux du Mont-Valérien, je vous prie de donner au commandant de ce fort les instructions nécessaires pour qu'à l'approche de l'ennemi on ne commette pas d'erreurs et qu'on ne tire pas sur nos soldats.

Le général d'Hugues au général Vinoy.

Paris, 13 septembre.

Mon Général, j'ai l'honneur de vous rendre compte que, conformément à vos ordres, j'ai mis ce matin à la disposition de M. le commandant du génie Lévy le 12ᵉ régiment de marche, dont deux bataillons ont été dirigés sur Sèvres et un sur Meudon. Ce soir, le même officier supérieur me demande d'envoyer dans cette même résidence, deux nouveaux bataillons. Comme cette demande est appuyée d'un ordre signé du chef d'état-major du général Trochu, je m'empresse d'y déférer, et demain 14, à 6 h. 30 du matin, un bataillon du 11ᵉ régiment de marche et un du 9ᵉ seront dirigés vers l'endroit indiqué. Ma division, comme vous le voyez, ne peut plus couvrir, d'une manière complète, le terrain confié à sa garde, et cependant il serait grandement important de ne pas découvrir complètement ma gauche. Ne pourrait-on, en conséquence, demander à M. le Gouverneur de Paris de faire occuper le terrain entre le pont de Billancourt et celui de Vanves.

Mes travaux pour la construction des batteries nécessaires à la défense des ponts de Saint-Cloud et de Sèvres ne sont pas commencés faute d'outils mis à la disposition de l'artillerie; j'ai requis la municipalité de Boulogne d'avoir à m'en donner. Il n'a, jusqu'à présent, été fait aucun droit à ma demande; je vais insister, mais si le général commandant l'artillerie du corps d'armée pouvait venir à mon secours, la chose en irait mieux.

Extrait du Rapport-Journal de la 2ᵉ division du 13ᵉ corps.

13 au 14 septembre.

Travailleurs. — 1ᵉʳ bataillon du 9ᵉ et 1ᵉʳ bataillon du 11ᵉ de marche sont partis ce matin à 6 h. 30 pour aller camper sur l'avenue du Château de Meudon. Ces bataillons fournissent les travailleurs demandés par le commandant du génie de la circonscription de Sèvres et Meudon, qui a, en outre, à sa disposition trois bataillons du 12ᵉ de marche. Sur la rive droite de la Seine, 320 travailleurs du 11ᵉ régiment ont été fournis à l'artillerie de la division pour la construction de deux batteries à l'hippodrome et 100 travailleurs du 9ᵉ de marche ont été mis à la disposition du génie.

14ᵉ CORPS.

c) Opérations et mouvements.

Le général Renault au Gouverneur de Paris.

Paris, 13 septembre.

J'ai l'honneur de vous faire savoir que les troupes du 14ᵉ corps sont réparties, à la date d'aujourd'hui, de la manière suivante :

La 1ʳᵉ division, sous les ordres du général Béchon de Caussade, est établie depuis le fort d'Issy jusqu'au fort de Bicêtre.

Le quartier général de cette division est au carrefour de la route de Châtillon et de la route stratégique.

Le 15ᵉ régiment de marche, entre la route de Clamart et le chemin de fer de Versailles (rive gauche), sous le fort d'Issy.

Le 16ᵉ régiment de marche, entre la route de Clamart et la route de Châtillon, sous le fort de Vanves.

Le 17ᵉ régiment de marche, entre la route de Châtillon et la route d'Orléans, sous le fort de Montrouge.

Le 18ᵉ régiment de marche, à la plâtrière de Villejuif, en avant du fort de Bicêtre.

L'artillerie, en arrière du 17ᵉ régiment de marche.

L'ambulance, derrière l'artillerie.

La 2ᵉ division, général d'Hugues, est tout entière campée au Champ de Mars, avec son artillerie et son ambulance.

La 3ᵉ division, général de Maussion, occupe les quatre grandes casernes de Paris : le 23ᵉ régiment de marche, à la Pépinière; le 24ᵉ, à la caserne Napoléon ; le 25ᵉ, à la caserne du Prince-Eugène ; le 26ᵉ, à la caserne Reuilly.

L'artillerie et l'ambulance de cette division sont campées au Champ de Mars.

Les réserves du corps d'armée sont campées dans le jardin des Tuileries.

Mon quartier général reste à l'École militaire.

Le général de Caussade au Gouverneur de Paris.

Châtillon, 13 septembre.

J'ai l'honneur de vous rendre compte directement, conformément aux ordres que j'ai reçus de M. le Général commandant le 14ᵉ corps, de l'établissement de la 1ʳᵉ division dans les positions qui lui ont été assignées.

J'ai divisé la ligne en quatre groupes, composés chacun d'un régiment de marche. Au premier, seront jointes deux compagnies de chasseurs à pied, une batterie de mitrailleuses et deux escadrons de gendarmerie à cheval; au 3ᵉ, une batterie de canons rayés; au 4ᵉ, une batterie de canons rayés et deux escadrons de gendarmerie.

Le 1ᵉʳ groupe occupe un petit plateau situé entre le village du Val, près Meudon, et le fort d'Issy, la droite au viaduc de Meudon et à cheval sur le chemin de fer.

Le 2ᵉ groupe, composé seulement d'un régiment d'infanterie, est en avant du fort de Vanves, la droite à la route de Clamart, la gauche vers Châtillon.

Le 3ᵉ groupe a sa droite à la route de Châtillon, sa gauche en avant du fort de Montrouge.

Le 4ᵉ groupe a sa droite au sommet des pentes qui dominent la Bièvre, en avant du fort de Bicêtre, et sa gauche à la route d'Italie, à 200 mètres en arrière de Villejuif.

Les deux escadrons de gendarmerie de la droite seront campés, les villages de Meudon et de Clamart m'ayant paru trop dangereux à occuper comme cantonnements. Les escadrons du centre seront établis chez l'habitant à Châtillon et à Bagneux; ceux de la gauche, à Villejuif.

Le quartier général est à Châtillon, à l'embranchement de la route de Châtillon et de la route stratégique.

Ces dispositions m'ont semblé les meilleures à prendre pour remplir vos intentions.

J'ai prescrit les dispositions nécessaires pour assurer, autant que possible, la sécurité des camps et pour que nous soyons éclairés constamment.

Les vivres sont aussi assurés.

Je dois avoir l'honneur de vous faire maintenant connaître, mon Général, les côtés défectueux de cette situation.

La 1re division occupe un espace fort étendu. Elle a été obligée de se déployer sur une seule ligne sans réserves. Les trois premiers groupes ont des intervalles assez considérables. Du 3e au 4e, il y a plus de 2 kilomètres et le ravin de la Bièvre. Chaque régiment, il est vrai, s'appuie sur un fort; mais, dans cette situation, il ne peut ajouter aucune force à ce fort ni en recevoir de protection qu'en cas de retraite.

Quant au front de la situation, il est commandé d'une manière excessivement dangereuse, depuis la Seine jusqu'à Montrouge, par des hauteurs de 80 à 90 mètres, couvertes de bois dominant les forts de très près et l'enceinte continue elle-même à portée de forts calibres. Ces hauteurs sont occupées par quelques ouvrages inachevés, non armés et entourés de bois. Il est difficile de compter de leur part sur une résistance prochaine sérieuse. Les abattages de forêts ne se font pas ou se font sur une très petite échelle. L'incendie paraît ne pas réussir. Une fois les hauteurs de Meudon et de Clamart occupées, la défense ne pourra plus consister que dans les forts et bientôt après dans l'enceinte continue.

Les lignes de retraite ne sont pas non plus sans danger. Il n'y a que six ouvertures étroites à (*sic*) l'enceinte, de la Seine à la route d'Italie. Chaque colonne doit s'y retirer par des routes généralement enfilées par les hauteurs et mettre une heure à passer par les portes, en supposant le meilleur ordre. J'ai prescrit pour ce cas les dispositions qui m'ont paru les meilleures.

J'ai cru devoir vous rendre un compte fidèle de ces inconvénients, mon Général, et vous faire connaître qu'à l'exception du service des travaux pour lesquels, au reste, il ne m'a point encore été fait de demandes, l'occupation, par des troupes de ligne, de plaines dominées comme celles-ci et déjà gardées par des forts, me paraît devoir ne rien ajouter aux ressources de la défense et présenter de graves inconvénients en cas d'une retraite précipitée, qui pourrait exercer une influence fâcheuse jusque sur l'enceinte continue.

DIVISIONS REYAU ET DE CHAMPÉRON.

c) Opérations et mouvements.

Le général Reyau au général Cousin.

Claye, 13 septembre, minuit.

Des renseignements sûrs tendent a prouver que l'ennemi ne se présente pas encore en forces supérieures au Nord de Meaux. Cependant s'il en était autrement, et si les reconnaissances que vous devez avoir envoyées dans les différentes directions vous donnaient la certitude que l'ennemi est trop menaçant, quittez votre bivouac de Saint-Soupplets pour venir l'établir au Plessis-aux-Bois entre Vinantes et Villeroy. Un poste établi à Charny vous reliera avec Charmentray, où j'ai fait retirer pour la nuit le détachement du lieutenant-colonel Gérard.

Faites ce mouvement le matin, à la pointe du jour. Ne l'exécutez pendant la nuit que par nécessité absolue.

La copie des lettres ci-jointe vous fera connaître le intentions du Ministre en ce sens.

Expédiez bagages, chevaux de main et tous impédimenta sur Claye.

Le général Reyau au commandant de Guéret.

Claye, 13 septembre.

Des rapports du général Cousin signalent l'ennemi au Nord de Meaux ; dans le cas où ces renseignements seraient vérifiés, retirez-vous sur Plessis-aux-Bois.

Dès que le général sera en route, retirez-vous sur Claye ; le général Cousin doit vous donner avis de son mouvement.

Le général Reyau au Colonel du 1er chasseurs.

Claye, 13 septembre, 2 heures matin.

J'ai l'honneur de vous prier de diriger sur Charmentray l'escadron de votre régiment qui, hier, n'a pas fait de mouvement.

Cet escadron, sous la conduite de son chef d'escadrons, partira aujourd'hui 13 septembre à 6 heures du matin, de Pomponne, prendra par Thorigny, Carnetin, Annet, Fresnes, pour aller rejoindre à Charmentray l'autre escadron de votre régiment.

J'adresserai sur ce point des instructions à M. le chef d'escadrons.

Vous resterez à Lagny avec les deux escadrons arrivés hier de Versailles.

Le général Reyau au commandant Chardigny, du 1er chasseurs, à Charmentray.

Claye, 13 septembre.

M. le Commandant du 1er chasseurs à Charmentray portera son détachement immédiatement le plus près possible de Meaux. Il poussera de fortes reconnaissances dans la ville et les environs, de manière à être parfaitement renseigné de tout ce qui peut s'y produire de la part de l'ennemi.

Il fera surveiller avec la plus scrupuleuse attention l'espace compris vers sa droite entre la route et le canal. Il cherchera à entrer en communication avec les autorités civiles restées à Meaux. Il s'assurera si M. le sous-préfet y est rentré et, dans ce cas, il fera prendre auprès de lui tous les renseignements que ce dernier pourra lui donner.

Si quelques petits partis ennemis se présentent, soit dans la ville, soit dans les environs, il cherchera par tous les moyens à les enlever ou, pour le moins, à les harceler en les faisant charger et poursuivre.

L'escadron du 9e cuirassiers actuellement à Fresnes se rend à Charmentray, ayant ordre de soutenir au besoin votre détachement. En établissant votre bivouac près de Meaux, faites dans cette ville des réquisitions pour les vivres de vos hommes et pour les fourrages de vos chevaux.

Le général Reyau au Lieutenant-Colonel du 9e cuirassiers.

Claye, 13 septembre.

J'ai dirigé ce matin sur Charmentray le second escadron du 1er chasseurs. Le détachement est commandé par M. le commandant Chardigny, à qui je fais parvenir mes ordres sur la mission qu'il a à remplir. Ces deux escadrons devront quitter Charmentray pour se porter sur Meaux.

Vous enverrez à Charmentray un escadron sous les ordres du capitaine commandant, en lui prescrivant de se relier avec les chasseurs, afin d'être averti de tous les mouvements.

Je prescris à M. le commandant Chardigny de faire à Meaux des réquisitions pour les vivres de ses hommes et de ses chevaux. Le capitaine en fera lui-même.

L'escadron ayant quitté Fresnes, vous rentrerez à votre état-major.

Le capitaine se mettra sous les ordres du chef d'escadrons des chasseurs.

Le général Reyau au lieutenant de gendarmerie Rifaut.

Claye, 13 septembre.

Le général commandant le corps de cavalerie prescrit à M. le lieutenant de gendarmerie d'établir sur la route entre Claye et Charmentray des gendarmes de 2,000 en 2,000 mètres.

Le général Reyau au Ministre de la Guerre.

Claye, 13 septembre.

Des reconnaissances faites hier 12 dans la ville de Meaux par le détachement de chasseurs et de cuirassiers bivouaqué aux portes de cette ville n'ont signalé la présence d'aucun poste sur ce point.

Le général Cousin, établi avec le 9e chasseurs à Saint-Soupplets, a envoyé des reconnaissances pour détruire les ponts du canal de l'Ourcq au Nord de Meaux.

L'ennemi s'est présenté en forces à Lizy-sur-Ourcq au moment où le pont était détruit.

Un seul pont à Congis reste en leur pouvoir. Un détachement du 9e chasseurs parti de Saint-Soupplets dans la nuit doit tenter un coup de main pour le détruire.

D'après les avis transmis dans la journée par le sous-préfet de Meaux et le maire de Coulommiers, les Prussiens étaient campés en forces aux environs de Coulommiers; le quartier général était à Rebais, leurs postes avaient atteint Crécy et la forêt de Crécy.

L'escadron du 1er chasseurs arrivé à Tournan était menacé d'être coupé; je l'ai appelé dans la nuit à Lagny. Lorsqu'il fut rentré à Pomponne où bivouaquait le colonel avec deux escadrons, ce chef de corps permit alors à l'agent des Ponts et Chaussées de détruire les ponts de Lagny comme il en avait reçu l'ordre.

Afin d'appuyer le général Ducoulombier, j'ai envoyé à Nanteuil le détachement de spahis.

En général, les rapports envoyés par les sous-préfets et par les maires sont empreints d'exagération. Les habitants, affolés de terreur, signalent sur tous les points, l'arrivée des uhlans, la marche de corps ennemis.

En résumé, depuis quelques jours, cette marche paraît fort ralentie, l'ennemi semble montrer de l'hésitation; la présence de nos corps de cavalerie sur tous les points à la fois paraît l'occuper. Cependant les Prussiens ne perdent pas de temps. Dans les localités où ils séjournent, ils exercent leurs hommes sur les terrains de manœuvre.

Le général Reyau au Colonel du 1er chasseurs.

Claye, 13 septembre.

J'ai reçu votre rapport me rendant compte de l'arrivée à Pomponne de l'escadron venant de Tournan et de la destruction des ponts de.....

Vous aurez à faire des réquisitions à Lagny pour avoir des vivres pour les hommes et les chevaux.

Le poste de cuirassiers établi à Carnetin reçoit l'ordre de rejoindre son escadron.

Veuillez le faire remplacer par un poste tiré des escadrons campés à Pomponne.

Le général Reyau au général Ressayre, à Gournay.

Claye, 13 septembre.

J'ai l'honneur de vous prier de faire diriger aujourd'hui, 13 septembre, sur Gournay, les deux escadrons du 9e de cuirassiers qui sont à Claye (l'escadron qui a été porté ce matin à Charmentray devra recevoir l'ordre de se mettre en route assez à temps pour arriver avant la nuit au Pin).

Les quatre escadrons seront dirigés, demain 14, sur Villejuif.

Vous dirigerez vous-même ce mouvement et vous vous rendrez aujourd'hui à Chelles.

Le régiment réuni à Villejuif quittera cette ville le 15 pour aller coucher à Palaiseau.

Le général Reyau au général Cousin.

Claye, 13 septembre.

Je reçois votre lettre datée du Plessis 13, 7 heures soir, qui me fait connaître les difficultés que vous éprouvez de vous établir au Plessis.

J'ai été surpris de votre rapport qui m'annonce que vous avez reçu, cette nuit, l'ordre de rétrograder sur Claye, ordre que je n'ai jamais signé ni fait transmettre.

Cependant, en raison des difficultés que vous éprouvez pour vous établir au Plessis et malgré mon désir de vous maintenir le plus longtemps possible pour inquiéter l'ennemi par votre présence, j'ai décidé que vous rentreriez aujourd'hui 13 à Claye avec le 9e chasseurs.

Veuillez donner les ordres en conséquence ; le détachement de spahis restera à Dammartin.

Maintenez un poste à Juilly pour assurer notre concentration par Claye.

Le général Reyau au Capitaine commandant l'escadron de cuirassiers, à Charmentray.

Claye, 13 septembre.

Le capitaine commandant l'escadron du 9ᵉ cuirassiers à Charmentray a ordre de lever immédiatement son bivouac et de se porter immédiatement avec son escadron au Pin en passant par Fresnes, Annet, Villevaudé, le Pin.

Avant de quitter Charmentray, il informera de son mouvement le commandant du détachement du 1ᵉʳ chasseurs.

Le général Reyau au Ministre de la Guerre et au général Trochu.

Claye, 13 septembre.

J'apprends à l'instant que le général Ducoulombier a dû abandonner Senlis et s'est retiré par la route de Luzarches, se dirigeant sur Versailles.

Il m'est impossible de laisser isolé à Nanteuil le détachement de spahis que j'y avais envoyé pour appuyer le 6ᵉ hussards ; je le fais rétrograder sur Dammartin.

Le général Cousin me rend compte qu'un régiment de cavalerie prussien a installé ce matin son bivouac à Cougis après avoir passé la Marne et le canal de l'Ourcq. Il paraît former l'avant-garde d'un corps considérable venant de Château-Thierry. Je donne l'ordre au général Cousin, qui ne peut plus faire vivre le régiment du 9ᵉ de chasseurs dans les villages abandonnés, de rentrer ce soir à Claye.

Je fais partir de Claye le 9ᵉ de cuirassiers. Je le dirige sur Chelles sous les ordres du général Ressayre et, selon l'urgence, je continuerai mon mouvement de retraite par Villejuif, sur Longjumeau et Palaiseau, bien résolu d'ailleurs à ne faire un mouvement rétrograde que lorsque j'aurai appris par les rapports des escadrons qui sont à la porte de Meaux, que des forces supérieures en infanterie et artillerie me menacent sérieusement.

J'ai fait pousser de nouveau ce matin une reconnaissance jusqu'aux portes de Meaux. J'attends son rapport.

Le général Reyau au Colonel du 1ᵉʳ chasseurs.

Claye, 13 septembre.

J'ai décidé que les deux escadrons de votre régiment partiront de Pomponne aujourd'hui 13, à 5 heures du soir, pour se rendre à

Fresnes où ils coucheront. Là, vous trouverez les deux escadrons du commandant Chardigny et vous reprendrez le commandement de tout votre régiment.

Demain matin, à la pointe du jour, vous porterez votre régiment à hauteur de Charmentray et vous enverrez un escadron bivouaquer à 500 mètres de Meaux, en prescrivant au capitaine commandant cet escadron de pousser des reconnaissances dans Meaux et sur les routes qui y aboutissent.

Un second escadron sera placé un peu en arrière du premier pour soutenir au besoin les diverses reconnaissances.

Vous chargerez du reste le chef d'escadrons de diriger ces opérations.

Vous-même, avec les deux autres escadrons, vous vous placerez là où vous jugerez qu'il est le plus utile pour soutenir au besoin les escadrons portés en avant.

Ne négligez pas de vous faire éclairer sur vos flancs, en détachant des cavaliers isolés le long du canal pour surveiller surtout attentivement le terrain qui est à votre gauche, vers lequel on a signalé quelques partis ennemis. Afin de pouvoir me communiquer facilement tous les renseignements qui pourraient m'intéresser, vous ferez disposer sur la route, jusqu'à la hauteur de Charmentray, quelques cavaliers ou ordonnances qui me transmettront sans délai vos rapports. Entre Claye et Charmentray, la gendarmerie sera chargée de ce service.

Je désire que les diverses reconnaissances qui seront poussées dans la ville et dans les environs soient continues, qu'elles soient énergiquement conduites et qu'elles n'hésitent pas à charger et à poursuivre les partis ennemis et tâcher de faire des prisonniers.

Pour assurer un bon résultat aux dispositions que vous pourrez prendre, je donnerai l'ordre à deux escadrons du 9ᵉ de chasseurs de vous appuyer au besoin, si, d'après vos rapports, j'en reconnais la nécessité.

Le même au même.
                                                    Claye, 13 septembre.

Lettre non avenue, rester à Pomponne, demain se retirer sur Chelles.

Le Ministre de la Guerre au général de Champéron (D. T.).
                                        Paris, 13 septembre, 7 h. 30 soir.

Repliez-vous sur Paris avec votre division. Commencez immédiatement votre mouvement et rendez-moi compte, ainsi qu'au général commandant la 1ʳᵉ division, de la manière dont il s'effectuera.

Le Ministre de la Guerre au général Jolif-Ducoulombier (D. T.).

Paris, 13 septembre, 9 h. 20 matin.

Attendez des ordres pour vous retirer et continuez à pousser des reconnaissances en avant.

Le général Jolif-Ducoulombier au Ministre de la Guerre (D. T.).

Versailles, 13 septembre, 2 h. 17 soir. Expédiée à 3 h. 10 soir (n° 45449).

J'arrive avec le 6ᵉ hussards à Versailles où je trouve votre télégramme qui me prescrit de rester à Saint-Denis avec ce régiment pour éclairer en avant. Le 6ᵉ hussards, que je ramène de Mézières et de Senlis, est incapable de se remettre immédiatement en route. Si votre ordre est maintenu, je vous demande à faire partir le 6ᵉ dragons pour Saint-Denis. Prière de me dire où se trouve le général Reyau de qui je n'ai pas reçu de réponse.

Le général de Champéron au Ministre de la Guerre (D. T.).

Corbeil, 13 septembre, 7 h. 50 soir. Expédiée à 11 h. 5 soir (n° 45650).

Je quitte Corbeil demain matin à 6 heures pour me rendre à Choisy-le-Roi. Après-demain matin, de bonne heure, je serai à Paris.

Le général de Champéron au général Soumain (D. T.).

Corbeil, 13 septembre, 4 h. 58 soir. Expédiée à 7 h. 10 soir (n° 45526).

Je n'arriverai à Paris que le 15 au matin par suite de nouvelles dispositions relatives aux ponts à faire sauter. Enverrai un officier à l'avance. Dois prévenir que le 1ᵉʳ régiment de marche de dragons n'a pas un seul ustensile de campement.

Le Général commandant la subdivision de Seine-et-Oise au Gouverneur de Paris (D. T.).

Versailles, 13 septembre, 10 h. 12 soir. Reçue à 11 h. 8 soir (n° 330).

Par ordre du Ministre de la Guerre, la brigade Ducoulombier composée du 6ᵉ hussards, 6ᵉ dragons et du 1ᵉʳ cuirassiers de marche part pour Orléans demain. Je ne puis par conséquent vous envoyer le 6e dragons ni le 6e hussards à Saint-Denis. Il me reste le 1er régiment de lanciers de marche.

RENSEIGNEMENTS

Le Directeur des postes de Troyes au Directeur général des postes (D. T.).

Troyes, 12 septembre, 8 h. 10 soir. Expédiée le 13 à 2 h. 25 matin (n° 45120).

L'exprès, envoyé à Châlons avec correspondances de Paris, de trois jours, a pu y pénétrer. Il a remis les correspondances au receveur, qui les fera distribuer clandestinement. La poste est fermée ; défense est faite par l'ennemi de recevoir et d'expédier les correspondances. Il y a à Châlons de 6,000 à 8.000 Prussiens, dont la plus grande partie pionniers, un assez grand nombre de hussards et quelques cuirassiers blancs. On fera demain une nouvelle tentative pour pénétrer à Châlons avec dépêches. Rien de nouveau dans le département de l'Aube, si ce n'est que les éclaireurs qui sont entrés aujourd'hui à Nogent-sur-Seine reviendraient en nombre ce soir et que, si on faisait sauter les ponts, la ville serait bombardée.

Le Préfet au Ministre de l'Intérieur (D. T.).

Melun, 13 septembre, 10 h. 19 matin. Expédiée à 12 h. 30 soir (n° 45322).

Je reçois la dépêche suivante de Provins :

Employé télégraphe à Préfet, Melun, et Ministre Guerre, Paris : « Le 2e régiment de uhlans vient de traverser Provins, se dirigeant vers Nangis, Courteveaux ou Vieux-Champagne. Le sous-préfet, parti cette nuit, est arrivé à Melun. »

Le Chef de gare de Chauny au Ministre de l'Intérieur (D. T.).

Appilly, 13 septembre, 3 heures soir (n° 45458).

L'ennemi disparaît depuis ce matin, passe entre Soissons et Compiègne, se dirigeant sur Paris. Voies et télégraphe coupés à Chauny par l'ennemi.

Le colonel Fervel au Ministre de la Guerre (D. T.).

Paris (gare du Nord), 13 septembre, 4 h. 20 soir. Expédiée à 6 h. 57 soir (n° 32590).

De Chauny, où il est arrivé depuis hier à 3 heures soir, l'ennemi s'avance entre Soissons et Compiègne, où vient d'arriver un détachement de cavalerie prussienne. Soissons et La Fère paraissent disposés à résister.

Le Chef de service de la gare de Lyon au Directeur général des télégraphes (D. T.).

Paris (gare de Lyon), 13 septembre. Expédiée à 8 h. 50 soir (n° 45597).

Nous recevons, de la gare de Melun, la dépêche suivante :
« Suivant toute probabilité, les Prussiens seront ce soir à Melun. 30 uhlans ont été vus à Mormant, précédant un corps de 1,100 hommes d'avant-garde. »

Le Commissaire de Compiègne à M. Diday, inspecteur général du Contrôle, 4, rue Say, Paris (D. T.).

Creil, 13 septembre, 8 h. 20 soir. Expédiée à 11 h. 50 soir (n° 45663).

A 3 h. 45, 5 uhlans à Compiègne ont visité la gare, sont partis, sont revenus à 4 h. 15. J'ai pris voiture pendant qu'ils inspectaient la gare. En route, j'ai rencontré francs-tireurs de Boulogne se dirigeant sur Compiègne. Trains vont jusqu'à Verberie. Je vais à Paris et suis à Creil, où l'on me dit qu'un corps de cavalerie a suivi à pied l'avant-garde.

Le Ministre de l'Intérieur aux Préfets (D. T.).

Paris, 13 septembre, 10 h. 45 soir.

Les têtes de colonnes de l'ennemi sont signalées à Chauny, Compiègne et Provins. Les ponts de Creil et Corbeil ont été détruits par les Compagnies du Nord et de Lyon.

La revue de la garde nationale sédentaire de la Seine et des troupes de la garde mobile des départements appelés à Paris a eu lieu aujourd'hui à midi. Plus de 300,000 hommes étaient rangés de la Bastille à l'Arc de l'Étoile. Le général Trochu, président du Gouvernement de la Défense nationale, accompagné du Ministre de la Guerre, du Commandant supérieur des gardes nationales et de quelques officiers, a passé sur le front des troupes. Il a été salué sur tout son parcours par les cris de : « Vive la France! Vive la République! Vive le général Trochu! » Sur un très grand nombre de points, les chants de *la Marseillaise* et du *Départ* se faisaient entendre. Les gardes nationaux et les mobiles fraternisaient ensemble et se renvoyaient leurs acclamations. Tous les visages avaient un air de résolution calme qui promet à Paris de vigoureux défenseurs. Tout s'est passé dans le plus grand ordre; à 2 heures, les troupes regagnaient leurs quartiers. L'impression générale ne laisse rien à désirer. Cette grande revue n'était pas une fête, mais plutôt une véritable opération militaire.

Journée du 14 septembre.

13ᵉ CORPS.

c) Opérations et mouvements.

Le général d'Exéa au général Vinoy.

Paris, 14 septembre.

En réponse à votre dépêche du 14 septembre courant n° 86, j'ai l'honneur de vous faire connaître en premier lieu que, conformément à vos ordres, une seule compagnie va occuper la rive gauche du pont d'Asnières ; cette compagnie, journellement relevée, avance des petits postes en avant du débouché de ce pont. Les mêmes dispositions seront prises pour la garde du pont de Saint-Ouen. J'ai prescrit aux commandants du génie et de l'artillerie d'abandonner les travaux de défense pour se conformer à vos dispositions.

J'ai l'honneur de vous transmettre les routes que suivront les corps de ma division pour entrer à Paris : le 5ᵉ de marche et la 3ᵉ batterie du 10ᵉ d'artillerie rentreront dans l'enceinte par la porte de Saint-Ouen, par l'avenue de la Gare et les Batignolles ; 6ᵉ de marche, aux ordres du général de Bellemarre ; 7ᵉ de marche et la batterie de mitrailleuses, par le boulevard de Saint-Vincent-de-Paul (porte de Clichy). La gendarmerie, les chasseurs à pied, la compagnie du génie, le train d'artillerie, les services administratifs et la trésorerie, même route que le 7ᵉ de marche ; le 8ᵉ de marche et la 4ᵉ batterie du 10ᵉ d'artillerie, par la porte d'Asnières.

14ᵉ CORPS.

c) Opérations et mouvements.

Le Gouverneur de Paris au général Renault.

Paris, 14 septembre.

Le 14ᵉ corps se mettra immédiatement en route pour occuper une position en avant des forts sur la rive gauche de la Seine. Sa droite s'appuiera aux Moulineaux et sa gauche à Vitry-sur-Seine.

Une brigade de cavalerie, commandée par M. le général de Bernis, et le régiment de gendarmerie à cheval, suivront le mouvement du 14ᵉ corps; ce dernier régiment entrera sous le commandement du général de Bernis.

Le commandant du 14ᵉ corps s'entendra avec les généraux du génie et de l'artillerie pour leur livrer des troupes comme travailleurs. Elles seront employées à mettre en état de défense les positions en avant de leur front, en pratiquant des abatis, des coupures de routes, etc.....

La division de Maussion exécutera son mouvement aujourd'hui 14 septembre; la division d'Hugues, demain au point du jour.

Le général commandant la 1ʳᵉ division militaire et l'intendant sont prévenus de ces dispositions, ainsi que les généraux commandant le génie et l'artillerie de la défense.

Le général Renault aux Généraux commandants les divisions du 14ᵉ corps.

Paris, 14 septembre.

Le 14ᵉ corps d'armée devra aller occuper en avant de l'enceinte les positions suivantes :

La 1ʳᵉ division resserrera son campement de manière à s'établir entre les ponts des Moulineaux à droite (près du fort d'Issy) et Châtillon à gauche.

La 2ᵉ division quittera demain 15 son campement du Champ de Mars et ira se placer à la gauche de la 1ʳᵉ division, de Châtillon à la rivière de Bièvre, en face d'Arcueil-Cachan.

La 3ᵉ division partira aujourd'hui 14 et ira prendre position entre la Bièvre (en face d'Arcueil-Cachan) et la Seine à Vitry-sur-Seine.

Une brigade de cavalerie, commandée par M. le général de Bernis, s'établira en arrière de la 1ʳᵉ division d'infanterie. M. le général de Bernis devra s'entendre avec M. le général commandant la 1ʳᵉ division d'infanterie pour l'établissement des troupes de sa brigade.

Le régiment de gendarmerie à cheval, caserné au palais de l'Industrie, sera mis également sous les ordres de M. le général de Bernis. Ce régiment devra être campé en arrière des troupes de la 3ᵉ division d'infanterie.

Un escadron de ce régiment devra être divisé en quatre pelotons destinés à fournir les escortes aux généraux des trois divisions d'infanterie et au général en chef. Chacun des commandants de ces pelotons devra aller prendre de suite les ordres du général près de qui il doit être employé.

Les officiers et assimilés des divisions hors Paris recevront, à dater du jour où ils s'établiront sur leur campement, les rations réglementaires en nature fixées par le tarif du 26 juillet 1870.

Les batteries d'artillerie divisionnaires, les sections du génie et les services administratifs des divisions suivront les mouvements de ces dernières.

Jusqu'à nouvel ordre, le quartier général du général en chef et des services qui en dépendent resteront établis à l'École militaire.

Rapport de la 2e division du 14e corps.

Paris, 14 septembre.

Le 14e corps d'armée a reçu l'ordre de prendre position en dehors de Paris, en avant du front Sud, entre les Moulineaux et Vitry-sur-Seine.

La 1re division est déjà établie entre les Moulineaux et Châtillon.

La 3e division doit aller aujourd'hui s'établir entre Arcueil et Vitry-sur-Seine.

La 2e division quittera demain matin son bivouac du Champ de Mars pour aller prendre position entre Châtillon et le ravin de la Bièvre, à hauteur d'Arcueil.

A cet effet, la soupe sera mangée à 7 heures et le départ aura lieu par brigade à 8 heures, la 2e brigade en tête. A la sortie de Paris, la 1re brigade prendra la route de Châtillon et la 2e la route n° 20, qui passe sous le fort de Montrouge, qu'elle laissera à sa droite.

Les trois batteries d'artillerie de la division se mettront en mouvement de manière à prendre la gauche des troupes de l'infanterie. Elles sortiront par la route de Châtillon et y recevront des ordres pour l'occupation de la position.

Après avoir dépassé les forts, chaque brigade se déploiera pour aller occuper les positions qui doivent être reconnues cet après-midi.

Pour le moment, les troupes doivent être employées à des travaux de terrassement et de défense (destruction des voies de communication, abattis, mise en défense des villages et maisons isolées, etc. . . . .); les travailleurs requis par les officiers du génie, directeurs des travaux, toucheront une indemnité de 0 fr. 60 par jour. La troupe et les officiers toucheront, à dater du 16 courant inclus, les vivres de campagne; le commandement fera connaître, dès qu'il le pourra, les lieux et les heures de distribution.

La ration de viande est fixée à 300 grammes, celle de riz à 30 grammes. Les ordinaires pourront prendre du pain de soupe à titre remboursable. Le général commandant la 1re division militaire a fait connaître que les entrepôts de Paris sont autorisés à délivrer directement à l'armée des approvisionnements de tabac, sur la demande des chefs de corps, soit contre remboursement, soit en échange d'un reçu des quantités délivrées, avec indication du prix d'achat, pour le payement en être réglé avec le Ministre de la Guerre.

Pour éviter l'encombrement des prisons militaires de Paris, en présence du grand nombre d'hommes qui sont l'objet de poursuites judiciaires, il y a nécessité de suspendre l'admission dans ces établissements des militaires de la garnison de Paris punis disciplinairement. En conséquence, ces militaires subiront leurs punitions à leurs corps, ainsi qu'il a été dit d'ailleurs au rapport d'hier.

Le général en chef avait pensé obtenir du Gouverneur un bataillon de francs-tireurs. En attendant que cette disposition puisse être concédée, il est prescrit aux généraux de division d'organiser dans leur division un ensemble de corps francs de 30 hommes environ chacun et commandé par un officier.

Ces francs-tireurs seront employés suivant les besoins et surtout pour le service d'éclaireurs; ils seront choisis parmi les hommes de bonne volonté, habitués à broussailler, les plus aptes enfin au service de tirailleurs et d'éclaireurs.

Il y aura un groupe par bataillon; le général en chef fait observer avec juste raison qu'il s'est servi de cette organisation en mainte occasion avec beaucoup d'avantage. Les chefs de corps s'occuperont de cette organisation dès les premiers moments de leur prise de position et feront connaître, le plus tôt possible, les noms des officiers désignés dans leurs régiments.

Rapport de la 3e division du 14e corps.

Paris, 14 septembre.

23e *régiment de marche.* — .....Le 23e régiment de marche partira aujourd'hui même.

24e *régiment de marche.* — Le 24e régiment de marche partira aujourd'hui même, la soupe mangée, à 4 heures de l'après-midi pour aller prendre la position suivante : la gauche appuyée au village de Villejuif, la droite se prolongeant vers le village d'Arcueil, ne dépassant pas la moitié de la distance entre ces deux villages. Le régiment sortira de Paris par la Maison-Blanche (porte d'Italie). Les troupes seront sous la tente-abri.

25e *régiment de marche.* — Le 25e régiment de marche partira aujourd'hui même à 4 heures de l'après-midi pour aller prendre la position suivante : la droite occupant le village de Villejuif, la gauche se prolongeant sur le village de Vitry et ne dépassant pas la moitié de la distance entre ces deux villages. Le régiment sortira de Paris par la porte d'Italie. Les troupes seront sous la tente-abri.

26ᵉ régiment de marche. — Le 26ᵉ régiment de marche partira aujourd'hui même à 4 heures de l'après-midi, la soupe mangée, pour aller prendre position : la gauche à Vitry-sur-Seine, la droite se prolongeant sur le village de Villejuif et ne dépassant pas la moitié de la distance entre ces deux villages. Le régiment sortira de Paris par la porte de Choisy. Les troupes seront sous la tente-abri.

Batteries d'artillerie. — Les batteries de la 3ᵉ division partiront à 4 heures de l'après-midi, sortiront par la porte d'Italie et iront se placer entre le fort de Bicêtre et le village de Villejuif, sur le plateau, où se trouvent plusieurs plâtrières. Les troupes seront sous la tente-abri.

COMMANDEMENT DE SAINT-DENIS.

c) **Opérations et mouvements.**

Extrait de la situation-rapport de la Section du Nord du 13 au 14 septembre.

La colonne chargée d'aller incendier les fourrages et les meules de grains abandonnés par les habitants autour des villages de Gonesse, Arnouville et Bonneuil, a rempli sa mission sans incident particulier. Rien de nouveau n'a été signalé aux avant-postes.

RENSEIGNEMENTS

Le Maire au Ministre de l'Intérieur (D. T.).

Chauny, 14 septembre, 9 h. 45 matin. Expédiée à 2 h. 40 soir (nº 45845).

L'ennemi n'a pas reparu ici depuis hier qu'il a quitté la ville et villages voisins.

Le colonel Fervel au Ministre de la Guerre (D. T.).

Paris (gare du Nord), 14 septembre, 10 h. 55 matin. Expédiée à 12 h. 20 soir (nº 56703).

Il paraît que de fortes colonnes descendent la forêt de Saint-Gobain se dirigeant sur Paris.

Le Procureur de la République au Procureur général, Paris (D. T.).

Nogent-sur-Seine, 14 septembre, 2 h. 15 soir. Expédiée à 4 heures soir (n° 45984).

Trente dragons prussiens viennent de se replier devant l'attitude énergique de la population. Ils vont rallier un escadron à 4 kilomètres et paraissent devoir revenir aussitôt.

Le Préfet au Ministre de l'Intérieur (D. T.).

Melun, 14 septembre, 3 heures soir. Expédiée à 5 h. 15 soir (n° 45991).

Communication télégraphique n'existant plus entre Melun et Mormant, ai envoyé hier soir dans la direction de cette dernière ville deux éclaireurs offrant confiance.

L'un d'eux revient à l'instant de sa mission et m'apporte du maire de Mormant une lettre d'où j'extrais ces points saillants :

Le 14, vers 1 h. 30, des lanciers ennemis se sont présentés à Mormant.

L'officier a demandé au maire la dernière gazette et requis 200 cigares et 6 saucissons.

Il a parlé du passage d'un gros de troupes faisant partie du corps d'armée du Prince royal se dirigeant sur Paris par toutes les routes et supposé que ce passage aurait lieu aujourd'hui entre 9 et 10 heures. Ces 30 lanciers étaient commandés par le lieutenant baron Hohenfel, du 1er régiment bavarois.

Mon éclaireur m'a ajouté s'être porté au-dessus de Mormant et, à 6 kilomètres de là, avoir rencontré une vedette lui ayant enjoint de ne pas s'avancer. Un camp était établi à cet endroit près du bois de Thiboust. Il était d'environ 4,000 hommes.

Un exprès du maire de Nangis me remet en ce moment une lettre portant que 20 uhlans sont entrés à Nangis le 13 à 5 heures du soir. Une compagnie de francs-tireurs a échangé quelques coups de fusil avec eux, puis s'est retirée. Des troupes ennemies sont campées aux environs de la Croix-en-Brie, Gastins et Clos-Fontaine.

Ce dernier renseignement paraît confirmer les premiers, ces villages étant près du bois de Thiboust.

Une communication du maire de Brie-Comte-Robert à moi remise également ce matin à 5 h. 30 par un exprès, parle de francs-tireurs qui lui ont déclaré avoir eu un engagement avec des cavaliers prussiens à Mortcerf.

Le Directeur des postes de Troyes au Directeur général des postes (D. T.).

Troyes, 14 septembre, 3 h. 10 soir. Expédiée à 5 h. 15 soir (n° 46015).

Hier, adressé le rapport détaillé demandé par lettre du 12 et touchant la marche de l'ennemi.

Les Prussiens sont encore signalés dans les environs de Villenauxe et de Nogent-sur-Seine. Il est à croire que c'est l'arrière-garde du corps de 45,000 hommes étant passé à Sézanne dans la nuit du 12 au 13 courant. On dit que Vitry-le-François est évacué. J'aurai ce soir des nouvelles de Châlons ; je vous les communiquerai si elles offrent de l'intérêt.

Population très calme. Courrier de Paris pas arrivé aujourd'hui.

L'Ingénieur des Ponts-et-Chaussées au colonel Fervel (D. T.).

Senlis, 14 septembre, 6 heures soir. Expédiée à 7 h. 15 soir.

Deux détachements hambourgeois à Ormoy-le-Davien et le Plessis-sur-Nanteuil. Des éclaireurs se sont montrés à Betz, à Bargny. Environ 10,000 hommes de troupes armés seraient arrivés à Crépy-en-Valois hier soir, précédant une forte colonne ennemie ; 5,000 ou 6,000 doivent arriver à La Ferté aujourd'hui. Nanteuil m'informe que l'ennemi était hier à Crépy-en-Valois, à Betz, et dit de 30,000 à 40,000 hommes. On a vu à l'instant des éclaireurs prussiens à Ormoy-Villers. Aussitôt Nanteuil investi, je me replie sur Beauvais avec le camarade Plessiet.

Le Préfet au Ministre de l'Intérieur (D. T.).

Melun, 14 septembre, 6 h. 50 soir. Expédiée à 9 h. 5 soir (n° 46136).

Été en reconnaissance moi-même route de Melun à Guignes.

A Crisenoy, vu trois cavaliers ennemis marchant sur Melun. Ils précèdent, dit-on, un corps nombreux ayant levé le camp à 2 heures, entre Mormant et Guignes.

Journée du 15 septembre.

13ᵉ CORPS.

c) Opérations et mouvements.

Le général Vinoy au général de Maud'huy.

Paris, 15 septembre.

J'ai l'honneur de vous prévenir que je passerai aujourd'hui sur le front du campement de votre division et je vous prie de vous trouver de votre personne en avant du village du Point-du-Jour, au point où la route de Sèvres coupe les fortifications, à 2 h. 15.

Le général de Valdan, chef d'état-major du 13ᵉ corps, au général Vinoy.

Paris, 15 septembre.

Le Gouverneur de Paris envoie l'ordre suivant :
« L'ennemi se montre, assure-t-on, en force à Joinville-le-Pont.
« Faites vos dispositions pour vous porter par les voies les plus courtes entre l'enceinte et Vincennes, en appuyant votre droite à Charenton, la gauche vers Vincennes.
« Vous me rendrez compte du moment où ce mouvement sera terminé. »

J'ai donné aux troupes les ordres en conséquence.

Le général Vinoy au général de Maud'huy (Très urgent).

Paris, 15 septembre.

Rassemblez *tout votre monde* et portez-vous *le plus rapidement possible* à la gauche de la 1ʳᵉ division qui établit sa droite à Charenton ; notre droite sera à peu près à hauteur du polygone et la gauche face la direction de Vincennes.

Vous suivrez l'itinéraire suivant : les Champs-Élysées, la rue de Rivoli, le faubourg Saint-Antoine.

Prévenez-moi dès que le mouvement sera commencé.

Le général Vinoy au général d'Exéa.

Paris, 15 septembre.

Rassemblez tout votre monde, y compris le régiment détaché à Saint-Ouen, et portez-vous par la voie la plus courte (les boulevards extérieurs) à Charenton où vous appuierez votre droite, la gauche dans la direction de Vincennes.

Ménagez le terrain de manière que les trois divisions puissent être réparties entre Charenton et Vincennes.

Ordre du général d'Exéa.

Paris, 15 septembre.

A 3 heures, le mouvement commencera. La 1re brigade, y compris le 6º de marche et la 3º batterie du 10º d'artillerie, prendra l'avenue de Saint-Ouen après avoir traversé les fortifications ; continuera à suivre l'avenue de Saint-Ouen à l'intérieur de Paris et arrêtera sa tête de colonne dans l'avenue à hauteur de la place de Clichy. La 2º brigade se portera, le 8º régiment près la porte d'Asnières et le boulevard Berthier, le 7º de marche, près le pont de Clichy dans l'avenue de Clichy, et s'arrêtera au point de rencontre de l'avenue de Clichy et de l'avenue de Saint-Ouen ; la 4º batterie du 10º régiment suivra le mouvement.

Les chasseurs à pied, la compagnie du génie et les mitrailleuses passeront par le pont de Clichy, suivront l'avenue de Clichy et s'arrêteront à hauteur de la place de Clichy.

Le train d'artillerie, les services administratifs suivront le mouvement des chasseurs à pied.

Les gendarmes gardant les bagages marcheront entre le 8º de marche et le bataillon du 43º de ligne qui formera l'arrière-garde.

Le général de Maud'huy au général Vinoy.

Paris, 15 septembre.

En réponse à votre lettre n° 86, relative aux mouvements à exécuter pour faire rentrer à Paris les troupes de la 2º division, j'ai l'honneur de vous informer que, sauf votre approbation, j'ai donné les ordres suivants :

Le 11º régiment de marche et la 4º batterie du 9º régiment d'artillerie (mitrailleuses) rentreront par la porte de Passy, les bagages, le 12º régiment de marche et les deux batteries de 4 par celle d'Auteuil, et enfin, le 9º et 10º de marche par la porte de Saint-Cloud. Si vous n'y voyez pas d'inconvénient, les différentes colonnes, à leur rentrée à Paris, seront massées, pour y attendre des ordres, celle arrivant par la porte de Passy sur l'avenue du Ranelagh, celle en entrant par la porte d'Auteuil, place du Marché ou du Quinconce, et enfin celle venant par la porte de Saint-Cloud sur le même emplacement que la précédente en passant par la rue Michel-Ange.

Les postes occupés par neuf bataillons sur la rive droite de la Seine seraient abandonnés successivement, d'abord par les numéros impairs, puis par les bataillons pairs et la retraite serait soutenue par le 12e de marche, placé sur la grande avenue allant du pont de Billancourt à l'église de Boulogne.

14e CORPS.

c) Opérations et mouvements.

Le Gouverneur de Paris au général Renault.

Paris, 15 septembre.

Le général commandant le 13e corps a fait un mouvement aujourd'hui; la droite doit être appuyée à Charenton ; la gauche en avant de la barrière du Trône. La droite du 14e corps se trouve par suite découverte. Il est nécessaire de la relier solidement au fort placé en arrière d'elle. Employez le bataillon de gardes mobiles, comme s'il était de votre corps.

Le général Renault au Gouverneur de Paris.

Paris, 15 septembre.

Le VIIe bataillon de la garde nationale mobile de la Seine (3e régiment de marche) occupe en ce moment le fort de Clamart et se trouve englobé dans le système d'occupation du 14e corps d'armée, campé en arrière de lui et envoyant des grand'gardes et des reconnaissances tout autour de lui.

Le commandant du bataillon ne sait à quelle direction il doit obéir ; il n'a pas de chef supérieur qui lui donne des ordres. Dans cette situation, j'ai cru devoir vous rendre compte, afin que la position de ce bataillon fût définie, soit qu'il doive rentrer dans Paris ou dans un des forts en arrière, Vanves par exemple, où se trouve le colonel commandant le 3e régiment de marche.

P.-S. — Nous partons pour aller établir notre quartier général à Montrouge, route d'Orléans, 199.

Le général de Maud'huy aux Généraux et Chefs de services.

Paris, 15 septembre.

Le quartier général de la division est installé dans l'usine située en arrière de Bagneux et des Carrières (maison de la grande cheminée). Prière de vouloir bien y envoyer la situation journalière avant 8 heures du matin.

Demain matin, MM. les officiers généraux, chefs de corps et de services, feront connaître le point où ils sont installés, ainsi que la situation exacte de leur campement, de leurs grand'gardes et de leurs petits postes, et leur composition.

L'ambulance est établie dans la grande maison en arrière du quartier général et sur le même chemin.....

COMMANDEMENT SUPÉRIEUR DE SAINT-DENIS.

c) **Opérations et mouvements.**

Rapport du Chef de bataillon commandant le détachement de grand'garde, composé des 4e et 5e compagnies du XVIe bataillon de la garde mobile et d'une compagnie des 73e et 55e d'infanterie.

Fort de l'Est, 15 septembre.

Le détachement est parti du fort de l'Est à 8 h. 30 du matin, le mercredi 14 septembre 1870. Il s'est dirigé sur la Courneuve, où un petit poste se reliant au fort de l'Est a été laissé ; un second petit poste a été laissé au passage à niveau du chemin de fer de Soissons, coupant la route de la Courneuve à la route de Flandre, se reliant avec le poste de la Courneuve.

Le détachement a suivi la route de Flandre jusqu'au passage à niveau du chemin de fer, où un poste a été laissé.

Un fragment de ce poste a été détaché sur la ligne du chemin de fer, au passage à niveau se trouvant à égale distance de ce poste principal et du passage à niveau de la route de la Courneuve à la route de Flandre.

Ainsi le fort de l'Est était relié au Bourget par quatre petits postes, l'un à la Courneuve et les trois autres sur la ligne ferrée de Soissons.

Le Bourget a été occupé lui-même par plusieurs postes, dont le principal, qui devait être le centre de la ligne de défense, se trouvait dans une ferme qui est la dernière maison en avant sur la gauche de la route de Flandre.

Ce poste fournissait une garde placée en avant sur la droite de la route de Flandre, à la bifurcation de deux chemins vicinaux allant rejoindre, l'un la ferme de Blancmesnil et la route de Soissons, et l'autre le village d'Aunay.

Entre le Bourget et Dugny se trouvaient, en avant de la petite route qui relie ces deux communes, quatre postes principaux établis en plaine avec leurs grand'gardes.

En sorte que le détachement se trouvait placé en avant de la Courneuve, la gauche appuyée à Dugny, le centre au Bourget et la droite au passage à niveau du chemin de fer de Soissons sur la route de Flandre, cette ligne étant reliée au fort de l'Est par les petits postes placés sur la ligne du chemin de fer et à la Courneuve.

Le village du Bourget est complètement abandonné des habitants; il n'y reste plus que trois ou quatre domestiques.

D'après mon appréciation, la grand'garde du fort de l'Est me paraît, dans le cas de retraite et pressée par une troupe entreprenante, trop éloignée. Les immenses plaines qui entourent le Bourget en font un poste dangereux pour l'infanterie.

Il serait préférable, à mon avis, de faire occuper ce village par 30 ou 40 cavaliers surveillant, par des vedettes, les routes de Flandre et de Soissons et qui se relieraient à la grand'garde d'infanterie, qui serait placée à la Courneuve.

Rapport du Capitaine commandant les deux compagnies d'infanterie en grand'garde au fort de l'Est du 14 au 15 septembre.

Fort de l'Est, 15 septembre.

Le 55e, appuyant sa droite à Dugny (village occupé par une compagnie de chasseurs), se trouvait à cheval sur la route de Dugny au Bourget, et se rejoignait au 73e, dont la droite s'appuyait au Bourget. Chaque compagnie avait envoyé en avant une grand'garde avec nombreuses sentinelles de nuit pour surveiller la route de Lille et fouiller le pays environnant.

Le commandant en chef occupait le Bourget avec une compagnie de la mobile. Une compagnie de la même arme s'étendait à sa droite, défendant le chemin de fer de Soissons, et se ralliait à la garnison du fort d'Aubervilliers.

OBSERVATIONS.

Autant qu'il se peut, dit le Règlement, les grand'gardes de cavalerie sont combinées avec les grand'gardes d'infanterie, celles-ci servant d'appui, les autres de sentinelles avancées.

Si jamais on a dû faire application de cet article, c'est dans le cas présent, car, vu l'éloignement de la grand'garde et la longueur du terrain que l'on a à surveiller, il est matériellement impossible de communiquer rapidement et facilement (comme l'ordre en est donné) avec le colonel commandant le fort de l'Est. Et cette masse de petits postes que l'on échelonne sur la route dans ce but ne sert qu'à amoindrir et à affaiblir la portion principale du corps. Deux cavaliers suffisent pour transmettre un ordre.

D'autre part, l'éloignement de cette grand'garde est tel que l'on couvre le fort d'Aubervilliers plutôt que le fort de l'Est ; de telle sorte que si, par imprévu, on est tourné ou que l'on se trouve dans l'obligation de se replier, la proximité vous indique naturellement Aubervilliers et non le fort de l'Est.

Conséquence : perte forcée, pour le fort de l'Est, d'une partie de ses défenseurs naturels.

Il me paraîtrait plus commode et plus avantageux de commencer ce service de grand'garde dans l'après-midi.

Plus commode parce que le soldat mangerait la soupe à son heure habituelle, sans sortir de ses habitudes ; et plus avantageux parce que la troupe n'aurait pas une journée de fatigue à dépenser, ce qui lui ôte l'énergie et l'éveil nécessaires pour un service de nuit.

Le capitaine Pelletent au Colonel commandant supérieur du fort d'Aubervilliers.

Fort d'Aubervilliers, 15 septembre.

Détachement de divers corps, commandé par M. Pelletent, capitaine, du 14 au 15 septembre 1870.

Service commencé à 8 h. 30, terminé à midi.

Le 5ᵉ de ligne (une compagnie) placé au moulin de la Folie, la droite de la position.

Le 20ᵉ de ligne (une compagnie) placé à Bobigny.

Le XIVᵉ bataillon de la garde nationale mobile (2ᵉ compagnie) placé à la ferme du Petit-Drancy, centre de la position.

Le XIVᵉ bataillon de la garde nationale mobile (1ʳᵉ compagnie) placé au Grand-Drancy.

Le XVIᵉ bataillon de la garde nationale mobile (une compagnie) placé à la station du chemin de fer de Soissons, gauche de la position.

Rien n'a été découvert à l'horizon ; le service, en général, a été bien fait.

Des patrouilles et des rondes d'officier et de sergent ont été faites pendant la nuit.

La troupe, sans abris, a pris par moitié du repos pendant la nuit, les armes entre les jambes.

Au point du jour, les grand'gardes étaient en ordre et sur la défensive.

Le Gouverneur de Paris au général de Bellemare (D. T.).

Paris, 15 septembre.

Le Gouverneur ira à Saint-Denis, à la sous-préfecture, dans la journée.

Le même au même (D. T.).

Paris, 15 septembre, 7 h. 40 soir.

Veuillez faire rentrer dans Paris le relais qui attendait le Gouverneur. Sa visite à Saint-Denis est ajournée.

Le général de Bellemare au Gouverneur de Paris.

Saint-Denis, 15 septembre, 6 h. 30 soir.

Mes avant-postes nous couvrent à 4 kilomètres en avant et autour de Saint-Denis.

Je fais bonne garde; j'assure la défense de la batterie de Saint-Ouen.

Le Commandant de la grand'garde du Bourget au Commandant du fort de l'Est (D. T.).

Le Bourget, 15 septembre, reçue au fort de l'Est à 8 h. 25 soir.

D'après les reconnaissances faites dans la journée du 15 septembre, 10,000 Prussiens seraient à Nanteuil, situé à 32 kilomètres de Paris. 3,000 seraient à Villers-Cotterets.

Soissons est bloqué par la cavalerie ennemie. 200 uhlans se trouvent au Plessis-au-Bois (20 kilomètres du Bourget). A Villeneuve (16 kilomètres du Bourget), on en a vu une douzaine. Il s'en est également montré à Dammartin. Enfin, on en a vu à Dainville une cinquantaine.

Nous nous attendons à en voir au Bourget dans la nuit.

DIVISIONS REYAU ET DE CHAMPÉRON.

c) Opérations et mouvements.

Le général de Champéron au Gouverneur de Paris.

Paris, 15 septembre.

J'ai l'honneur de vous rendre compte que, conformément aux instructions d'une dépêche ministérielle en date du 13 courant, je suis rentré à Paris hier dans l'après-midi avec une brigade de cavalerie composée des 1er et 2e régiments de marche de dragons et chargée d'opérer en avant de la capitale sous les ordres de M. le général Reyau. Ces deux régiments sont placés : le 1er au quartier de Grenelle et le 2e campé au Cours-la-Reine.

Le Ministre de la Guerre au général Renault.

Paris, 15 septembre.

Comme complément à l'avis que je vous ai donné, par lettre du 13, du rappel de la division de Champéron à Paris, j'ai l'honneur de vous informer des dispositions suivantes :

Le 9e chasseurs, les spahis et les deux escadrons du 1er de chasseurs campent aujourd'hui à Bondy et Pantin et le colonel de ce dernier régiment, avec deux escadrons, se trouve à Vincennes.

FORTS ET SECTEURS. TROUPES DIVERSES.

c) Opérations et mouvements.

Le général de Pointe de Gévigny au Gouverneur de Paris.

Paris, 15 septembre.

J'ai l'honneur de vous informer qu'une partie des guides forestiers de Seine-et-Marne sous mes ordres, avec M. Domet, sous-inspecteur des forêts et capitaine de ces gardes, est rentrée aujourd'hui à Paris.

L'autre partie de ce détachement, sous le commandement de M. de La Rue, est restée dans les bois et compte y rester tout le temps de la guerre pour observer l'ennemi.

En route, ce détachement de 30 hommes s'est augmenté de M. Moreau, garde général à Sénart. En passant à Coubert, M. Domet a dû prendre 62 fusils et 1,000 cartouches que la garde nationale de cette localité voulait abandonner.

Les armes et les cartouches ont été déposées à l'arsenal de Saint-Thomas-d'Aquin.

D'après le rapport de M. de La Rue, chef des guides forestiers, les uhlans ont parcouru l'extrémité du canton de Lagny, du côté de Coupvray.

Le même jour, dans l'après-midi, les uhlans se sont présentés dans la commune de Courtevroult. Ils se sont fait remettre tous les fusils de la garde nationale. Pendant ce désarmement, 40 uhlans attendaient leurs camarades à l'entrée du village. Il y avait en même temps 500 ou 600 Prussiens à Crécy.

La commune de Villeneuve-le-Comte a été sommée de tenir prêtes pour le 14 au matin 500 rations d'avoine et de fourrage.

200 dragons prussiens se sont montrés à Vilbert, entre Rozoy et Tournan.

Le pont de Lagny est sauté.

Le colonel Grévy au général Schmitz (D. T.).

Rosny, 15 septembre, 3 h. 10 soir. Expédiée à 5 h. 45 (n° 46542).

J'ai fait ce matin la reconnaissance du plateau d'Avron. C'est une fort belle position qui demanderait, pour être défendue efficacement, 20,000 ou 25,000 hommes, du canon et des travaux importants. Les trois bataillons de garde mobile n'y seraient pas suffisamment protégés. Je les fais rentrer sous le canon du fort de Rosny.

Beaucoup d'hommes ont faussé ou cassé l'aiguille du fusil; il serait urgent de les faire remplacer. Chaque homme n'a que 9 cartouches et le fort de Rosny n'a que bien juste son approvisionnement.

Le Gouverneur de Paris aux Commandants de tous les forts (D. T.).

Paris, 15 septembre, 4 h. 50 soir.

L'ennemi est en vue. Consignez les troupes dans tous les forts; il y a eu des maraudeurs sabrés par les uhlans aux environs de Charenton. Mettez-vous en état de défense complet.

Que les forts d'Ivry, Bicêtre, Montrouge, Issy, Vanves, préviennent les troupes du 14e corps qui sont en avant d'eux du présent télégramme.

Le Commandant du fort de Rosny à l'amiral Saisset, Noisy.

Rosny, 15 septembre, 6 h. 50 soir.

Les mobiles d'Avron se sont repliés sur village de Rosny et Château de Montreau. Le colonel d'artillerie, leur commandant supérieur, a prescrit ce mouvement; ces mobiles n'ont qu'un paquet de cartouches par homme.

Le Gouverneur de Paris au colonel Grévy (D. T.).

Paris, 15 septembre.

Vous avez bien fait de vous replier. On complète l'armement à 60 cartouches par homme par un convoi qui arrive ce soir même.

RENSEIGNEMENTS

L'Employé du télégraphe de Provins au Ministre de la Guerre (D. T.).

Provins, 15 septembre, 9 h. 15 matin. Expédiée à 11 h. 35 matin (n° 46305).

Quatre officiers prussiens arrivent ici; annoncent pour midi l'arrivée du prince Albert et de son état-major, de deux régiments d'infanterie et deux régiments d'artillerie, arrivant de Villenaux; coucheront chez les habitants. Il y a 3,000 hommes et 4,000 chevaux. Nos communications étant coupées pour tout le monde, prière de ne pas communiquer nos dépêches.

Le Chef de gare de Senlis au Ministre de l'Intérieur (D. T.).

Senlis, 15 septembre, 10 h. 1 matin. Expédiée à 11 h. 40 matin (n° 46328).

Les uhlans arrivés à Senlis et sont suivis d'un corps d'armée.

Le Commandant supérieur du fort de Nogent au Gouverneur de Paris (D. T.).

Fort de Nogent, 15 septembre, 11 h. 18 matin. Expédié à 11 h. 45 matin.

Le commandant de la redoute de Gravelle signale l'ennemi à 4 kilomètres en avant de la route de Champigny, au pont de Joinville.

J'ordonne à 500 hommes du 15ᵉ bataillon de chasseurs à pied, campés sur mes glacis, d'occuper immédiatement les travaux exécutés pour couvrir Nogent-sur-Marne et qui s'appuient au fort.

Le Gouverneur de Paris aux Commandants des forts de Nogent, Vincennes et Charenton (D. T.).

Paris, 15 septembre.

On signale l'ennemi à Joinville-le-Pont. Qu'y a-t-il de vrai ?

Le Commandant de la place de Vincennes au Gouverneur de Paris (D. T.).

Vincennes, 15 septembre, 12 h. 10 soir.

Il est vrai qu'on a signalé l'ennemi à deux lieues en avant de Joinville-le-Pont à 10 heures, heure à laquelle je m'y trouvais. Depuis ce moment, aucun renseignement. Mes troupes sont rentrées ; le pont n'a pas encore sauté. A l'instant, on me demande 400 kilogrammes de poudre pour le faire sauter. J'en hâte l'envoi ; je crains que ce soit trop tard.

Le Colonel commandant le fort de Charenton au Gouverneur de Paris (D. T.)

Charenton, 15 septembre, 12 h. 45 soir.

L'ennemi ne doit pas être à Joinville-le-Pont. Un poste avancé occupe le Moulin de Charenton et ne l'a pas signalé. J'envoie à la découverte.

Le Maire de Vincennes au Gouverneur de Paris (D. T.).

Vincennes, 15 septembre, 12 h. 50 soir. Expédiée à 2 h. 50 soir (nº 46449).

On ne découvre rien de Joinville-le-Pont ce matin.

Dans la nuit, à 2 heures, passage à Vincennes ventre à terre de deux uhlans poursuivis par des artilleurs. Sont retournés de la même course du côté de Joinville.

Redoute de Gravelle pas armée. On manque d'hommes.

Le Commandant supérieur du fort de Nogent au Gouverneur de Paris (D. T.).

Fort de Nogent, 15 septembre, 2 h. 47 soir. A domicile à 2 h. 45 soir.

J'ai signalé l'avis que me donnait le commandant de la redoute de

Gravelle; à l'instant, retour d'une reconnaissance ordonnée par moi. Rien à signaler à Joinville, ni sur la route de Champigny, jusqu'à 4 kilomètres. Fausse information du commandant de la redoute de Gravelle. Nous faisons bonne garde. Nogent et ses travaux ne peut être occupé effectivement qu'avec 2,000 hommes, vu son étendue. Aussi ai-je retiré les chasseurs du 15e, et fait occuper seulement par une grand'garde la maison à l'Est du village, sur la route de Neuilly.

Le Commissaire de surveillance administrative de la gare du Nord au Ministre des Travaux publics (D. T.).

Paris, 15 septembre, 2 h. 30 soir. Expédiée à 5 h. 35 soir (n° 33111).

Le train 117 de ce jour a été pris par les Prussiens à son arrivée à Senlis aux abords de Chantilly.

L'ennemi a tiré sur le train 120. Personne blessé. La compagnie vient de supprimer tout service entre Paris et Chantilly.

Le Colonel commandant le fort de Charenton au Gouverneur de Paris (D. T.)

Fort de Charenton, 15 septembre, 2 h. 35 soir. Expédié à 4 h. 40 soir (n° 46500).

Quelques uhlans prussiens se sont avancés jusqu'auprès de Créteil et ont sabré des maraudeurs.

Le détachement que j'avais envoyé à la découverte le long de la Marne est arrivé sur ces entrefaites, a tiré sur l'ennemi qui a pris la fuite. On pense qu'un parti de 200 cavaliers environ est aux alentours de Mesly.

Le commandant Bibesco au Gouverneur de Paris (D. T.).

Vincennes, 15 septembre, 3 h. 20 soir. Expédiée à 4 h. 40 soir (n° 46503).

Les uhlans sont, en effet, entre Créteil et Neuilly-sur-Marne; à ce dernier point paraît être l'avant-garde de la colonne signalée ce matin. Informons et activons tout le monde.

Le contre-amiral Saisset au Gouverneur de Paris (D. T.).

Noisy, 15 septembre, 3 h. 35 soir. Expédiée à 5 h. 15 soir (n° 46514).

Un détachement de uhlans est aux prises avec le Ier bataillon des Éclaireurs de Paris, dans la forêt de Bondy, en arrière du village.

Un soldat d'une des redoutes, qui était à laver son linge dans le canal, a été envoyé avec une voiture pour demander du secours au fort de Noisy. On ne voit rien du fort, mais le récit de ce soldat paraît vrai.

Le Préfet de l'Oise au Ministre de l'Intérieur (D. T.).

Beauvais, 15 septembre, 4 h. 5 soir. Expédiée à 7 h. 25 soir (n° 46595).

Le chef de gare de Cires-lès-Mello me télégraphie que l'ennemi vient d'entrer dans le bourg de Mello. Il ne dit pas quelle est sa force. Les services publics de Beauvais vont se replier. Je reste ici.

M. Ferry au Gouverneur de Paris (D. T.).

Paris, 15 septembre, 5 h. 10 soir.

Uhlans dans les bois de Vincennes. Envoyer forces pour protéger nos ouvriers.

Le Sous-Préfet de Corbeil au Gouverneur de Paris (D. T.).

Corbeil, 15 septembre, 4 h. 50 soir. Expédiée à 5 h. 10 soir (n° 46533).

Des uhlans en petit nombre se montrent subitement en face de Corbeil, de l'autre côté de la Seine.
Que dois-je faire, rester ou me replier ?
En marge : « Prévenu de se replier ».

Le Directeur du télégraphe de la gare de Paris-Orléans à Inspecteur central, Paris (D. T.).

Paris (gare d'Orléans), 15 septembre. Expédiée à 5 h. 55 soir (n° 33179).

Je vous communique une dépêche que nous venons de recevoir de Juvisy : « L'ennemi à Draveil (pressé), 150 hommes environ ».
Je vous ferai remarquer que, d'après les explications et les ordres donnés par la compagnie à ses employés de gare, le mot : *Pressé*, se trouvant dans une dépêche, indique que l'ennemi occupe la localité.

Le Gouverneur de Paris au Commandant du fort de Vincennes (D. T.).

Paris, 15 septembre.

On signale des uhlans dans le bois. Faites sortir du monde pour les chasser.

Le Commandant du fort de Nogent au Gouverneur de Paris (D. T.).

Fort de Nogent, 15 septembre, 6 h. 3 soir. Expédiée à 7 h. 50 soir (n° 46640).

Le capitaine Girard, commandant deux compagnies franches, signale la présence d'un corps de 4,000 Prussiens à Lagny et de plusieurs maraudeurs français du côté de Ville-Evrart, au delà de Neuilly-sur-Marne.

Le Préfet de Seine-et-Marne au Ministre de l'Intérieur (D. T.).

Fontainebleau, 15 septembre, 6 h. 15 soir. Expédiée à 8 h. 30 soir (n° 46675).

A 11 heures, cavaliers bavarois sont arrivés à Rubelles, à 1 kilomètre de Melun. Des francs-tireurs partis de cette localité les ont attaqués et en ont tué un et blessé deux ; deux chevaux morts.

Ai interrogé les deux blessés : ils précédaient un régiment de leur arme, lanciers bavarois.

Ai pris dispositions et me retire sur Nemours. Rien d'important ne restera aux mains de l'ennemi. J'expédie cette dépêche de Fontainebleau où je me retire.

Le Préfet de Police au Ministre de la Guerre (D.T.).

Paris, 15 septembre, 6 h. 28 soir. Expédiée à 6 h. 50 soir (n° 33183).

L'avis suivant parvient à l'instant. A Joinville-le-Pont, dont l'ennemi est proche, on ne voit aucun canon sur les glacis du fort de la Faisanderie, côté de la Marne.

A Gravelle, il n'y en a que deux. Il en a été envoyé plusieurs, mais on n'a pu les placer parce qu'ils seraient trop lourds.

Aujourdhui, à 2 heures, le pont de Joinville était encore intact.

On n'avait, paraît-il, personne pour le faire sauter.

Le Sous-Préfet de Pontoise au Ministre de la Guerre (D. T.).

Pontoise, 15 septembre, 7 h. 30 soir. Expédiée à 9 h. 15 soir (n° 46673).

Le télégraphe est rétabli (momentanément avec Pontoise). Je reproduis des dépêches que je vous ai adressées par exprès et par Ermont. Midi 45 : 30 uhlans à Creil, 5 à Saint-Leu-d'Esserent (Oise), 3 à Boran (Oise).

Le Préfet de la Somme au Ministre de l'Intérieur (D. T.).

Amiens, 15 septembre, 8 h. 15 soir. Expédiée à 9 h. 30 soir (n° 64680).

Renseignements particuliers mais certains : à Creil, 12 h. 30, 3 pelotons de 15 cavaliers ; derrière eux un détachement d'environ 300 hommes qui a logé la nuit dernière à Senlis. Ce détachement a continué de Creil à Nogent-les-Vierges et Rantigny. Ils étaient à 4 heures à 5 kilomètres de Clermont.

Le général de Bellemare au Gouverneur de Paris (D. T.).

Saint-Denis, 15 septembre, 9 h. 20 soir. Expédiée à 11 h. 40 soir (n° 46714).

Les renseignements recueillis par les reconnaissances d'aujourd'hui : des coureurs se montrent en petit nombre à hauteur de Villeneuve-Dammartin et le Plessis-au-Bois précédant une colonne d'environ 3,000 hommes à Villers-Cotterets. Une autre de 10,000 hommes à Nanteuil.

Soissons bloqué par la cavalerie.

Le Colonel commandant le fort de Charenton au Gouverneur de Paris (D. T.).

Charenton, 15 septembre, 10 h. 15 soir. Expédiée à 10 h. 50 soir (n° 46718).

Trois habitants de Brie-Comte-Robert viennent de faire savoir que les Prussiens occupent cette ville au nombre de 4,000 cavaliers.

Ces habitants se sont échappés pour venir à Paris.

Le Sous-Préfet de Pontoise au Ministre de l'Intérieur (D. T.).

Pontoise, 15 septembre, 10 h. 36 soir. Expédiée à 11 h. 45 soir (n° 46729).

Je reçois deux dépêches où m'annonce 5 uhlans à Saint-Leu-d'Esserent. On me confirme 30 uhlans à l'Isle-Adam, sous toutes réserves.

Le Sous-Préfet de Fontainebleau au Ministre de l'Intérieur (D. T.).

Fontainebleau, 15 septembre, 11 heures soir (n° 46688).

Le maire de Montereau me télégraphie que des uhlans sont arrivés à

Courcelles, qu'ils y ont requis de l'avoine et déjeuné, que des paysans en ont arrêté 12 avec armes et bagages, que des hommes de Montereau partent pour aider les paysans, que les prisonniers sont dirigés sur Fontainebleau. Un exprès annonce au commandant des francs-tireurs établis à Fontainebleau qu'une partie de ce corps a tendu avec succès une embuscade à l'ennemi sur la route de Guignes.

M. Hébert, curé d'Ablon, au lieutenant X.....

Paris, 15 septembre.

Permettez-moi de vous faire connaître qu'aujourd'hui 15 septembre il m'a été donné d'observer à 200 mètres au-dessus du pont sauté de Villeneuve-Saint-Georges, vers 3 heures, cinq individus, deux sur la rive gauche et trois sur la rive droite. Ces individus, si je ne me trompe, m'ont paru étudier un passage de rivière. Quand, par hasard, une personne venait à passer ils avaient l'air de cacher soigneusement les plans qu'ils avaient dans les mains. Par deux fois, sur la rive gauche, ils m'ont paru mesurer une base comme pour se rendre compte de la largeur de la rivière et aussi de la distance des collines qui dominent tout du côté de Villeneuve-Saint-Georges, Villeneuve-le-Roi et Ablon. Enfin, je dois vous signaler une espèce de signe qu'ils ont paru imprimer sur une maison voisine. Je vous livre ces renseignements et je crois remplir un devoir.

Renseignements sur l'ennemi (Cabinet du Ministre).

Paris, 15 septembre.

L'ennemi est signalé à Villeneuve-Dammartin, le Plessis-aux-Bois. Quelques éclaireurs précédant une colonne d'environ 3,000 hommes à Villers-Cotterets, 10,000 à Nanteuil.

Soissons est bloqué par un corps de cavalerie.

A Courcelles, des uhlans sont venus requérir des fourrages. Douze ont été pris par les paysans et envoyés à Fontainebleau. A Guignes, une embuscade de francs-tireurs aurait repoussé un corps de troupes prussiennes.

A Rubelles, près Melun, des cavaliers bavarois ont pénétré dans le village; repoussés par des francs-tireurs; ils précédaient, au dire d'un prisonnier, un régiment de lanciers bavarois.

A Bray-sur-Seine, 33 dragons prussiens ont occupé le village.

A Lagny, une dépêche signale 4,000 Prussiens. Une autre, postérieure, 1,000 seulement et quelques cavaliers.

A Claye, 50 uhlans.

A Brie-Comte-Robert, 4,000 cavaliers prussiens occupent la ville.

A Maisons-Alfort, quelques uhlans ont parcouru le territoire de la commune, blessé un soldat et fait quelques prisonniers.

A Creil, 45 cavaliers suivis d'un détachement de 300 hommes ont traversé la ville venant de Senlis et se dirigeant vers Nogent, Rantigny.

A Saint-Leu, Boran, l'Isle-Adam, Mello, ont été vus quelques uhlans.

A Juvisy, 60 cavaliers prussiens ont attaqué la gare. Ils ont été repoussés par la garde nationale.

A Colmar, 5,000 Badois avec de l'artillerie (20 canons) sont entrés dans la ville le 14 septembre ; ils étaient suivis d'un équipage de pont ; ils se sont dirigés ensuite vers Mulhouse après avoir rallié des détachement disséminés dans les environs de Colmar, ce qui a porté leur nombre à 6,000 ou 7,000 hommes ; ils doivent être remplacés par un nouveau corps annoncé le soir même à Colmar. Mulhouse occupé dans la soirée (?)

Le pont de Joinville a sauté. *Id.* le pont métallique de Pontoise.

Journée du 16 septembre.

13ᵉ CORPS.

c) Opérations et mouvements.

Le général Vinoy au Gouverneur de Paris (D. T.).

Vincennes, 16 septembre, 9 h. 55 matin.

Ordre de mouvement exécuté. Terminé à 2 heures du matin par suite d'encombrement des rues et des difficultés de passage aux portes. Rapport sera envoyé.

Le même au même.

Saint-Mandé, 16 septembre.

J'ai l'honneur de vous rendre compte du mouvement que mon corps d'armée a fait hier, 15 septembre courant.

L'ordre de départ, qui m'est parvenu à midi 15, a été communiqué immédiatement aux troupes; les dernières prévenues l'ont été à 1 h. 15. Mais, en raison des détachements de travailleurs que les 2ᵉ et 3ᵉ divisions avaient en avant de leur front, le mouvement n'a pu commencer que vers 5 heures. A 5 h. 30, la tête de colonne des 2ᵉ et 3ᵉ divisions était à l'Arc de Triomphe de l'Étoile; la 1ʳᵉ division, stationnée à Saint-Ouen, se dirigeait à la même heure par les boulevards extérieurs sur Charenton.

La 3ᵉ division a suivi les Champs-Élysées, la rue de Rivoli et le faubourg Saint-Antoine, la 2ᵉ le même itinéraire jusqu'à la Bastille, puis l'avenue Daumesnil. La réserve d'artillerie était entre les deux divisions; le génie du quartier général formait la tête de colonne.

Le mouvement a été terminé dans la nuit. Les troupes du 13ᵉ corps d'armée ont été établies ainsi qu'il suit, entre Charenton et Vincennes.

La 1ʳᵉ division est à droite, s'appuyant à la Marne à hauteur de Saint-Maurice.

La 2ᵉ division forme le centre; elle s'étend des buttes au dela de la Pyramide.

La 3ᵉ division est à gauche, le long des glacis du nouveau fort de Vincennes, formant coude.

L'artillerie divisionnaire campe avec ses divisions ; la réserve est sur l'avenue Daumesnil, à proximité du polygone.

Le train des équipages militaires attaché au 13ᵉ corps d'armée est sur la même avenue, en arrière de l'artillerie, à hauteur de la route de Charenton.

L'escadron de chasseurs de l'ex-Garde et le génie du quartier général sont sur l'avenue Herbillon.

Le grand quartier général du corps d'armée est à Saint-Mandé, à proximité de l'avenue Daumesnil.

Ordre général n° 10 du 13ᵉ corps.

Saint-Mandé, 16 septembre.

Chaque jour il sera fait dans tout le corps d'armée un appel le matin au réveil, un autre appel à midi et un troisième le soir à 6 heures. Tout homme qui manquera aux appels devra coucher à la garde du camp et les récidivistes seront conduits à la prison de Vincennes.

Il est expressément défendu aux hommes de quitter le camp isolément et sans armes. Il ne sera fait d'exception que pour les permissionnaires lorsqu'il sera possible d'accorder des permissions, mais cette faculté est absolument suspendue jusqu'à nouvel ordre.

Toutes les corvées se feront en armes et les hommes de service ou de corvée seront conduits en ordre, afin qu'il ne puisse, sous aucun prétexte, passer des hommes isolés aux avant-postes.

Tout homme qui tenterait de passer malgré cette défense sera arrêté aux avant-postes par les sentinelles ; s'il ne s'arrête pas après trois sommations, les sentinelles feront feu sur lui. Les officiers commandant les grand'gardes expliqueront bien à leurs subordonnés cette consigne sévère afin qu'ils n'en abusent pas et que cette mesure de rigueur ne puisse être prise à la légère.

Des patrouilles seront faites dans les villages avoisinant le camp et dans les vignes, dans les jardins et surtout vers les potagers qui avoisinent les fortifications. Les hommes isolés seront arrêtés et ramenés au camp ; ceux qui seraient vus maraudant dans les jardins ou les vignes seront traduits devant les conseils de guerre pour être punis suivant la rigueur des lois. Le général en chef rappelle aux troupes sous ses ordres que le plus scrupuleux respect de la propriété est inséparable d'une bonne discipline.

Des reconnaissances seront faites deux fois par jour dans chaque division l'une au réveil, l'autre dans l'après-midi ; les officiers commandant les reconnaissances devront faire chaque fois un rapport en distinguant, comme le prescrit l'ordonnance, ce qu'ils auront vu par eux-mêmes de ce qu'ils auront appris en interrogeant les habitants.

Ces rapports seront adressés par les généraux commandant les divisions au général en chef.

Note du Général commandant la 1re division du 13e corps.

Saint-Maurice, 16 septembre.

Le Général de division commandant la 1re division décide que les reconnaissances prescrites par l'ordre ci-contre seront exécutées demain 17 septembre (au réveil et dans l'après-midi) par la 1re brigade. Chacune de ces reconnaissances sera forte de deux compagnies. Ces reconnaissances seront exécutées le 18 par la 2e brigade et ainsi de suite alternativement, les jours impairs par la 1re et les jours pairs par la 2e brigade.

Le général Vinoy au Gouverneur de Paris.

Saint-Mandé, 16 septembre (1).

J'ai l'honneur de vous rendre compte que, dès mon arrivée à Saint-Mandé, j'ai prescrit à un des officiers de mon état-major de faire une reconnaissance du côté de Joinville avec une brigade d'infanterie.

Cette reconnaissance est partie ce matin à 6 heures, après que les hommes eurent fait le café ; elle est rentrée au camp à 10 heures.

L'ordre était de passer le pont de Joinville s'il n'était détruit et d'explorer la presqu'île formée par la Marne en avant de Joinville jusqu'à Champigny et Bry-sur-Marne.

Cette dernière opération n'a pu avoir lieu, le pont de Joinville ayant sauté hier soir.

Voici les renseignements que me communique l'officier d'état-major chargé de cette reconnaissance.

L'ennemi aurait été vu hier à Lagny, Torcy, au nombre d'environ 10,000 hommes. Certains indices portent à croire qu'il s'est dirigé, au moins en partie, au Nord de Lagny.

Des habitants de Lagny, arrivés ce matin à Joinville-le-Pont et dont

---

(1) *En marge au crayon :* « Remercier le général Vinoy de son rapport qui est très complet. Les dispositions qu'il a prises me paraissent excellentes, mais il faut en informer les commandants de Gravelle et de la Faisanderie pour qu'ils sachent ce qui se passe en avant d'eux.

Général Trochu ».

les renseignements paraissent mériter créance, portent à 4,500 hommes (infanterie et cavalerie) les troupes prussiennes occupant Lagny ce matin, tant logées dans la ville que campées alentour.

Sauf les uhlans, l'ennemi ne s'est pas approché de Paris au delà des endroits susindiqués (Lagny est à 29 kilomètres).

Les localités de Joinville-le-Pont, Saint-Maur-les-Fossés et Port-Créteil sont abandonnées par les habitants; il en reste à peine une centaine; l'ennemi y trouvera peu de ressources.

Sur la rive gauche de la Marne, à Créteil, où avaient paru hier les éclaireurs ennemis, on n'a rien signalé aujourd'hui.

Le pont de Joinville a été détruit hier soir à deux reprises, entre 3 heures et 4 h. 30. Deux piles et trois arches ont sauté. Les ponts de Bry-sur-Marne, Champigny, la Varenne et Créteil ont été également mis hors d'état de servir soit par la mine, soit par le feu. On dit que ce matin le pont de Choisy-le-Roi sur la Seine a sauté également.

Du côté de Port-Créteil, à 200 mètres environ en amont du pont incendié avant-hier, la reconnaissance a signalé l'existence d'un gué parfaitement praticable à toutes les armes. Les berges des deux côtés ont au plus $2^m,50$ avec des pentes accessibles; la profondeur du lit en cet endroit est à peine de 40 à 50 centimètres. Les cavaliers d'escorte ont plusieurs fois passé ce gué; l'eau n'arrivait pas jusqu'à leurs étriers. Les mariniers de Créteil ont, en outre, affirmé qu'il existait plusieurs autres gués sur la Marne.

Dès que ces faits m'ont été signalés, j'ai chargé M. le Colonel commandant le génie du 13e corps de faire, avec l'officier d'état-major qui a appelé mon attention sur ce point, une reconnaissance spéciale des bords de la Marne.

Il a été constaté que, en outre du premier gué, deux autres existaient en amont, du côté de l'île Barbière, mais moins favorables que le premier pour un passage de rivière. En outre, sur le petit bras de la Marne, du côté de la rive gauche, on avait laissé trois ponts en bois. Ce petit bras a une largeur de 15 mètres environ et ses berges des deux côtés sont très escarpées.

J'ai prescrit immédiatement de prendre les mesures suivantes :

Brûler les trois ponts dont il s'agit;

Creuser dans les gués, s'il est possible, des sillons suivant le courant; la nature rocailleuse du fond ne permet pas d'affirmer que ce travail pourra être exécuté;

Barricader les rues de Saint-Maur de 200 en 200 mètres et occuper cette localité par des postes. Un détachement de 50 hommes du génie, soutenu par une compagnie d'infanterie, a été envoyé sur les lieux.

Tout sera terminé aujourd'hui. Les barricades à Saint-Maur s'élèvent rapidement, grâce aux pavés des rues. Saint-Maur sera occupé.

Ces mesures m'ont paru nécessaires, les gués dont il s'agit se trouvant hors de vue des canons du fort de Gravelle et, pour la plupart, couverts par des plis de terrain ou des rideaux d'arbres. Elles nous garantiront contre toute tentative de l'ennemi sur la presqu'île de la Varenne et toute surprise des lignes de Gravelle.

P.-S. — Je donne également des ordres pour faire protéger par un poste le magasin de réserve de Charenton-Saint-Maurice qui alimente Paris pour les eaux.

Correspondance du Gouverneur de Paris. — Projet de transport par le chemin de fer de ceinture de la division de gauche du 13ᵉ corps.

Paris, 16 septembre.

La division de gauche du 13ᵉ corps, actuellement campée à Saint-Mandé, peut d'un moment à l'autre être appelée à faire un mouvement du côté de Saint-Cloud; le chemin de fer de Ceinture serait utilisé pour cette opération.

L'administration du chemin de fer a fait connaître que le service de jour pouvant, à la rigueur, être établi également la nuit, fournissait un train de demi-heure en demi-heure dans les deux sens; chaque train aura toujours 800 à 900 places militaires disponibles ; on peut donc, à raison de quatre trains par heure, enlever 3,200 à 3,600 hommes. En estimant la division à 10,000 hommes, son passage exigerait un un maximum de trois heures.

Pour exécuter ce mouvement, la division se partagerait, la droite à la gare du Bel-Air prenant les trains contournant Paris par le Sud, la gauche à la gare de l'avenue de Vincennes, prenant les trains contournant par le Nord.

Cette division doit s'établir face aux hauteurs de Saint-Cloud, entre les deux grandes voies qui conduisent aux ponts de Sèvres et de Saint-Cloud, à la hauteur ou en arrière de Boulogne. Pour se retrouver en ordre de bataille, les troupes montées à la gare du Bel-Air devront descendre à la gare d'Auteuil, celles qui seront montées à l'avenue de Vincennes descendront à la station du Point-du-Jour.

A l'arrivée de l'ordre d'exécution, le général commandant le 13ᵉ corps d'armée fera connaître le nom du commandant de la division et les noms des généraux de brigade. Le chef d'état-major enverra reconnaître l'emplacement du nouveau campement.

L'artillerie de la division, suivant la voie de terre, passera par les quais de la rive droite où la voie est moins obstruée.

14e CORPS.

c) Opérations et mouvements.

Le Gouverneur de Paris au général Renault.

Paris, 16 septembre.

En réponse à votre dépêche du 15 septembre, n° 120, j'ai l'honneur de vous informer que, prenant en considération les raisons que vous faites valoir, je place le VIIe bataillon de la garde mobile de la Seine, qui occupe actuellement le fort de Clamart, sous votre direction. Vous donnerez donc au chef de ce bataillon les ordres que vous jugerez utiles à l'ensemble de vos opérations.

Le général d'Hugues au général Renault.

Paris, 16 septembre (matin).

La division d'infanterie dont le commandement m'est confié a pris position hier, en exécution de vos ordres, en avant des forts de Montrouge et de Vanves.

J'ai l'honneur de vous rendre compte ci-après de son installation.

La droite de la 1re brigade appuie à la route de Châtillon à hauteur de la gauche de la 1re division ; la gauche de ma ligne (2e régiment de la 2e brigade) est à cheval sur la route d'Orléans occupant la ferme et le petit plateau qui dominent immédiatement Arcueil-Cachan dont elle est séparée par les pentes du ravin de la Bièvre et le chemin de fer de Sceaux, en avant, par conséquent, de l'aqueduc d'Arcueil.

Une batterie de 4 (17e du 8e) a été mise à la disposition du général commandant la 1re brigade pour défendre, en avant de la droite, la sortie, vers Paris, du village de Châtillon.

L'autre batterie de 4 (17e du 13e) est établie sur le plateau, à gauche de la position, pour battre le terrain en avant et au-dessus d'Arcueil ; elle sera couverte dans la journée par un ouvrage en terre construit par l'artillerie et des travailleurs pris dans la compagnie d'infanterie de soutien (du 9e bataillon de chasseurs à pied). La compagnie du 6e bataillon de l'arme marchera avec la batterie de droite au moment où la route d'Orléans sera coupée. Des pièces de la batterie de gauche seront mises en batterie en arrière de la coupure pour prendre la route d'enfilade. Pour le moment, la batterie de mitrailleuses est en arrière du centre de la division, prête à se porter en avant lorsque la direction d'attaque sera déterminée.

La disposition générale de ma ligne affecte la forme d'un redan à angle très ouvert, dont la tête est en arrière du village de Bagneux, point très important que je considère comme la clef de ma position défensive. Ce village est, en effet, construit sur la hauteur et son enceinte extérieure, tracée à la limite du plateau, donne une belle ligne de feu dans la vallée en avant et vers les pentes de Fontenay-aux-Roses. Aussi, en outre de la ligne des grand'gardes et du cordon des petits postes qui se relient dans Châtillon avec les postes avancés de la division Caussade, ai-je fait occuper le village par un bataillon du 2ᵉ régiment de la 1ʳᵉ brigade. Le plateau s'étendant à gauche de Bagneux et formant même un éperon assez avancé, je l'ai fait occuper également par un bataillon du 1ᵉʳ régiment de la 2ᵉ brigade.

Cette position, extérieure au village, est dominante et dans les meilleures conditions de défense; les pentes sont plantées de vignes et coupées de petites haies. Le village de Fontenay, la route d'Orléans et les hauteurs de Villejuif sont en pleine vue, mais, par contre, ce plateau est battu, à son tour, par les hauteurs environnantes.

L'une de ces hauteurs est défendue par le fort de Clamart encore en construction et qui est loin d'être achevé. Il est cependant de la plus haute importance de tenir en grande force sur ce point, car, lorsque l'ennemi s'en sera emparé, il dominera les forts de Vanves et de Montrouge et Paris (rive gauche).

Vous me permettrez donc, mon Général, de regretter que l'ouvrage de Clamart ne soit pas déjà en état de défense et très fortement occupé. Il n'y a, en ce moment, qu'un bataillon de garde mobile (VIIᵉ) dont l'effectif n'est pas très élevé; ce n'est évidemment pas assez.

Je prends des mesures pour occuper dans la journée Châtillon et détacher de fortes grand'gardes au télégraphe de Clamart et à Fontenay, tenus actuellement par les avant-postes de la division.

Mais cette disposition nouvelle va encore affaiblir notre ligne de bataille qui, en raison de son étendue, n'est pas déjà trop garnie.

Tels sont, mon Général, les premiers renseignements que je puis vous adresser sur la position que vous m'avez ordonné d'occuper; j'aurai l'honneur de les compléter, s'il y a lieu, après avoir parcouru de nouveau moi-même dans la journée la ligne d'avant-postes et la ligne de bataille.

Le général Renault au Gouverneur de Paris.

Paris-Montrouge, 16 septembre.

J'ai l'honneur de vous informer que le 14ᵉ corps est tout entier en dehors des fortifications. Le quartier général du corps est établi route d'Orléans, n° 197.

La 1re division entre les Moulineaux et Châtillon.
La 2e division depuis Châtillon jusqu'à Arcueil.
La 3e division depuis Arcueil jusqu'à la Seine, près Vitry-sur-Seine.

La brigade de cavalerie a deux régiments en avant de Vanves ; le régiment de gendarmerie à cheval est placé près de Villejuif.

La réserve d'artillerie est restée dans le jardin des Tuileries.

Le général Renault au général d'Hugues.

Paris, 16 septembre.

J'avais pensé obtenir du Gouverneur de Paris un bataillon de francs-tireurs. En attendant que cette disposition puisse m'être concédée, les généraux de division voudront bien organiser dans leurs divisions un ensemble de corps francs de 30 hommes environ et commandés par un officier chacun.

Ils s'en serviront suivant les besoins et surtout pour s'éclairer.

Les hommes seront pris parmi ceux de bonne volonté, habitués à broussailler et les plus aptes au service de tirailleurs et d'éclaireurs.

Il y aura une compagnie (1) par bataillon.

Je me suis servi en maintes occasions de cette organisation et avec beaucoup d'avantage.

Extrait du rapport du 14e corps.

Paris, 16 septembre.

M. le Général en chef tient essentiellement à l'organisation la plus prompte des groupes de francs-tireurs et il a même exprimé le désir de voir désigner 30 hommes par compagnie. Prière, en conséquence, de vouloir bien faire ces désignations d'urgence, en se rapprochant, autant que possible, des intentions de M. le Général en chef.

Dès que ce service spécial sera organisé, et il y a urgence, les hommes désignés prendront leur service à l'avancée, en reconnaissances, patrouilles, etc.....

Le général de division a recommandé ce matin, au rapport, de faire le moins de sonneries possible ; il importe même de les supprimer, surtout le matin, puisqu'on est en présence de l'ennemi. Les hommes étant consignés, il sera toujours facile de les réveiller pendant la nuit et de les réunir par un simple avertissement des sous-officiers et caporaux de semaine.

Les armes devront être prises le matin, jusqu'à la rentrée des recon-

---

(1) *Note au crayon :* « Un groupe sans doute ? »

naissances. On abattrait même les tentes et l'on ferait les sacs si cela devenait nécessaire.

Les Prussiens attaquent habituellement au petit point du jour ou attendent quelquefois l'heure de la soupe. Ceci est un simple avis, car il faut se garder à toute heure.

Les grand'gardes et les petits postes ne doivent pas dresser leurs tentes, mais seulement s'abriter en changeant de place pour la nuit. Il est de la dernière importance de dissimuler les feux.

Le général ne peut d'ailleurs que renvoyer aux prescriptions du service en campagne, dont il recommande à tous la plus stricte exécution.

Le Gouverneur de Paris au Commandant de la réserve d'artillerie du 14ᵉ corps.

Paris, 16 septembre.

La réserve d'artillerie du 14ᵉ corps ira prendre position demain 17 septembre, au point du jour, entre les forts de Vanves et de Montrouge, sur la route de Chevreuse. Arrivé sur ce point, le commandant de la réserve préviendra le général commandant l'artillerie du corps auquel il appartient.

Le Gouverneur de Paris aux Commandants des forts d'Ivry et de Bicêtre (D. T.).

Paris, 16 septembre.

Communiquez au général de Maussion, commandant la division du 14ᵉ corps en avant de vous, la dépêche suivante :

« L'ennemi passe entre Ablon et Athis ; veillez à votre gauche ».

Le Gouverneur de Paris au Commandant du fort de Montrouge (D. T.).

Paris, 16 septembre.

Faites prévenir le général commandant le 14ᵉ corps, route d'Orléans, 197, de la dépêche suivante :

« Le général Maussion a de grandes craintes pour ce soir, et, d'après sa position de combat, il faut le soutenir ».

Le même au même (D. T.).

Paris, 16 septembre, 7 h. 40 soir.

Faites passer, de la plus grande urgence, la dépêche suivante au commandant du 14ᵉ corps, 197, route d'Orléans :

« Garnissez d'artillerie la redoute de Clamart. Mettez également quelques pièces en batterie sur la gauche, vers le Télégraphe, et une forte batterie sur l'éperon au-dessus de Bagneux. Faites occuper par quelques compagnies les maisons du village de Fontenay-aux-Roses les mieux placées. Faites-les créneler, si c'est possible. Tenez la masse de vos troupes entre Clamart et Châtillon, de manière à pouvoir défendre le plateau de Châtillon le plus longtemps possible. Faites replier le général de Maussion de l'autre côté de la Bièvre et établissez-le, sa droite à Bagneux, sa gauche en arrière du fort de Montrouge. Donnez l'ordre à l'artillerie de se couvrir par quelques épaulements. Les ordres sont donnés pour que la réserve d'artillerie du 14e corps soit rendue demain matin de bonne heure entre les forts de Vanves et de Montrouge, à votre disposition.

« Accusez réception de la présente dépêche ».

Le général Renault au Gouverneur de Paris (D. T.).

Montrouge, 16 septembre, 9 h. 35 soir. Expédiée à 9 h. 45.

Les ordres sont expédiés pour l'exécution de votre dépêche de ce jour, de 7 h. 40 du soir.

Le Gouverneur de Paris au Commandant du fort de Montrouge (D. T.).

Paris, 16 septembre (Vraisemblablement 9 h. 50 soir) (1).

Les renseignements qui me sont donnés par M. Solacroux, directeur des chemins de fer d'Orléans, ne confirment pas les alertes de ce soir. Je pense donc que la nuit sera très calme. Votre réserve d'artillerie vous rejoindra toujours demain. A transmettre au commandant du 14e corps.

Le général Renault aux généraux de Caussade, d'Hugues, de Maussion et de Bernis (2).

Montrouge, 16 septembre, 11 heures soir.

En exécution des ordres du Gouverneur de Paris, les troupes du

---

(1) Voir le télégramme du commandant du 14e corps au Gouverneur, Montrouge, 11 h. 25 soir.
(2) Le texte reproduit ici est la copie de l'exemplaire adressé au général de Maussion.

14⁰ corps devront prendre les positions suivantes, au reçu de la présente :

La 1ʳᵉ division enverra ses deux batteries de 4 sur le plateau, à droite de la redoute de Clamart, et dans cette redoute si c'est possible; l'infanterie de cette division, avec sa batterie de mitrailleuses, s'établira en colonnes sur la droite de la route de Châtillon à Montrouge, de façon à se trouver massée entre Châtillon à gauche et Clamart à droite.

La 2ᵉ division se massera de chaque côté de la redoute de Clamart en soutien de l'artillerie, en se défilant autant que possible des vues de l'ennemi, à l'entrée du plateau et en arrière, si c'est nécessaire, sur la route qui descend vers Châtillon, en la laissant libre pour la circulation des voitures d'artillerie. Elle enverra un bataillon occuper le village de Fontenay-aux-Roses, qui sera mis en état de défense.

Les deux batteries de 4 de cette division marcheront en tête de la colonne et seront dirigées sur la redoute de Clamart et elles s'établiront dans la redoute, si cela est possible, et sur sa gauche, vers le Télégraphe, de manière à bien battre la vallée du côté de Sceaux ; la batterie de mitrailleuses restera avec l'infanterie.

La 3ᵉ division enverra ses deux batteries de 4 prendre position sur l'éperon en avant de Bagneux; elles franchiront le ravin de la Bièvre pour venir prendre la route d'Orléans, qu'elles suivront jusqu'au chemin de Bagneux qui les conduira jusqu'au delà du village, sur l'éperon indiqué. L'infanterie, accompagnée de la batterie de mitrailleuses, suivra le même chemin jusqu'à la route d'Orléans, qu'elle traversera pour s'établir obliquement à cette route, la gauche en arrière du fort de Montrouge, la droite au village de Bagneux.

Les diverses batteries d'artillerie, une fois sur leurs positions, devront se couvrir par des retranchements.

La réserve d'artillerie du corps d'armée arrivera demain matin 17 septembre.

Les deux premiers régiments de la brigade de cavalerie se placeront sur le chemin qui va de Vanves à Clamart et détacheront des patrouilles pour éclairer le terrain en avant et sur leur droite. Le régiment de gendarmerie à cheval viendra s'établir en arrière du fort de Montrouge.

Les divisions d'infanterie devront rappeler leurs grand'gardes et en établir de nouvelles dès qu'elles seront en position. Les ambulances légères suivront le mouvement de chacune de leurs divisions.

Les bagages des divisions seront réunis et conduits en ordre en arrière des forts, de façon à pouvoir rentrer dans Paris par les routes qu'on a dû reconnaître à l'avance. L'ordre de faire rentrer les bagages sera donné, s'il est nécessaire.

Trois voitures du train vont être envoyées pour prendre les bagages du 24ᵉ régiment de marche, qui n'a reçu que ses équipages réglementaires.

Le mouvement devra s'exécuter au point du jour.

P.-S. — Prévenez le régiment de gendarmerie du mouvement qu'il doit faire en même temps que vous.

Le général Renault au Gouverneur de Paris (D. T.).

Montrouge, 16 septembre, 11 h. 25 soir. Expédiée à 11 h. 55 soir.

En conséquence de votre dépêche de 9 h. 50, faut-il suspendre l'exécution du mouvement prescrit par votre dépêche de 7 h. 40 ou laisser le mouvement s'achever, c'est-à-dire masser toutes les troupes au-dessous du plateau de Châtillon? Le mouvement n'est pas encore commencé. Les troupes sont seulement prêtes à marcher; j'attends de nouveaux ordres. Dans le cas où il n'y aurait pas lieu de faire le mouvement cette nuit, faut-il laisser exécuter le mouvement prescrit pour la cavalerie par le général Ducrot et envoyer les 1,000 travailleurs dans le bois de Clamart demain matin?

Le Gouverneur de Paris au Commandant du fort de Montrouge, pour transmettre au général Renault (D. T.).

Paris, 17 septembre, 12 h. 40 matin.

Puisque le mouvement n'est pas commencé, faites-le au point du jour, tel qu'il a été prescrit par mes dépêches de 7 h. 40 et de 8 h. 50.

DIVISION DE CHAMPÉRON.

c) **Organisation et mouvements.**

Le général Soumain au général de Champéron.

Paris, 16 septembre.

J'ai l'honneur de vous faire connaître, en réponse à votre lettre de ce jour, que le mouvement du 9ᵉ chasseurs a eu lieu en vertu des ordres du Gouverneur de Paris et que l'ennemi pouvant occuper Versailles d'un moment à l'autre, il n'est pas possible de faire rétrograder sur cette ville la fraction de ce corps qui a été dirigée sur le Mans et qui se trouve aujourd'hui sur un point de la route que je ne connais pas.

COMMANDEMENT SUPÉRIEUR DE SAINT-DENIS.

c) Opérations et mouvements.

Le général de Bellemare au Gouverneur de Paris (D. T.).

Paris, 16 septembre, 12 h. 35 soir.

Ce matin, à 10 h. 30, une panique qui était causée par un soldat en état d'ivresse déchargeant son fusil en l'air a mis la population en émoi. Quelques autres soldats ont suivi ce fâcheux exemple. Il n'y a pas eu d'accident à déplorer.

Je prends des dispositions pour éviter le retour d'un fait semblable.

Ordre n° 4 du Général commandant supérieur de Saint-Denis.

Saint-Denis, 16 septembre.

Soldats, quelques-uns de vous ont cédé ce matin a un sentiment de terreur panique incompréhensible. Les plus grands malheurs, les accidents les plus terribles peuvent résulter de ces moments d'oubli qu'on peut appeler de la folie.

Vous savez mieux que personne, puisque vous faites le service d'avant-postes, que les surprises sont impossibles.

Flétrissez vous-mêmes dans vos rangs ceux qui, par suite d'ivrognerie ou par un sentiment de lâche terreur, se sont laissés aller a brûler inutilement les cartouches qui ne sont faites que contre l'ennemi.

Officiers et sous-officiers, c'est à vous que je confie le soin d'éviter à l'avenir par votre exemple et vos conseils un pareil scandale.

Ordre n° 5 du Général commandant supérieur de Saint-Denis.

Saint-Denis, 16 septembre.

Vu l'effectif considérable des bataillons et compagnies de l'infanterie et de la garde mobile, le général commandant supérieur de Saint-Denis et des forts environnants a décidé, pour faciliter le service et les manœuvres, que toutes les troupes de ces deux armes placées sous son commandement seraient organisées en demi-bataillons de la manière suivante, savoir :

1° Les compagnies des 69e, 93e et 99e de ligne formeront le demi-bataillon d'infanterie du fort de la Briche ;

2° Les compagnies des 19e, 24e et 33e de ligne formeront le Ier demi-bataillon d'infanterie de Saint-Denis ; celles des 65e, 68e et 75e le IIe demi-bataillon d'infanterie de Saint-Denis ; celles des 87e, 91e et 97e le IIIe demi-bataillon d'infanterie de Saint-Denis ; celles des 11e et 46e le IVe demi-bataillon d'infanterie de Saint-Denis ;

3° Les compagnies des 16e, 25e et 73e de ligne formeront le demi-bataillon d'infanterie du fort de l'Est ;

4° Les compagnies des 5e, 20e et 41e de ligne formeront le Ier demi-bataillon d'infanterie du fort d'Aubervilliers ; celles des 43e, 55e et 64e le IIe demi-bataillon d'infanterie du fort d'Aubervilliers.

5° Le 28e de marche formera huit demi-bataillons constitués ainsi qu'il suit :

Les trois premières compagnies du Ier bataillon formeront le Ier demi-bataillon ; les 4e, 5e et 6e le IIe demi-bataillon ;

Le trois premières compagnies du 2e bataillon formeront le IIIe demi-bataillon; les 4e, 5e et 6e du IIe bataillon formeront le IVe demi-bataillon ;

Les deux 7es compagnies des Ier et IIe bataillons formeront avec les zouaves le Ve demi-bataillon ;

Les trois premières compagnies du IIIe bataillon formeront le VIe demi-bataillon ; les 4e, 5e et 6e compagnies du IIIe bataillon le VIIe demi-bataillon ;

La 7e compagnie du IIIe bataillon et les chasseurs à pied formeront le VIIIe bataillon.

Dans chaque bataillon de la garde mobile, les quatre premières compagnies formeront le Ier demi-bataillon, les quatre dernières le IIe demi-bataillon. Le XIIIe bataillon qui n'a que six compagnies restera seul constitué en bataillon.

Chacun de ces demi-bataillons sera commandé par le plus ancien des capitaines des compagnies qui le constituent.

Dans les bataillons où il existe un capitaine-adjudant-major, cet officier devra concourir avec les capitaines des compagnies pour obtenir, si son ancienneté l'y appelle, le commandement d'un demi-bataillon. Dans ce cas, il serait remplacé dans ses fonctions d'adjudant-major par un lieutenant ou sous-lieutenant désigné à cet effet par le chef de corps.

Chaque chef de bataillon conserve naturellement le commandement et la direction des deux demi-bataillons que son bataillon aura formés et chaque commandant de régiment le commandement et la direction des demi-bataillons formés par ledit régiment. Il est bien entendu également que cette organisation en demi-bataillons n'est que momentanée, qu'elle n'a d'autre objet que le bien du service et l'intérêt de la défense, qu'elle ne change rien à l'administration intérieure des compagnies, bataillons et régiments, comme elle n'ajoute rien aux droits que l'ancienneté confère aux chefs des demi-bataillons.

Par suite de cette organisation, un petit nombre de mouvements devront avoir lieu, autant que possible demain matin de très bonne heure. Ce sont les suivants :

1° La compagnie du 99e stationnée à Saint-Denis ira au fort de la Briche ;

2° La compagnie du 55e stationnée au fort de l'Est ira au fort d'Aubervilliers ;

3° Les 6e, 7e, 8e compagnies du XVIe bataillon de la garde mobile iront au fort de l'Est ;

4° Enfin, la compagnie du 11e de ligne stationnée au fort de l'Est et la compagnie du 46e stationnée à Saint-Ouen iront s'établir à l'île Saint-Denis. Le plus ancien des chefs de compagnie prendra le commandement, placera une grand'garde à Villeneuve-la-Garenne avec des petits postes dans la plaine de Gennevilliers et recevra au surplus à ce sujet des instructions ultérieures plus complètes.

MM. les commandants supérieurs sont chargés d'assurer, chacun en ce qui le concerne, l'exécution des prescriptions du présent ordre et d'en rendre compte en envoyant les noms de tous les chefs de demi-bataillons placés sous leurs ordres.

Rapport du Lieutenant-Colonel commandant la grand'garde de Pierrefitte, du 15 au 16 septembre.

Pierrefitte, 16 septembre.

Toute la nuit les postes ont pris les armes pour des coups de fusil tirés à la 3e et à la 2e compagnie du Xe bataillon de la garde nationale mobile de la Seine. Ceux tirés à la 3e compagnie ont eu pour cause le mutisme conservé par deux hommes qui se sont présentés dans la nuit aux environs de ce poste ; les autres, par les francs-tireurs en avant des carrières et près de la 2e compagnie. Je n'ai pas été prévenu de cette augmentation de forces.

Plusieurs individus ont été arrêtés et remis entre les mains de la gendarmerie.

J'ai fait chasser des villages des militaires de tous les corps qui pillent, brisent et insultent les habitants qui y sont restés. Il est pénible d'assister à des actes de vandalisme de cette nature. Les grand'gardes devraient occuper tous ces villages pour faire cesser de pareils abus.

Un sac contenant 5 kilogr. de poudre à mine a été trouvé dans un village et sera déposé à la Place par les soins de la cavalerie.

Les mots d'ordre et de ralliement devraient être donnés avant 9 heures du soir, afin d'éviter les courses de nuit qui sont excessivement difficiles pour des troupes qui ne connaissent pas encore le terrain.

J'ai envoyé un homme de chaque poste principal afin de ne plus avoir à enregistrer les erreurs qui se sont commises hier.

J'ai placé les chefs de bataillon de la manière suivante, dans l'intérêt du service et des communications :

Le lieutenant-colonel au centre des opérations ou à peu près : village de Pierrefitte. Un peloton de cavalerie, commandé par l'officier le plus élevé en grade. Le chef — le plus ancien capitaine, — des quatre premiers pelotons du Xe bataillon de la garde nationale mobile.

Les quatre derniers pelotons de gauche du Xe bataillon, à la gare d'Épinay; une section de cavalerie commandée par un officier.

Les 500 hommes du 28e régiment de marche, commandés par un chef de bataillon de ce régiment, a été placé (sic) entre Stains et Garges — point à peu près central —; une section de cavalerie commandée par un sous-officier.

Tous les points que vous avez indiqués ont été occupés et reliés entre eux par des factionnaires ou des petits postes.

D'après les renseignements qui m'ont été donnés, les Prussiens auraient 1,000 hommes d'infanterie à Chantilly; le maire de cet endroit a déclaré ne pas pouvoir se défendre contre environ 200 uhlans qui se sont présentés pour l'occuper.

Rien de nouveau des reconnaissances de cavalerie que j'ai fait faire à environ 3 kilomètres en avant de notre front.

Un huissier arrivant de Chantilly a déclaré avoir été arrêté par l'officier commandant les uhlans qui lui a demandé quelles étaient les forces de Saint-Denis et s'il y avait beaucoup de gardes mobiles. Cet huissier a répondu qu'il y avait beaucoup de troupes et que tout le monde était décidé à se défendre; il a été mis en liberté lorsque l'officier n'a pas eu d'autres renseignements à lui demander.

Dans l'après-midi et dans la nuit du 15 au 16 septembre, j'ai aperçu un ballon du côté des buttes Montmartre.

Des voitures en très grand nombre chargées de paille, foin, blé et avoine se dirigent sur Paris (hier et aujourd'hui).

La cavalerie a eu du fourrage à Pierrefitte, provenant du sieur Lunel, ancien nourrisseur, qui a quitté le pays depuis une quinzaine de jours.

Un cultivateur, arrivé à l'instant, me prévient que les uhlans sont entre Chantilly et Lamorlaye.

Le Chef de bataillon commandant les grand'gardes de Stains à M. le Colonel commandant la place de Saint-Denis.

Grand'garde de Stains, 16 septembre, 2 h. 30.

Je viens d'aller visiter les grand'gardes.

Les uhlans ont été vus, au nombre de 25 environ, faisant une reconnaissance sur Gonesse, Arnouville, etc.

Nos troupes leur ayant été signalées, ils ont fait demi-tour. Cependant on peut les considérer comme à 3 ou 4 kilomètres de nos postes avancés.

Je crois devoir vous informer de ce fait du voisinage de l'ennemi.

Je fais faire des barricades à l'entrée des villages occupés pour rallier facilement mes petits postes et tenir le plus longtemps possible.

Rapport du capitaine de Lachapelle, commandant la grand'garde de la Courneuve du 15 au 16 septembre, au Commandant supérieur du fort de l'Est.

Saint-Denis, fort de l'Est, 16 septembre.

J'ai l'honneur de vous adresser le présent rapport sur les avantages ou les inconvénients du placement des divers postes composant la grand'garde chargée de couvrir le front d'attaque Est du fort dont la défense vous est confiée.

Le premier poste qui se trouve à la Courneuve n'a d'importance que pour faciliter le reliement du fort avec les autres parties de la ligne de défense; le second, placé au passage à niveau du chemin de fer, devient très utile pour la surveillance de cette ligne et de la route de la Courneuve.

Lors de l'établissement premier de cette grand'garde, on avait négligé de surveiller les quatre bras formés par l'embranchement de la route susindiquée et de celle de Senlis. J'ai cru devoir réparer cette omission.

Depuis le second passage à niveau du chemin de fer et tout le long de la partie Est de la ville du Bourget, les postes m'ont semblé heureusement disposés.

Le poste principal, situé au point le plus culminant de la petite cité, m'a paru fort judicieusement choisi par la facilité avec laquelle il relie tous les points de la défense.

J'allais omettre une légère critique : la distance entre le carrefour des routes de Senlis et de la Courneuve et le passage à niveau est fort longue et rend la liaison de ces deux points fort difficile.

Quant à la défense du front entre le Bourget et le village de Dugny, on ne pouvait choisir mieux que le chemin qui unit ces deux points. Aussi l'ai-je trouvé fortement occupé; j'ai imité en cela mon prédécesseur.

L'envoi d'un peloton de cavalerie m'a permis d'ajouter une grande puissance à ma défense.

J'avais disposé des sentinelles volantes derrière un rideau d'arbres presque perpendiculaire à la route de Senlis et presque parallèle à celle de Soissons. Dans le cas où j'eusse été forcé de me replier, j'avais choisi pour ligne de retraite la voie ferrée où la formation en tirailleurs, retraite par échelons jusqu'à la Courneuve, s'il m'eût été impossible d'atteindre la voie ferrée.

Telles sont les courtes et malheureusement incomplètes observations que j'ai pu faire pendant une pénible journée de garde.

Le sous-lieutenant Joannès, commandant le 3ᵉ peloton du 3ᵉ escadron, au Colonel commandant le 1ᵉʳ régiment de lanciers de marche.

Saint-Denis, 16 septembre, 9 heures soir.

J'ai l'honneur de vous rendre compte de la mission qui m'a été confiée par vos ordres.

Parti de Saint-Denis le 15 à 8 heures du matin à la tête de 22 hommes (dont 1 maréchal des logis, 3 brigadiers et 1 trompette), j'arrivai au fort de l'Est vers 8 h. 30. En l'absence de M. le lieutenant-colonel commandant le fort, je me suis mis à la disposition de l'officier qui le remplaçait et reçus avis de rejoindre immédiatement une colonne d'infanterie (11ᵉ et 16ᵉ de ligne), forte d'environ 400 hommes et commandée par M. le capitaine de Lachapelle, du 16ᵉ de ligne.

Cette colonne que j'atteignis près du fort traversa la Courneuve et arriva au Bourget, village en avant duquel on devait établir une grand'garde. Je reçus l'ordre de placer mes chevaux dans les écuries fort vastes d'une auberge abandonnée. Je trouvai là quelque fourrage, un peu de paille et des pommes de terre dont mes hommes et mes chevaux firent leur profit, car nous étions partis avant toute distribution. Aussitôt arrivé, j'allai reconnaître avec les deux capitaines du 11ᵉ et du 16ᵉ l'emplacement le plus propre à recevoir un poste de cavalerie. Nous choisîmes une longue avenue plantée d'arbres qui rencontre la route à près d'un kilomètre du Bourget. Cette position dérobait nos vedettes à la vue de l'ennemi, nous permettait de surveiller une grande étendue de terrain, enfin reliait les postes d'infanterie placés, celui du 11ᵉ au Nord, celui du 16ᵉ vers le Sud et s'appuyant à Dugny.

Mes vedettes placées, je partis à 1 heure avec six hommes bien montés pour tâcher de connaître la position de l'ennemi.

Je me dirigeai vers le Nord-Ouest sur la route de Senlis. Je rencontrai quelques chemins sur ma droite et sur ma gauche : trois de ces chemins, se dirigeant vers le Sud, aboutissaient à Gonesse. A 6 kilomètres du Bourget, la route de Paris à Soissons coupe la route de Senlis. L'intersection de ces deux routes se nomme la Patte d'oie. On y trouve quelques maisons dont une auberge. Averti que l'ennemi venait de ce côté, je pris la route de Soissons.

J'appris de divers paysans que 10,000 Prussiens se trouvaient à Nanteuil, à 30 kilomètres de Paris; 3,000 autres à Villers-Cotterets (50 kilomètres de Paris). Soissons se trouvait investi par la cavalerie ennemie.

Ces troupes se faisaient précéder d'éclaireurs. On en signalait 200 au Plessis-aux-Bois, une cinquantaine à Daimville, une douzaine à Villeneuve. Ces derniers avaient dû se replier sur Dammartin. Tous ces villages sont situés sur la route de Paris à Soissons et éloignés de Paris : le Plessis de 29 kilomètres, Daimville de 27, Villeneuve de 26.

Je me suis avancé jusqu'à 1 kilomètre de Villeneuve; il était 4 heures quand j'arrivai en ce point. Je crus devoir rétrograder pour rentrer au poste avant la nuit. Je fus de retour au Bourget à 6 heures.

J'avais trouvé sur ma route le bourg de Roissy où je complétai mes renseignements et remarquai différents points aussi où la route était barrée de façon à rendre impossible le passage des voitures et de l'artillerie, notamment à la borne 16 et en avant comme au delà de Roissy. A la borne 17, le barrage rendait la route absolument impraticable, même pour des piétons. D'autre part, à ces endroits, il était impossible à l'artillerie de franchir les talus; la cavalerie pouvait les passer. La route traverse des plaines immenses où l'on découvrirait immédiatement tout mouvement de troupes important.

La route de Senlis se trouvait barrée aussi à quelques centaines de mètres au delà de la Patte d'oie. Ces barrages sont faits d'abatis et de pavés.

Aussitôt après être rentré au Bourget, je m'inquiétai de relever mes vedettes qui déjà avaient été relevées une fois. J'avais placé un brigadier et trois hommes. Durant la nuit, je résolus de placer cinq hommes au lieu de trois. Je les disposai de la manière suivante : un brigadier et un homme à l'intersection de la route et de l'avenue, deux hommes dans l'avenue à droite, deux dans les champs vers la gauche. On se trouvait ainsi surveiller toute la campagne et l'on pouvait se replier soit sur le Bourget, soit sur les postes du 11e et du 16e de ligne.

Après avoir placé mes vedettes, je fis, accompagné de mon maréchal des logis, le tour de nos avant-postes et me fis reconnaître par les sentinelles et postes d'infanterie.

Sur notre gauche, je trouvai des sentinelles du 28e régiment de marche (venant sans doute du fort de la Briche), qui me refusèrent le passage. Je n'avais pas le mot d'ordre qu'on leur avait donné. Quoiqu'il en soit, je m'assurai que chacun était à son poste et que l'ennemi n'était en vue nulle part. Je rentrai à 11 heures.

A 2 h. 30, je repartis pour changer les vedettes et tâcher d'avoir des nouvelles. L'ennemi n'avait presque rien changé à ses positions d'après tous les renseignements que je pus recueillir. Seulement les cavaliers signalés à Dammartin étaient revenus à Villeneuve.

Une cinquantaine de uhlans ou de chevau-légers s'étaient portés sur Louvres (à 13 kilomètres du Bourget, route de Senlis). Les nombreuses voies de communication qui réunissent la route de Soissons à celle de Senlis me permirent de croire que les cavaliers signalés au Plessis-aux-Bois avaient bien pu détacher ce groupe pour éclairer leur droite.

Je ne m'avançai le matin du 16 que jusqu'à la Patte d'oie, mais je fis le tour de nos avant-postes et revins au camp par Gonesse, Arnouville, Bonneuil et Dugny. Tous ces villages étaient déserts. La gendarmerie de Gonesse était en feu. Partout des meules de foin ou de blé étaient incendiées. Pendant la nuit, d'ailleurs sereine et étoilée, ces incendies guidaient notre marche.

Les ressources qu'offre le pays sont d'ailleurs nulles; mes hommes auxquels il n'avait été fait aucune distribution de vivres et de fourrages reçurent le soir, à 6 heures, du foin, de l'avoine et du pain. On leur avait donné du vin dans une maison restée habitée.

Je rentrai de ma reconnaissance à 8 heures du matin ; je pouvais considérer comme certains les renseignements reçus la veille et le matin, les tenant de gens qui avaient été menacés ou molestés par les Prussiens dans les pays que j'ai cités plus haut.

Vers 11 heures du matin, M. le sous-lieutenant Descart (du 1er régiment de lanciers de marche) vint à la tête d'un peloton me relever de ma faction. Je lui fis voir moi-même le poste où il devait établir ses vedettes. Comme nous revenions de cette course, les vedettes que nous avions placées se replièrent au galop, annonçant l'ennemi. Je fis immédiatement monter à cheval, et, me trouvant plus ancien en grade que M. Descart, je pris le commandement de la division. J'allai immédiatement prendre les ordres du capitaine de gardes mobiles qui venait de remplacer M. le capitaine de Lachapelle et m'établis un peu en arrière de lui.

Le capitaine de la garde mobile m'ayant demandé alors de lancer quelques éclaireurs, je jugeai dangereux de placer mes hommes entre le feu de la garde mobile et celui des hussards prussiens dont j'ignorais le nombre et m'y refusai.

Ce capitaine nous donna l'ordre de battre en retraite et se disposa à se retirer également. Je fis faire demi-tour, mais au milieu de divers propos assez contradictoires, ayant ouï-dire que nous avions à faire à peu de monde, je remis le commandement à M. Descart et me portai en avant de la garde mobile. Je ne vis point d'ennemis, mais trouvai un homme de mon peloton, le trompette Pethon démonté et couvert de sang : il avait trois blessures à la tête. Je jugeai que c'étaient des coups de sabre ; je fis conduire immédiatement ce lancier à l'ambulance établie dans le Bourget ; il se fit depuis transporter sur une charrette vers Paris.

D'après mes reconnaissances, je pouvais avoir à craindre 200 cavaliers au moins. Je n'en avais que 40. Ma mission d'ailleurs n'était pas de combattre ; elle était d'éclairer et j'avais tous les renseignements qu'on pouvait obtenir sans lutte. Je rejoignis ma troupe que je dirigeai vers le fort de l'Est et, la trouvant un peu en désordre, je fis sonner au pas. Les hommes un peu surpris d'abord par l'approche de l'ennemi obéirent à cette sonnerie.

Quelques instants après, averti que deux régiments ennemis cherchaient à me couper la retraite l'un à gauche et l'autre à droite, ne pouvant vérifier le fait, je résolus de les gagner de vitesse et fis sonner au trot.

La garde mobile armée de fusils Chassepot pouvait se retirer en bon ordre et même protéger mon mouvement en arrière.

Dans ma retraite, je rencontrai M. le lieutenant Véricel (1er lanciers de marche), arrivant avec un peloton de Bobigny ; je lui remis le commandement et pris pour moi la conduite de l'arrière-garde.

Comme nous arrivions près du chemin de fer, nous rencontrâmes M. le capitaine aide de camp du général commandant à Saint-Denis qui fit arrêter notre mouvement et se dirigea sur la voie même pour la reconnaître.

Je lui demandai de l'accompagner et le suivis avec 20 hommes. Nous arrivâmes rapidement au Bourget ; nous trouvâmes en chemin la garde mobile qui s'était retirée lentement et en bon ordre. Je précédai cette infanterie, courus replacer mes vedettes dans l'avenue où j'en avais maintenu jusqu'à midi et m'avançai ensuite avec 3 ou 4 hommes vers la Patte d'oie où, d'après les habitants, se trouvaient les Prussiens.

Ces nouveaux renseignements réduisaient à 150 environ le nombre des cavaliers qui pouvaient venir ou qui étaient venus nous attaquer et devant lesquels nous nous étions repliés. Notre garde mobile était parfaitement en état de résister à ce petit nombre d'ennemis : il suffisait de la garder.

Je marchai avec la plus grande précaution, m'arrêtant à chaque pas pour observer le pays.

J'avais laissé au chemin de fer, sur l'ordre de M. le capitaine d'état-major, un homme sûr qui devait nous avertir en cas de danger. J'arrivai de la sorte près du chemin qui se dirige perpendiculairement sur Gonesse. Mais cette ville était occupée par les Prussiens, me disait-on ; je n'osai pas m'aventurer avec si peu de monde et après avoir fait constater la présence d'une dizaine de Prussiens à l'horizon se dirigeant vers le Sud et trop loin pour que je puisse les inquiéter, je me retirai lentement. J'avais été rejoint dans ma marche par quelques lanciers. Je renforçai encore mon poste de l'avenue, puis je rentrai rendre compte au capitaine de la garde mobile.

Je lui exposai en outre que, relevé depuis le matin, privé de vivres et de fourrages, je ne pouvais me maintenir au Bourget. Je reconnus toutefois avec lui que les 18 cavaliers de M. Descart ne suffisaient pas pour le garder et promis de réclamer pour lui l'augmentation de ce détachement.

Je partis après avoir recueilli sur ma route un lancier du 1er régiment de marche (2e escadron), lequel étant tombé au milieu de 8 chevau-légers avait eu son cheval blessé d'un coup de feu, s'était tiré d'affaire et revenait. J'appris de lui que le 2e escadron avait rencontré les cavaliers ennemis. D'après son dire, l'ennemi aurait été repoussé et aurait perdu 7 prisonniers.

Je confiai ce lancier et son cheval à un brigadier et partis pour Saint-Denis. J'y arrivai à 6 heures du soir sans avoir fait de rencontre.

Je crois devoir signaler ce fait que le chemin qui conduit du fort de l'Est à Saint-Denis présente un grand nombre de fougasses, pierriers, d'abatis, etc..... Un poteau indique d'un seul côté (celui du fort) que ce chemin est défendu. Ce poteau suffirait-il la nuit à une troupe battant en retraite pour lui faire éviter un passage dangereux?

Aussitôt rentré, j'ai fait distribuer à mes hommes les vivres de campagne et le fourrage.

Après une nuit de repos, mes hommes et mes chevaux, qui dans ces trente-six heures dernières, ont fait 25 ou 30 lieues seront en état de reprendre leur marche. Je réclame seulement avec instance pour que les distributions soient régulièrement assurées. Le pays ne fournit pas d'avoine; les hommes ne trouvent que quelques pommes de terre et de la paille. Il faut davantage pour des gens et des bêtes qui commencent une rude campagne.

Le sous-lieutenant Descart, du 1er régiment de lanciers, au Colonel commandant le régiment.

16 septembre.

J'ai l'honneur de vous rendre compte des faits qui se sont passés dans la journée du 15 et la nuit du 15 au 16.

Étant de garde au village du Bourget, situé sur la route de Paris à Senlis, je me trouvai placé sous les ordres d'un capitaine du XVIe bataillon de la garde mobile. A mon arrivée au poste, où je relevai un peloton du 3e escadron, j'allai placer mes vedettes, au nombre de cinq, commandées par un brigadier, à 800 mètres environ en avant du village. Je trouvai à droite une petite route bordée de grands arbres, conduisant au Blanc-Mesnil; je mis deux vedettes à une distance de 200 mètres l'une de l'autre et se voyant facilement dans cette sorte d'avenue, une au point d'intersection de la grand'route et les deux autres à gauche de la route.

Vers midi, une des vedettes placées dans l'avenue vit cinq cavaliers ennemis sortir d'un petit bois et se porter avec rapidité de son côté, après avoir déchargé leurs armes sur lui. En même temps, il crut voir une troupe d'environ 150 à 200 cavaliers sortir du bois et se ranger en bataille. Les vedettes se replièrent alors rapidement sur la grand'garde. Les cinq premiers cavaliers s'avancèrent seuls sur la route. D'après les ordres du capitaine, je les chargeai avec mon peloton. A mon retour, il me donna l'ordre d'envoyer deux cavaliers au galop prévenir au fort de l'Est et de me replier avec ma troupe sur ce fort, tandis que lui-même se replierait sur le fort d'Aubervilliers. Je revins au Bourget vers 1 h. 30 et je replaçai mes vedettes au nombre de sept.

A la tombée de la nuit, je reçus l'ordre de les faire rétrograder de 300 mètres environ, dans le but d'établir en avant une embuscade d'infanterie.

A partir de 10 heures, un certain nombre de coups de feu furent entendus de temps à autre sur la gauche de la route, à une assez grande distance.

A minuit, un de mes hommes, le nommé Longchamp, placé en vedette, entendant plusieurs individus parler assez près de lui et en bon français, leur cria : « Qui vive! ». On lui répondit : « France! ». A l'ordre qu'il donna par deux fois d'avancer au mot de ralliement, il reçut cette réponse : « Avances-y toi-même! », et, au même moment, il essuya un coup de feu; la balle a traversé l'épaule gauche.

Les vedettes se replièrent alors sur la grand'garde et lorsqu'elles furent revenues, un instant après, au lieu qu'elles occupaient précédemment, elles ne virent plus rien. Le reste de la nuit se passa tranquillement. Ce matin j'ai envoyé chercher à Saint-Denis une voiture d'ambulance pour transporter le blessé.

Vers 7 h. 30 du matin, le brigadier placé en vedette aperçut trois cavaliers ennemis, qu'ils chargea avec deux de ses hommes. Quelques instants après, on en vit sept ou huit, et leur nombre s'augmenta d'instant en instant jusqu'à un chiffre que je fixerai à 200 environ. Ces cavaliers m'ont paru être des hussards; je ne puis cependant l'affirmer, car ils ne se sont pas approchés à plus de 1,500 ou 1,800 mètres.

A midi, n'étant pas relevé de garde, le capitaine sous les ordres duquel je me trouvai placé me donna l'ordre de rentrer à Saint-Denis, où je suis arrivé avec ma troupe à 1 heure.

Tels sont, mon Colonel, les faits que j'ai l'honneur de soumettre à votre connaissance.

FORTS ET SECTEURS. — TROUPES DIVERSES.
c) Opérations et mouvements.

Le Gouverneur de Paris au général Soumain.

Paris, 16 septembre.

J'ai l'honneur de porter à votre connaissance les mouvements suivants :

La division de Maussion, du 14e corps, qui avait sa gauche à Vitry, se place demain entre Bagneux et le fort de Montrouge.

Le 14e corps se rassemble donc près de la position de Châtillon ; 2,000 zouaves environ, sous les ordres du colonel Méric, vont prendre position demain, au point du jour, à Montretout.

Environ 8,000 gardes nationaux mobiles se portent aussi : 5,000 à la lanterne de Diogène, 4,000 au Bas-Meudon.

Enfin la réserve d'artillerie du 14e corps, actuellement aux Tuileries, se porte demain matin, par la route de Chevreuse, entre les forts de Vanves et de Montrouge.

Le même au même.

Paris, 16 septembre.

Les zouaves de Saint-Cloud, rentrés à Paris (colonel Méric), feront un mouvement demain au point du jour et se rendront à hauteur de la redoute de Montretout pour y prendre position.

Il faut qu'ils aient quatre jours de vivres, si c'est possible.

Le même au même.

Paris, 16 septembre.

Le mouvement des mobiles vers Saint-Cloud et Meudon n'aura pas lieu demain. Laissez s'opérer celui des zouaves.

RENSEIGNEMENTS

Le Commandant du fort de Rosny à l'amiral Saisset (D. T.).

Rosny, 16 septembre, 2 h. 40 matin. Expédiée à 7 h. 50 matin (n° 49786).

Un officier de la mobile campée au village de Rosny est venu prévenir, de la part de son colonel, que l'ennemi est à Avron, sans dire de qui il tient ses renseignements.

Tous les mobiles qui étaient à Avron s'étaient repliés hier au soir sur Rosny, château de Montreau, et entre nous et Montreau.

Le Commandant des redoutes de Saint-Maur au général Trochu (D. T.).

Vincennes, 16 septembre, 6 h. 30 matin. Expédiée à 6 h. 45 matin.

Le Commandant a l'honneur de rendre compte que les rondes et patrouilles n'ont rien signalé de nouveau. Il suppose que l'ennemi est encore assez éloigné. Le pont de Joinville ayant parfaitement sauté, il est impossible de se rendre compte de sa marche. Les hommes du service des eaux, au pied de Gravelle, ont passé la nuit au fort et sont retournés à leur poste ce matin. La batterie d'artillerie mobile est arrivée avec des munitions.

Tout va bien.

Le capitaine Lavigne, des Francs-tireurs de Paris, au général X.....

Juvisy, 16 septembre, 7 heures matin.

Parti hier de Paris, selon les ordres que vous m'aviez donnés, j'ai campé partie de la nuit à Villejuif et autre partie à la Belle-Épine.

Ce mouvement n'a eu lieu que sur l'avis que 180 uhlans essayaient de passer la Seine pour attaquer la gare de Juvisy.

Lorsque je suis arrivé avec ma compagnie, les uhlans s'étaient retirés pour se diriger sur Corbeil et chercher un gué. En conséquence, et de concert avec un piquet d'éclaireurs de la gendarmerie de Villejuif, j'ai échelonné mes hommes sur la rive gauche de la Seine, en gardant une section de réserve entre Juvisy et le fleuve. Une cinquantaine de coups de fusil ont été échangés sans résultat. Vous vous expliquerez ma marche, mon Général, lorsque je vous aurai dit que le chef de gare de Lyon n'a pu me répondre de la sécurité de la ligne.

J'ai trouvé sur ma route beaucoup de francs-tireurs du bataillon parti en avant avec le commandant Aronsohn; les officiers et les hommes sont fort mécontents, paraît-il, et le bataillon, très désagrégé, a rejoint Paris par Valence, en partant de Fontainebleau à 6 heures du matin. Il ne nous reste donc, je crois, qu'à tenir en respect les éclaireurs prussiens le plus longtemps que nous le pourrons et, en cas de marche d'un corps compact, de nous rallier nous-mêmes sous la capitale, par la route d'Italie.

Le Commandant supérieur du fort de Nogent au Gouverneur de Paris (D. T.).

Fort de Nogent, 16 septembre, 9 h. 17 matin. Expédiée à 9 h. 40.

Le pont de Nogent a été détruit ce matin à 4 heures. Les troupes qui avaient été placées hier dans le village de Nogent se sont rendues sur Vincennes. La redoute de Fontenay est également sans troupe; il a été entendu hier soir une assez vive fusillade dans la direction de Lagny.

Le Préfet de Seine-et-Oise au Ministre de l'Intérieur (D. T.).

Versailles, 16 septembre, 1 h. 35 soir. Expédiée à 2 h. 55 soir (n° 46997).

Le sous-préfet de Pontoise me télégraphie :
« Ennemi à Persan-Beaumont; 50 environ se dirigent sur l'Isle-Adam, rive droite ».

Le Directeur du télégraphe de la gare de Paris-Orléans au Directeur général (D. T.).

Paris, 16 septembre. Expédiée à 2 h. 35 soir (n° 33410).

Je vous communique la dépêche suivante, que nous recevons d'Athis, à 1 h. 37 soir :
« Chef station Athis à Directeur Compagnie : Un grand nombre de Prussiens sont entre Ablon et Athis. Renforts urgents. On se prépare à passer ».

Le même au même (D. T.).

Paris, 16 septembre, 3 h. 15 soir. Expédiée à 4 h. 40 (n° 33449).

Je vous communique une transmission de Juvisy :
« Nous ne pouvons plus tenir contre des forces nombreuses. Nous nous replions sur Brétigny. La troupe nous suit. Nous démontons appareils ».

Le Chef de gare de Brétigny au Gouverneur de Paris (D. T.).

Brétigny, 16 septembre, 3 h. 30 soir. Expédiée à 6 h. 30 (n° 57168).

Environ 60 cavaliers ennemis, postés sur la rive droite de la Seine, à l'écluse d'Athis, ont fait une décharge sur la tête du train 415; le fourgon porte traces de projectiles.

Les trains 70 et 16 remontent sur Brétigny. Juvisy, par dépêche, dit de les arrêter tous.

Le Sous-Préfet d'Etampes au Ministre de l'Intérieur (D. T.).

Étampes, 16 septembre, 3 h. 30 soir. Expédiée à 4 h. 30 soir (n° 47057).

On se bat à Athis.

La gare d'Étampes est prévenue d'arrêter les trains allant sur Paris. Cette nouvelle vient de la gare de Brétigny.

Donc, sous toutes réserves, arrêtez également trains Orléans, pour qu'Étampes ne soit pas encombré.

Le Commissaire de surveillance de la gare du Nord au Ministre des Travaux publics (D. T.).

Paris (gare du Nord), 16 septembre, 3 h. 35 soir. Expédiée à 5 heures soir (n° 43466).

Dépêche Ermont, 3 h. 20 : « Le train parti de Paris à 1 h. 25 pour Pontoise, repart à 3 h. 10 d'Ermont. L'ennemi est à Pierrelaye, 200 cavaliers (1) ».

Le Commandant supérieur du fort de Nogent au Gouverneur de Paris (D. T.).

Fort de Nogent, 16 septembre, 3 h. 6 soir. Expédiée à 3 h. 35 soir.

Le garde champêtre de Bussy-Saint-Georges, sorti hier soir 15 de Lagny, m'informe que les Prussiens qui passent par cette ville se dirigent tous dans la direction de Brie-Comte-Robert; depuis trois jours il en passe.

Hier 15, il en est arrivé environ 5,000, dont 2,000 de cavalerie. Ils ont établi une passerelle, plutôt qu'un pont, pour passer la Marne. L'infanterie seule pourrait passer.

---

(1) Le même télégramme fut adressé par le chef de gare d'Ermont, à 3 h. 15 du soir, au Général commandant à Saint-Denis.

Le Chef d'état-major du 9e *secteur au Gouverneur de Paris.*

Avenue d'Italie, 16 septembre, 3 h. 45 soir. Expédiée à 4 h. 45 soir (n° 33454).

Le Commandant supérieur reçoit la dépêche suivante et la transmet au Gouverneur :

Ablon-sur-Seine, 2 h. 25 soir.

« La fusillade continue toujours. On nous dit que l'ennemi a des canons; ils ont traversé la Seine à gué; pas de troupes ici. Ils ont du canon. Cette dépêche apportée par une locomotive et transmise par le lieutenant commandant le poste de la gare du chemin de fer d'Orléans ».

Le Directeur du télégraphe de Paris (gare d'Orléans) au Directeur général (D. T.).

Paris (gare d'Orléans), 16 septembre. Expédiée à 3 h. 50 soir (n° 33428).

Je vous communique une dépêche reçue d'Ablon à 2 heures soir.

« Paris, d'Ablon. — Une colonne ennemie attaque en ce moment Juvisy. Nous entendons la fusillade ».

Des francs-tireurs, qui sont partis par train de 1 h. 40, sont prévenus par dépêche adressée à Choisy.

Le même au même.

Paris (gare d'Orléans), 16 septembre. Expédiée à 3 h. 55 soir (n° 33434).

Dépêche de Juvisy reçue à 2 h. 25.
Paris, de Juvisy. — Deux trains n'ont pu franchir Athis; on tire sur les trains; l'ennemi a des canons.

Le Sous-Préfet d'Étampes au Gouverneur de Paris (D. T.).

Étampes, 16 septembre, 4 h. 10 soir. Expédiée à 4 h. 45.

Moitié du bataillon de la mobile de Béziers, déjà refoulé de Montargis sur la ligne d'Orléans, est arrivé de nouveau à Étampes. Point de solde, point de vivres prêts; faut-il renvoyer les 560 hommes à Orléans? Réponse urgente; le télégraphe est coupé après Brétigny.

Le Directeur du télégraphe de la gare d'Orléans au Directeur général des télégraphes (D. T.).

Paris (gare d'Orléans), 16 septembre, 3 h. 27. Expédiée à 4 h. 45 (n° 33455).

Dépêche d'Ablon de 3 h. 27 du soir :

« L'ennemi paraît vouloir établir une batterie de l'autre côté de la Seine de la station de Juvisy d'où nous apercevons beaucoup de fumée.
« Juvisy ne nous répond pas ».

Le Commissaire administratif de la gare du Nord au Gouverneur de Paris (D. T.).

Paris (gare du Nord), 16 septembre, 5 h. 15 soir. Expédiée à 6 h. 50.

Le chef de la station de Pierrefitte est avisé par un poste de lanciers que la gare de Gonesse est occupée par 40 cavaliers ennemis. Un autre détachement se dirige sur Garges.

Le Colonel commandant le fort de Charenton au Gouverneur de Paris (D. T.).

Fort de Charenton, 16 septembre, 5 h. 30 soir. Expédiée à 6 heures soir.

Le commandant Franchetti, des volontaires à cheval de la Seine, a poussé une reconnaissance en avant de Maisons-Alfort, où il a trouvé l'ennemi qui lui a tué deux chevaux et blessé plusieurs hommes. Il aurait également tué ou blessé quelques hommes à l'ennemi et se serait emparé d'un fusil. Mes travailleurs, qui abattent des arbres près de Maisons-Alfort, ont été inquiétés. Ils étaient au nombre de 140. Un détachement a été envoyé pour soutenir leur retraite, si elle devenait nécessaire. On estime la force ennemie à 300 cavaliers environ. Une autre version n'estime leur force qu'à 60 cavaliers. M. Franchetti avait prévenu, à son retour, que la force ennemie pouvait être de 4,000 hommes environ, appuyés par une forte artillerie. Quelques coups de feu ont suffi pour chasser les maraudeurs ennemis qui avaient mis pied à terre pour arracher des pommes de terre. Pas d'engagement sérieux. Très grande exagération de la part de M. Franchetti.

Le général de Maussion au général Renault.

Paris, 16 septembre.

Rapport d'un officier de gendarmerie envoyé en reconnaissance :
L'ennemi a incendié la gare d'Athis-Mons. Il a passé la Seine avec 50 pièces d'artillerie, à 3 h. 40. Il m'est impossible, avec mes troupes, de défendre Vitry. Je n'occupe que le plateau des redoutes qui ne sont pas armées et je ne puis obtenir des batteries de réserve. Je prendrai, après la soupe, mes positions de combat. Je demande au moins deux batteries de 12 pour les redoutes.

La position est tellement étendue qu'elle aurait besoin d'un bien plus grand nombre de défenseurs (1).

Le général Ribourt, commandant supérieur de Vincennes, au Gouverneur de Paris (D. T.).

Vincennes, 16 septembre, 6 h. 45 soir. Expédiée à 8 h. 30 (n° 47213).

Rends compte que le commandant du fort de Gravelle signale que l'ennemi, ou pour mieux dire les coureurs, sont aux prises, à 1,200 mètres environ du fort de Charenton, avec un détachement d'ouvriers attachés audit fort. L'ennemi ne paraît pas être en force.

L'amiral de Challié au Gouverneur de Paris (D. T.).

Paris (Gobelins), 16 septembre, 9 h. 50 soir. Expédiée à 11 h. 10 soir (n° 33277).

Ai envoyé détachement à Villejuif en reconnaissance; le commandant arrive maintenant et fait rapport suivant :

Arrivé à Villejuif, le général commandant la 2e brigade de la 3e division du 14e corps a appris que l'ennemi avait, avec des pièces de 12, canonné le village d'Ablon et exploré aux environs de ce point les divers gués de la Seine. On croit qu'il en aurait trouvé un très praticable et que cette nuit il en tirerait parti.

Le capitaine Lavigne, commandant la 8e compagnie du IIe bataillon des Francs-tireurs de Paris, au général X.....

Paris, 16 septembre, 9 heures soir.

J'ai l'honneur de vous informer que les prévisions contenues dans la lettre-rapport que je vous ai adressée ce matin se sont réalisées.

Une pointe sur Juvisy a été tentée par l'avant-garde d'une division de cavalerie ennemie qui se tient dans la forêt de Sénart et qui a pour grand'gardes Draveil, Vigneux et Montgeron.

J'ai envoyé immédiatement une section de ma compagnie renforcer 60 hommes de la ligne qui gardaient la gare. Cette section s'est déployée en tirailleurs sur la rive gauche et M. Mercier, mon sous-

---

(1) Un télégramme résumant cette note fut envoyé de Montrouge par le général Renault au Gouverneur, le 16 septembre, à 7 h. 5 soir (Expédié à 8 h. 10 soir).

lieutenant, a traversé la Seine avec 10 hommes pour ramener deux bacs qui se trouvaient sur l'autre rive. Un engagement d'un peloton de uhlans et de cette fraction a eu lieu ; mes hommes ont démonté deux cavaliers ennemis.

Toute l'après-midi s'est passée en escarmouches, ma section de réserve, sous les ordres du lieutenant Rémon, ayant pris position dans la propriété de M. Vincent, point culminant qui domine Juvisy, le fleuve et la route de Paris.

A 3 h. 30, attaque du convoi entre Juvisy et Ablon. Une demi-heure après, incendie, par les ennemis, des fermes avoisinant Villeneuve-Saint-Georges et engagement sérieux sur ce point jusqu'à 5 h. 30. Nous attendant à être attaqués cette nuit et la gare de Juvisy étant abandonnée depuis 7 heures, je vous dépêche un de mes hommes pour savoir si je dois me replier sur Paris, auquel cas veuillez m'envoyer un renfort (de la cavalerie si c'est possible), ou bien je tiendrai jusqu'à épuisement, mes vivres et ma solde ne m'étant plus assurés ici.

Quant au ralliement du bataillon Arousohn, il doit être fait à l'heure qu'il est, car toutes les routes étaient semées de déserteurs ou de réfractaires.

Je vous serais obligé de bien vouloir faire donner de mes nouvelles à M. le maire de Paris, E. Arago, à qui il m'est impossible d'écrire.

1er *P.-S.* — Villeneuve-le-Roi et Ablon ont également été bombardés de loin.

2e *P.-S.* — 9 heures. Les ennemis essayent de jeter un pont vis-à-vis Juvisy pour s'emparer de la colline.

Je vais les maintenir jusqu'au matin, mais vite du renfort.

Le Préfet de la Somme au Ministre de l'Intérieur (D. T.).

Amiens, 16 septembre, 10 h. 25 soir. Expédiée à 10 h. 40 soir (n° 47281).

Quelques cavaliers prussiens, venant de Creil, sont arrivés jusqu'à Rantigny, hier 15 courant, dans l'après-midi. Ils se sont avancés jusqu'à 5 kilomètres de Clermont (Oise), puis se sont retirés en annonçant qu'ils reviendraient en nombre.

Le Gouverneur de Paris au Ministre de la Marine.

Paris, 16 septembre.

L'ennemi arrive en descendant la Seine, venant de Villeneuve-Saint-Georges. Il faudrait envoyer des canonnières qui, partant de

Bercy, exploreraient la Seine, s'il est possible, jusqu'à Vitry et vers Choisy-le-Roi.

Ce mouvement sera exécuté au point du jour.

Bulletin de renseignements (Cabinet du Ministre).

Paris, 16 septembre.

On signale l'ennemi : à Champigny, 6,000 hommes; — à Armainvilliers, 102; — à Pierrelaye, 200 cavaliers. — Entre Ablon et Athis, troupes nombreuses ont passé la Seine avec 50 pièces de canon; la voie ferrée est coupée; la gare d'Athis-Mons incendiée.

Juvisy. — Attaqués de nouveau par une colonne ennemie, les Français, ne pouvant tenir, se replient sur Brétigny; passé la Seine à Corbeil.

Charenton. — Escarmouche à 1,200 mètres du fort entre des coureurs ennemis et les ouvriers du fort.

Lagny. — Depuis trois jours, l'ennemi traverse la ville; hier, au nombre de 5,000 dont 2,000 cavaliers.

Maisons-Alfort. — Quelques maraudeurs ennemis ont attaqué les éclaireurs de la Seine, commandés par M. Franchetti; ils ont été repoussés sans grandes pertes.

Persan. — 25 uhlans. Le pont n'a pas sauté et le passage de l'Oise reste libre.

Mulhouse, Cernay, Bussang. — Occupés par l'ennemi; 4,000 hommes environ.

Baccarat. — Occupé par un détachement; 2,500 hommes annoncés.

L'Inspecteur des chemins de fer du Nord à Beauvais au Chef du mouvement de la Compagnie.

Beauvais, 16 septembre.

J'ai l'honneur de vous informer qu'hier, par train 20, je me suis rendu à Creil.

Ce train était à peine arrivé en gare que les uhlans sont entrés dans la gare et se sont dirigés sur la machine qui avait fait le train 20 et se disposait à entrer au dépôt.....

(Détails sur l'agression).

Je me suis porté sur la ligne de Creil à Amiens, afin de prévenir le train 20 de rétrograder..... La machine de manœuvre de Creil avait pu fuir sur Amiens et nous devancer; je me suis alors dirigé sur Mello, afin de prévenir Beauvais; mais cette localité était occupée par l'ennemi lorsque je suis arrivé à hauteur de Mello; j'ai dû gagner Mouy, où je suis arrivé à 4 h. 30. Les divers renseignements recueillis m'ayant porté à croire qu'ils se dirigeaient sur Beauvais, par dépêche passée de Mouy, j'ai invité Beauvais à évacuer son matériel et ses machines sur Gournay, Pont-de-l'Arche et Rouen.

Les Prussiens se sont emparés, à Creil, de trois machines.

D'après des renseignements certains, l'ennemi a coupé toutes les lignes partant de Creil. Les 1,200 hommes qui occupaient Creil hier y ont couché.....

Creil a été évacué par l'ennemi ce matin; mais un deuxième corps de 3,000 hommes est annoncé aujourd'hui.....

Gournay est évacué.....

Le Ministre de l'Intérieur aux Préfets et Sous-Préfets (D. T.).

Paris, 17 septembre, 1 heure matin.

Le mouvement des corps d'armée prussiens autour de Paris semble se dessiner très nettement.

Leurs têtes de colonnes enveloppent tout le côté de l'Est de la capitale, depuis le chemin de fer du Nord, qui est coupé à Pontoise, jusqu'au chemin de fer d'Orléans, que l'ennemi a détruit à Juvisy.

La garde nationale mobile, la garde nationale et l'armée se montrent pleines de confiance.

La résolution de la population parisienne est admirable.

Journée du 17 septembre.

13ᵉ CORPS.

c) **Opérations et mouvements.**

Le général Vinoy au général d'Exéa.

Saint-Mandé, 17 septembre.

De nombreux coups de feu ont été entendus hier dans la journée sur différents points du bois de Vincennes; ces coups de feu provenaient d'hommes isolés qui avaient quitté leur campement avec leurs armes et qui tiraient sur le gibier.

Il est impossible qu'un pareil abus soit toléré et je suis décidé à le réprimer énergiquement.

Vous informerez en conséquence les troupes sous vos ordres que tout militaire qui sera surpris déchargeant son fusil pour tout autre motif que celui du service sera immédiatement traduit en conseil de guerre sous la prévention de dissipation des munitions de l'État.

En outre, vous rendrez responsables les chefs de corps de la répression des délits que je vous signale; ils prendront à cet effet les mesures nécessaires.

Le même au même.

Saint-Mandé, 17 septembre.

La 1ʳᵉ division d'infanterie prendra les armes aujourd'hui à 1 heure, sans sacs, pour exécuter une reconnaissance. Elle emmènera son artillerie. Les hommes auront toutes leurs cartouches et les troupes se feront suivre par quelques caissons de réserve.

Des ordres sont donnés pour qu'un régiment de cavalerie précède la 1ʳᵉ division. La 2ᵉ division, pendant toute la durée de la sortie de la 1ʳᵉ, sera prête à prendre les armes et, si elle entend le canon, elle se portera en avant pour appuyer l'action de la 1ʳᵉ division ou protéger sa retraite.

P.-S. — Le général en chef prendra la direction de la reconnaissance et marchera avec la cavalerie. 150 hommes, y compris les éclopés, à la garde du camp.

Ordre de la 1re division.

Saint-Maurice, 17 septembre.

La division prendra les armes aujourd'hui à 1 heure pour exécuter une reconnaissance dirigée par le commandant en chef. Les hommes laisseront leurs sacs et emporteront toutes leurs cartouches dans l'étui-musette.

La division se formera dans l'ordre suivant :

Chasseurs à pied ; une batterie d'artillerie (3e du 10e) ; la compagnie du génie ; 1re brigade ; batterie de mitrailleuses ; 2e brigade moins le IIIe bataillon du 8e de marche qui forme l'arrière-garde ; une batterie d'artillerie (4e du 10e) ; ambulance ; arrière-garde (IIIe bataillon du 8e de marche).

Chaque corps laissera 150 hommes (y compris les éclopés) pour la garde du camp.

Les chasseurs à pied et le génie laisseront chacun 50 hommes.

Le commandant d'artillerie fera suivre les régiments de deux caissons de réserve par corps.

A midi 45, les chasseurs à pied, la 3e batterie du 10e d'artillerie, la compagnie du génie se trouveront en avant de la 1re brigade (5e de marche) avenue de Gravelle.

Le général Vinoy au général de Maud'huy.

Saint-Mandé, 17 septembre.

La division de Maud'huy constituée avec son génie, son artillerie, sa gendarmerie, son ambulance, partira à 5 heures du matin, après avoir fait le café et se dirigera par le chemin le plus court sur Charenton, passera le pont, tournera à droite à Alfort, traversera la Seine sur le pont et prendra le chemin stratégique qui passe entre les forts et l'enceinte. Elle ira se placer, la droite au Kremlin, sous le fort de Bicêtre, et la gauche dans la direction du fort d'Ivry à cheval sur les routes 7 et 51.

Dès que la division sera placée, M. le général de Maud'huy se mettra en communication avec M. le général de Maussion, dont la division occupe l'espace compris entre Bagneux et le fort de Montrouge. A cet effet, il lui enverra un officier et fera examiner les points intermédiaires de la vallée de la Bièvre qui pourraient être occupés de manière à ne pas laisser un trop grand intervalle entre les deux divisions.

Il devra également envoyer un officier à M. le général Ducrot pour lui annoncer son arrivée et prendre ses ordres.

Le général Vinoy au général d'Exéa.

Paris, 17 septembre.

J'ai l'honneur de vous prier de faire relever demain matin de bonne heure par des troupes de votre division le bataillon de la 2e division d'infanterie qui est actuellement à Saint-Maur-les-Fossés, à droite de Joinville.

Vous apprécierez vous-même s'il vous paraît opportun d'établir un ou plusieurs bataillons, de manière à surveiller les gués de la Marne et à nous assurer la possession de la presqu'île de la Varenne.

Rapport du commandant de Cossigny.

Paris, 18 septembre.

Dans la reconnaissance exécutée hier par la 1re division sur la route de Bâle, l'artillerie a été engagée à hauteur de Bonneuil-sur-Marne. Une section de la 3e batterie du 10e a été mise à cheval sur les deux routes de Bâle et de Grandval. Les quatre autres pièces, mises en batterie à 100 mètres sur la droite, ont ouvert le feu sur des troupes d'infanterie et de cavalerie que l'on voyait dans la direction de Valenton. Une batterie prussienne a immédiatement répondu. Elle était à 2,400 mètres environ.

La batterie de mitrailleuses (3e du 11e) placée sur la droite a ouvert le feu sur des colonnes qui s'avançaient pour tourner Montmesly et prendre l'infanterie de flanc. Le feu des mitrailleuses a complètement arrêté ce mouvement. Cette batterie a dû produire un certain effet sur des colonnes ennemies placées à 1,500 mètres. Elle a tiré 34 coups.

La 3e du 10e en a tiré 44. La 3e du 10e a eu 3 hommes blessés, dont l'un sérieusement.

La 3e du 11e a eu 2 blessés.

La tenue des batteries au feu a été bonne.

Le Gouverneur de Paris au Commandant du fort de Vanves (D. T.).

Paris, 17 septembre, 6 h. 40 soir.

Faites passer au général Ducrot dont le quartier général est rue du Poureau à Châtillon, la dépêche suivante :

« Le mouvement s'accentue vers Choisy-le-Roi. Vinoy a eu un petit engagement en avant de Créteil, et il estime que le gros des troupes est sur la rive droite de la Seine. »

Le Gouverneur de Paris au général Vinoy (D. T.).

Paris, 17 septembre.

Reçu votre rapport. J'approuve toutes dispositions prises.

L'ennemi a passé la Seine à Corbeil et montre du monde débouchant de la forêt de Sénart. Le 14ᵉ corps est groupé sur les positions de Châtillon.

Historique du 5ᵉ régiment de marche.

17 septembre.

Le 17 septembre, la division entière, sous les ordres de M. le général d'Exéa, pousse une reconnaissance sur Montmesly. Nous nous avançons en une longue colonne par Maisons-Alfort et Créteil. Le Iᵉʳ bataillon (commandant Reynaud), précédé des chasseurs à pied en tirailleurs, dépasse Créteil et se forme sur la droite en bataille face à l'ennemi qui occupait Mesly. Le reste de la colonne occupe Créteil et se relie à Maisons-Alfort. Après une courte canonnade, la division opère sa retraite. Ce mouvement commencé sous le feu de l'ennemi se fit avec un certain désordre pour une partie de la tête de la colonne. C'était la première fois que nos soldats étaient soumis au feu de l'artillerie. Nous ne fûmes pas poursuivis.

Un bataillon du 43ᵉ ligne et les chasseurs à pied furent cités à l'ordre de la division pour leur bonne attitude.

Historique du 7ᵉ régiment de marche.

17 septembre.

Le 17, le régiment fait partie, comme tête de colonne de l'infanterie, d'une reconnaissance exécutée en avant de Créteil par la 1ʳᵉ division du 13ᵉ corps. Il est engagé contre les avant-postes prussiens placés aux villages de Mesly et de Montmesly.

La contenance, au point de vue moral, des jeunes soldats qui composent le régiment est bonne, mais leur insuffisance d'instruction militaire rend les bataillons peu maniables. Cependant, quelques compagnies du Iᵉʳ bataillon (20ᵉ) se déploient en tirailleurs devant l'ennemi et répondent à son feu avec un aplomb suffisant. Le régiment a 2 officiers blessés : M. le lieutenant Parisot, Gabriel et M. Péguillan, sous-lieutenant. Il compte de plus 52 hommes de troupes tués, blessés ou disparus.

Historique du 1ᵉʳ régiment de chasseurs à cheval.

17 septembre.

Les quatre escadrons du régiment sont envoyés en reconnaissance à

Créteil ; ils font partie d'une forte colonne sous le commandement supérieur du général Vinoy. Les 5e et 6e escadrons signalent l'ennemi et engagent avec lui un feu de tirailleurs ; une action sérieuse commence et le régiment, massé en arrière de l'artillerie, subit un feu des plus vifs. 1 chasseur a son cheval tué, 2 autres chasseurs sont blessés ; 1 officier est contusionné par un éclat d'obus, c'est M. Cornélis, du 6e escadron. Le régiment rentre le soir à son bivouac de Vincennes.

Historique du 10e régiment d'artillerie (3e batterie montée de 4).
17 septembre.

Le 17 septembre, reconnaissance de la division d'Exéa en avant de Créteil, le long de la Marne. La 3e batterie du 10e faisait partie de l'avant-garde ; dès que l'ennemi est signalé, la 3e batterie reçoit l'ordre de se mettre en position et engage la canonnade avec les batteries prussiennes. L'ordre de retraite est donné presque immédiatement et le mouvement s'exécute sous la protection des tirailleurs d'infanterie et de la 1re section de la 3e batterie qui se retire lentement sur la route de Créteil à Charenton. On était parti à 11 heures du matin ; on fut de retour à 4 heures du soir.

14e CORPS.

c) **Opérations et mouvements.**

Le général Renault au Gouverneur de Paris (D. T.).

Vanves, 17 septembre, 9 h. 15 matin. Expédiée à 9 h. 40.

Le mouvement du 14e corps est terminé. La 1re division (de Caussade) est entre Clamart et Châtillon. La 2e (d'Hugues) est au bord du plateau à droite et à gauche de la redoute. La 3e (de Maussion) est entre Bagneux et le fort de Montrouge.

Deux batteries sont à droite de la redoute, deux batteries à gauche ; on n'a pu mettre de pièces dans l'ouvrage.

Deux batteries sont sur l'éperon de Bagneux.

Un bataillon dans Fontenay ; les mitrailleuses avec les divisions, la réserve d'artillerie en arrière, entre Vanves et Montrouge.

On ne signale rien de particulier. L'artillerie se couvre par un épaulement.

Le Gouverneur de Paris au Commandant du fort de Montrouge (D. T.).

Paris, 17 septembre, 10 h. 25 soir.

Faites passer au général Ducrot, rue du Poureau, 12, à Châtillon avec la plus extrême urgence, la dépêche suivante :

« Je ne puis vous donner de mobiles demain. Cependant vous recevrez dans la journée, au Bas-Meudon, les deux bataillons qui n'ont pu vous joindre aujourd'hui. Comme vous avez peu à craindre sur votre droite, attirez à vous les zouaves de Montretout.

« La division Maud'huy, du corps Vinoy (10,000 hommes), part de Charenton à la pointe du jour pour prendre position, la droite derrière le fort de Bicêtre, la gauche vers Ivry. Faites-la reconnaître à son arrivée. Elle a l'ordre du reste de se mettre en rapport avec la division Maussion.

« Quant à l'artillerie, vous avez 160 coups par pièce. Je vous envoie une réserve de 40 coups de 4 et de 12. Elle part des Tuileries à 7 heures du matin et elle prendra position sur la route de Chevreuse, à hauteur des forts de Montrouge et de Vanves. Faites-la reconnaître.

« Si vous avez besoin de cartouches, puisez-les dans les forts, sur vos derrières ; elles y seront remplacées.

« Donnez-moi de vos nouvelles fréquentes demain par les télégraphes des forts. »

Je prie le commandant du fort de Montrouge de m'accuser réception de la présente dépêche.

COMMANDEMENT SUPÉRIEUR DE SAINT-DENIS.

c) **Opérations et mouvements.**

Ordre n° 6 du Général commandant supérieur de Saint-Denis.

Saint-Denis, 17 septembre.

A dater d'aujourd'hui matin, chacune des quatre grand'gardes fournies par Saint-Denis, les forts de l'Est et d'Aubervilliers sera composée d'un demi-bataillon.

Grand'garde n° 1. — Elle fournira :

1° Un poste principal (de la force du tiers du demi-bataillon), lequel s'établira au château de Villetaneuse qu'il devra créneler et préparer pour la défensive ;

2° Trois postes secondaires, le premier établi entre la Seine et la route d'Enghien, se couvrant par des petits postes depuis le village d'Épinay jusqu'à la station du même nom; le deuxième établi à la hauteur de Villetaneuse avec des petits postes allant de la station d'Épinay jusqu'aux pentes gauches de la Butte-Pinçon; le troisième établi sur la hauteur de ladite butte au-dessus des carrières, poussant des petits postes sur les pentes gauches de la butte, dans la tranchée faite par le génie et à droite, sur la grand'route, dans les premières maisons de Pierrefitte.

Grand'garde n° 2. — Poste principal établi au moulin de Stains et de la force du tiers du demi-bataillon.

Trois postes secondaires: le premier établi à la station de Pierrefitte, se reliant par des petits postes à gauche aux premières maisons de Pierrefitte et à droite aux petits postes placés sur la hauteur en avant de Stains; le deuxième établi aux premières maisons de Stains qu'il crénèlera, poussant des petits postes sur la hauteur en avant de Stains et à droite sur la route de Garges; le troisième établi au Moulin-Neuf, avec des petits postes en avant depuis la route de Garges, à gauche, jusqu'au ruisseau du Crould à droite.

Grand'garde n° 3. — Cette grand'garde, fournie par le fort de l'Est, établira: 1° son poste principal à la Courneuve, qui devra être préparée pour la défensive; il sera de la force du tiers du demi-bataillon.

2° Deux postes secondaires: le premier à gauche au croisé de la route de Dugny et de celle du Bourget, ayant des postes avancés vers le Crould à gauche, au centre sur le pont de la Molette, que l'on détruira d'une manière quelconque et à droite sur le ruisseau de la Molette; le deuxième au croisement des chemins qui se trouve sur le chemin de la Courneuve au Bourget, à environ 1 kilomètre en avant de la Courneuve, ayant des postes avancés à gauche sur la Molette, au centre vers le Bourget, à droite à la station du Bourget sur le chemin de fer de Soissons.

Grand'garde n° 4. — Cette grand'garde, fournie par le fort d'Aubervilliers, établira: 1° son poste principal au carrefour de la route dite des Petits-Ponts et de la route reliant la Courneuve à Bondy; 2° deux postes secondaires, l'un à gauche à la ferme du Petit-Drancy, poussant des postes avancés depuis la station du Bourget jusqu'à la route des Petits-Ponts, l'autre à droite, établi dans les premières maisons de Bobigny qu'il crénèlera, poussant des petits postes se reliant à gauche à la route des Petits-Ponts et s'appuyant à droite sur le canal de l'Ourcq au moulin de la Folie.

Jusqu'à nouvel ordre, un peloton de lanciers continuera à être attaché à chaque grand'garde.

Les grand'gardes n° 1 et 2 seront placées sous le commandement de

M. le chef de bataillon de Boisdenemetz, chef de bataillon du 28ᵉ de marche. Les grand'gardes 3 et 4 sous le commandement de M. le chef de bataillon Amsel, chef de bataillon du XIVᵉ bataillon de la garde mobile.

Ordre n° 7 du Général commandant supérieur de Saint-Denis.

Saint-Denis, 17 septembre.

Répartition et emplacement des troupes en cas de combat. — Le Général commandant supérieur de Saint-Denis et des forts environnants a arrêté ainsi qu'il suit les emplacements de combat des troupes d'infanterie et de la garde mobile sous ses ordres :

I. *Fort de la Briche.* — 1° Garnison du fort : le demi-bataillon d'infanterie du fort de la Briche, le IIᵉ demi-bataillon du XVIIIᵉ bataillon de garde mobile ;

2° En arrière du demi-bastion n° 6 et en réserve, le Iᵉʳ demi-bataillon de Saint-Denis ; ce demi-bataillon fournira tous les jours, à partir d'aujourd'hui, un poste de garde sur le chemin de halage de la Seine, sous le demi-bastion n° 6 et un autre sur la traversée du chemin de fer de Pontoise, au-dessous du fort de la Briche ;

3° En arrière du retranchement de la rigole de la Briche, depuis le fort jusqu'au chemin de fer du Nord et en réserve, le Iᵉʳ demi-bataillon du XVIIIᵉ mobile. Il fournira un poste de garde sur le passage de l'ancienne route stratégique du fort de la Briche sous le front 4-5.

II. *Double-Couronne du Nord.* — 1° Derrière le retranchement de la rigole de la Briche, depuis le chemin de fer du Nord, jusqu'à la Double-Couronne, le IIᵉ demi-bataillon d'infanterie de la ville de Saint-Denis. Il fournira un poste de garde au passage du chemin de fer du Nord sur le retranchement de la rigole de la Briche ;

2° Garnison de la Double-Couronne : le Iᵉʳ demi-bataillon du Xᵉ mobile, le VIIIᵉ demi-bataillon du 28ᵉ régiment de marche.

Réserve de la Double-Couronne : en arrière de la gorge, sur la route de droite, le IIᵉ demi-bataillon du Xᵉ mobile ; sur la route de gauche le IIIᵉ demi-bataillon d'infanterie de Saint-Denis. Chacun de ces quatre demi-bataillons fournira à tour de rôle les postes des trois entrées de la Double-Couronne.

3° Derrière le retranchement de la digue du Crould, depuis la Double-Couronne jusqu'à la demi-batterie du chemin de Marville, le XIIIᵉ bataillon de la garde mobile. Ce bataillon fournira un poste d'observation à cette demi-batterie et un autre au bastion-batterie de la digue du Crould.

III. *Fort de l'Est.* — 1° Garnison du fort : le demi-bataillon d'infanterie du fort de l'Est, les Ier et IIe demi-bataillons du XVIe mobile ;

2° Derrière le fort de l'Est, en réserve, le VIIe demi-bataillon du 28e de marche ;

3° Derrière le retranchement de la digue du Crould, depuis la demi-batterie du chemin de Marville jusqu'au fort de l'Est, le Ier demi-bataillon du XVIIe mobile. Ce demi-bataillon fournira deux jours sur trois un poste de garde sur le passage du Crould à travers la digue en avant du moulin Basset et un autre poste à la trouée de la route de la Courneuve, sur le glacis du fort de l'Est. Le troisième jour ces deux postes seront fournis par le VIIe demi-bataillon du 28e régiment de marche ;

4° Derrière le retranchement de la digue du Rû de Montfort, depuis le fort de l'Est jusqu'au canal de l'Ourcq, le IIe demi-bataillon du XVIIe mobile. Ce demi-bataillon fournira deux jours sur trois un poste de garde à la trouée entre le glacis du fort de l'Est et le fossé d'eau de la digue du Rû de Montfort et un autre poste de garde à la trouée de la route d'Aubervilliers et le déversoir du canal. Le troisième jour ces deux postes seront fournis par le VIIe demi-bataillon du 28e régiment de marche.

IV. *Village d'Aubervilliers.* — Le Ier demi-bataillon du XIIe mobile défendra l'enceinte du village, le IIe demi-bataillon dudit bataillon restera en réserve en arrière du village.

V. *Fort d'Aubervilliers.* — Garnison du fort : 1° les deux demi-bataillons d'infanterie du fort d'Aubervilliers ; 2° les deux demi-bataillons du XIVe mobile.

VI. *Ile Saint-Denis.* — Le IVe demi-bataillon d'infanterie de ligne de Saint-Denis occupera l'île de Saint-Denis, avec des avant-postes dans la plaine de Gennevilliers.

VII. *Réserve de Saint-Denis.* — Les six premiers demi-bataillons du 28e de marche resteront en réserve à Saint-Denis.

Ils fourniront tous les postes intérieurs de la ville, ainsi qu'un poste de garde au passage des deux routes de Paris où des fourneaux de mines sont établis.

VIII. *Garde sédentaire de Saint-Denis.* — En cas de combat, la garde nationale sédentaire enverra 500 hommes à la redoute de l'écluse d'Aubervilliers sur le canal de l'Ourcq. Le reste restera en réserve à Saint-Denis sur un emplacement indiqué ultérieurement. Elle fournira tous les jours un poste de 100 hommes à la batterie de Soissons, un poste de 50 hommes à la redoute de la Flâche.

Elle continuera en outre à fournir le poste de la plaine Saint-Denis.

M. le colonel Pein fixera lui-même la force de chacun des postes de garde et d'observation indiqués sur le présent ordre et les fera occuper aujourd'hui même.

Le Capitaine faisant fonctions d'adjudant-major au XVIIe bataillon de la garde nationale mobile de la Seine au Colonel commandant supérieur de Saint-Denis.

Saint-Denis, 17 septembre.

Le capitaine faisant fonctions d'adjudant-major rend compte que les quatre compagnies du bataillon qui sont parties hier à 8 h. 30 du matin en grand'garde entre Épinay et Villetaneuse ne sont pas encore rentrées à la caserne (midi 50).

Ces compagnies sont absolument sans vivres, la soupe leur ayant été préparée à la caserne pour être mangée à leur retour.

Le Capitaine commandant le demi-bataillon de droite du 28e régiment de marche au général de Bellemare.

17 septembre.

Je reçois du capitaine qui commande la compagnie qui occupe le mamelon en avant de la Butte-Pinçon, l'avis suivant :

« L'ennemi a fait une reconnaissance dans la plaine. Les hussards prussiens se sont approchés à portée de voix et nous ont tiré un coup de fusil. J'ai vu au loin des troupes ennemies. Elles sont masquées par les arbres et dans le village en avant de moi. Je pense qu'au crépuscule je serai attaqué. Que puis-je faire dans ce cas, dispersé comme je le suis avec 116 hommes? Si je dois me replier sur vous, que j'aie le temps de le faire. Je ne puis faire ce mouvement la nuit. J'y perdrai ma compagnie dans ces bois et ces trous. »

Je vous prie, mon général, de me faire savoir si le capitaine Jauge pourra, dans le cas où il ne pourrait tenir dans son retranchement, se replier jusque dans le village de Villetaneuse qui est crénelé et où la défense sera plus facile.

P.-S. — Il serait peut-être plus utile, mon Général, de faire renforcer le capitaine Jauge par une nouvelle compagnie envoyée de Saint-Denis.

Le capitaine Barrère, commandant la grand'garde du moulin de Stains, au général de Bellemare.

Moulin de Stains, 17 septembre.

Le lieutenant commandant les francs-tireurs, vient de me demander du renfort, prétextant qu'il a devant lui une forte colonne de cavalerie.

Nous venons de repousser la cavalerie qui s'est présentée devant la barricade située sur la route de Garges.

Je n'ai pas encore vu le commandant supérieur de la grand'garde Desjardins.

Le capitaine commandant la grand'garde de Stains au colonel X.....

Stains, 17 septembre, 3 h. 45 soir.

J'ai l'honneur de vous rendre compte que, vers 1 heure, deux pelotons de hussards prussiens, forts chacun de 30 hommes environ, sont venus pousser une reconnaissance jusqu'à 700 ou 800 mètres de mon poste. Cinq ou six coups de fusil échangés à ma gauche ; à ma droite, un franc-tireur a, dit-on, tué un cheval. L'ennemi s'est retiré par le chemin par lequel il était venu, c'est-à-dire vers Garges. Le lieutenant de grenadiers commandant la 1re compagnie qui est à ma droite me fait dire que deux pelotons de cavalerie sont en vue de son poste, à la sortie de Dugny. Je suis bien gardé vers la gauche, mais, vers la droite, je ne vois aucun poste se liant à la 1re compagnie. Je suis à pied et hors d'état de tout voir. J'ai fait ce que j'ai pu. J'ai envoyé des cavaliers chercher où se trouvait le poste qui devrait relier ma droite ; il n'est pas de retour.

Le Capitaine de la 2e compagnie du XVIe bataillon de la garde mobile au Lieutenant-Colonel commandant supérieur du fort de l'Est.

Fort de l'Est, 17 septembre.

J'ai l'honneur de vous rendre compte qu'hier, 16 du courant, ayant été désigné pour commander la grand'garde, je suis parti du fort de l'Est à 8 h. 30 du matin, à la tête de deux compagnies et une section (le détachement fort de 400 hommes, deux capitaines, moi compris, deux lieutenants et deux sous-lieutenants). Après avoir détaché une escouade à la station du chemin de fer de Paris à Soissons ; une deuxième escouade à 400 mètres plus loin, également sur le parcours de ce même chemin de fer ; une section commandée par un lieutenant au coin de la station de ce même chemin et de la route de Paris à Senlis ; enfin une escouade à 300 pas de ce dernier poste sur la même route, je me rendis au bout du village du Bourget que je me préparai à occuper avec une section.

J'envoyai de suite une compagnie prendre position entre le Bourget et Dugny, de manière à me relier à gauche avec la grand'garde du XVIII° bataillon et, à droite de la route de Paris à Senlis, avec celle du XIV° bataillon, placée à la gare du chemin de fer de Paris à Soissons, au moyen de deux postes : un d'une escouade placé à 400 mètres de moi, l'autre d'une demi-section, commandée par un officier, un peu plus éloigné de moi.

Des vedettes de lanciers furent placées sur la grand'route à 1,000 mètres environ et d'autres sur la droite, le long d'un chemin conduisant au Blanc-Mesnil.

Ces dispositions étant prises, vers 11 h. 30 ou midi, j'entendis une ou deux détonations. Toute la section, dont les faisceaux étaient formés devant un bâtiment dans la ferme, sortit en hâte et, je dois le dire, un peu en désordre, malgré l'ordre formellement réitéré d'observer le plus grand silence, d'avoir du calme et de ne charger que par ordre.

Je ne fus pas écouté et, malheureusement, les six vedettes placées sur la route revinrent au galop en criant : « Aux armes ! Sauvez-vous ! » Ces cris mirent le comble à l'émotion produite par les deux détonations parfaitement entendues.

J'oubliais de vous dire, mon colonel, qu'après avoir fait rompre ma section de réserve, je m'étais approché de quelques paysans qui revenaient de Louvres et qui assuraient que, dans la soirée ou dans la nuit, il était probable que nous serions non pas inquiétés, mais que quelques cavaliers prussiens qui étaient le matin à Louvres seraient sûrement détachés vers le Bourget en observation.

Malheureusement, ces propos furent entendus par les gardes mobiles de sorte qu'en voyant les vedettes se replier, la réserve fit par section à gauche en chargeant les armes.

Un trompette fut obligé de s'arrêter, le visage tout en sang, tous disant que c'était les deux balles qui avaient porté.

Comme je ne pouvais parvenir à calmer mes hommes, je ne me rappelle pas ce que je dis à un cavalier qui passa près de moi et qui rapporta au fort que la grand'garde se repliait rapidement.

Le fait est que, cinq minutes après, nous étions en ordre et sur deux rangs au milieu du village. Les divers détachements s'étaient repliés sur moi. Je désignai un capitaine avec une section pour faire une reconnaissance, en remontant le village, lui recommandant de savoir ce qu'il y avait de vrai dans cette prétendue attaque sur les vedettes, et j'allais reprendre mes positions, quand un capitaine d'état-major envoyé par le général arriva avec le commandant du XVI° bataillon et une partie des lanciers. C'était alors près d'une heure après les deux détonations.

Le commandant de la compagnie placée à la gare du chemin de fer était sous les armes, attendant les événements. Je repris mes positions en rapprochant toutefois les distances. On établit une barricade et je parvins, en répétant souvent les mêmes recommandations, à obtenir enfin le calme nécessaire.

J'appris alors indirectement que le trompette, qu'on disait atteint par une balle, et même deux, était tombé de cheval et avait reçu un coup de pied. Je ne puis rien affirmer, cet homme étant monté presque de suite en voiture pour revenir.

A partir de ce moment, et toujours à cause des renseignements recueillis, tout le monde observa avec le plus grand soin ce qui se passait en avant. On crut voir des cavaliers ennemis qui se montraient un moment et repartaient au galop dans la direction du Blanc-Mesnil.

Vers 11 heures, nous entendîmes plusieurs détonations qui paraissaient venir de Dugny. Un des hommes de cavalerie placé en vedette, entendant plusieurs hommes parler assez près de lui, leur cria : « Qui vive ! » Il reçut cette réponse : « Avance toi-même ! » Et, au même moment, il essuya un coup de feu. La balle lui a traversé l'épaule gauche ; c'est le lancier Longchamp, du 1er régiment.

Les vedettes, après avoir déchargé deux coups de pistolet dans la direction de ces individus, se replièrent sur le village, au trot. Ils reçurent encore en se retirant deux coups de feu qui n'atteignirent personne. Ceci est le résumé du petit rapport de l'officier et du lancier atteint.

Je sortis avec la moitié de ma section, mais cette fois en ordre quoique avec de l'émotion. Je lui donnai l'ordre de se baisser derrière la barricade, m'avançai sur le passage laissé libre pour le passage des vedettes et les arrêtai court en leur intimant l'ordre de retourner à leur poste, disant au brigadier, quoique j'aie entendu, ainsi que les officiers et la troupe, ces détonations, que ce n'était rien et ajoutant ce que je croyais pouvoir les calmer.

Le brigadier me dit qu'il avait un homme blessé ; on le conduisit à son officier, et, ce matin, à Saint-Denis. Ce n'était donc pas un effet de l'imagination ; je fis donc redoubler de surveillance. Des rondes et des patrouilles furent parfaitement reconnues et ne me donnèrent aucun renseignement ; j'étais sûr qu'on veillait.

Une heure après, un zouave de la Garde fut arrêté sur la route, n'ayant pu donner le mot de ralliement. Il me dit qu'il était parti depuis le matin avec le détachement des Enfants perdus, qu'il s'était égaré, était allé à Butte-Pinçon, Marville, Pierrefitte, etc., etc., qu'il avait déjeuné à Gonesse, et que là, on lui avait dit qu'une vingtaine de hussards de la Mort étaient en vue.

Le soir, étant égaré, il a vu, croit-il, 1 sous-officier et 4 hussards prussiens ; qu'en s'embusquant, il avait tiré à la jambe d'un des cavaliers, et qu'il était sûr d'avoir atteint assez grièvement le cheval, puisque le cavalier avait dû le conduire à pied, et qu'alors, ne pouvant pas tenir tête aux 4 autres (ils étaient à 50 ou 60 pas), il avait rampé et était parvenu à les tromper. Ce zouave, dont je ne me rappelle pas le nom, sort du 2ᵉ spahis.

Une demi-heure après, j'entendis une détonation ; c'était un caporal d'un des postes qui avait tiré. Je lui infligeai huit jours de prison.

Le reste de la nuit fut calme. Il faisait un brouillard très épais qui m'obligea à faire rapprocher les vedettes et les petits postes.

On voyait des mouvements dans la plaine ; on disait bien que c'était des uhlans ; ce n'était pas mon avis. Cependant, vers 9 h. 30, au moment où on relevait les lanciers en vedettes, j'aperçus distinctement entre le Blanc-Mesnil et la grand'route, mais plus rapprochés du Blanc-Mesnil, trois cavaliers ennemis. Ceux-là, j'en suis sûr, puisque je voyais les lanciers français à leur poste. Ceux-ci les chargèrent, et les firent rentrer dans la direction du Blanc-Mesnil. Un capitaine de mon détachement assure avoir vu environ deux pelotons. Nous avons vu, à partir de ce moment, plusieurs points qui pouvaient être des cavaliers se montrer, puis repartir rapidement.

Vers 10 h. 30, un sous-lieutenant du détachement, eut le tort de ne pas savoir contenir son impatience ; il m'a dit, depuis, les avoir parfaitement vus, étant plus près que moi.

Il partit dans leur direction avec 15 hommes, sur lesquels ce détachement tira ; un sous-officier très bon tireur, ainsi que 4 hommes sont sûrs d'avoir blessé quelques-uns de ces cavaliers. Un capitaine qui était avec moi a très bien vu, avec une lorgnette, quelques hommes démontés, soutenus par leurs camarades.

L'ordre m'arrivant de rejoindre le fort, je fis sonner la retraite, le rappel, sonneries que cet officier n'entendit pas. Pour avoir enfreint les ordres, je dus infliger à cet officier huit jours d'arrêts simples.

Au moment où après avoir dépassé la barricade pour faire ces sonneries et pendant que le capitaine réunissait le détachement, au moment, dis-je, ou je revenais, j'entendis une détonation et un cri immense ; nous nous approchâmes et nous vîmes un garde étendu à terre, les pieds affreusement mutilés. J'appris alors qu'un homme assis à terre et voulant se relever, avait relevé son fusil qu'il avait à côté de lui, que ce fusil était chargé et que, par un malheur inouï, il avait dû toucher la gâchette, que le coup était parti, traversant les deux pieds d'un homme placé derrière lui, puis avait traversé la cuisse de celui placé à côté et enfin la balle était allée se loger superficiellement dans la jambe d'un troisième.

Le garde Letteron, auteur involontaire de cet horrible accident, était fou de douleur. L'arme qu'il a relevée n'était pas la sienne. Malgré toutes les recommandations faites par tous les officiers, pendant cette longue nuit, les hommes, sans rien écouter, chargeaient leurs armes, et nous fûmes obligés plusieurs fois de faire retirer les cartouches.

Cette arme seule, probablement, n'avait pas été déchargée.

Rapport du Capitaine commandant la grand'garde de Drancy au colonel de Tryon, commandant le fort d'Aubervilliers.

17 septembre.

J'ai l'honneur de vous rendre compte que, parti du fort d'Aubervilliers le 16 septembre 1870 à 8 h. 30 du matin avec le détachement placé sous mes ordres, je me suis conformé à votre ordre du 15 septembre courant, en appuyant ma droite au moulin de la Folie, ma gauche à la station du chemin de fer de Soissons, voisine du Bourget et mon centre au village de Drancy, en arrière duquel était établi le quartier général, à la ferme du Petit-Drancy.

J'ai fait faire, pendant toute la nuit, de fréquentes rondes et patrouilles. Elles n'ont amené aucune découverte.

Le service a été fait régulièrement et je n'ai rien autre chose à vous signaler.

Le Capitaine commandant le 2e escadron au Colonel commandant le 1er régiment de lanciers de marche.

Saint-Denis, 17 septembre.

« Ordre. — Une reconnaissance, partant à 11 heures, prendra la route de la Courneuve, suivra cette route jusqu'à la route dite des Petits-Ponts, suivra cette dernière jusqu'à Aulnay, prendra la route de Villepinte, rabattra sur Roissy en faisant reconnaître le Grand-Tremblay. De Roissy à la Patte-d'Oie, en faisant reconnaître Vaudherland, le Thillay, à Gonesse, restant en avant d'Arnouville jusqu'à la rentrée des corvées. On mettra le feu à toutes les meules en passant à Goussainville, Bouqueval, Villiers-le-Bel et Sarcelles. »

J'ai l'honneur de vous rendre compte qu'en exécution de l'ordre ci-dessus, l'escadron est parti à 11 heures par la route de la Courneuve et l'a suivie jusqu'à celle des Petits-Ponts (rencontre d'un hussard prussien à tresses jaunes surpris par les habitants dans le village de Mitry; il est emmené à Paris. Ce prisonnier, interrogé par un trompette de l'escadron, d'origine alsacienne, fait connaître que cinq régiments de cavalerie occupent les environs).

La colonne se dirige sur Aulnay. Je fais arrêter et remettre au poste des francs-tireurs un individu se disant d'origine belge; n'a pas été reconnu par un habitant du pays qu'il prétendait habiter; accent allemand très prononcé.

Aulnay, ville abandonnée; on n'aperçoit à peine qu'un ou deux habitants.

Au sortir de ce village, la colonne prend un chemin de terre se dirigeant sur Villepinte; un peloton se disperse pour reconnaître le terrain entre ce chemin et la route des Petits-Ponts. Le village de Villepinte présente les mêmes conditions d'abandon que celui d'Aulnay.

Cinq hussards étant signalés au Tremblay, je fais reconnaître ce village par un peloton devant nous rejoindre à Roissy par la route de Soissons; les trois autres pelotons se dirigent à travers champs sur Roissy en brûlant les meules qu'ils rencontrent.

A peine entrés à Roissy, un habitant nous signale un convoi prussien escorté de 40 hommes venant de Gonesse, sortant à peine du village par la route de Soissons; l'escadron se met à sa poursuite.

Au débouché du village, un de nos cavaliers de pointe d'avant-garde, le lancier Perrier, tombe sur huit cavaliers ennemis embusqués derrière un abatis; il les disperse après avoir essuyé leur feu et livré un combat corps à corps avec deux d'entre eux. Le cheval a reçu deux balles. Deux hussards, fuyant par la route de Soissons, restaient en vue lors de l'apparition de la colonne. L'un d'eux est arrêté après une charge de 2 kilomètres. A ce moment, le convoi ennemi ayant 200 mètres d'avance et étant protégé par plusieurs escadrons massés en avant, nous nous replions sur Roissy, que l'ennemi vint de nouveau occuper après notre départ.

Les forces de l'ennemi ont été évaluées à 700 hommes et le convoi à dix voitures par l'officier chargé de reconnaître le Tremblay; cette supériorité de nombre l'obligea à regagner Gonesse, où il rejoignit l'escadron.

La colonne rentra à Saint-Denis par la Patte-d'Oie, traversant Gonesse et Arnouville, brûlant toutes les meules en vue. Le pays compris entre Roissy, Vaudherland, Goussainville, Bouqueval, Villiers-le-Bel, Sarcelles et Gonesse nous étant signalé occupé par l'ennemi, nous ne pûmes le reconnaître.

Le Chef de bataillon du 28e de marche, commandant les grand'gardes du 16 au 17, au Colonel commandant le siège et la place de Saint-Denis.

Saint-Denis, 17 septembre.

Il résulte de l'ensemble des rapports des grand'gardes que les éclaireurs de l'ennemi, les uhlans, sont à quelques kilomètres de nos avant-postes.

Le rapport de M. le chef de bataillon de la mobile, placé entre Épinay et Villetaneuse, contient le renseignement suivant : « Un état-major prussien et 6,000 hommes se sont établis hier à Beaumont. Ces 6,000 hommes se subdivisent en 1,000 fantassins exténués et 5,000 cavaliers d'élite parfaitement montés (Renseignement donné par un habitant du pays) ».

La grand'garde de Dugny a échangé une vingtaine de cartouches avec les uhlans.

Cette nuit, il a été entendu un énorme mouvement de voitures que je suppose artillerie prussienne, sur la route allant du côté de Vincennes. Ce bruit a duré, presque sans discontinuer, de 11 heures du soir à 4 heures du matin.

Conformément à vos ordres, les compagnies de Dugny, Garges, Carrières à plâtre, le Barrage, se sont repliées sans être relevées. A l'heure qu'il est, notre poste avancé est à Stains.

En marge, note du commandant supérieur de la place de Saint-Denis : « Il doit y avoir une erreur. J'ai prescrit de rapprocher chaque soir la distance des avant-postes, de ne se replier que si le commandant de la grand'garde craignait de se voir compromis avec des forces supérieures, de le faire alors lentement et sans bruit; de ne pas craindre, si l'ennemi n'était pas en grand nombre, de chercher à tuer quelques éclaireurs ou à en prendre. »

FORTS ET SECTEURS. — TROUPES DIVERSES.

c) **Opérations et mouvements.**

Le capitaine de vaisseau Thomasset au Gouverneur de Paris.

Paris, 17 septembre.

Nos canonnières d'avant-garde, à Saint-Cloud, sont remontées à la hauteur de l'île Saint-Germain. En ce moment, l'une d'elles vient de tirer un coup de canon sur l'ennemi; je vais envoyer deux autres bâtiments sur les lieux.

Le Gouverneur de Paris à l'intendant général Wolff.

Paris, 17 septembre.

Je vous informe des mouvements suivants : Les zouaves, qui sont à Montretout au nombre de 2,000, appuieront vraisemblablement à gauche pour prendre position à Meudon. Les deux bataillons de mobile qui devaient faire le mouvement aujourd'hui vers le Bas-Meudon, ne pourront l'effectuer que demain. Une réserve d'artillerie d'environ 150 chevaux sera rendue dans la journée de demain sur la route de Chevreuse, entre les forts de Montrouge et de Vanves. Ils auront du fourrage pour la journée, mais les hommes n'ont pas de vivres. Enfin la division de Maud'huy, du 13e corps d'armée, partira de Charenton au jour et ira prendre position entre Bicêtre et Ivry. Je vous invite à prendre des dispositions pour assurer la subsistance de ces troupes. Je vous recommande d'une manière toute particulière d'user de tous les moyens pour approvisionner demain, en objets de campement, le plus de mobiles possible.

Le Gouverneur de Paris au général Soumain.

Paris, 17 septembre.

Le général de Chabaud la Tour m'a signalé l'utilité qu'il y aurait à faire occuper le contrefort dit de l'Épine, sur lequel sont situés les bâtiments d'une capsulerie et qui, du reste, commande la plaine de Vincennes. Vu l'urgence, je prescris par dépêche télégraphique au commandant supérieur de Vincennes d'envoyer immédiatement occuper, par un bataillon muni de son campement, cette position qui se trouve placée à 1,200 mètres en avant du bastion 14. Le général de Chabaud la Tour, que j'ai informé de cette disposition, va prendre des mesures pour que cette position soit garnie d'ouvrages de campagne. Un officier du génie sera envoyé sur les lieux avec les outils nécessaires ; les travailleurs seront pris dans le bataillon.

Le Gouverneur de Paris au général de Chabaud la Tour.

Paris, 17 septembre.

Prenant en considération les raisons que vous exposez dans votre dépêche du 16 septembre, n° 710, j'ai l'honneur de vous informer que je donne d'urgence l'ordre au commandant du fort de Vincennes d'envoyer un bataillon, muni de son campement, occuper la position que vous me signalez en avant du bastion 14.

Veuillez prendre, de votre côté, les dispositions nécessaires pour faire garnir cette position d'ouvrages de campagne.

Le capitaine Lavigne au général X.....

Villejuif, 17 septembre, 4 heures soir.

J'ai eu l'honneur de vous envoyer ce matin un rapport circonstancié de l'engagement de Juvisy que j'ai soutenu la nuit dernière.

Malgré les fatigues des deux nuits précédentes, mes hommes étaient disposés à opérer une vigoureuse reconnaissance.

Partis à midi, la 1re section en tirailleurs sur les coteaux avoisinant Vitry, Thiais et Choisy-le-Roi, nous avons rencontré un détachement du 4e régiment de dragons prussien au pont de Choisy-le-Roi.

Un fort détachement campait sur la lisière du parc et 6 hommes et 1 officier passaient la Seine dans un bac.

Après une fusillade des plus nourries, qui a duré plus de 35 minutes, les dragons se sont retirés en désordre, laissant entre nos mains un prisonnier, deux blessés, dont un est mort en ce moment, et quatre morts dont un officier.

J'ai remis les cadavres et les blessés entre (les mains) de M. Alabosse, instituteur à Choisy-le-Roi, membre de la Société internationale des ambulances.

Il est resté entre nos mains : *3 baudriers, 4 casques et 1 d'officier* (total 5), *1 fourreau, 5 sabres* avec leurs fourreaux, *4 mousquetons à aiguille.*

Touchant jusqu'ici la solde à l'Hôtel de ville, où M. le maire Etienne Arago nous avait demandé en permanence, je vous demande de rentrer demain à mon poste d'honneur, pour me ravitailler pour quelques jours.

J'ose espérer, mon Général que les quelques services que nous avons rendus auront quelque poids dans la décision que je vous prie de prendre à notre égard.

Je vous fais conduire le prisonnier sous escorte du sous-lieutenant Mercier, d'un sergent-major et de trois hommes. Veuillez l'interroger vous-même; je crois que cela peut être urgent. Je ne vous envoie pas moins le résultat de mon interrogatoire.

« Une brigade arrive ce soir, campée à Villeneuve-Saint-Georges et composée de 2,500 hommes environ.

« Le corps prenant la même direction se compose de : un régiment de cavalerie (4e dragons), quatre régiments d'infanterie, une brigade d'artillerie (96 pièces), un bataillon de pionniers, un bataillon de tirailleurs (1,000 hommes).

« Ces troupes font partie du 5e corps Vogel Falkenstein ».

Le Gouverneur de Paris au contre-amiral Saisset (D. T.).

Paris, 17 septembre.

Je reprends le lieutenant-colonel Grévy. Donnez le commandement des mobiles des Côtes-du-Nord qui sont à Avron au lieutenant-colonel commandant les mobiles. Dites-moi ce que vous comptez faire de ces trois bataillons.

Le contre-amiral Saisset au Gouverneur de Paris (D. T.).

Noisy, 17 septembre, 4 h. 25 soir. Expédiée à 5 h. 10 soir.

Mon aide de camp a porté ce matin au lieutenant-colonel Grévy mes instructions.

Le colonel Grévy qu'il a vu au moment où il se rendait à Paris aux ordres du gouverneur de Paris les avait transmises au lieutenant-colonel commandant les mobiles.

Voici quelles étaient mes instructions. Un bataillon dans le château de Montreau et dans le parc. Un bataillon sous abris barricadant l'entrée du village de Rosny. Un bataillon sur l'extrémité du plateau d'Avron prêt à se replier faute d'artillerie à l'abri du fort de Rosny. 1,000 travailleurs, gardés par des hommes armés, pour continuer de couper et incendier le bois d'Avron.

Historique du 4ᵉ régiment de zouaves.

Les débris du 3ᵉ régiment de zouaves, ramenés de Sedan par le lieutenant-colonel Méric, deux détachements envoyés d'Afrique aux 1ᵉʳ et 2ᵉ régiments de zouaves, quelques hommes échappés au désastre de Sedan, quelques officiers échappés des mains de l'ennemi après cette bataille, tels furent les éléments qui tentèrent de se réorganiser à Saint-Cloud du 5 au 16 septembre. Les zouaves avaient gardé leur numéro de régiment ; il y avait un 1ᵉʳ, un 2ᵉ et un 3ᵉ zouaves.

Dès le 17 septembre ces débris, sans organisation, sans officiers, excepté au 3ᵉ zouaves, sans cohésion, furent mis en présence de l'ennemi. Les zouaves gardèrent et fortifièrent Montretout le 17 septembre, furent jetés le 18 à Saint-Cloud, détachant 700 à 800 hommes afin d'éclairer la grand'route de Versailles ; il y eut une centaine d'hommes à Trivaux, autant à la Grange-Dame-Rose, 200 aux Fonceaux, 100 à la Patte-d'Oie, etc. Les compagnies de Trivaux et de la Grange-Dame-Rose furent seules sérieusement engagées. A Trivaux et à la ferme dite Porte de Trivaux, les zouaves repoussèrent toutes les attaques de l'ennemi qui essayait de reconnaître Meudon et Sèvres. La lutte dura jusqu'à 7 heures du soir et les zouaves restèrent en position, touchant l'ennemi de leurs avancées, jusqu'à 11 heures où ils reçurent l'ordre de revenir sur Meudon. Cette brave troupe était commandée par les capitaines de Podenas et Noellat.

Les 100 hommes placés à la Grange-Dame-Rose furent coupés de Meudon et des détachements de la Patte-d'Oie et des Fonceaux par des bataillons prussiens qui filèrent entre la capsulerie de Sèvres et la grand'route de Versailles ; ils défendirent énergiquement la ferme qui n'avait pas même pu encore être crénelée ; ils furent tués ou faits prisonniers presque tous.

RENSEIGNEMENTS

Le Préfet de Seine-et-Oise au Ministre de l'Intérieur (D. T.).

> Versailles, 16 septembre, 11 h. 10 du soir. Expédiée le 17 à 12 h. 20 matin (n° 47298).

Dépêche du maire de Poissy : « 45 uhlans seraient venus à Pierrelaye, à 2 heures aujourd'hui, y seraient restés une heure et repartis pour Méry ».

L'Employé du télégraphe de Paris (gare d'Orléans) au Directeur du bureau central (D. T.).

> Paris (gare Orléans), 17 septembre, 1 h. 20 matin.

Renseignements transmis par Etampes, voie Orléans :
10,000 Prussiens passent la Seine à Corbeil. Veuillez communiquer à qui de droit.

Le Sous-Préfet d'Etampes au Gouverneur de Paris (D. T.).

> Étampes, 17 septembre, 1 h. 45 matin. A domicile à 2 h. 15 matin.

Exprès envoyé à Brétigny annonçant que 10,000 Prussiens nous (*sic*) ont passé la Seine ce soir, à Corbeil, à 8 heures, sur les bateaux appartenant à M. Darblay. La gare de Brétigny évacuée (sous toutes réserves). La nouvelle est confirmée par les agents du chemin de fer. 20,000 hommes auront passé demain. Je préviens directement Orléans.

Le Préfet de Seine-et-Marne au Ministre de l'Intérieur (D. T.).

> Montargis, 17 septembre, 2 h. 45 matin (n° 47331).

Ce matin, 16 septembre, je suis parti de Nemours pour aller en reconnaissance du côté de Montereau. J'ai poussé jusque dans cette ville. Les ponts sont dépavés et barricadés ; des abatis d'arbres bouchent la route de Montereau à Salins ; une partie de la population est énergique et résolue à repousser l'ennemi. Aujourd'hui même, trois soldats ennemis se sont présentés à Salins, à 5 kilomètres de Montereau. Un garde national, nommé Bruyant, les ayant aperçus le premier, les somma de se rendre; au lieu d'obéir à cette injonction, ils le mirent en joue; Bruyant leur tira alors son coup de fusil qui en mit deux hors de combat. Le troisième jeta son arme et se rendit. Ce sont trois Bavarois, un lieutenant, un soldat du 5e régiment de chasseurs et un quartier-maître. Ce sont les deux officiers qui ont été blessés; le lieutenant Losmel a eu le bras droit traversé et la même balle a atteint grièvement le quartier-maître au flanc gauche.

Suivant le dire des prisonniers, ils précèdent un corps d'armée assez nombreux devant arriver à Montereau demain. Aussi, ai-je emmené avec moi à Nemours le soldat non blessé pour l'évacuer plus loin. Les deux autres officiers sont restés à l'hôpital de Montereau.

La veille, 13 cavaliers prussiens ont été faits prisonniers à Vineuf, près Courcelles, par des gardes nationaux dirigés par Bure. Ils ont été dirigés sur Sens. Leurs chevaux ont été également capturés.

Le Préfet de l'Aube au Ministre de l'Intérieur (D. T.).

Troyes, 17 septembre, 5 h. 50 matin. Expédiée à 8 h. 5 matin (n° 47333).

Le sous-préfet de Nogent me mande : L'ennemi a requis à Provins toutes les blouses, tous les pantalons, tous les souliers, toutes les casquettes qui s'y trouvent. On se perd en conjectures sur ce genre de réquisitions.

Le contre-amiral Pothuau au vice-amiral de la Roncière le Noury (D. T.).

Bicêtre, 17 septembre, 7 h. 30 matin.

Des forts de Montrouge et d'Ivry, on me signale beaucoup de mouvements en avant de nos postes avancés. Faut-il néanmoins envoyer une forte corvée au moulin Saquet pour le travail de M. Lefort qui nécessite une quantité de poudre que nous ne pouvons plus lui fournir? Le commandant d'Ivry signale aussi de grands mouvements du côté de Charenton.

L'Employé du télégraphe de Paris (gare d'Orléans) au Directeur général des télégraphes (D. T.).

Paris (gare d'Orléans), 17 septembre, 10 h. 10 matin. Expédiée à 2 h. 55 soir.

Communication d'une dépêche d'Ablon reçue à 8 h. 20 matin : On me signale un très grand mouvement de troupes ennemies sur les hauteurs de Brunoy et se dirigeant sur les hauteurs de Villeneuve-Saint-Georges.

Le contre-amiral Saisset au vice-amiral de la Roncière le Noury, avec prière d'envoyer ce rapport tel quel au Gouverneur de Paris (D. T.).

Fort de Noisy, 17 septembre, 10 h. 50 matin. A domicile à 12 h. 10 soir.

Extrait des rapports de nuit. — L'ennemi en vue sur divers points, vers les bois de Bondy, du Raincy et d'Avron.

Grand'garde du 90ᵉ de ligne. — Rapport de l'officier de la route de Metz : Vers 1 h. 30 du matin, 12 ou 15 cavaliers ennemis sont passés sur les deux routes où étaient situés mes petits postes. Ils marchaient au pas. Des coups de fusil ont été tirés sur eux, mais je crois qu'aucun coup n'a porté.

Un de mes factionnaires avancés a été tué.

Francs-tireurs des Lilas. — A 400 mètres de Merlan, trois coups de feu ont été tirés du fourré sur mes enfants perdus. Je me replie à 1 heure sur les postes du 90ᵉ de ligne (Selon vos ordres, je place ce soir 40 hommes déterminés aux Quatre-Chemins).

Rapport du commandant particulier de la redoute de Montreuil. — Cette nuit, un petit groupe de cavaliers ennemis sont venus sur la route de Metz, avec quelques éclaireurs sur la route de Rosny à Noisy. Environ douze à quinze coups de fusil sont partis des avancées sur eux.

La redoute de la Boissière a également tiré quelques coups de fusil. Au jour, le soldat Joncourt, placé à l'extrême avancée du petit pont de la route de Metz, m'a été rapporté tué d'un coup de feu des cavaliers. Traversé de part en part, de droite à gauche ; le coup a dû être tiré de très près.

Dans le lointain, on voyait circuler des groupes à cheval porteurs de lanternes, sur notre droite, vers Avron.

L'eau de la Dhuys est coupée. Nous n'avons plus d'eau dans le regard.

Je demande instamment une note concernant les costumes des francs-tireurs et gardes mobiles placés devant nous.

Rapport d'un homme de la campagne auquel j'ai donné 5 francs. — Dans la nuit de dimanche à lundi, les Prussiens qui savent le fort de Nogent en *mal état* (sic), viendront, par Montreau, emporter (sic) Montreuil pour couper Vincennes.

L'Employé du télégraphe de Paris (gare d'Orléans) au Directeur général des télégraphes (D. T.).

Paris, 17 septembre, 11 h. 12 matin. Expédiée à 11 h. 50 matin (n° 33623).

Je vous communique une dépêche reçue d'Ablon à 11 h. 8 matin :
« Un mouvement considérable de troupes ennemies se porte sur Athis et Juvisy ».

Le Préfet de Seine-et-Marne au Ministre de l'Intérieur (D. T.).

Montargis, 17 septembre, 11 h. 15 matin. Expédiée à 1 h. 25 soir.

Je reçois du procureur de la République à Provins la dépêche suivante, par exprès :

« Provins, 16 septembre. — 2,000 hommes, cavalerie, hussards de la Mort et dragons, une batterie artillerie, et prince Albert avec état-major, sont arrivés hier à Provins et repartis ce matin, 8 heures, pour Nangis. Ils ont requis 12 ou 15 habillements de paysans français. Ce doit être pour déguiser des espions. Augers, Sancy, Courtacon, Courchamp, Chenoise sont écrasés de réquisitions ».

L'Employé du télégraphe de Paris (gare d'Orléans) au Directeur général des télégraphes (D. T.).

Paris (gare d'Orléans), 17 septembre, 11 h. 52 matin. Expédiée à 12 h. 30 (n° 33636).

Ablon m'annonce que 20,000 Prussiens environ, tant en infanterie que cavalerie et artillerie, prennent position entre Athis et Ablon avec l'intention probable de se frayer un passage au point qui a fait l'objet de leur attaque d'hier.

Le Colonel commandant le fort de Charenton au Gouverneur de Paris (D. T.).

Charenton, 17 septembre, 12 h. 15 soir. Expédiée à 12 h. 35 soir (n° 47437).

Renseignements fournis par le maire de Marolles-en-Brie :
Deux petits camps de cavalerie ennemie, forts de 200 hommes chacun, occupent Marolles et Villecresnes; d'autres troupes sont à Brunoy.
Une infanterie nombreuse occupe Brie-Comte-Robert.

Le même au même (D. T.).

Paris (gare d'Orléans), 17 septembre, 12 h. 55 soir.

Ablon dit que l'ennemi s'est un peu retiré, fait marches et contre-marches. Il semble attendre quelque chose, l'équipage des ponts peut-être, car je ne les distingue pas d'ici.

Le Commandant du fort d'Ivry au contre-amiral Pothuau, à Bicêtre (D. T.).

Ivry, 17 septembre, 1 h. 40 soir. Expédiée à 3 h. 5 soir (n° 47475).

On a vu, du belvédère d'Ivry, des colonnes d'infanterie marchant du Nord-Est au Sud-Ouest et se disposant à passer la Seine. Ce mouvement paraît continu.

Le même au même (D. T.).

Ivry, 17 septembre, 3 h. 22 soir. Expédiée à 4 h. 10 soir.

Coups de canon rapprochés près Choisy-le-Roi. Je viens de voir un groupe de cavaliers galopant vers les hauteurs de Villejuif. Je ferai commencer le travail du moulin Saquet dès que je saurai ce qu'il y a devant moi.

Le même au même (D. T.).

Ivry, 17 septembre, 3 h. 45 soir. Expédiée à 4 h. 37 soir.

On voit distinctement engagement entre troupes d'infanterie et artillerie françaises et troupes prussiennes sur rive droite de Seine.

Il semble colonne prussienne forte entrer dans bois à droite, autre colonne sur bord de la Seine.

Le Gouverneur de Paris aux Commandants des forts de Vanves et d'Issy (D. T.).

Paris, 17 septembre, 4 h. 5 soir.

L'ennemi avance toujours; soyez prêts et prévenez le général Ducrot.

Le Commandant de la place de Villejuif au Gouverneur de Paris (D. T.).

Villejuif, 17 septembre, 4 h. 20 soir. Expédiée à 6 h. 35 soir.

Une brigade prussienne forte de 2,600 hommes est arrivée hier soir pour bivouaquer à Villeneuve-Saint-Georges.

Les francs-tireurs ont eu affaire avec un détachement de 14 hommes commandés par un officier; 7 étaient dans une barque; 6 ont été tués, y compris un lieutenant; le septième, blessé, a été fait prisonnier. D'après le rapport du prisonnier, les forces ennemies seraient ainsi composées : un régiment de cavalerie (4e dragons); quatre régiments d'infanterie; une brigade d'artillerie (96 pièces); un bataillon de pionniers; un bataillon de tirailleurs (1,000 hommes).

Le général en chef est Vogel de Falkenstein.

Les Bavarois sont à gauche.

Les francs-tireurs sont commandés par le capitaine Lavigne.

Le contre-amiral Saisset au vice-amiral de la Roncière le Noury, avec prière de donner copie au Gouverneur de Paris (D. T.).

Noisy, 17 septembre, 4 h. 20 soir. A domicile à 4 h. 50 soir.

Rapports du colonel Lafon, 4 heures du soir. — Ennemis à Chelles, Vaujours, Courbron, Montfermeil et menaçant Livry. Clameurs toute la nuit dans les bois.

Replié sur Maison-Blanche et Bondy. Les postes signalent quelques uhlans au jour et portent à 5,000 hommes l'ennemi échelonné sur la route de Meaux.

Rapport de Gagny, 9 heures du matin, par piéton, du chef du IIIe bataillon. — J'envoie demain au fort de Rosny un troupeau de moutons et nos voitures. Je tiens Gagny et Neuilly-sous-Bois; l'ennemi est à Brou et à 4 kilomètres à gauche de Montfermeil. Les forces se composent d'infanterie, de cavalerie et d'artillerie jusque sur les hauteurs en avant d'Avron.

Cette nuit, mes coups de fusil vous avertiront de leurs mouvements en avant et je me rendrai vers Rosny.

L'employé du télégraphe de Paris (gare d'Orléans) au Directeur général des télégraphes (D. T.).

Paris, gare d'Orléans, 17 septembre, 4 h. 35 soir.

Communication du chemin de fer.

Une machine de fer et plusieurs wagons ramenant du personnel des chemins de fer à Paris, ont été attaqués par des uhlans près du pont de Choisy-le-Roi. Quatre ou cinq balles ont traversé les wagons. Personne n'a été blessé. Des gardes nationaux ou des francs-tireurs ayant tiré sur l'ennemi, les uhlans ont disparu.

Le Général commandant à Chartres au Ministre de la Guerre (D. T.).

<small>Chartres, 17 septembre, 5 h. 15 soir. Expédiée à 9 h. 40 soir (n° 47669).</small>

Un télégramme du commandant du IIe bataillon de la mobile me fait connaître que l'ennemi occupe Brétigny avec des forces supérieures. Brétigny est sur la ligne du chemin de fer de Paris à Châteaudun. Il ne serait donc qu'à 10 lieues environ de cette ville. Je demande l'autorisation de faire venir le IIe bataillon à Chartres, voies ordinaires, n'ayant pas d'autre moyen.

Le contre-amiral Saisset au vice-amiral de la Roncière le Noury (D. T.).

<small>Noisy, 17 septembre, 5 h. 45 soir. Expédiée à 6 h. 50 soir (n° 47593).</small>

Rapport d'un piéton, 5 h. 12 soir. — L'ennemi occupe Sevran, Livry, Montfermeil et est en nombre dans les Coudreaux. Il se répand dans les bois environnants.

Le Colonel commandant la place de Vincennes au Gouverneur de Paris (D. T.).

<small>Vincennes, 17 septembre, 6 h. 3 soir. Expédiée à 6 h. 25 soir (n° 47615).</small>

Un officier de chasseurs, qui était en reconnaissance avec la division du général d'Exéa, m'annonce que cette division est repoussée. Ses renseignements sont vagues et très incohérents. Je fais prévenir les troupes campées et je prends mes dispositions.

De nouveaux renseignements qui m'arrivent me font douter de l'exactitude de ceux que je vous transmets et qui sont sans doute dus à une fausse appréciation de l'officier qui me les a donnés.

Le Chef d'état-major du 9e secteur au Gouverneur de Paris (D. T.).

<small>Paris (route d'Italie), 17 septembre, 6 h. 35 soir. Expédiée à 7 h. 40 soir.</small>

Un franc-tireur venu de Choisy-le-Roi annonce que quelques cavaliers prussiens ont été vus dans cet endroit.

Le chef de station Lemasson à l'Inspecteur divisionnaire des télégraphes (D. T.).

<small>Charenton, 17 septembre. Expédiée à 6 h. 55 soir.</small>

Viens de suivre une colonne de 12,000 à 15,000 hommes sur route Bâle.

Je reviens avec elle sur Charenton. Plusieurs voitures blessés sont autour de moi. Officiers me disent beaucoup de blessés en avant dans l'affaire.

L'ennemi prend positions sur hauteurs boisées et se dirige sur Villejuif.

Dois être premier à transmettre nouvelle. Quitté le corps d'armée pour venir au fort vous apprendre nouvelle que pouvez communiquer en toute assurance.

L'Employé du télégraphe de Paris (gare d'Orléans) au Directeur général des Télégraphes (D. T.).

Paris (gare d'Orléans), 17 septembre, 7 h. 20 soir.

Le service de la compagnie est complètement suspendu et nous n'avons plus aucune communication télégraphique avec nos gares.

Le Sous-Préfet de Mantes au Ministre de l'Intérieur (D. T.).

Mantes, 17 septembre, 7 h. 32 soir. Expédiée à 8 h. 20 soir.

Mairie de Meulan télégraphie à maire de Mantes que Pontoise est occupé par 600 cavaliers prussiens, demandant la direction de Saint-Germain.

Tous les ponts sur la Seine détruits sauf celui de Mantes. Il est à craindre qu'ils n'arrivent ici ; ligne de chemin de fer compromise ; aucune défense.

Le Commandant des redoutes de Saint-Maur au Gouverneur de Paris (D. T.).

Vincennes, 17 septembre, 7 h. 40 soir. Expédiée à 9 h. 55 soir (n° 47672).

5 h. 30 soir. — Une assez forte colonne commandée par le général Vinoy est passée en vue de la redoute cette après-midi allant en reconnaissance.

Cette colonne s'est repliée après un engagement à une assez grande distance, ce qui fait qu'il m'a été impossible d'en déterminer le résultat. J'ai seulement pu remarquer quelques brillantes charges de cavalerie. D'un autre côté, quelques travailleurs du génie occupés à barricader les rues de Joinville près du pont sauté il y a quelques jours ont essuyé le feu d'un parti de uhlans qui s'était avancé en éclaireurs sur les bords de la Marne. Les nôtres se sont retirés après avoir répondu. Un uhlan a été démonté, son cheval tué ; nous avons eu 2 blessés.

Le Commissaire de surveillance administrative de Mantes au Ministre des Travaux publics (D. T.).

<small>Mantes, 17 septembre, 8 heures soir. Expédiée à 9 h. 15 soir.</small>

Je suis averti que 600 cavaliers prussiens, partis de Pontoise, demandent route de Saint-Germain. Tous les ponts coupés sur la Seine jusqu'à Mantes. Celui de Mantes n'est pas encore détruit ; 7 lieues seulement de Poissy à Mantes. Ces cavaliers peuvent être ici cette nuit et couper la ligne du chemin de fer ; aucune défense à opposer.

Le contre-amiral Saisset au Gouverneur de Paris (D. T.).

<small>Fort de Noisy, 17 septembre, 8 h. 40 soir. Expédiée à 9 h. 5 soir.</small>

MM. Germain et Fitteau, enseignes de vaisseau, partis en reconnaissance à 11 heures du matin, viennent de rentrer (8 heures soir).

Suivant, de Noisy à Rosny, la route stratégique et la même route de Rosny au fort de Nogent, ils ont trouvé ce dernier fort dans un abandon complet. Ils en ont fait le tour sans voir un factionnaire et rien de fait.

Ils ont de là, en suivant les sentiers, passé la Marne en bachot et, sous la conduite d'un paysan, ils ont pu s'approcher de Villiers-sur-Marne. A environ 600 mètres, ils ont vu et compté sept vedettes de uhlans. Ne pouvant avancer davantage, ils sont revenus sans avoir rencontré, dans leur parcours de cinq heures de marche, un seul poste français éclairant les abords du fort de Nogent, au moins jusqu'à la Marne.

Le général de Bellemare au Gouverneur de Paris (D. T.).

<small>Saint-Denis, 17 septembre, 9 h. 20 soir. Expédiée le 18 à 4 h. 50 matin.</small>

L'ennemi occupe en force Écouen avec de l'artillerie à Villiers-le-Bel. Les avant-postes sont à 2 kilomètres des nôtres, à la Butte Pinçon.

Le Préfet de Seine-et-Marne au Ministre de l'Intérieur (D. T.)

<small>Montargis, 17 septembre, 11 heures soir. Expédiée le 18 à 1 heure matin (n° 47748).</small>

Troupes ennemies nombreuses à Melun ; un combat a eu lieu hier entre nos francs-tireurs et avant-gardes prussiennes à Saint-Liesne, faubourg de Melun. Aujourd'hui, 30 hussards de la Mort conduits par un officier sont entrés à Fontainebleau demandant que l'on préparât le château pour l'installation de l'état-major général. Entrés dans la cour, les grilles ont été refermées sur eux. Vais envoyer un exprès savoir détails. Un hussard prussien a été fait prisonnier à Samoreau et amené à Nemours où on l'a dirigé sur Montargis, ainsi que le chasseur bavarois amené hier de Montereau.

Le Commandant de la place de Villejuif au Gouverneur de Paris (D. T.).

Villejuif, 17 septembre, 11 h. 20 soir. Expédiée le 18 à 12 h. 55 matin (n° 57315).

D'après les renseignements donnés par nos grand'-gardes et tous ceux que nous recueillons de tous côtés par les paysans et les francs-tireurs, l'ennemi aurait traversé la Seine à la hauteur de Choisy-le-Roi et les feux de bivouac sont en avant et autour de nous à une distance de 3 kilomètres environ. Nous nous attendons à une attaque cette nuit ou demain matin dès l'aurore. Nous n'avons pas une pièce de canon à opposer à son artillerie et Villejuif ne contient que 500 hommes du VIIIe bataillon de la garde mobile et deux compagnies de dépôt des 2e et 10e de ligne dont les cadres sont insuffisants. Dans ces conditions, nous ne pouvons pas espérer pouvoir prolonger la résistance à moins de recevoir en troupe et en artillerie surtout les renforts indispensables.

Le Moulin-Saquet est tout à fait prêt à la condition de recevoir l'artillerie. Il ne nous a pas été possible d'occuper l'ouvrage des Hautes-Bruyères.

Journée du 18 septembre.

COMMANDEMENT DU GÉNÉRAL DUCROT.

Le commandant Bibesco au Gouverneur de Paris (D. T.).

Vanves, 18 septembre, 11 h. 50 matin. Expédiée à 12 h. 5 soir.

Le général Ducrot vous prie de donner ordre aux commandants des forts de Vanves et d'Issy d'avoir à lui fournir au besoin les cartouches qu'il pourrait demander.

Le Gouverneur de Paris aux commandants des forts d'Issy et de Vanves (D. T.).

Paris, 18 septembre, 12 h. 25 soir.

Vous donnerez au général Ducrot toutes les cartouches qu'il vous demandera. Vous en tiendrez compte et on vous les remplacera.

Le Gouverneur de Paris au général Ducrot (D. T.).

Paris, 18 septembre.

Les deux batteries demandées arriveront à la nuit au haut de Châtillon. Faites-les recevoir et installer. On m'annonce à 4 heures des coups de fusil à Meudon. Où sont les zouaves? Je ne puis m'expliquer cela.

Le général Ducrot au Gouverneur de Paris (D. T.).

Vanves, 18 septembre, 7 h. 3 soir. Expédiée à 7 h. 53 soir.

La présence des Prussiens me paraît facile à expliquer; une de leurs colonnes marche sur Versailles par Bièvres et tournant ainsi le bois de Verrières; pour couvrir ce mouvement principal, ils ont détaché une petite colonne cavalerie et infanterie qui est remontée de Bièvres sur Petit-Bicestre, la porte de Verrières et la capsulerie de Meudon. Nous avons eu également avec eux un petit engagement entre les zouaves qui étaient dans la ferme de Trivaux et les fantassins prussiens qui étaient dans une autre petite ferme dite porte de Trivaux. Je les en ai fait chasser par quelques coups de canon et les zouaves ont pris leurs positions. J'espère toujours pouvoir faire mon mouvement demain.

13e CORPS.

c) Opérations et mouvements.

Le Gouverneur de Paris au commandant du fort de Vincennes (D. T.).

18 septembre (avant 5 h. 55 du matin).

Faites parvenir au général Vinoy, 98, Grande Rue de Saint-Mandé, la dépêche suivante :

« Soyez sous les armes aujourd'hui 18 pendant toute la journée, gardant vos positions et attendant des ordres. »

Rapport du général d'Exéa sur les opérations de la 1re division du 13e corps dans la journée du 17 septembre.

Saint-Maurice, 18 septembre.

Conformément aux ordres de M. le général de division commandant en chef le 13e corps, la division a quitté son bivouac (bois de Saint-Mandé), hier, à 1 heure de l'après-midi, et s'est engagée sur la route n° 19 (de Paris à Bâle) en traversant le pont de Charenton et en marchant dans l'ordre ci-dessous indiqué, savoir : division de chasseurs à pied ; 3e batterie du 10e d'artillerie ; 1re compagnie de sapeurs du 2e du génie ; 2e brigade (7e et 8e de marche) ; batterie de mitrailleuses (11e régiment d'artillerie) ; ambulance ; 1re brigade (5e et 6e de marche) ; 4e batterie du 10e d'artillerie.

La marche de la division était éclairée par le 1er régiment de chasseurs à cheval et un détachement du 1er spahis. A hauteur du village de Créteil, la présence de l'ennemi a été signalée dans la plaine qui s'étend à l'Ouest de la route n° 19, autour des hauteurs de Mont-Mesly. Les dispositions d'attaque ont été prises immédiatement. La division de chasseurs à pied s'est déployée en tirailleurs, appuyée par le Ier bataillon du 7e de marche (20e d'infanterie) ; la 3e batterie du 10e d'artillerie a pris position et a ouvert le feu sur les lignes ennemies qui s'étendaient sur la lisière des bois situés en arrière et parallèlement à la route qui relie le carrefour de Pompadour au château du Piple.

Pendant que la division de chasseurs à pied et le 7ᵉ de marche engageaient une fusillade serrée contre les tirailleurs et les lignes ennemies, la batterie de mitrailleuses prenait position ; les deux premières décharges de cette batterie ont gravement atteint un groupe de cavaliers (état-major ennemi) qui s'était avancé hors des bois et cherchait à reconnaître les forces et les positions de la division ; la compagnie du génie s'employait avec activité à débarrasser la route que l'ennemi avait encombrée d'abatis d'arbres en avant du village de Bonneuil ; le IIIᵉ bataillon du 8ᵉ de marche (43ᵉ d'infanterie), formant arrière-garde de la 2ᵉ brigade, s'établissait dans le village de Créteil et la 1ʳᵉ brigade traversait le même village et serrait en colonnes par demi-sections sur la 2ᵉ brigade.

Vers 3 heures, au moment où le général commandant la division était obligé de changer de monture, son cheval ayant été blessé sous lui sur la ligne des tirailleurs, la division a reçu l'ordre de battre en retraite. Ce mouvement est exécuté avec le plus grand ordre et a été soutenu très heureusement et avec vigueur par le IIIᵉ bataillon du 8ᵉ de marche (43ᵉ d'infanterie) qui occupait le village de Créteil ; la retraite a été également favorisée par la 4ᵉ batterie du 10ᵉ d'artillerie qui a pris vivement position au débouché Nord de Créteil, sur un mamelon dominant la plaine et ayant vue sur les bois occupés par l'ennemi. A 6 heures du soir, toutes les troupes de la division étaient rentrées dans leurs campements respectifs.

Les pertes éprouvées par la division sont, savoir :
1° Tués : 6 (6 soldats) ;
2° Blessés : 72 (2 officiers, 10 sous-officiers et 60 soldats) ;
3° Disparus : 2 (2 soldats).

Il résulte des renseignements recueillis ce matin que l'ennemi a eu 350 à 400 hommes hors de combat.

Le général commandant la division a remarqué dans cette journée la bonne attitude des troupes engagées, mais il signale avec la plus vive insistance la nécessité de remplir d'urgence les vides des cadres d'officiers (vacances ou absences). Certaines compagnies dont l'effectif dépasse 150 hommes sont commandées par un sous-lieutenant et cette regrettable insuffisance du personnel des officiers ne permet pas de tirer des troupes tout le parti qu'on est en droit d'attendre de leur vigueur et de leur entrain.....

Le général Mattat au général d'Exéa.

Bois de Vincennes, 18 septembre.

J'ai l'honneur de vous rendre compte que, dans la reconnaissance offensive qui a eu lieu hier 17 septembre à 1 heure après-midi, sous les ordres de M. le général commandant le 13ᵉ corps, la 1ʳᵉ brigade n'a point été réellement engagée.

Un seul bataillon, le 1ᵉʳ du 5ᵉ régiment de marche, a pris position et s'est vu exposé à quelques menus projectiles. M. le colonel Hanrion m'a envoyé un état comprenant les noms de six militaires qui ont été légèrement contusionnés; je le joins à cette lettre.

Mais une minime fraction de la 1ʳᵉ brigade, la division de chasseurs, qui a pris position fort loin du lieu où je me trouvais, a été soumise à un feu violent et s'y est comportée bravement. Je vous envoie les états des compagnies des 5ᵉ et 7ᵉ bataillons qui comprennent les noms des blessés et la nature des blessures.

J'appelle tout particulièrement votre attention sur le sergent-major Geney que je vous ai proposé pour sous-lieutenant et qui me paraît avoir mérité à nouveau hier cette récompense de ses bons services; le chasseur Simon, du 5ᵉ bataillon, qui a reçu une grave blessure et qui probablement sera amputé, mérite une récompense pour l'entrain et la bravoure qu'il a montrés. Je le propose pour la médaille militaire.

P.-S. — Le 6ᵉ régiment de marche n'a pas même eu à se déployer.

Ordre de la 1ʳᵉ division du 13ᵉ corps.

Camp de Charenton, 18 septembre.

En exécution des instructions du général commandant en chef, la 1ʳᵉ brigade relèvera ce matin, 18 septembre courant, à 4 h. 30, le bataillon de la 2ᵉ division d'infanterie qui est actuellement à Saint-Maur-les-Fossés, à droite de Joinville.

Ce bataillon surveillera les gués de la Marne à sa proximité.

La même brigade fera relever à la même heure les grand'gardes laissées vacantes par la 2ᵉ division, de manière à se couvrir en avant du camp jusqu'à la Marne. Trois compagnies de la 1ʳᵉ brigade seront désignées pour ces grand'gardes.

Le bataillon de Saint-Maur et les grand'gardes devront être en communication fréquente entre eux, ainsi qu'avec le général commandant la 1ʳᵉ brigade.

Ces dispositions ont pour but de laisser sa liberté d'action à la 2ᵉ division d'infanterie qui doit quitter ce matin 18, à 5 heures, ses campements pour exécuter un mouvement sur la droite.

Note du général commandant la 1ʳᵉ division du 13ᵉ corps.

Saint-Maurice, 18 septembre.

La 1ʳᵉ brigade enverra une compagnie pour occuper ce soir le pont de Charenton; les 25 hommes de la 2ᵉ brigade qui occupent ce pont rentreront demain matin au campement de leurs corps.

Deux compagnies de la 1ʳᵉ brigade iront s'établir immédiatement sur l'emplacement précédemment occupé par un bataillon de la 2ᵉ, en face du campement de l'artillerie et vis-à-vis le mur de clôture de l'asile impérial.

Note du Chef d'état-major du 13ᵉ corps pour le général d'Exéa.

Saint-Maurice, 18 septembre.

La 1ʳᵉ brigade ne fera pas de reconnaissance de nuit. Elle exécutera demain les deux reconnaissances du matin et de la journée.

Ordre du 13ᵉ corps d'armée.

Saint-Mandé, 18 septembre.

La 2ᵉ brigade de la 1ʳᵉ division, aussitôt la soupe mangée, pliera ses tentes et ira s'installer dans l'intervalle laissé libre par la 2ᵉ division, le dos au bois, faisant face aux tribunes.

Le mouvement devra être terminé avant la nuit.

Prière au chef d'état-major de venir immédiatement au quartier général du corps d'armée pour recevoir le complément d'instruction.

Le général Vinoy au Général commandant l'artillerie du 13ᵉ corps.

Saint-Mandé, 18 septembre.

Une batterie de 12 de la réserve du 13ᵉ corps est mise à la disposition du général de Maud'huy, commandant la 2ᵉ division d'infanterie, qui occupe les positions entre Villejuif et Bicêtre. Cette batterie se mettra en route demain matin 19 à 6 heures précises, escortée par un régiment d'infanterie et un peloton de cavalerie, le tout placé sous les ordres de M. le général Mattat, commandant la 1ʳᵉ brigade de la 1ʳᵉ division. La batterie devra avoir sa tête de colonne derrière le Iᵉʳ bataillon du régiment d'infanterie et sera suivie par les deux bataillons.

Le général de Valdan, chef d'état-major du 13ᵉ corps, au général d'Exéa.

Saint-Mandé, 18 septembre.

Une batterie de 12 doit être dirigée demain du camp de Saint-Mandé sur Bicêtre où elle sera mise à la disposition de M. le général de Maud'huy. Un régiment d'infanterie escortera, avec un peloton de cavalerie, cette batterie; et l'escorte rétrogradera sur Saint-Mandé, sa mission remplie.

M. le général Mattat commandera cette escorte qui comprendra un régiment de sa brigade. Ce régiment partira à 6 heures précises et trouvera sur le pont de Charenton le peloton de cavalerie qui prendra la tête de la colonne. Un bataillon viendra ensuite, puis la batterie et enfin les deux autres bataillons.

M. le général Mattat se présentera au général de Maud'huy qui loge à Bicêtre, à l'hospice des vieillards. Il lui fera la remise de la batterie, prendra ses ordres et rentrera ensuite. Il suivra pour se rendre à Bicêtre l'itinéraire ci-après : Le pont de Charenton, tourner à droite à Alfort, passer la Seine et se rendre à Ivry par le chemin stratégique et de là à Bicêtre.

Un officier d'état-major, M. le capitaine Gonse, de l'état-major général, accompagnera la colonne et rentrera avec le général Mattat.

Le général Vinoy au Gouverneur de Paris (D. T.).

Vincennes, 18 septembre, 11 h. 3 soir. Expédiée à 12 h. 10 soir.

Les ordres pour le départ de la batterie de 12 destinée à la division Maud'huy sont donnés. Le mouvement s'exécutera selon vos prescriptions.

Le Chef d'état-major du 13ᵉ corps au Général commandant l'artillerie.

18 septembre.

La 2ᵉ division de l'infanterie du 13ᵉ corps a quitté ce matin ses campements pour exécuter un mouvement sur sa droite et prendre position vers le fort de Bicêtre.

La durée de cette absence ne peut être exactement déterminée.

Le général de Maud'huy aux Généraux de brigade de la 2ᵉ division.

18 septembre.

Le général commandant la 1re brigade fera sortir demain à l'aube, vers 4 h. 15 du matin, une reconnaissance forte d'un bataillon qui remontera la vallée de la rivière en éclairant en avant des redoutes des carrières des Hautes-Bruyères et de Villejuif. Là, elle communiquera avec la reconnaissance faite par la 2ᵉ brigade en avant d'Ivry et des redoutes du Moulin Saquet et de Villejuif, de la gauche au centre de la division; cette reconnaissance fera part de ses renseignements aux commandants des ouvrages occupés par la 1re brigade. Un rapport sera adressé au général de division.

Le Général commandant la 2ᵉ brigade de la 2ᵉ division au général de Maud'huy.

Vitry, 18 septembre, 2 heures.

J'ai l'honneur de vous faire connaître que le bataillon du 81ᵉ qui était de grand'garde à Vincennes et qui devait être relevé ce matin par un bataillon de la 1ʳᵉ division paraît n'avoir pas été relevé ou avoir été retenu à son poste car il n'a pas encore rejoint la brigade.

J'ai établi mon quartier général à la gauche du bataillon qui est campé sur une chaussée perpendiculaire à la grande avenue de Vitry.

Rapport du commandant Guyot sur la part prise par la 1ʳᵉ division à l'affaire du Mont-Mesly (17 septembre 1870).

Charenton, 18 septembre.

Cent hommes de la 1ʳᵉ compagnie de sapeurs du 2ᵉ régiment du génie, sous le commandement du capitaine en premier Glizes et du capitaine en second Coville, ont suivi les troupes de la 1ʳᵉ division dans la reconnaissance dirigée sur la route n° 19 de Paris à Bâle et avaient pour mission spéciale de protéger la batterie d'artillerie placée en tête de la colonne.

L'ennemi, établi en avant du Mont-Mesly, pour couvrir son front, avait fait des abatis à la croisée de la route de Bâle et des deux chemins de Bonneuil et de Choisy-le-Roi. Le détachement du génie chargé d'enlever ces obstacles, sous la direction du capitaine Glizes, s'est acquitté de sa mission avec beaucoup d'entrain et de vigueur sous le feu de l'artillerie prussienne. Il se porta ensuite vers la droite pour abattre les obstacles qui gênaient la marche de notre artillerie. Pendant notre mouvement de retraite, la compagnie du génie s'est toujours tenue près de l'artillerie pour la protection de celle-ci.

A hauteur du Petit-Créteil, sur la demande du capitaine des mitrailleuses, le capitaine Glizes lui servit de soutien avec son détachement de sapeurs en se portant en avant et à droite de la route, derrière un mur qui fut crénelé et organisé pour la mousqueterie avec la plus grande rapidité.

Nous croyons devoir signaler, comme s'étant plus particulièrement distingués par leur entrain et leur sang-froid, les capitaines Glizes et Coville, le sergent Joblot, le caporal Camus et le maître ouvrier François pour lequel nous demandons la médaille militaire.

14e CORPS.

a) Journal de marche.

Journal de marche de la 2e division du 14e corps.

18 septembre.

Aujourd'hui, la position de la division autour de la redoute de Châtillon a été rectifiée. Les deux batteries de 4 ont élevé des retranchements pour se couvrir près du Télégraphe. Les travaux de la redoute, jusqu'à ce jour très imparfaits, ont été presque terminés, grâce au concours d'un millier de travailleurs de la division, requis par le génie. Les travaux de défense entrepris à Fontenay-aux-Roses ont été complètement terminés.

Par ordre du général Ducrot, commandant en chef les 13e et 14e corps d'armée, et pour faciliter un mouvement offensif à exécuter le lendemain 19 à la pointe du jour, les deux brigades d'infanterie de la division se sont établies à gauche de la redoute de Châtillon, derrière les batteries de 4 établies au Télégraphe. Ce mouvement s'est exécuté à la chute du jour de manière à ne pas attirer l'attention de l'ennemi ; les feux de bivouac ont été sévèrement défendus.

Par ordre du général en chef, la division se tiendra prête à faire un mouvement demain 19 au matin, à 5 h. 15.

La 2e division marchera en colonne par division ; elle suivra la route de Châtillon à Villacoublay. Elle sera flanquée à droite par l'artillerie du 14e corps d'armée, soutenue par toute la cavalerie, et à gauche par le 15e de marche, occupant le village de Plessis-Picquet. Le bataillon de la 2e division qui occupe Fontenay-aux-Roses rejoindra son régiment et sera remplacé par un bataillon de la 3e division.

Les hommes prendront le café avant le départ; ils emporteront un morceau de viande et du biscuit. Les sacs seront laissés au bivouac à la garde d'une compagnie par bataillon. Les cuisiniers resteront dans les camps et prépareront la soupe pour le soir. Le mouvement prescrit par le général en chef a pour objet de tâter les forces des Prussiens qui exécutent devant nous un mouvement de flanc de Choisy-le-Roi à Versailles.

c) Opérations et mouvements.

Rapport de la 2e division du 14e corps.

18 septembre.

Un accident très regrettable a eu lieu l'avant-dernière nuit à l'avancée. Une sentinelle a tiré sur un homme en position à ses côtés et lui a fait une blessure qui paraît mortelle. On ne saurait trop recommander à cette occasion d'indiquer aux petits postes l'emplacement exact de ceux avec lesquels ils se relient, ainsi que la position occupée par la ligne des sentinelles ou des vedettes. Les plus grandes précautions sont recommandées à cet égard. Les sentinelles ne sont placées utilement que lorsqu'elles connaissent où sont placées celles qui les appuient et la direction dans laquelle elles doivent tirer.

A cette occasion, le général de division porte à la connaissance des troupes quelques recommandations de M. le général en chef; elles se résument ainsi :

Les hommes doivent conserver le plus grand sang-froid jusqu'au dernier moment et ne tirer qu'avec la plus grande réserve. Un coup isolé tiré sur un tirailleur produit rarement son effet et a l'inconvénient grave d'indiquer la position de la défense. On tire à coup sûr sur les groupes et sur les masses, surtout après que l'artillerie y a produit son effet; il faut autant que possible se couvrir, s'embusquer et savoir attendre.

MM. les officiers doivent chercher à apprécier les distances, les mesurer sur la carte et les vérifier sur le terrain lorsqu'il est possible. Il faut placer les réserves près des crêtes, mais toujours abritées et en mesure de se porter rapidement au point utile.....

Rapport du général d'Hugues sur le service des grand'gardes et les reconnaissances.

18 septembre.

Dès que la 2ᵉ division a eu pris position de chaque côté de la redoute de Clamart, en exécution des ordres contenus dans la dépêche de M. le général en chef datée du 16 septembre (11 heures soir) n° 130, le service des grand'gardes et des postes extérieurs a été établi de la manière suivante :

1ʳᵉ *brigade*. — Les deux compagnies des 6ᵉ et 9ᵉ bataillons de chasseurs à pied, campées à gauche pour servir de soutien aux batteries d'artillerie divisionnaire, détachent six petits postes de 1 caporal et 4 hommes chacun en bas du ravin qui borde la droite de la position et le long d'un chemin creux tracé non loin de la hauteur.

Les gardes de police détachent chacune deux sentinelles sur la crête pour relier les petits postes au campement.

Les 19ᵉ et 20ᵉ régiments de marche ne détachent point de grand'gardes, étant couverts par des postes et par des francs-tireurs de la 1ʳᵉ division établie à droite. Le dernier de ces corps est campé sur trois lignes, la droite à la route de Châtillon à Paris et en arrière de la redoute.....

2ᵉ brigade. — La 2ᵉ brigade fournit deux grand'gardes d'une compagnie chacune; elles couronnent, à gauche de la position, la crête du plateau et se relient, par des petits postes, avec les postes avancés du 1ᵉʳ bataillon du 22ᵉ de marche qui occupe Fontenay.

Les patrouilles n'ont rien signalé. Deux hommes surpris en maraude ont été ramenés au corps (21ᵉ de marche) et punis de quinze jours de prison.

Les abords extérieurs du village de Fontenay ont été mis en état de défense sur plusieurs points. Il eut été possible de faire plus si la 2ᵉ section de la 16ᵉ compagnie du 2ᵉ régiment du génie, désignée pour être attachée à la 2ᵉ division, avait pu être retrouvée et amenée en position.

Le général de division a envoyé, à deux reprises, à Aubervilliers et Saint-Denis; hier encore, de nouvelles recherches ont été faites mais inutilement. MM. les officiers du génie, eux-mêmes, employés aux travaux de la redoute ignorent où se trouve actuellement la section dont il s'agit et ne peuvent fournir aucun renseignement. C'est une lacune très regrettable.

Francs-tireurs. — Les francs-tireurs du 99ᵉ d'infanterie (1) ont fait hier une reconnaissance dans la direction de Palaiseau qu'ils ont fouillé ainsi que la vallée de la Bièvre et la ville de Sceaux. Ils n'ont rien vu par eux-mêmes, mais quelques personnes interrogées ont dit que plusieurs partis de uhlans auraient traversé la Seine et se seraient montrés aux environs de Lonjumeau et de Juvisy.

La prévôté et la gendarmerie d'escorte sont installées en arrière de la redoute, près du chalet où le général de division a établi son quartier général.

Chaque matin, le peloton d'escorte fournit un détachement qui est envoyé en reconnaissance; ce matin, le détachement a parcouru les communes de Fontenay et de Sceaux; à Robinson, il a reconnu un chemin obstrué par des abatis.

A quelque distance de là, il a rencontré une division de dragons en reconnaissance.

D'après les dires de deux personnes, le maire de Lagny aurait parlementé dans la journée avec un colonel de uhlans qui aurait déclaré qu'au premier coup de feu, la ville serait bombardée.

---

(1) Du bataillon du 99ᵉ qui faisait partie du 22ᵉ de marche.

Rapport du général Bocher, commandant la 1re brigade de la 2e division.

Camp sous Clamart, 18 septembre.

Les chasseurs à pied occupent le plateau en avant de la route de Châtillon.

Six petits postes composés chacun de 1 caporal et 4 chasseurs sont établis en bas du ravin qui borde la droite du campement, le long et en avant du chemin creux qui passe auprès de la hauteur.

Les gardes de police détachent chacune deux sentinelles de manière à relier les petits postes au campement.

Le 19e et le 20e de marche n'ont pas établi de grand'gardes, ces régiment étant couverts par des postes de la 1re division et par des francs-tireurs (ordre du général de division).

Le général de Maussion au général de Maud'huy.

Bagneux, 18 septembre.

J'ai l'honneur de vous prévenir que je viens de m'entendre avec le commandant du fort de Montrouge pour faciliter la défense de la vallée de la Bièvre, en le priant de lancer, avec ses grosses pièces, des obus sur le village de Bourg-la-Reine et, à gauche, jusque dans la vallée de la Bièvre.

Je ne pense pas gêner ainsi en aucune manière les mouvements de votre division ; s'il en était autrement, veuillez, je vous prie, me le faire savoir.

Régiment de gendarmerie à cheval (5e escadron). — Peloton d'escorte attaché à la 2e division du 14e corps. Rapport du maréchal des logis Foissy.

Clamart, 18 septembre.

Service de reconnaissance du 18. — Quatre gendarmes et un brigadier, sous le commandement du maréchal des logis Foissy, se sont mis en route à 4 h. 30 du matin ; ils ont traversé les communes de Fontenay et Sceaux sans rien rencontrer à signaler. Mais, arrivés à Robinson et en en parcourant les environs, ils ont reconnu qu'un chemin faisant face à la redoute était obstrué par une grande quantité de gros arbres abattus par le génie. A quelque distance de ce dernier endroit, ils ont fait la rencontre de deux pelotons de dragons qui faisaient aussi un service de reconnaissance. Enfin, en interrogeant les quelques habitants qui sont restés dans les communes parcourues, il leur a été raconté par deux individus qui ont dit tenir cette nouvelle du maire de Lagny qu'hier dans la journée ce magistrat avait parlementé avec le colonel d'un régiment de uhlans auquel il aurait demandé s'il avait l'intention de faire respecter par sa troupe la population de Lagny, que le colonel aurait répondu à cette demande en déclarant que, si un seul coup de feu était tiré sur ses soldats, il ordonnerait le pillage de la ville et la brûlerait ensuite.

COMMANDEMENT SUPÉRIEUR DE SAINT-DENIS.

c) Opérations et mouvements.

Rapport du Capitaine commandant le Ier demi-bataillon du 28e régiment de marche placé à la grand'-garde n° 1, du 17 au 18 septembre.

J'ai l'honneur de vous rendre compte que, conformément aux instructions écrites que vous m'avez remises hier, j'ai occupé avec les trois compagnies du 1er demi-bataillon les positions qui s'étendent :
1° Depuis la Seine jusqu'au village d'Epinay ;
2° Depuis Villetaneuse jusqu'aux pentes gauche de la Butte Pinçon ;
3° Depuis la hauteur de la Butte Pinçon, jusqu'aux premières maisons de Pierrefitte.

Une compagnie a pris position dans le château de Villetaneuse, et y a exécuté divers travaux de défense. Ce château est entouré d'un large fossé rempli d'eau. Quatre ponts maçonnés et voûtés donnent accès dans l'intérieur. Trois de ces ponts ont été barrés ; un seul reste libre, un poste a été établi à côté.

Rien de saillant à signaler, si ce n'est que quelques coups de fusil ont été tirés sur les hommes qui ont occupé la Butte Pinçon. La nuit a été très tranquille. Ce matin, les compagnies ont été relevées par la garde mobile.

Le capitaine croit devoir rendre compte qu'un grand nombre de militaires, appartenant aux divers corps de la garnison, se livrent à la maraude. Ces hommes sortent de la place armés de leur fusil. Il en a fait poursuivre hier une dizaine, qui paraissaient se trouver sous les ordres d'un sergent. Deux hommes de la grand'garde qui poursuivaient ces maraudeurs ont été mis en joue par eux.

Il paraîtrait qu'il existe un point de Saint-Denis qui n'est pas gardé, par où les maraudeurs armés sortent de la place ; il se nomme la Conche, et est situé près du fort La Briche, sous la voûte du chemin de fer. D'après le dire d'un civil, c'est par là qu'ils sortent.

Le capitaine Brasseur, commandant la grand'garde n° 2, au Colonel commandant la place de Saint-Denis (D. T.).

Moulin de Stains, 18 septembre, 4 h. 30 matin.

Lequeux, lieutenant, commandant le poste de Stains, me prévient à 1 heure du matin que, depuis 10 heures du soir, on entend un bruit continuel de voitures au village de Garges.

Cet officier pense que c'est de l'artillerie.

Rapport du capitaine Brasseur, commandant la grand'garde n° 2, au colonel commandant la place de Saint-Denis.

Moulin de Stains, 18 septembre.

Deux pelotons de hussards prussiens, forts de 30 hommes chacun, ont passé hier vers midi à environ un kilomètre en avant de Stains.

A l'exception d'une courte fusillade qui s'est produite sur ma gauche d'abord, vers Pierrefitte, puis sur ma droite vers la Courneuve, la nuit s'est écoulée calme.

Le poste du Moulin-Neuf ne signale rien de nouveau.

Le poste de Stains signale un mouvement de voitures dans Garges, de 10 heures du soir à 1 heure du matin.

Le poste de Pierrefitte signale la fusillade dont je parle plus haut et qu'il attribue à des francs-tireurs.

Au poste principal, rien à signaler.

Ce matin, à 5 h. 30, une reconnaissance d'infanterie, faite à 4 heures et poussée à environ 1,300 mètres en avant de Stains, n'a rien signalé.

A 6 heures, une reconnaissance faite par la cavalerie et poussée à environ 1,500 mètres en avant de Pierrefitte et de Stains n'a rien remarqué.

L'officier commandant cette reconnaissance a appris de francs-tireurs rencontrés en avant et de gens du pays que l'ennemi se serait retiré vers Beaumont et en arrière de Sarcelles.

Le lieutenant de Chalendar, du 1er régiment de marche (lanciers), 4e escadron, au colonel Berthois, commandant ledit régiment.

Saint-Denis, 18 septembre.

En exécution de vos ordres, je suis parti hier matin à 9 heures, avec un peloton de 25 hommes, pour aller me mettre à la disposition de l'officier commandant la grand'garde au moulin de Stains.

Arrivé à Stains à 9 h. 30, je reçus l'ordre de me porter sur le village de Garges et l'avis que l'ennemi était proche. Je traversais le village et, à l'entrée (protégée par une barricade en pavés), du côté de Gonesse, je trouvais trois francs-tireurs qui, au moment même où j'arrivais à eux, échangeaient quelques coups de feu avec quatre hussards prussiens (uniformes verts, soutachés blanc), qui étaient sur la gauche de la route et qui disparurent aussitôt.

Je résolus alors, avant d'installer mon petit poste, de reconnaître le pays sur ma gauche ; mon peloton, déployé en tirailleurs, s'avança en ordre et à un demi-kilomètre à gauche de Garges ; en arrivant au point le plus élevé de la plaine, je vis distinctement la ligne du chemin de fer occupée en avant de la station de Pierrefitte par un escadron de Prussiens (uniformes rouges) et, entre la route de Gonesse et le chemin de fer, trois ou quatre escadrons des mêmes hussards à un peu moins d'un kilomètre.

Presque aussitôt, un escadron se détacha et se porta au galop dans ma direction ; je fis alors replier mes tirailleurs au trot dans un petit chemin qui traverse les vignes. J'espérais, l'ennemi me suivant d'assez près, l'attirer sous le feu de l'infanterie postée à la barricade de Stains.

Tout se borna à quelques coups de fusil échangés sans résultat ; puis les Prussiens se retirèrent.

Après avoir pris les ordres du capitaine, je disposais quatre vedettes à environ 500 mètres en avant de l'infanterie, surveillant la plaine et les débouchés des bois du côté de Garges.

Nous nous repliâmes à la fin du jour sur le moulin de Stains. Pendant la nuit, nous entendîmes quelques détonations (entre autres, une assez forte dans la direction de Pierrefitte), qui nous parurent le résultat d'alertes.

A 5 heures du matin, mon peloton monta à cheval, et nous allâmes faire une reconnaissance sur les points où les Prussiens avaient paru la veille, et en particulier sur la ligne du chemin de fer.

Il résulte de cette reconnaissance, et de renseignements pris auprès d'habitants du pays et de francs-tireurs, que les Prussiens se sont repliés en arrière de Sarcelles qu'ils ont occupé hier et à Beaumont, sur la route de Beauvais.

J'ai eu aussi l'explication des coups de fusil tirés la nuit à Pierrefitte, et qui étaient, comme il avait été présumé, le résultat d'une fausse alerte.

A 7 h. 30, j'avais regagné la grand'garde, et à 9 heures, elle était relevée sans nouveaux incidents.

Le Lieutenant-Colonel commandant supérieur du fort de l'Est au Général commandant supérieur de Saint-Denis.

Fort de l'Est, 18 septembre, 4 h. 15 soir.

J'ai l'honneur de vous rendre compte que le commandant de la grand'garde occupée par les 25e et 75e de ligne me prévient à l'instant qu'un peloton ennemi d'une centaine de cavaliers s'est présenté vers 11 heures du matin en vue de ses postes.

Quelques coups de feu ont suffi pour les mettre en fuite.

Un cavalier a été tué, ainsi qu'un cheval. Aucun des nôtres n'est blessé.

Je viens, conformément à ses ordres, de rendre compte au général Gouverneur de Paris.

Rapport du Chef du détachement de la garde mobile de la Seine, de grand'garde du 17 au 18 septembre, au Lieutenant-Colonel commandant supérieur du fort de l'Est.

Le détachement se composait des 5e, 6e et 7e compagnies du XVIe bataillon de la garde mobile.

J'ai barricadé la 5e compagnie à la Courneuve. La 6e compagnie a été portée au croisement des chemins qui se trouve sur la route de la Courneuve au Bourget, à environ un kilomètre de la Courneuve, ayant des postes avancés à gauche sur la Molette, au centre vers le Bourget, à droite à la station du Bourget sur le chemin de fer de Soissons. La 7e compagnie a été placée au croisé de la route de Dugny et de celle du Bourget, ayant des postes avancés vers le Crould à gauche, au centre sur le pont de la Molette qui a été détruit en ma présence, et à droite sur le ruisseau de la Molette.

J'ai pris position à la Courneuve, que j'ai fortifié et retranché pour pouvoir résister à une attaque sérieuse. Aucun fait important n'est à signaler. J'ai été relevé par trois compagnies d'infanterie de ligne.

Le capitaine Pelletent au Colonel commandant supérieur du fort d'Aubervilliers. — Rapport sur le service des grand'gardes du 17 au 18 septembre, commencé à 8 h. 30 et terminé à midi.

Fort d'Aubervilliers, 18 septembre.

La 1re compagnie du XIVe bataillon, placée au carrefour dit la Courneuve, se reliant à la route des Deux-Ponts.

Le XVI⁰ bataillon, 8⁰ compagnie, placée à la gare du chemin de fer de Soissons.

Le XIV⁰ bataillon, 8⁰ compagnie, divisée en deux sections, l'une au Grand-Drancy et l'autre à la ferme du Petit-Drancy.

Le 5⁰ de ligne, une compagnie placée à Bobigny, se reliant au moulin de la Folie.

En général, le service se fait mal, malgré l'activité et la fermeté des chefs.

Les hommes, trop rapprochés de villages abandonnés, quittent leurs postes sous différents prétextes tels que d'aller à l'eau et au bois, mais dont le seul but véritable de piller les maisons, de visiter les caves et de boire outre mesure le vin qu'ils découvrent.

J'attribue à cet état de choses la panique d'une section qui en a entraîné une autre jusqu'à la Courneuve, vers 2 heures du matin. Beaucoup de coups de fusil toute la nuit et de fausses alertes, sans que l'ennemi se soit montré.

Un petit poste du 5⁰ de ligne en état d'ivresse; son chef, le sergent X..., n'ayant pas sa raison; tous chantant et criant. Ce poste, du reste, a été relevé.

Au jour, les deux sections de la 8⁰ compagnie du XIV⁰ bataillon, ont été reprendre la position qu'elles occupaient.

FORTS ET SECTEURS. TROUPES DIVERSES.

c) Opérations et mouvements.

Le Gouverneur de Paris au Commandant de place de Villejuif (D. T.).

Paris, 18 septembre.

En cas d'attaque repliez-vous en bon ordre derrière le fort de Bicêtre.

Le Gouverneur de Paris au Commandant du Mont-Valérien (D. T.).

Paris, 18 septembre.

Le commandant du 6⁰ secteur m'écrit que vous tirez des coups de canon au Mont-Valérien.

Je ne crois pas cela possible, en pleine nuit. Mais répondez-moi immédiatement.

Le Gouverneur de Paris au Commandant du fort de Montretout (D. T.).

Paris, 18 septembre.

Si vous avez un mouvement de retraite à faire, opérez-le par le Mont-Valérien.

Le Commandant du fort de Montrouge au contre-amiral Pothuau (D. T.).

Montrouge, 18 septembre, 7 h. 25 matin. Expédiée à 8 h. 45 matin.

Grands mouvements de troupes auront lieu ce matin. Vous aurez une division entre Ivry et Bicêtre.

Le Commandant du fort de Montretout au Gouverneur de Paris (D. T.).

Boulogne, 18 septembre, 9 h. 25 matin.

Les zouaves viennent de partir pour Meudon. Je n'ai encore ni artillerie ni réserve de cartouches Chassepot. Faut-il suspendre les travaux et renvoyer les ouvriers civils? Prière de donner des ordres au génie et à l'artillerie.

Les deux compagnies de dépôt du 35e et 58e ne sont pas parties ni le bataillon de la mobile. J'ai en tout environ 900 hommes à Montretout.

Le contre-amiral Pothuau au vice-amiral de La Roncière (D. T.).

18 septembre, 9 h. 45 matin.

Je suis prévenu que la division de Maud'huy doit venir prendre position entre Ivry et Bicêtre. Il était important que les postes avancés tels que le Moulin-Saquet et l'ouvrage des Hautes-Bruyères fussent occupés; les réserves doivent être placées en arrière entre les forts. En choisissant bien les positions et en retranchant, on peut s'y rendre inexpugnable.

Le Gouverneur de Paris au général Guiod.

Paris, 18 septembre, 4 heures soir.

Il y a nécessité absolue pour moi de compléter par deux batteries le déploiement d'artillerie que je fais sur la position de Châtillon—Clamart. Donnez des ordres, je vous prie, à celles qui sont aux Tuileries et dont vous m'avez fourni l'état ci-joint (1). Je voudrais qu'elles partissent

---

(1) État non retrouvé.

immédiatement des Tuileries, en suivant exactement l'itinéraire du convoi de munitions parti ce matin, mais elles pousseraient jusqu'à l'ouvrage de Châtillon où le général Ducrot les fera recevoir.

Le capitaine X...., du corps des francs-tireurs de la presse, au Commandant de ce corps.

Paris, 18 septembre.

Par votre ordre, je suis parti de Paris hier au soir à 3 heures avec une compagnie pour faire une reconnaisance sur Charenton. Après avoir suivi pendant quelque temps la route de Créteil, j'ai pris à droite et me suis porté sur Maisons-Alfort, pensant que des maraudeurs ou des reconnaissances ennemis pourraient se porter sur ce village pendant la nuit. Je me suis établi dans la rue principale au bout du village, où une barricade était à peu près terminée. Le lieutenant Jourdet que j'avais détaché se repliait sur moi, m'annonçant que l'ennemi était en vue ; au même instant, des coups de feu furent tirés dans la direction que m'indiquait le lieutenant et les sentinelles perdues arrivèrent, me racontant qu'elles avaient tiré sur environ 150 ou 200 hommes qui s'étaient immédiatement repliés en portant les hommes tués ou blessés. J'attendis jusqu'à 1 heure du matin dans la même position ; je crus devoir alors rejoindre la route de Créteil ; des coups de feu nombreux sur les flancs me faisaient craindre d'être entouré.

Du bas de Maisons-Alfort, je distinguais parfaitement toute la ligne ennemie. D'abord, un peu à ma droite, une ligne de feux occupait les hauteurs de Villeneuve-Saint-Georges et Villejuif ; à gauche, une autre ligne de feux sur les hauteurs de Créteil et les buttes de Mesly.

Je m'établis sur la route de Créteil dans une maison abandonnée ; à 3 heures du matin, je fus rejoint par la reconnaissance du lieutenant Parisot, du 23ᵉ de ligne ; je suivis avec lui la route de Créteil ; après avoir traversé la plus grande partie du bourg, qui portait les traces du combat de la veille, nous nous trouvâmes en face d'un bivouac prussien, placé au plus à 500 ou 600 mètres, sur la droite, dans un bois, après être resté quelque temps, à l'affût derrière les maisons ; le jour paraissait ; ne voyant rien venir, craignant de ne pas être en force, je repris la route de Paris ; en chemin, je ralliais le sous-lieutenant Vallet, que j'avais détaché dans la nuit avec 10 hommes. Il n'avait pu me rejoindre pendant la nuit ; après avoir aidé les ambulances à ramasser les blessés de la veille, il est tombé du côté de Choisy sur des grand'-gardes ennemies et leur a enlevé un cheval de trait sans leur donner l'éveil.

En rentrant à Paris, j'ai rencontré le corps du général Vinoy qui en sortait ; je lui ai donné tous les renseignements que je possédais.

Pendant cette nuit assez pénible, je n'ai eu qu'à me louer du lieutenant Jourdet et du sous-lieutenant Vallet; ils ont fait leur devoir et même plus que leur devoir ; je n'ai qu'un reproche à leur faire, c'est de trop s'exposer.

Les hommes, quoiqu'un peu neufs, sont pleins de bonne volonté et je crois que dans peu nous pourrons en faire quelque chose.

RENSEIGNEMENTS

Le Ministre de l'Intérieur au Sous-Préfet de Mantes (D. T.).

Paris, 18 septembre, 12 h. 7 matin. Expédiée à 2 h. 20 matin.

Quelques centaines de cavaliers prussiens sont partis des environs de Pontoise pour s'emparer du pont de Mantes. Je vous confirme dépêche adressée au maire de Mantes.

Détruisez immédiatement votre pont ; faites-le sauter à tout prix.

Le Commandant du fort d'Ivry au contre-amiral Pothuau (D. T.).

Ivry, 18 septembre, 5 h. 30 matin. Expédiée à 7 h. 35 matin (n° 47782).

Avez-vous des renseignements sur la position de l'ennemi? Peut-on aller travailler à Saquet? Dans notre voisinage, tout paraît calme.

Le contre-amiral Pothuau au Commandant du fort d'Ivry (D.T.).

Bicêtre, 18 septembre, 5 h. 40 matin. Expédiée à 7 h. 25 matin (n° 47783).

D'après mes renseignements, l'ennemi serait en forces à 3 kilomètres en avant de Villejuif, et, Saquet n'étant pas occupé pour le moment, abstenez-vous. Si la situation change, nous aviserons.

Le contre-amiral Pothuau au Gouverneur de Paris (D. T.).

Paris, 18 septembre, 7 h. 40 matin.

Mon aide de camp revient de Villejuif; l'ennemi paraît y être en forces à 3 kilomètres en avant. Le Moulin-Saquet qui a une grande importance n'est occupé que par un avant-poste. L'ouvrage des Hautes-Bruyères ne l'est pas du tout. Le commandant de place de Villejuif a un service médical suffisant : deux médecins, six infirmiers, dont trois étudiants et des médicaments. Vos instructions seront observées. Nous sommes prêts.

Le Commandant supérieur du 6e secteur au Gouverneur de Paris (D. T.).

Paris, avenue Raphaël, 18 septembre, 8 h. 17 matin.

Nos reconnaissances du pont de Saint-Cloud annoncent coups de canon tirés par le Mont-Valérien. Le chef du poste du pont de Saint-Cloud signale qu'il n'y a pas auprès de lui les agents chargés de faire sauter le pont.

Le Commandant supérieur du fort de Nogent au Gouverneur de Paris (D. T.).

Nogent, 18 septembre, 9 h. 40 matin. Expédiée à 10 h. 10 matin.

M. d'Aubreville, lieutenant des corps francs, signale l'ennemi sur la rive gauche de la Marne, à la hauteur de Neuilly jusque vers Villiers. Échange de quelques coups de feu avec l'infanterie au-dessous de Ville-Évrart. Des paysans signalent un assez grand nombre dans les bois de Ville-Évrart. Corps francs se replie sur le village de Rosny. Plus de troupes françaises devant moi. Tout le monde à son poste. Surveillance active.

Le Lieutenant-colonel commandant le fort de l'Est au Gouverneur de Paris (D. T.).

Fort de l'Est, 18 septembre, 11 h. 15 matin.

Une vive fusillade, des feux de peloton sont en ce moment engagés vers le Bourget où est établi la grand'garde du fort de l'Est.

Le commandant Bibesco au Gouverneur de Paris (D. T.).

Vanves, 18 septembre, 11 h. 55 matin. Expédiée à 12 h. 15 soir.

Les reconnaissances envoyées par le général Ducrot n'ont pas aperçu de corps d'infanterie ; elles ont rencontré quelques escadrons de cavalerie vers la Croix-de-Berny sur la route de Choisy-le-Roi et vers Igny sur la route de Palaiseau. Le général Ducrot vient de faire monter toute sa cavalerie à cheval pour chercher à tourner ces escadrons par la route de Plessis-Piquet. Je reste auprès du général Ducrot pour continuer à vous informer.

Le Commandant du fort de Charenton au Gouverneur de Paris (D. T.).

Charenton, 18 septembre, 12 heures soir. Expédiée à 12 h. 45 soir.

Par ordre spécial du Ministre de la Guerre, un officier a été envoyé en parlementaire aux avant-postes ennemis pour accompagner quatre personnes qui se rendent au quartier général prussien en mission diplomatique. Ces avant-postes sont établis à 4,000 mètres environ en avant du fort, carrefour Pompadour, avec barricade et à la ferme dite de l'Hôpital. Officier, chef de poste. Tout est calme.

Le Général commandant supérieur de Vincennes au Gouverneur de Paris (D. T.).

Vincennes, 18 septembre, 1 h. 5 soir. Expédiée à 1 h. 20 soir.

L'ennemi n'a pas encore paru. Aucun rapport ne signale sa présence dans le voisinage. On veille partout.

L'Agent général de la Compagnie de l'Ouest au Ministre des Travaux publics (D. T.).

Paris (gare Saint-Lazare), 18 septembre, 2 h. 35 soir. Expédiée à 3 h. 25 soir.

La gare de Versailles (Chantiers) me transmet à l'instant la dépêche suivante :

« Plusieurs ouvriers, venant de Bièvres, nous signalent aux environs de cette localité et de Jouy-en-Josas environ 200 uhlans se dirigeant sur Versailles et qui les ont poursuivis ».

L'Employé du télégraphe de Paris (gare Saint-Lazare) au Ministre de l'Intérieur (D. T.).

Paris (gare Saint-Lazare), 18 septembre, 2 h. 40 soir. Expédiée à 5 h. 25 soir.

Reçois à l'instant de Versailles (Chantiers) à l'adresse de la Compagnie Ouest la dépêche suivante :

« Deux habitants de Jouy-en-Josas viennent me prévenir que les Prussiens arrivent dans ce pays, font évacuer les habitants et menacent d'incendie ».

Le Préfet de Seine-et-Oise au Ministre de l'Intérieur (D. T.).

Versailles, 18 septembre, 3 h. 18 soir. Expédiée à 5 h. 35 soir (n° 48050).

45 uhlans sont signalés dans la vallée de la Bièvre entre Bièvres et Jouy; les éclaireurs français au nombre de cinq se sont repliés sur Versailles.

Le Commandant du fort de Montretout au Gouverneur de Paris (D. T.).

Boulogne, 18 septembre, 3 h. 33 soir. Expédiée à 3 h. 55 soir.

L'ennemi ne s'est pas encore montré. Les travaux du fort continuent. Je n'ai encore reçu ni l'artillerie ni les cartouches de réserve pour chassepots.

L'Employé du télégraphe, à Poissy, à l'Inspecteur des télégraphes de Paris (Nord) (D. T.).

Poissy, 18 septembre. Expédiée 4 h. 30 soir (n° 48028).

Un petit nombre de uhlans sont arrivés vers 2 heures à Carrières-sous-Poissy, village séparé de nous par la Seine. Ferai mon possible de vous informer des événements.

Le Lieutenant-Colonel commandant supérieur du fort de l'Est au Gouverneur de Paris (D. T.).

Fort de l'Est, 18 septembre, 4 h. 35 soir.

4 h. 30. — Le commandant de la grand'garde occupée par les deux compagnies des 25e et 73e de ligne me rend compte qu'un détachement d'une centaine de cavaliers prussiens s'est présenté vers 11 heures du matin en vue de ses postes. Quelques coups de feu ont suffi pour les mettre en fuite, un cavalier a été tué ainsi qu'un cheval; aucun des nôtres n'est blessé.

L'Employé du télégraphe de Dourdan au Directeur général (D. T.).

Dourdan, 18 septembre, 4 h. 55 soir. Expédiée à 9 h. 25 soir (n° 48155).

(Sous toutes réserves). Prussiens occupent plaines Massy et Palaiseau, se dirigent vers Versailles. 1,500 logeraient à Arpajon.

Le contre-amiral Saisset au Gouverneur de Paris.
(D. T.).

Noisy, 18 septembre, 5 h. 10 soir.

L'ennemi occupe Villemomble et un versant d'Avron ; un habitant resté dans le pays m'est rapporté par les grand'gardes avec un coup de sabre sur la tête appliqué par un uhlan. Je l'évacue sur Paris. Je demande à lancer deux ou trois projectiles de 0,16 de la marine sur le village de Villemomble au point signalé comme occupé. Trouvé dans la plaine des piquets sortant de terre de 40 centimètres et réunis par des fils de fer.

Le Contre-Amiral commandant le 7e secteur au Gouverneur de Paris (D. T.).

Vaugirard, 18 septembre, 5 h. 35 soir. Expédiée à 6 heures soir.

Une reconnaissance m'annonce que le combat est engagé en avant de la redoute de Châtillon entre Plessis-Picquet et ferme de Trivaux. Quels sont les ordres pour le chemin de fer ?

Le Directeur du télégraphe de Versailles au Directeur général (D. T.).

Versailles, 18 septembre, 5 h. 55 soir. Expédiée à 6 h. 15 soir.

L'ennemi est en force, paraît-il ; la ville ouvre ses portes ; je me replie devant l'ennemi avec mes appareils et mon personnel.

Le Maire de Poissy au Ministre de la Guerre (D. T.).

Poissy, 18 septembre, 6 h. 12 soir. Expédiée à 7 h. 30 soir (n° 48104).

L'ennemi est arrivé aujourd'hui à Carrières-sous-Poissy par détachements successifs. En ce moment, 6 heures, on me signale 300 ou 400 hussards prussiens qui se logent chez l'habitant et requièrent des vivres. Il commence à arriver de l'infanterie. Les cavaliers paraissent tout jeunes. A l'instant on m'avertit que les Prussiens sont en nombre assez considérable à Triel, venus par la côte d'Everchemont. On parle de plusieurs milliers.

Le Commandant supérieur du fort de Nogent au Gouverneur de Paris (D. T.).

Fort de Nogent, 18 septembre, 6 h. 25 soir. Expédiée à 7 h. 40 soir (n° 48116).

Aperçu une centaine de Prussiens, uhlans et fantassins, au village de

Bry. Villiers et Noisy-le-Sec (1) occupés par quelques mille. Ce dernier renseignement fourni par un habitant de Bry.

Le même au même (D. T.).

Fort de Nogent, 19 septembre, 7 heures soir. Expédiée à 8 heures soir (n° 48422).

Un moment j'ai cru que l'incendie de Bry-sur-Marne était un accident; maintenant, c'est bien l'ennemi qui brûle un innocent village.

Le Commandant du fort d'Ivry au Gouverneur de Paris (D. T.).

Ivry, 18 septembre, 7 heures soir. Expédiée à 7 h. 20 soir.

L'ennemi est en vue sur les hauteurs à gauche de Villejuif. Nous avons commencé à tirer sur lui.

Le Commandant supérieur du 6ᵉ secteur au Gouverneur de Paris (D. T.).

Paris, avenue Raphaël, 18 septembre, 7 h. 5 soir. Expédiée à 8 h. 40 soir (n° 34093).

Nos reconnaissances signalent un corps français nombreux dans l'Est de Meudon. Les coureurs ennemis sont signalés à petite distance de Brimborion, dont les terrassements ne sont pas terminés et qui n'a pas encore reçu d'armement. Un incendie est aperçu au-dessus de Puteaux sur le chemin de fer.

Le Commandant supérieur de Vincennes au Gouverneur de Paris (D. T.).

Vincennes, 18 septembre, 7 h. 30 soir. Expédiée à 9 h. 15 soir (n° 48143).

Le commandant de la redoute de la Faisanderie m'écrit : Entre 3 et 4 heures, une reconnaissance d'infanterie prussienne de 200 hommes environ, s'est avancée par la route de Champigny, jusqu'à 500 mètres du pont de Joinville; coups de feu échangés pendant une demi-heure avec des francs-tireurs et de la troupe de ligne embusquées de l'autre côté de la Marne. Les Prussiens se sont retirés par le même chemin.

---

(1) Le Grand (?).

Le Maire de Poissy au Ministre de la Guerre (D. T.).

Poissy, 18 septembre, 7 h. 43 soir. Expédiée à 8 h. 40 soir (n° 48134).

Renseignements complémentaires sur la position des Prussiens :
L'ennemi borde la rive droite de la Seine. Il y aurait environ 800 hommes dans chacune des communes suivantes : Conflans, Andrésy, Carrières, Triel ; l'artillerie prendrait position sur les hauteurs de Chanteloup. Je ne sais rien des autres communes de la rive droite. J'ai lieu de supposer qu'ils se préparent à un passage de la Seine et je crois que ce passage se ferait dans les environs de Triel. Rien ne me révèle cependant qu'ils ont un équipage de pont. Partout ils désarment la Garde nationale et font des réquisitions importantes. On est généralement frappé de leur extrême jeunesse.

L'Employé du télégraphe de Dourdan au Directeur général (D.T.).

Dourdan, 18 septembre. Expédiée à 7 h. 55 soir.

Dépêche de Breuillet, du 18 à 12 h. 30 soir, dit Prussiens venus gare d'Arpajon, paraissent avoir intention couper les poteaux, ce qu'ils ont fait hier à Brétigny.
Renseignements suivants sous toutes réserves :
400 Prussiens infanterie campés hier Brétigny ; cavalerie aurait traversé Seine aujourd'hui à Corbeil, se dirigeant sur Versailles par Montlhéry où 10,000 billets logement avaient été commandés ; étatmajor et principal de l'armée logés à Corbeil chez l'habitant ; environ 30,000 hommes.

Le Commandant du fort de Rosny au contre-amiral Saisset (D. T.).

Rosny, 18 septembre, 8 h. 50 soir. Expédiée à 10 h. 40 soir (n° 48185).

Communication d'un lieutenant des éclaireurs de la Seine, qui vient de se replier de l'avant du plateau d'Avron : 20,000 Prussiens dans la vallée de la Marne. Rapport d'espion : un corps de 6,000 hommes environ se dirigeant vers nous, devant lequel les francs-tireurs se replient. Le bataillon des francs-tireurs est réuni au-dessus des carrières du plateau d'Avron.

Le Maire de Poissy au Ministre de la Guerre (D. T.).

Poissy, 18 septembre, 8 h. 52 soir. Expédiée à 11 h. 35 soir (n° 48203).

J'apprends qu'une quarantaine Prussiens ont passé la Seine à Triel et coupé le chemin de fer et le télégraphe. Ils se seraient ensuite repliés sur Triel.

Le Commandant supérieur du fort du Mont-Valérien au Gouverneur de Paris (D. T.).

Mont-Valérien, 18 septembre, 9 h. 45 soir. Expédiée à 10 h. 15 soir.

On aura pris l'explosion de la mine du château des Landes qui a eu lieu à 6 heures pour le canon. Nous n'apercevons rien et veillons. Une compagnie de nos francs-tireurs nous couvre. Le château brûle, la mine n'a réussi qu'à moitié.

Le Contre-Amiral commandant le 7º secteur au Gouverneur de Paris (D. T.).

Paris-Vaugirard, 18 septembre, 10 h. 45 soir. Expédiée à 11 h. 10 soir.

Je reçois la dépêche suivante de l'inspecteur principal à la gare Montparnasse :

« Service des trains entre Paris-Montparnasse et ligne de Bretagne, *vice versa*, est suspendu depuis 5 heures. Les derniers trains ont passé à Versailles sans accident ni attaque d'aucune nature à ma connaissance. Prussiens campés à 4 kilomètres de Versailles. J'attendrai des ordres pour fermer la voie ».

L'Employé du télégraphe de Dourdan au Directeur général (D. T.).

Dourdan, 18 septembre. Expédiée à 11 h. 5 soir (n° 48196).

On dit ennemi occupe plaines Palaiseau et Massy, se dirigeant sur Versailles. 1,500 Prussiens seraient à Arpajon ; j'ai adressé ces renseignements sous toute réserve à 4 h. 55.

7 heures soir : un corps considérable d'artillerie aurait été vu campé dans les bois de Courcouron, sur la route de Montlhéry à Corbeil.

8 h. 40 : communications télégraphiques interrompues entre Saint-Chéron et Breuillet depuis 3 heures environ.

Journée du 19 septembre.

COMMANDEMENT DU GÉNÉRAL DUCROT.

Le contre-amiral Pothuau au Vice-Amiral commandant les marins détachés et au Ministre Marine, à Paris (D. T.) (1).

Bicêtre, 19 septembre, 6 heures matin.

Rien de nouveau encore du côté de Montrouge; troupes de la division de Maud'huy se massent dans les ouvrages devant nous.

Le contre-amiral Pothuau au Gouverneur de Paris et au vice-amiral de La Roncière (D. T.).

Paris-Bicêtre, 19 septembre, 6 h. 40 matin. Expédiée à 7 h. 30 matin (n° 48245).

Engagement qui paraît être assez sérieux du côté de Saquet et Villejuif; fusillade entremêlée de canonnade.

Le Commandant du fort d'Ivry au Gouverneur de Paris, à l'Amiral commandant les marins et à l'Amiral commandant à Bicêtre (D. T.).

Ivry, 19 septembre, 7 heures matin. Expédiée à 8 heures matin (n° 48251).

L'ennemi est en vue sur les hauteurs à gauche de Villejuif; nous avons commencé à tirer sur lui.

Le contre-amiral Pothuau au Gouverneur de Paris et à l'amiral de La Roncière, Paris (D. T.).

Bicêtre, 19 septembre, 7 h. 37 matin.

L'affaire s'est continuée, mais la fusillade a diminué; Ivry a pris part à l'action par quelques coups de canon à longue portée.

---

(1) Archives de la Marine, 920.

Le Commandant du fort à l'Amiral commandant à Bicêtre (D. T.).

Ivry, 19 septembre, 8 heures matin. Expédiée à 8 h. 45 matin (n° 48256).

L'ennemi est derrière le moulin d'Argent-Blanc et derrière Vitry.

Le Commandant supérieur du Mont-Valérien au Gouverneur (D. T.).

Mont-Valérien, 19 septembre, 8 h. 25 matin.

Le feu paraissait engagé sur les hauteurs de Bellevue à 7 heures. A 7 h. 30, il se rapprochait de Montretout où nous distinguions tout le monde à son poste; à 8 heures, le feu s'éloigne de plus en plus. Brouillard intense.

Le Commandant d'Ivry au Gouverneur de Paris, à l'Amiral commandant les marins et à l'Amiral commandant à Bicêtre (D. T.).

Ivry, 19 septembre, 8 h. 50 matin. Expédiée à 10 h. 5 matin (n° 48285).

Les tirailleurs ennemis sont venus à 400 mètres de Moulin-Saquet. J'ai fait tirer des obus à 1,300 mètres pour fouiller le bois. Ces tirailleurs se sont repliés derrière Vitry. Je crois qu'il y a là une assez forte infanterie; cependant le gros des forces semble se diriger de gauche à droite, vers Villejuif; l'ennemi ne nous a pas répondu à coups de canon.

Le Commandant du 8ᵉ secteur au Gouverneur de Paris, au Commandant du 7ᵉ secteur et Commandant supérieur (D. T.).

Paris (8ᵉ secteur), 19 septembre, 9 h. 7 matin.

On signale cavalerie ennemie aux abords du fort de Vanves. Je fais fermer les portes.

L'Amiral commandant le 7ᵉ secteur au Gouverneur de Paris (D. T.).

Paris (7ᵉ secteur), 19 septembre, 9 h. 22 matin.

Grand nombre de fuyards, en grande partie zouaves, arrivent par toutes les portes. Je les rassemble par détachements et les dirige sur l'École militaire. Je vous envoie un de mes officiers pour prendre des ordres.

Le Commandant du fort au Gouverneur de Paris (D. T.).

Fort d'Issy, 19 septembre, 9 h. 45 matin. Expédiée à 10 h. 45 matin (n° 68 A).

Une action est engagée dans la direction des bois de Clamart et de Meudon. Beaucoup d'hommes du 14ᵉ corps battent en retraite et se rallient sur le fort.

Le Commandant du 8ᵉ secteur au Gouverneur de Paris (D. T.).

Paris (8ᵉ secteur), 19 septembre, 10 h. 5 matin.

Je rouvre les portes, mais il me paraît prudent de se contenter de la porte de Châtillon pour le service extérieur.

Le Commandant du fort au Commandant supérieur (sic), Paris (D. T.).

Vanves, 19 septembre, 10 h. 20 matin. Expédiée à 10 h. 27 matin (n° 48317).

Forte canonnade avec alternatives de rapprochement et d'éloignement depuis 9 heures du matin dans la direction de Sceaux et de Plessis-Picquet. Vers 9 h. 30, une partie de nos troupes, infanterie, cavalerie et artillerie se retirait en bon ordre dans la direction des forts. Des colonnes paraissent remonter sur le plateau de Clamart—Châtillon.

Le Gouverneur de Paris aux Commandants des forts de Vanves, Issy et Montrouge (D. T.).

Paris, 19 septembre.

On me dit qu'il y a du désarroi en avant de vous. Donnez des nouvelles.

Le Commandant du 8ᵉ secteur au Gouverneur de Paris (D. T.).

Paris (8ᵉ secteur), 19 septembre, 10 h. 40 matin.

Le fort d'Ivry signale l'ennemi à gauche du Moulin-Saquet, entre Villejuif et Vitry; il tire dessus. Environ 800 hommes d'infanterie débandés et un peu de cavalerie rentrent par la porte d'Orléans; je vais essayer de les retenir et de les renforcer. C'est le 19ᵉ régiment de marche qui a été attaqué cette nuit à 3 heures du matin; la plupart des officiers ont été tués.

Le Gouverneur de Paris à l'amiral de Montaignac, commandant le 7ᵉ secteur (D. T.).

Paris, 19 septembre.

Je pense que vous avez fait fermer le passage du chemin de fer de Montparnasse.

Je me rends à votre secteur.

Le Gouverneur de Paris aux Commandants des secteurs (D. T.).

Paris, 19 septembre.

Il y a des événements sur la position de Clamart; faites mettre vos réserves sur l'enceinte, bien munies de cartouches.

Le Commandant du fort au Gouverneur (D. T.).

Issy, 19 septembre, 10 h. 45 matin. Expédiée à 1 h. 50 soir (n° 48348).

Les troupes qui ont battu en retraite sur le fort appartiennent à la droite de la ligne du côté de Meudon. On tient toujours à Châtillon.

Le Commandant du fort au Gouverneur (D. T.).

Montrouge, 19 septembre, 11 heures matin (n° 291).

Division de Maussion n'a pas encore été engagée. Le général me demande de tirer sur Bourg-la-Reine et dans le vallon de la Bièvre où s'avance une colonne ennemie que je ne vois pas. A Châtillon, je ne remarque rien d'extraordinaire.

Le contre-amiral Pothuau au Gouverneur de Paris et au vice-amiral de La Roncière (D. T.)

Bicêtre, 19 septembre, 11 heures matin.

Feu très vif d'artillerie de notre côté dirigé près Sceaux; fort de Montrouge envoie quelques coups au delà de Bourg-la-Reine.

Le Commandant du 9ᵉ secteur au Gouverneur de Paris (D. T.)

Paris-Gobelins, 19 septembre, 11 h. 7 matin. Expédiée à 12 h. 30 soir (n° 31232).

Les mobiles de réserve sont ajoutés aux remparts, mais ils n'ont chacun que six cartouches Chassepot. J'ai écrit ce matin, à ce sujet, mais la dépêche de 10 h. 25 me fait prier le Gouverneur de donner des ordres pour que nous recevions un approvisionnement.

Le Commandant du 8ᵉ secteur au Gouverneur de Paris (D. T.).

Paris-Montrouge, 19 septembre, 11 h. 10 matin. Expédiée à 12 h. 20 soir (n° 34221).

Les réserves de la garde mobile ne nous sont pas arrivées ce matin. Urgent de donner des ordres.

Le Commandant du fort au Gouverneur (D. T.).

Issy, 19 septembre, 11 h. 30 matin. Expédiée à 1 heure soir (n° 48357).

Du fort, le plateau de Châtillon paraît évacué. On entend encore une faible canonnade dans cette direction. On communique du fort de Vanves : général Ducrot prévient de veiller et de faire feu aussitôt que nos troupes auront évacué les hauteurs.

Note très urgente du Gouverneur de Paris au Ministre de la Guerre.

Paris, 19 septembre, 11 h. 30 matin.

Les événements sont très graves du côté de Châtillon et de Meudon. J'ai fait diriger beaucoup de troupes vers le Point-du-Jour, et une division du général Vinoy a reçu l'ordre de se porter par le chemin de fer de Ceinture pour appuyer l'enceinte en arrière des forts d'Issy, de Vanves et de Montrouge.

Le Commandant du fort au Gouverneur de Paris (D. T.).

Montrouge, 19 septembre, 11 h. 45 matin. Expédiée à 1 h. 5 soir (n° 48360).

La division de Maussion bat en retraite. Nous tirons pour couvrir sa retraite.

Le général Ducrot au Gouverneur de Paris (D. T.).

Châtillon, 19 septembre, 11 h. 45 matin. Expédiée de Vanves à 12 h. 29 soir.

Les munitions manquent pour le 12, le 4 et les mitrailleuses.
Il serait urgent de nous en envoyer ; j'ai dû faire ralentir beaucoup notre feu.

Le contre-amiral Pothuau au commandant du fort de Montrouge (D. T.).

Bicêtre, 19 septembre, 11 h. 55 matin. Expédiée à 2 h. 45 soir (n° 48353).

Voyez-vous l'ennemi dans Bourg-la-Reine ? Nous ne pouvons juger exactement de sa position d'ici. Si vous le voyez, nous pouvons tirer sur le village.

Le lieutenant Barthélemy au Gouverneur de Paris.

Observatoire, 19 septembre, midi.

Depuis 9 h. 30, une batterie établie sur la colline entre Fontenay et Clamart, près de l'ancien télégraphe, tire dans la direction de Sceaux, des bois de Verrières et plus tard du Plessis-Picquet où elle tire encore maintenant.

Vers 9 h. 30, de l'infanterie a été vue manœuvrant du fort d'Issy au fort de Vanves.

De la cavalerie a été vue également sous le fort de Vanves, galopant vers Châtillon.

Un incendie considérable dure depuis deux heures vers Villacoublay à l'Ouest du Plessis-Picquet.

Le feu augmente considérablement du côté de Sceaux.

Le château et la tenaille de Meudon paraissent calmes; on n'y voit et on n'entend ni fusillade ni canonnade, pas plus que vers le Point-du-Jour. Le fort de Montrouge vient de tirer il y a quelques minutes.

La batterie des Hautes-Bruyères aussi. On voit le tir à la bombe mais il est impossible d'en déterminer la direction.

Il n'y a pas de brouillard mais le soleil est gênant en ce moment.

En ce moment même, le tir commence vers la route de Châtillon au Petit-Bicestre.

La batterie du télégraphe, près du fort de Clamart, paraît avoir cessé son feu.

P.-S. — Je reste et vous envoie à la hâte ce premier rapport en attendant vos ordres.

Le Commandant supérieur du fort au Général commandant la 1re division militaire, Paris (D. T.).

Vanves, 19 septembre, 12 heures soir. Expédiée à 1 h. 30 soir (n° 48352).

Les élections des officiers de la garde mobile, commencées à 8 heures, ont été interrompues à 9 h. 15 par l'approche de l'ennemi.

L'opération avait été faite pour les 1re et 2e compagnies et avait eu pour résultat de réélire les officiers déjà titulaires de ces deux compagnies.

Le général Schmitz au Commandant du fort de Vanves (pour le général Ducrot) (D. T.).

Paris, 19 septembre, 12 h. 15 soir. Expédiée à 1 h. 12 soir (n° 34239).

Gouverneur est parti pour vous rejoindre. Je pense comme vous que l'ennemi sera bientôt sur les hauteurs de Meudon et je vous conjure de vous inspirer de votre propre valeur pour ne pas vous laisser cerner et de (*sic*) nous priver de votre concours qui peut nous être encore si utile. Je fais appel à tous vos sentiments de prudence.

Le Commandant du fort à l'Amiral commandant à Bicêtre (D. T.).

Montrouge, 19 septembre, 12 h. 18 soir. Expédiée à 4 h. 15 soir (n° 48356).

Nous ne voyons pas l'ennemi.

Le Commandant du fort au Gouverneur de Paris (D. T.).

Vanves, 19 septembre, 12 h. 20 soir.

Un aide de camp du général Ducrot attend au fort la réponse à sa dépêche de 11 h. 35.

On me dit que des fuyards rentrent à Paris par la porte de Châtillon sans que personne les arrête.

Le même au même (D. T.).

Fort d'Issy, 19 septembre, 1 h. 55 soir. Expédiée à 4 h. 15 soir (n° 46869).

On tire toujours de la redoute de Châtillon, mais on voit de temps en temps un assez grand nombre d'hommes, et même de l'artillerie, battre en retraite.

Le même au même (D. T.).

Issy, 19 septembre, 3 h. 40 soir.

On n'entend plus ni canonnade ni fusillade ; beaucoup de troupes se sont ralliées sur le fort de Vanves. Les hauteurs de Châtillon paraissent abandonnées.

Le Gouverneur de Paris aux Commandants des 7e, 8e *et* 9e *secteurs* (D. T.).

Paris, 19 septembre, 4 heures soir.

Le général Vinoy établit son quartier général à la gare Montparnasse ; il commande toutes les forces de la gauche.

Le Commandant du fort au Gouverneur et aux Commandants des marins, à Paris et à Bicêtre (D. T.).

Ivry, 19 septembre, 4 heures soir. Expédiée à 7 h. 10 soir (n° 48380).

Cet après-midi il y a eu un mouvement de troupes prussiennes assez considérable de Créteil vers Choisy-le-Roi. Ces colonnes défilent à 5,200 mètres environ d'Ivry ; je leur ai envoyé 4 coups de canon de 30.

Il y a beaucoup de tirailleurs ennemis près d'Ivry ; quelques-uns se sont avancés jusqu'à 1,200 mètres du fort et se sont embusqués à moins de 400 mètres de Saquet.

Le général Ducrot au Gouverneur de Paris (D. T.).

Vanves, 19 septembre, 4 h. 25 soir. Expédiée à 5 h. 40 soir (n° 48388).

La position de Châtillon est évacuée un peu plus tôt que je ne l'aurais voulu. La 1re division est derrière le fort d'Issy ; une partie de la 2e, derrière le fort de Vanves, l'autre partie est rentrée dans Paris sans ordre ; la 3e division est derrière Montrouge. Je pense que la 4e division est entre Bicêtre et Ivry. J'ai tout lieu de penser que les zouaves ont évacué Meudon sans ordre. Je suppose que le bataillon de mobiles les a suivis ; du reste je m'en assure en ce moment. J'attends vos ordres. Nos pertes peuvent s'évaluer à une centaine d'hommes hors de combat, mais le nombre des dispersés dans certains corps est assez considérable.

Le Gouverneur de Paris au Commandant du fort de Vanves (D. T.).

Paris, 19 septembre, 4 h. 40 soir.

Avez-vous des nouvelles de la personne du général Ducrot ?

Le Gouverneur de Paris au général Ducrot, fort de Vanves (D. T.).

Paris, 19 septembre, 5 h. 40 soir. Expédiée à 7 h. 50 soir (n° 34307).

La position de Châtillon étant perdue, il importe de ne pas exposer davantage celles de nos troupes qui sont entre les forts et l'enceinte. Prenez donc des dispositions immédiates pour les faire rentrer en bon ordre à Paris, en les répartissant sur le plus grand nombre de portes possible. Lorsque vous aurez assuré le mouvement, rendez-vous de votre personne à mon quartier général. La division de Caussade est déjà en ordre derrière l'enceinte. Votre aide de camp et le colonel Maillart sont ici. Le 14e corps ira prendre son bivouac partie au Champ de Mars partie aux Champs-Elysées. La division du corps Vinoy viendra bivouaquer, sa gauche au Jardin des Plantes, s'étendant vers la droite sur la route de Fontainebleau. La division Blanchard, du général Vinoy, est déjà derrière l'enceinte s'étendant de Montrouge à Vaugirard.

L'Amiral commandant en chef aux Commandants supérieurs des forts d'Ivry et de Montrouge (D. T.).

Bicêtre, 19 septembre, 5 h. 50 soir. Expédiée à 9 h. 5 soir (n° 48399).

Les troupes et les isolés qui se replient sur les forts doivent rester à l'extérieur sans exception.

Le Contre-Amiral commandant le 7e secteur au général Vinoy, gare Montparnasse (urgence) (D. T.).

Paris, 19 septembre, 5 h. 52 soir. Expédiée à 7 h. 40 soir (n° 34311).

Le général de Caussade est à mon quartier général, doublant avec ses troupes la division Blanchard. Il demande des ordres.

Le contre-amiral Pothuau au Commandant du fort de Montrouge (D. T.).

Bicêtre, 19 septembre, 5 h. 55 soir. Expédiée à 7 h. 35 soir (n° 48398).

La division de Maud'huy occupe ses positions du Moulin-Saquet, Villejuif à Hautes-Bruyères, où elle est retranchée.

Elle a fait une reconnaissance en avant contre un corps sans artilleurs qui était devant elle.

Le Gouverneur de Paris aux Commandants des 7e, 8e et 9e secteurs (D. T.).

Paris, 19 septembre, 6 heures soir (n° 34310).

Le 14e corps, qui est entre vous et les forts, rentre à Paris ce soir. Assurez sa rentrée par les portes qui sont sur votre secteur et faites veiller.

Le contre-amiral Pothuau au Gouverneur de Paris (D. T.).

Bicêtre, 19 septembre, 6 h. 30 soir. Expédiée à 7 h. 18 soir (n° 48100).

Du côté du fort de Bicêtre, rien de nouveau ; la division de Maud'huy occupe toujours ses positions en avant de l'ouvrage des Hautes-Bruyères à Villejuif et au Moulin-Saquet. Le général pense qu'il peut être attaqué cette nuit.

Le général Vinoy au Gouverneur de Paris (D. T.).

Paris-Montparnasse, 19 septembre, 6 h. 51 soir. Expédiée à 8 h. 50 soir (n° 34340).

Général de Caussade est rentré dans Paris et est en réserve derrière la division Blanchard. Je lui fais dire d'y rester.

Ordre du général Appert, chef d'état-major du général Ducrot.

Vanves, 19 septembre, 7 heures soir.

Les mouvements ci-dessous s'exécuteront immédiatement :

La division d'Hugues quittera immédiatement sa position pour aller bivouaquer au Champ de Mars ; elle entrera dans Paris par la porte de Châtillon ;

La 3e division (de Maussion) rentrera également dans Paris par la porte de Montrouge et ira camper tout le long du Cours la Reine aux Champs-Élysées ; toute l'artillerie du 14e corps campera au Champ de Mars ;

La division de Maud'huy, du 13e corps, ira bivouaquer sa gauche au Jardin des Plantes, tout le long de la route de Fontainebleau.

MM. les généraux de division veilleront à ce que les troupes rentrent en bon ordre à Paris.

Le quartier général du général Ducrot, commandant en chef, est 14, rue Abattucci.

MM. les généraux de division et chefs de service viendront demain matin au rapport à 8 heures.

Le général Ducrot au Gouverneur de Paris (D. T.).

Vanves, 19 septembre, 7 h. 15 soir.

Je vous prie de donner des ordres pour que les portes soient ouvertes aux troupes qui partent à l'instant pour rentrer dans Paris.

Le Gouverneur de Paris au général Ducrot, fort de Vanves (D. T.).

Paris, 19 septembre, 7 h. 30 soir.

J'ai donné des ordres il y a deux heures à tous les commandants de secteur pour que les portes restent ouvertes. Ne vous occupez pas de la division de Caussade, elle est en réserve derrière la division Blanchard.

Le Commandant du fort au Gouverneur de Paris (D. T.).

Fort d'Issy, 19 septembre, 7 h. 35 soir. Expédiée à 8 h. 20 soir (n° 48424).

L'ennemi s'établit sur les hauteurs de Châtillon et dans les bois entre Clamart et Meudon. Nos approvisionnements pour les ordinaires deviennent impossibles. Peut-on distribuer les vivres de campagne ?

Le contre-amiral Pothuau au Gouverneur de Paris et au vice-amiral de La Roncière (D. T.).

Bicêtre, 19 septembre, 8 heures soir. Expédiée à 8 h. 45 soir (n° 48426).

Je viens d'apprendre du commandant Chabaud-Maillard, des francs-tireurs, qu'à la nuit la position importante de Châtillon n'était plus occupée par l'ennemi.

Le contre-amiral commandant le 7ᵉ secteur au Gouverneur de Paris (D. T.).

Paris (7ᵉ secteur), 19 septembre, 8 h. 50 soir. Expédiée à 10 h. 20 soir (n° 34351).

Le commandant Lévy, du génie, arrive de Meudon avec 1,200 hommes qu'il a ralliés autour de lui ; j'envoie ce détachement à l'École militaire pour y recevoir des vivres. Le commandant Lévy se rend par mon ordre au quartier général pour faire un rapport.

Le contre-amiral de Montaignac, commandant le 7ᵉ secteur, au général Vinoy, gare Montparnasse (D. T.).

Paris (7ᵉ secteur), 19 septembre, 9 h. 10 soir. Expédiée à 10 h. 10 soir (n° 34350).

Plusieurs régiments de la division Blanchard sont arrivés devant les fronts. Je ne sais où sont les généraux de brigade pour recevoir les ordres et ne puis par conséquent remplacer les gardes nationaux.

Le général de Caussade a reçu l'ordre de se rendre avec sa division au Champ de Mars. Je vous serais obligé de m'envoyer un officier général pour prendre le commandement des troupes.

Le Contre-Amiral commandant le 7e secteur au général Vinoy, gare Montparnasse (D. T.).

Vaugirard, 19 septembre, 9 h. 35 soir. Expédiée à 10 h. 40 soir (n° 34352).

J'estime qu'une batterie d'artillerie serait nécessaire devant le Point-du-Jour, la position défensive étant très faible.

Le général Vinoy au contre-amiral de Montaignac (communiquer au Gouverneur) (D. T.).

Paris-Montparnasse, 19 septembre, 10 h. 50 soir.

La division Blanchard est sur les remparts, borde les parapets depuis le Point-du-Jour jusqu'à la Bièvre.

Les généraux de la division sont avec leurs troupes. Les choses peuvent rester dans l'état où elles se trouvent, tout se rectifiera demain matin.

Le général Vinoy au Commandant du fort de Bicêtre (D. T.).

Paris-Montparnasse, 19 septembre, 10 h. 55 soir. Expédiée le 20 à 1 h. matin (n° 34360).

Faites-moi savoir de suite, gare Montparnasse, si le général de Maud'huy a reçu l'ordre du Gouverneur de Paris de quitter sa position et de venir s'installer avec sa division au boulevard d'Italie. Dans l'affirmative, quand le mouvement a-t-il commencé?

Sinon, donnez-lui connaissance de cet ordre et invitez-le à se replier immédiatement à l'endroit indiqué.

Le général Vinoy au Gouverneur de Paris (D. T.).

Paris-Montparnasse, 19 septembre, 11 h. 20 soir. Expédiée le 20 à 1 h. 10 matin (n° 34359).

Après notre départ de Saint-Mandé, le général d'Exéa a envoyé une reconnaissance composée d'un bataillon et de deux pelotons de cavalerie dans la direction de Maisons-Alfort, où de l'infanterie prussienne avait été signalée. Le général Cousin me rend compte que ces deux pelotons ont eu un engagement avec les tirailleurs ennemis. Un homme a disparu avec son cheval et un cheval a été tué. N'ayant point encore reçu le rapport du général d'Exéa, je ne sais quel rôle a joué le bataillon d'infanterie dans cette circonstance. Je dois vous rappeler que la division d'Exéa reste seule dans la position de Charenton et que la brigade de cavalerie Cousin est campée sous le fort de Vincennes. Je vous prie de me faire savoir s'il n'y aurait pas lieu de donner des ordres à ces deux troupes pour opérer leur rentrée dans Paris.

Le contre-amiral Pothuau au général Vinoy, gare Montparnasse (D. T.) (1).

Bicêtre, 20 septembre, minuit 10.

Un officier d'état-major vient de passer ici, on lui a donné un guide pour le conduire au général de Maud'huy auquel il porte l'ordre de se replier immédiatement sur Paris ; le mouvement va donc commencer.

Le même au vice-amiral de La Roncière (D. T.) (1).

Fort de Bicêtre, 20 septembre, minuit 10.

Les troupes du général de Maud'huy ayant eu ordre de se replier en arrière des forts, ne serait-il pas possible d'envoyer dans les forts quelques mitrailleuses ?

Le contre-amiral de Challié au Gouverneur de Paris (D. T.) (1).

Paris (9e secteur), 20 septembre, minuit 48.

La division du général de Maud'huy est rentrée au 9e secteur.

Le Commandant du 8e secteur au Gouverneur de Paris (D. T.) (1).

Montrouge, 20 septembre, 1 h. 30 matin.

Les troupes ont effectué leur rentrée dans Paris ; les portes sont fermées, la nuit est tranquille.

Le Gouverneur de Paris au Commandant de la place de Villejuif (D. T.) (1).

Paris, 20 septembre, 3 h. 42 matin.

Faites rentrer à Paris tout ce qui reste de troupes à Villejuif.

---

(1) Archives de la Marine, 920.

Le général Ducrot au Ministre de la Guerre (1).

Versailles, 17 avril 1872.

M. le général Vinoy vient de publier un livre : *Siège de Paris, opérations du 13e corps et de la 3e armée.*

Bien qu'il soit souvent question de moi dans ce travail, je ne m'en serais pas occupé si M. le général Vinoy ne lui avait donné un caractère officiel en le présentant sous forme de rapport et en le faisant précéder d'une lettre adressée au Ministre de la Guerre.

Dès lors, je crois avoir le droit et je considère même comme un devoir de vous faire remarquer que M. le général Vinoy n'a pas observé les principes de la hiérarchie et de la discipline en publiant un document où il commente et discute les actes de son chef immédiat.

Contrairement à ce qu'il affirme, le 13e comme le 14e corps n'ont pas cessé un seul jour d'être placés sous mon commandement depuis le 18 septembre jusqu'au 6 novembre, époque à laquelle ils furent fondus dans les 2e et 3e armées.

D'après M. le général Vinoy (p. 144 et 145 de son livre), voici comment les choses se seraient passées.

« Le 18 septembre, le Gouverneur prend une résolution qu'il fait d'abord pressentir par la lettre suivante adressée au commandant du 13e corps.

« Cher Général,

« Le Gouvernement vient de faire une nomination que je vous prie de ne pas juger avant de m'avoir entendu. Il s'agit d'un grand intérêt public qui doit être sauvegardé, toute préoccupation de personnes cessant..... ».

« Une autre lettre que le général reçut ensuite lui fit savoir en ces termes de quelle nomination il s'agissait :

« J'ai l'honneur de vous informer que j'ai nommé au commandement des 13e et 14e corps, M. le général de division Ducrot. Je fais appel à tous les sentiments de patriotisme que vous impose la situation pour vous inviter à faciliter à cet officier général l'accomplissement de la tâche que je lui ai confiée ».

« Mais après les observations présentées au Gouverneur de Paris par le général commandant le 13e corps, il ne fut pas donné suite à l'organisation indiquée, ou du moins elle ne reçut jamais sa complète exécution. Les deux corps d'armée que la lettre de service du général Ducrot

---

(1) Cf. *L'Investissement de Paris* (texte), t. I, p. 78 et suiv.

plaçait sous ses ordres se trouvaient alors aux deux extrémités de Paris, l'un au Sud, vers Châtillon, et l'autre à Vincennes. Il fut convenu que le 13ᵉ corps resterait détaché du commandement du général Ducrot, et que celui-ci n'exercerait réellement le commandement en chef des deux corps d'armée que dans le cas où, par suite des opérations, ils se trouveraient réunis, circonstance qui ne se présenta jamais ».

Ces distinctions et ces appréciations paraîtront subtiles et singulières à tous les hommes du métier. Le fait est qu'elles sont parfaitement inexactes et que je n'ai jamais eu connaissance de la convention à laquelle M. Vinoy fait allusion.

Pour toute réponse, je pourrais me borner à dire que j'ai encore entre les mains la lettre de service dont voici la copie :

MINISTÈRE DE LA GUERRE.   Paris, le 16 septembre 1870.

1ʳᵉ Direction.
Bureau des états-majors
et des Écoles militaires.   Général,

J'ai l'honneur de vous informer que par décision de ce jour, vous êtes nommé au commandement en chef des 13ᵉ et 14ᵉ corps d'armée réunis à Paris.

Vous prendrez sur-le-champ possession de votre commandement.

Recevez, Général, l'assurance de ma considération la plus distinguée.

Le Ministre de la Guerre,
Signé : général LE FLO.

Mais cela ne suffirait pas pour détruire complètement l'impression produite par les affirmations et les insinuations de M. le général Vinoy.

La vérité toute entière, la voici :

Malgré l'appel fait à son patriotisme par M. le Gouverneur, le général Vinoy fut vivement froissé de la mesure qui le plaçait sous les ordres du général Ducrot; il n'accepta jamais cette situation et, loin de faciliter la tâche si lourde et si pénible de cet officier général, il apporta dans ses relations avec lui une telle froideur, un mauvais vouloir si accentué, qu'il fallut, de la part du général Ducrot, une prudence, une circonspection infinie et de tous les instants pour éviter un conflit..... conflit qui pouvait avoir, est-il besoin de le dire, les plus funestes et les plus navrants résultats.

Aussi voit-on le général Ducrot s'abstenir constamment d'intervenir d'une manière directe dans les opérations entreprises sur le front du 13ᵉ corps..... lors même qu'il y faisait concourir des troupes appartenant au 14ᵉ — opérations, il est vrai toujours secondaires, car jamais elles n'ont eu d'autre but que de voiler à l'ennemi la préparation d'opérations plus importantes qui se préparaient dans d'autres directions.

Bien des fois, le général Ducrot a exposé au Gouverneur sa règle de conduite à cet égard, et celui-ci l'a toujours approuvée, mais toujours aussi, il lui a confirmé la plénitude de ses prérogatives et de ses droits de commandant en chef des 13ᵉ et 14ᵉ corps.

Tels sont, monsieur le Ministre, les faits véritables. Puisque j'ai été forcé de me prononcer sur la manière d'être du général Vinoy à mon égard, je ne saurais passer sous silence la conduite si opposée du brave général Renault avec qui mes relations ont été quotidiennes depuis le 18 septembre jusqu'au 30 novembre, jour où il tombait glorieusement sur le champ de bataille de Villiers..... Cet illustre vétéran, doyen de nos divisionnaires, qui, à coup sûr, aurait eu bien plus de justes raisons pour contester mon autorité, m'a toujours témoigné en toutes circonstances une déférence, une confiance dont j'ai conservé un précieux et reconnaissant souvenir..... Je dois en dire autant des généraux Frébault et Tripier, commandants en chef l'artillerie et le génie de la 2ᵉ armée; quoique mes doyens d'âge et de service et en situation d'être mes supérieurs à bien des titres..... ils m'ont secondé avec un zèle et un dévouement qui ne se sont pas démentis un seul instant au milieu des plus cruelles épreuves.....

Je ne saurais le dire trop hautement, si j'ai pu jusqu'au bout supporter le lourd fardeau sous lequel je me sentais parfois écrasé..... c'est grâce à la confiance et à l'amitié de ces vaillants et excellents camarades.

Voici donc, monsieur le Ministre, un premier point bien établi : le 13ᵉ corps, contrairement à l'assertion du général Vinoy, n'a pas cessé un seul jour, une seule heure d'être placé sous mes ordres, et si je n'ai pas fait plus sentir mon autorité c'est, ainsi que je l'ai exposé, par mesure, par raison d'intérêt public.

Les mêmes motifs m'ont déterminé, lors de l'organisation du 6 novembre, à prier le Gouverneur de Paris de confier au général Vinoy le commandement de la 3ᵉ armée et de le remplacer par le général Blanchard dans le commandement du 1ᵉʳ corps de la 2ᵉ armée.

Le général Vinoy ne s'est jamais douté que c'était à moi, rien qu'à moi, qu'il devait ce commandement si ardemment convoité.

Dans son livre (p. 240), il s'exprime ainsi :

« Destinée d'abord à rester sous les ordres du Gouverneur de Paris, qui se l'était attribuée, la 3ᵉ armée fut confiée, le 8 novembre, au général Vinoy. L'organisation primitive, telle qu'elle est insérée au *Journal officiel* du 6 novembre, attribuait à cet officier général le commandement du 1ᵉʳ corps de la 2ᵉ armée. Cette combinaison renouvelait celle du 17 septembre qui avait réuni les 13ᵉ et 14ᵉ corps d'armée sous les ordres du général Ducrot. Cette fois encore, elle ne fut pas maintenue et, pour des motifs qu'il est inutile de rappeler, elle fut de nouveau annulée, comme elle l'avait été déjà une première fois. Le général Blanchard reçut le commandement du 1er corps de la 2e armée ».

Sur ce second point, voici encore la vérité. Au moment de faire un suprême effort dans lequel nous avions mis notre dernier espoir de salut..... j'avais besoin du dévouement absolu, de la confiance illimitée de tous ceux qui m'entouraient, de tous ceux qui allaient directement me prêter leurs concours et leur appui..... Or, j'avais eu trop souvent occasion de constater les sentiments personnels de M. le général Vinoy pour ne pas redouter les conséquences de son opposition systématique, de son mauvais vouloir..... J'en fis l'observation au Gouverneur, je lui fis remarquer que la question de salut public dominait toute autre considération..... que si j'avais pu jusqu'alors user de ménagements et de patience à l'égard d'un inférieur que recommandaient ses anciens services et sa haute situation personnelle, j'étais fermement résolu à ne rien ménager le jour où la moindre hésitation, la plus légère opposition pouvaient compromettre le succès des opérations dont la direction m'était confiée..... Que certainement, mieux valait écarter toute chance d'un conflit regrettable et dangereux en plaçant le général Vinoy en dehors de mon commandement; que la 3e armée n'avait pas de commandant spécial, qu'il n'existait aucune raison sérieuse pour qu'elle fût placée directement sous les ordres du Gouverneur; que ce commandement était une situation toute indiquée pour le général Vinoy et qu'il pouvait être remplacé dans le commandement du 1er corps de la 2e armée par le général Blanchard, le plus ancien de ses divisionnaires.....

Le Gouverneur se rendit facilement à ces raisons dont il apprécia la justesse et il donna suite à ma proposition.

Je tenais, monsieur le Ministre, à établir nettement ces deux points :

1° Que le général Vinoy a été réellement sous mes ordres du 17 septembre au 6 novembre ;

2° Qu'il en est sorti par ma volonté et sur ma proposition.

M. le général Vinoy n'avait donc pas le droit de critiquer dans un rapport adressé officiellement au Ministre les actes de son supérieur, au moins pendant la période durant laquelle il a été sous mes ordres..... En le faisant, il a manqué aux principes hiérarchiques, il a manqué à la discipline.

Ceci admis, il me resterait à démontrer que les critiques de M. le général Vinoy sont la plupart sans fondement, et il ne pouvait en être autrement. M. Vinoy a été, pendant toute la période du siège, placé dans une situation secondaire qui ne lui a pas permis de connaître les faits, encore moins d'en connaître les causes. De là ses inexactitudes et ses fausses appréciations..... A vrai dire, il n'a fait que reproduire toutes les versions, tous les contes qui ont eu cours dans la presse et dans les conversations d'un public passionné ignorant et souvent fort irrité par les souffrances physiques et morales.

A-t-on eu tort de maintenir M. le général Vinoy dans cette situation secondaire, de ne le mettre au courant des projets que dans la mesure que comportait sa situation de commandant de corps d'armée? A-t-on été coupable en ne recourant pas plus souvent à son expérience et à ses lumières?..... c'est une question à laquelle il ne m'appartient pas de répondre..... Cependant, je dois dire que dans les circonstances où j'ai eu occasion d'exposer devant lui le plan des opérations que nous allions entreprendre, lorsque j'invitais mes collaborateurs et personnellement le général Vinoy à vouloir bien me soumettre leurs observations, il n'a pas dit un mot, n'a rien proposé, soit comme projet nouveau, soit comme modification. En revanche, il n'a jamais manqué de critiquer amèrement après coup et de chercher à démontrer que si l'on avait fait ceci ou cela tout eût été pour le mieux.

Je ne chercherai pas à relever toutes les inexactitudes qui existent dans le travail de M. le général Vinoy..... il faudrait pour cela refaire toute l'histoire du siège..... Je me bornerai aujourd'hui à choisir quelques épisodes parmi les plus importants, pour en faire l'historique dans un rapport spécial ci-annexé. C'est un devoir qui m'est imposé par mes obligations vis-à-vis des troupes que j'ai eu l'honneur de commander..... J'ose donc espérer, monsieur le Ministre, que vous daignerez jeter un coup d'œil sur ce travail et que vous reconnaîtrez combien sont grandes et nombreuses les erreurs de faits et appréciations contenues dans le livre de M. le général Vinoy.

Un mot encore et j'ai fini cette lettre déjà trop longue.....

S'il me semble que le chemin conduisant aux honneurs et à la fortune ne doit pas être tracé au milieu des ruines et des malheurs de son pays..... il me semble aussi que je dois me défendre énergiquement contre tout ce qui peut porter atteinte à mon honneur et à ma réputation militaire, car c'est un héritage que je veux laisser intact à mes enfants!!..... (1).

---

(1) *Note marginale :* « Il a été répondu du Cabinet, le 24 avril 1872, à M. le général Ducrot. — Le Ministre n'a nullement entendu approuver les opinions et le récit de M. le général Vinoy ».

13ᵉ CORPS.

a) Journaux de marche.

Historique du 13ᵉ corps d'armée.

Dans la soirée du même jour (17 septembre), vers 11 heures, un ordre du Gouverneur prescrivait à la 2ᵉ division (de Maud'huy) de se porter aux abords de Bicêtre, où elle arriva le 18 dans la matinée. Elle s'établit au Moulin-Saquet, au village de Villejuif, à la redoute des Hautes-Bruyères, au lieu dit les Carrières, le long de la Bièvre, et enfin à cheval sur les routes nᵒˢ 7 et 51, entre les forts de Bicêtre et d'Ivry.

Cette position était jugée très forte par le général de Maud'huy, mais en présence de forces ennemies très considérables, il crut devoir demander une batterie de réserve.

Cette batterie lui fut envoyée dans la matinée du 19. A la droite de la position occupée par la 2ᵉ division se trouvait le 14ᵉ corps d'armée, sous le commandement de M. le général Renault, qui eut dans cette journée du 19 un combat sérieux avec les troupes allemandes. Les mouvements exécutés par l'ennemi amenèrent, au commencement de la journée, une fusillade entre le bataillon posté au Moulin-Saquet et les tirailleurs ennemis placés dans les vignes et les jardins situés non loin de ce point ; quelques coups de canon appuyèrent le feu de notre infanterie ; l'ennemi éprouva des pertes sérieuses ; les nôtres furent insignifiantes.

Vers 3 heures, le général de Maud'huy, qui ne pouvait connaître le résultat du combat sur sa droite, envoya une reconnaissance forte de huit compagnies et de deux bouches à feu pour se faire rendre compte de la position de l'ennemi. Il en résulta un engagement qui resta à notre avantage.

Dans cette journée, la 2ᵉ division a perdu 7 hommes tués, 20 blessés, dont un capitaine, et 20 hommes disparus. Les événements de la journée décidaient dès midi le Gouverneur de Paris à faire rentrer dans la capitale le quartier général du 13ᵉ corps et la 3ᵉ division. Ce mouvement s'exécuta rapidement, et les troupes occupaient déjà à 4 heures les points qui leur étaient assignés en arrière des fortifications.

Le grand quartier général fut placé à la gare de l'Ouest (Montparnasse) et garda auprès de lui et les troupes qui l'accompagnaient ordinairement et les réserves d'artillerie, l'escadron des chasseurs de la Garde et un bataillon du 81ᵉ que la 2ᵉ division avait la veille laissé à

Saint-Maur. Cette 2ᵉ division recevait à son tour, du Gouverneur de Paris, l'ordre de rentrer dans Paris; elle effectuait son mouvement dans la nuit du 19 au 20 et elle s'établissait vers la place et le boulevard d'Italie.

Le 20 septembre, la 3ᵉ division allait camper au Champ de Mars.

Journal de marche de la 1ʳᵉ division du 13ᵉ corps.

19 septembre.

Des reconnaissances journalières sont faites en avant du fort de Charenton, du côté de la presqu'île de Saint-Maur et du fort de Nogent.

Le 18, la 2ᵉ brigade a été s'établir à gauche dans le champ de courses vers Vincennes pour remplacer la 2ᵉ division d'infanterie (de Maud'huy) partie pour appuyer les forts vers Montparnasse.

Le 19, dans la journée, la 3ᵉ division (Blanchard) part pour appuyer l'enceinte vers Montrouge et Montparnasse, et la 1ʳᵉ reste seule chargée de garder depuis Charenton jusqu'à Vincennes.

Toute la journée on entend le bruit d'un combat sérieux entre Villejuif et Clamart.

La reconnaissance envoyée vers Maisons (un bataillon et un peloton de chasseurs) a eu un homme et un cheval disparus, un cheval tué (du 9ᵉ chasseurs).

Historique du 6ᵉ régiment de marche.

19 septembre.

Le lieutenant-colonel du Guiny se porte rapidement sur Maisons-Alfort avec un bataillon, un escadron et deux pièces de 4, pour envelopper et ramener l'ennemi qui venait d'être signalé dans ce village. A son arrivée, les Prussiens l'avaient complètement évacué.

Historique du 9ᵉ régiment de marche.

19 septembre.

Le IIᵉ bataillon occupe la redoute des Hautes-Bruyères encore inachevée; des éclaireurs ennemis sont signalés. Le sous-lieutenant Racine se porte en avant avec quatre volontaires, tue deux cavaliers prussiens et rentre à la redoute avec leurs armes et harnachements.

Le IIᵉ bataillon occupe la redoute, le Iᵉʳ bataillon pousse une reconnaissance en avant sur l'Hay, rencontre les tirailleurs ennemis; après quelques coups de fusil échangés, ce bataillon reçoit l'ordre de rentrer dans la redoute des Hautes-Bruyères. Les 5ᵉ et 6ᵉ compagnies du IIIᵉ bataillon renforcent les compagnies du 90ᵉ qui poussent une reconnaissance en avant de Villejuif, dans la direction de Chevilly.

Les Iᵉʳ et IIIᵉ bataillons reçoivent l'ordre dans la soirée de rentrer à Paris.

Vers 9 heures du soir, le IIᵉ bataillon reçoit l'ordre de se diriger sur Paris. Les 3ᵉ, 5ᵉ et 6ᵉ compagnies, de grand'garde sur les hauteurs de Cachan, averties tardivement de se replier sur le bataillon, ne le rejoignent que fort tard et l'obligent à bivouaquer pendant deux heures entre Arcueil et le fort de Bicêtre. La jonction opérée, il se retire en toute hâte sur Paris, passe la nuit du 19 au 20 aux Champs-Élysées et vient rejoindre le régiment campé sur le boulevard d'Italie.

Historique du 10ᵉ régiment de marche.

19 septembre.

Le 19, le canon gronda pour la première fois autour de Paris ; la redoute mêla sa voix aux canons de Châtillon, en fouillant Bourg-la-Reine et Fontenay-aux-Roses. A 4 heures, de fortes colonnes prussiennes se montrèrent à l'Hay, Chevilly ; la redoute appuya encore de ses feux une forte reconnaissance lancée sur ce dernier village. Quelques hommes se mêlèrent volontairement à la ligne de tirailleurs ; il y eut un homme tué. A 5 heures, le feu cessa partout, le combat de Châtillon avait livré à l'ennemi les dernières crêtes qui lui étaient nécessaires pour le complet investissement de Paris. L'autorité militaire ignorant la quantité de troupes que nous avions devant Villejuif, dont deux maisons avaient déjà été incendiées par l'ennemi, craignit pour la nuit une attaque de vive force et ordonna la retraite sur Paris. Cette retraite s'opéra à 8 heures du soir. Le 10ᵉ passa à travers une grêle de balles qui n'étaient malheureusement pas toutes prussiennes. Ce fut son baptême du feu. Il le supporta sinon sans étonnement du moins avec calme et rentra dans Paris.

Historique du 11ᵉ régiment de marche.

19 septembre.

Au point du jour, un fort parti ennemi se présente devant la redoute et l'attaque. Les hommes, qui voient le feu pour la première fois, font bonne contenance. L'attaque hésitante et mal dessinée de l'ennemi est reçue avec vigueur ; nos pertes sont presque nulles ; les Prussiens se retirent avec des pertes sensibles, laissant sur le terrain quantité d'armes, de casques, etc.....

En même temps une reconnaissance était dirigée sur Vitry, que les Prussiens occupaient. Cette reconnaissance, conduite par le capitaine

Duban qui commandait le III⁰ bataillon (86ᵉ de ligne), est bien faite. Au retour, une demi-section est cernée par l'ennemi à l'extrémité de la ville ; elle résiste, puis la nuit venue se dérobe et rentre à la redoute.

Le régiment tout entier se trouvait réuni à la redoute, dont M. le général Blaise était venu prendre le commandement dès le point du jour.

Dans cette journée, le Iᵉʳ bataillon a fait beaucoup de mal aux colonnes prussiennes dirigées sur Châtillon.

La nuit venue, ordre est donné d'évacuer la redoute du Moulin-Saquet. La retraite s'opère dans l'ordre le plus parfait. Le régiment vient camper dans Paris, boulevard de l'Hôpital, où il séjourne le 20 et le 21.

Historique du 12ᵉ régiment de marche.

19 septembre.

A 3 heures de l'après-midi, reconnaissance offensive faite par le Iᵉʳ bataillon, commandant Rogé, avec deux pièces d'artillerie. Après être arrivé à 300 mètres de Chevilly et avoir essuyé pendant trois quarts d'heure une fusillade nourrie, la retraite fut sonnée et le bataillon se rallie dans Villejuif.

Dans ce combat, la 2ᵉ compagnie tout entière, déployée en face de Chevilly, montre beaucoup d'entrain. Son brave commandant, le capitaine Benoit, reste sur le champ de bataille blessé grièvement (le capitaine Benoit est mort depuis des suites de ses blessures). Les pertes s'élèvent à 41 hommes tués et blessés.

Le même jour 19, à 10 heures du soir, le régiment quitte inopinément ses positions et va camper boulevard de la Gare jusqu'au 23 septembre.

Historique du VIIIᵉ bataillon de la garde nationale mobile de la Seine.

19 septembre.

Dans la matinée, le général de Maud'huy fait opérer une forte reconnaissance par trois bataillons d'infanterie soutenus par plusieurs pièces de campagne dans la direction du village de l'Hay ; cette reconnaissance repoussée avec perte, sert à constater que l'ennemi est en forces devant nous (15,000 hommes environ).

Dans l'après-midi, le général fait replier sa division campée en arrière du village laissant deux bataillons pour garder le Moulin-Saquet. Quant à Villejuif la défense en est toujours laissée au VIIIᵉ bataillon de la Seine, appuyé par les deux compagnies de ligne occupant avec lui le village.

Grâce à des alertes continuelles, ces troupes n'avaient pu prendre de repos depuis cinq jours et cinq nuits.

Vers 10 heures du soir, le commandant du Moulin-Saquet avise le commandant qu'il se retire et que l'on ferait bien de suivre le mouvement à Villejuif, mais cet avis n'est pas un ordre, le bataillon ne bouge pas et l'on prend seulement les mesures nécessaires pour ne pas être tourné. Un officier est envoyé à Paris pour demander des instructions.

Historique de la 3e division du 13e corps.

19 septembre.

La division quitte Vincennes et est rappelée dans l'intérieur de Paris; elle passe la nuit dans les quartiers de Montrouge et de Vaugirard; elle garnit la ligne des remparts depuis la Seine (Point-du-Jour) jusqu'à la Bièvre.

Historique du 13e régiment de marche.

19 septembre.

A 2 heures du soir, embarquement en chemin de fer à la gare de Bel-Air. Débarquement à Montrouge. Occupation pendant la nuit des bastions 68, 69, 70 de l'enceinte de Paris.

Historique du 35e de ligne.

19 septembre.

Dans l'après-midi, on plia les tentes pour se transporter à Montrouge par le chemin de fer de Ceinture. Le régiment arriva entre 5 et 6 heures et sa présence rassura un peu la population terrifiée par des récits mensongers de soldats affolés de peur qui avaient fui lâchement au combat de Châtillon sans même brûler une cartouche. Le régiment fut placé le long du rempart, entre la porte de Châtillon et la rue de la Tombe-Issoire.

Historique du 42e de ligne.

19 septembre.

Le IIe bataillon et le IIIe font des reconnaissances dans les environs de la position que nous occupons. A 4 heures, la division part de Vincennes et vient s'embarquer sur le chemin de fer de Ceinture. Le régiment débarque à Vaugirard et occupe les remparts depuis le bastion 80 jusqu'à la Bièvre. Il doit faire le service concurremment avec la garde nationale.

c) Opérations et mouvements.

Le Gouverneur de Paris au Commandant de Vincennes (D. T.).

Paris, 19 septembre.

Le général commandant le 13e corps enverra immédiatement une division pour s'embarquer au chemin de fer de Ceinture. Les trains passent de demi-heure en demi-heure dans les deux sens et enlèvent chacun de 800 à 900 hommes ; ce mouvement sera terminé en trois heures.

Cette division se partagera : la droite à la gare de Bel-Air, la gauche à l'avenue de Vincennes ; la partie embarquée à Bel-Air descendra à la station de Montrouge, celle embarquée à l'avenue de Vincennes ira à la station de Vaugirard.

L'artillerie se dirigera directement à pied vers la gare du chemin de fer de Montparnasse.

Cette division est destinée à appuyer l'enceinte.

Le général Vinoy voudra bien passer chez le Gouverneur.

Ces mouvements doivent être faits avec la plus grande urgence en raison des événements graves qui ont lieu à Châtillon et à Meudon.

Le même au même (D. T.) (1).

Paris, 19 septembre, 1 h. 12 soir.

Prévenez immédiatement chez le général Vinoy qu'on dirige rapidement les chevaux et l'état-major sur la gare Montparnasse ; l'artillerie de réserve, le train et tout le quartier général suivront ; la 1re division, restant seule, recevra des ordres ultérieurs.

Le général Vinoy au Commandant du fort de Vincennes (D. T.).

Paris-Montparnasse, 19 septembre, 6 h. 20 soir.

Faites passer au général d'Exéa, au pavillon du Conservateur, à Saint-Maurice-Charenton, la dépêche suivante :

« Prescrivez au bataillon du 81e de ligne, 2e division, qui est campé sur votre gauche, de partir demain à 5 heures et de se rendre à la gare Montparnasse en traversant Paris. Il prendra l'avenue Daumesnil.

---

(1) Archives de la Marine, 920.

Le Général commandant le 13ᵉ corps au Général commandant la 1ʳᵉ division.

Saint-Mandé, 19 septembre.

La 3ᵉ division d'infanterie du 13ᵉ corps lève le camp immédiatement et va s'embarquer à Vincennes et à Bel-Air sur le chemin de fer de Ceinture ; cette division part toute constituée pour aller sans aucun retard appuyer l'enceinte de Montrouge à Vaugirard.

Par suite de ce mouvement, la 1ʳᵉ division reste seule pour couvrir la position de Charenton et de Vincennes. Elle devra s'étendre jusqu'au fort de Vincennes et pousser des grand'gardes en avant vers l'île de Beauté (sur la Marne). Des ordres sont donnés pour qu'une division de deux pelotons de cavalerie soit mise immédiatement à la disposition de M. le général d'Exéa.

Le général de Valdan au général commandant la 1ʳᵉ division du 13ᵉ corps.

Saint-Mandé, 19 septembre.

J'ai reçu la lettre que vous avez adressée au général en chef au sujet du pont de Joinville.

Je dois vous faire observer que votre division seule se trouve maintenant dans ces parages ; la 2ᵉ division est partie, la 3ᵉ se met en marche, et la position de Vincennes à Charenton ne sera pas gardée par trop de troupes.

Du reste, le général en chef est absent, et je crois qu'il convient d'attendre son retour avant de prendre une décision pour le rétablissement d'un pont dont la destruction avait été arrêtée à un moment où nous étions plus en forces.

Le Gouverneur de Paris au général Soumain.

Paris, 19 septembre.

J'ai l'honneur de vous informer que le général Vinoy prend le commandement de toute l'enceinte de la rive gauche et établit son quartier général à la gare Montparnasse.

La division Blanchard, de ce corps d'armée, rentre dans Paris et va s'établir entre les portes de Montrouge et de Vaugirard.

Le Gouverneur de Paris au général Vinoy.

Paris, 19 septembre.

J'ai reçu votre intéressant rapport du 18 septembre relatif à l'engagement que vous avez eu avec l'ennemi à Mont-Mesly. Cette petite opération de guerre, très opportune, a été conduite par vous avec beaucoup d'énergie et de sagesse et j'ai à vous féliciter de ses résultats qui ont été sérieusement dommageables à l'ennemi, en même temps qu'ils ont affermi vos troupes. Je crois avec vous que le corps que vous avez combattu était l'arrière-garde de masses assez considérables qui avaient traversé la Seine à Villeneuve-St-Georges et Choisy-le-Roi et s'élevaient sur le plateau en avant de Villejuif, Châtillon et Clamart où le général Ducrot a pris position. Ce matin, j'ai la nouvelle que la division de Maud'huy, portée entre les ouvrages du Moulin-Saquet et des Hautes-Bruyères, a été engagée. C'est dans cette prévision que je vous avais invité hier au soir à lui envoyer une batterie de 12, en raison de la supériorité en artillerie de l'ennemi. J'ai tout lieu de penser que le général Renault combat de son côté entre Bagneux et Clamart, mais je n'en ai pas de nouvelles. J'avais prévu que les Prussiens feraient effort sur ces plateaux qui sont les plus rapprochés et les plus dangereux de tous les groupes de collines dominantes environnant Paris, et c'est pour y pourvoir que j'ai réuni le plus de monde et le plus de canons que j'ai pu. Je donnerai ce soir connaissance de votre rapport au Gouvernement.

Note de la 1re division du 13e corps.

Saint-Maurice, 19 septembre.

La 1re brigade enverra de suite un bataillon pour la garde du pont de Charenton.

Ce bataillon prendra toutes les dispositions de défense.

La 1re brigade gardera aussi la rive droite de la Marne, depuis le pont jusqu'à la fin du bois, en se ralliant aux grand'gardes de la 2e brigade.

Le commandant du génie est chargé de créneler les maisons avoisinant le pont et de prendre les dispositions nécessaires pour faire sauter le pont de Charenton si cette mesure devient nécessaire.

Le capitaine Salin, commandant la 4e batterie du 12e régiment d'artillerie, au Général commandant la 1re division du 13e corps.

Paris, 21 septembre.

Dans la journée du 19 septembre, les batteries de la 2e division et la batterie de réserve avaient été placées de la manière suivante : neuf canons de 4 occupaient l'ouvrage du Moulin-Saquet; trois canons de 4 et les six pièces de 12 de la réserve défendaient la redoute des Hautes-

Bruyères, située sur un plateau à droite et à 500 mètres environ de Villejuif.

La batterie de mitrailleuses était placée entre Villejuif et la redoute des Hautes-Bruyères, protégée par un épaulement, reliée à la redoute par une tranchée et à 200 mètres environ du village.

Toute l'artillerie dominait la plaine qui s'étend à droite et à gauche de la route d'Antibes ; la redoute des Bruyères voyait de plus le village de Bourg-la-Reine et les hauteurs boisées qui s'élèvent à droite.

La position était forte et pouvait opposer une grande résistance à l'ennemi. Celui-ci était en assez grand nombre dans la plaine, abrité par les haies, les jardins, les bouquets de bois, les villages de Chevilly et de Bourg-la-Reine et sur les hauteurs boisées qui s'élèvent à droite de ce dernier village. Mais il n'osa ou ne voulut pas tenter une attaque sérieuse et montra peu de canons. L'artillerie tira sur tous les points où elle aperçut des groupes assez nombreux et sur toutes les positions derrière lesquelles elle voyait l'ennemi se concentrer. Sur les 2 heures de l'après-midi, le général de division fit sortir du village de Villejuif, sur la route d'Antibes, deux bataillons, une section de canons rayés de 4 (3ᵉ batterie du 2ᵉ) commandée par M. le lieutenant Mangenot ; une vive fusillade s'engagea bientôt. Toutes les batteries, et surtout celle de 12, qui découvrait parfaitement le terrain, protégèrent cet engagement par un feu bien dirigé et qui produisit d'excellents effets.

Toutefois, une forte colonne prussienne parvint à se former et se mit à la poursuite de la reconnaissance qui fut obligée de battre en retraite. C'est alors que l'artillerie fit merveille. La batterie de mitrailleuses, surtout, contribua à arrêter la poursuite. Son tir a été excellent et a probablement empêché la prise de deux compagnies d'infanterie qui étaient serrées de près par l'ennemi. L'ennemi fit des pertes cruelles ; les parties nues du terrain étaient couvertes de leurs morts et de leurs blessés. L'infanterie a perdu une quarantaine d'hommes et un ou deux officiers ; personne n'a été atteint dans l'artillerie.

J'ai été content de tout le monde dans cette affaire et je crois que toute la division a été contente de l'artillerie.

Le Capitaine Salin au Colonel commandant l'artillerie du 13ᵉ corps.

Paris, 21 septembre.

J'ai l'honneur de vous rendre compte que la batterie partie le 19 au matin de Vincennes arriva à Bicêtre vers 7 h. 30 du matin. Les coups de canon et la fusillade qu'on entendait dans les environs engagèrent le général commandant le régiment de marche qui lui servait d'escorte à nous couvrir dans la cour de l'hôpital. Peu de temps après, un offici d'ordonnance vint, de la part du général de Maud'huy, me donner l'ordre de me rendre avec la batterie de combat à la redoute dite des Hautes-Bruyères, située à droite de Villejuif et battue par le canon du fort de Bicêtre sur lequel elle a un certain commandement. Cette redoute consistait en un ouvrage inachevé, construit sur un terrain complètement sablonneux. D'après les ordres du général, nos six pièces furent mises en batterie, après toutefois que la 1re pièce de la section de droite fut rentrée d'une pointe qu'elle poussa sur la route n° 7 où elle tira deux coups à obus qui forcèrent une colonne légère d'infanterie ennemie à se replier. Quelques heures se passèrent sans qu'on vit aucun mouvement dans la plaine. Vers 11 heures, on commença à voir quelques éclaireurs à cheval hors de portée, puis, au bout de quelques instants, nous vîmes des groupes d'infanterie dissimulés sous des arbres; quelques coups de canon les débusquèrent et ils furent suivis par une soixantaine de fantassins cachés derrière un amas de terre blanche à 2,000 mètres de la redoute. A partir de ce moment, on n'aperçut plus que des hommes isolés et hors de portée et le tir cessa.

Vers 2 heures de l'après-midi, on aperçut distinctement, à quatre kilomètres de la position, une colonne traversant les champs de notre gauche à notre droite et cherchant à gagner la route de Toulouse n° 26, sur laquelle elle déboucha, autant qu'on peut l'estimer à vue, aux environs de la Croix-de-Berny. Là, elle prit la grand'route se dirigeant vers Paris. Cette colonne nous paraissait être forte de deux escadrons de cavalerie marchant en colonne par pelotons au trot d'abord, ce qu'il fut facile de reconnaître à la masse de poussière soulevée sur la route.

Elle traversa à la même allure le village de Bourg-la-Reine et, au débouché, on essaya quelques coups à boulet à 3,000 mètres qui ne l'atteignirent pas ; elle continua sa marche jusqu'à hauteur de Bagneux où elle disparut derrière des bouquets d'arbres. Les deux pièces de la section du centre dirigèrent leur feu dans cette direction et l'effet de ce tir eut pour résultat de s'opposer à la mise en batterie d'un certain nombre de bouches à feu de campagne. C'est ce que nous affirmèrent des officiers d'infanterie dirigés en reconnaissance de ce côté. Du reste, le fort de Montrouge tirait aussi dans cette direction.

14ᵉ CORPS.

a) Journaux de marche.

Journal de marche du 14ᵉ corps.

19 septembre.

A 5 heures du matin, les deux premières divisions, la cavalerie et l'artillerie se mettent en mouvement pour une grande reconnaissance.

La veille, la division de Maud'huy, du 13ᵉ corps d'armée, était venue remplacer la 3ᵉ division (de Maussion) à Villejuif et aux redoutes du Moulin-Saquet et des Hautes-Bruyères.

La 1ʳᵉ division (de Caussade) marche en colonnes en masse par division le long du bois de Clamart.

La 2ᵉ division (d'Hugues) marche dans le même ordre à gauche et à droite de la route de Châtillon à Villacoublay.

Le 15ᵉ régiment de marche reste dans ses positions de Plessis-Picquet, afin de couvrir le flanc gauche.

Le bataillon de la 2ᵉ division qui occupait Fontenay-aux-Roses est remplacé par un bataillon de la 3ᵉ division.

La cavalerie forme le centre de la reconnaissance ; elle marche par escadron en six colonnes de deux escadrons chaque.

Chacune de ces colonnes est suivie de deux batteries marchant par demi-batterie.

La 3ᵉ division (de Maussion) envoie un régiment à la redoute de Châtillon savoir : un bataillon à droite de la redoute, un dans la redoute et le troisième vers le Télégraphe.

La 1ʳᵉ division (de Caussade) marche 500 mètres en avant de la cavalerie et de la 2ᵉ division.

Douze pièces de 12, envoyées de Paris, sont placées pour protéger la retraite en cas de besoin et défendre la position, savoir : huit pièces dans l'ouvrage et quatre pièces vers le Télégraphe, dans les petits épaulements préparés le 18.

Vers 6 h. 30, nos tirailleurs se trouvent en présence de ceux de l'ennemi et la fusillade commence. Les Prussiens occupent les maisons du Petit-Bicestre.

Sur l'ordre du général en chef, les deux batteries à cheval de la réserve se portent rapidement en avant de notre droite et ouvrent le feu sur le Petit-Bicestre. Aussitôt, l'ennemi fait avancer ses batteries et ses obus arrivent à la limite du bois, au milieu des zouaves qui éprouvent quelques pertes.

Le 19ᵉ de marche, de la division d'Hugues, précédé par ses francs-tireurs, se porte rapidement vers les maisons situées au Pavé-Blanc pour les occuper ; toutes nos batteries se portent sur notre front pour répondre à l'artillerie prussienne et la canonnade augmente d'intensité ; les obus pleuvent de tous côtés. Malheureusement, notre droite, un peu démoralisée par les obus ennemis et voyant les tirailleurs du VII° bataillon de la mobile de la Seine et ses propres tirailleurs obligés de céder, commence à reculer, malgré les efforts des officiers et du général en chef lui-même.

Les Prussiens voient ce mouvement et augmentent leurs efforts ; à ce moment, prenant en considération l'inexpérience de ses troupes, le général en chef ordonne la retraite qui s'effectue en bon ordre, protégée par la cavalerie qui s'est montrée très ferme et par l'artillerie dont le mouvement s'effectue par échelons avec beaucoup de calme et de précision.

A la hauteur des bivouacs, les régiments s'arrêtent, prennent leurs sacs et reçoivent l'ordre de reprendre leurs positions de la veille en arrière, à gauche et à droite de la route de Vanves à Châtillon. La cavalerie poursuit sa route pour rentrer dans Paris.

Le général en chef place deux batteries de 12 et deux batteries de 4 dans les épaulements près du Télégraphe, deux batteries dans les épaulements de droite de la redoute, conservant toujours le bataillon dans le cimetière dont le mur a été crénelé ; il se porte de sa personne dans la redoute armée de huit pièces de 12 et de trois mitrailleuses et occupée par un bataillon de la 3° division et le IV° bataillon de la garde mobile d'Ille-et-Vilaine.

L'ennemi fait avancer successivement vers notre gauche quatre batteries qui ouvrent un feu très violent sur notre position, mais nos pièces répondent avec avantage.

Le 15° de marche, sous les ordres du lieutenant-colonel Bonnet, qui occupait Plessis-Picquet, effectue sa retraite en très bon ordre après une défense énergique et avoir ainsi protégé le flanc gauche du corps d'armée dans sa retraite.

Vers 1 heure, le feu de l'artillerie ennemie était éteint ; il ne reprend que vers 2 heures pour appuyer le mouvement de fortes colonnes d'infanterie qui se portent sur l'ouvrage. Notre feu recommence alors avec vigueur et nos pièces de 12 et nos mitrailleuses, tirant à 1,000 ou 1,200 mètres, font beaucoup de mal à l'ennemi.

Cependant, informé que les conduites d'eau étaient coupées, que les divisions d'infanterie s'étaient par suite d'une erreur portées trop en arrière pour pouvoir soutenir les défenseurs de la redoute de Châtillon (la 1re était rentrée dans Paris, les deux autres se trouvaient près des forts de Montrouge et de Vanves), le général songe à la retraite. Il fait d'abord filer les caissons vides et autres voitures inutiles suivies bientôt des batteries et des troupes de défense et des mitrailleuses ; ne pouvant, faute d'avant-trains, sauver les huit pièces de 12 qui étaient dans l'ouvrage, il les fait enclouer et sort le dernier de la redoute avec la 4ᵉ compagnie du IVᵉ bataillon de la garde mobile d'Ille-et-Vilaine.

Cette retraite s'effectue en bon ordre protégée par la 2ᵉ division d'infanterie dirigée par les généraux Renault et d'Hugues, et toutes les troupes viennent se reformer entre les forts de Vanves et de Montrouge.

D'après les ordres du Gouverneur de Paris, le 14ᵉ corps d'armée et la division de Maud'huy, du 13ᵉ corps d'armée, rentrent le soir à Paris pour camper : le 14ᵉ corps au Champ de Mars et aux environs, et la division de Maud'huy au rond-point d'Italie.

Dans cette affaire, les Prussiens ont dû perdre beaucoup de monde ; nos pertes ont été de 84 tués, 401 blessés, 255 disparus.

1ʳᵉ DIVISION.

a) Journaux de marche.

Historique du 15ᵉ régiment de marche.

19 septembre.

A 6 heures du matin, même tentative sans persistance. De gros mouvements de troupes se font sur la droite, sur notre front et sur notre gauche. Gros combat d'artillerie entre les batteries ennemies et les nôtres, établies à la redoute de Châtillon. Nous sommes à même de voir que notre tir est généralement beaucoup trop court.

A 8 heures, tentative plus forte que les précédentes ; l'avant-poste est abandonné par les francs-tireurs, l'habitation n'étant plus tenable sous le feu de l'artillerie qui la renverse. Les hommes rentrent dans les retranchements par la route indiquée la veille.

Vers 1 heure, une force ennemie reconnue depuis longtemps s'avance du Moulin sur notre front ; le feu s'engage très vif sur toute la ligne, celui de l'ennemi ne nous fait rien, ou peu de chose, les hommes étant bien couverts, le nôtre lui fait beaucoup du mal. Vers 2 heures, l'ennemi commence à trouer, à renverser nos murs ; la position devient d'autant plus difficile que le colonel comprend et voit que Châtillon est doublement tourné, que le régiment peut être coupé, pris ; un officier à cheval, M. Tarigo, est envoyé au général Ducrot qui ordonne de se retirer immédiatement.

Sur l'ordre du colonel, chaque chef de bataillon, avec autant de calme que d'intelligence, organise sa retraite, en diminuant successivement le feu. La retraite s'opère en ordre parfait ; le régiment se masse par bataillon au bas de la route de Fontenay et gagne le plateau de

Châtillon. Les chasseurs à pied et les francs-tireurs tiennent l'arrière-garde, postés les derniers sous les ordres du colonel; ils font leur retraite du parc à Fontenay sous un feu très vif.

Massé sur le plateau de Châtillon, au moment où il est abandonné par tout le monde, le régiment, se conformant aux ordres donnés antérieurement, se retire lentement sur Vanves, puis sur Issy d'où, après un moment de repos, il rentre dans Paris par la porte de Versailles. Le général de la Charrière campe le régiment sur les remparts.

Dans les différentes phases, le corps, composé de recrues, s'est conduit d'une façon convenable; les hommes, qui tiraient pour la première fois, grâce à l'énergie des chefs de bataillon, au dévouement des officiers, ont fait assez bon usage de leurs armes. Le régiment s'est retiré tandis qu'il aurait pu se débander quelque peu.

Le même soir, à 9 heures, le régiment vient de la porte de Versailles camper au Champ de Mars.

Historique du 16ᵉ régiment de marche.

19 septembre.

Le 19, à 5 heures du matin, toute la division de Caussade se porte en avant, le 16ᵉ de marche est placé en arrière de la ferme de Trivaux. De 7 heures à 10 heures, il est exposé à une canonnade assez vive qui a produit peu d'effets.

Vers 10 h. 30, le régiment reçoit l'ordre de battre en retraite et de reprendre les positions qu'il occupait la veille au matin dans le village de Châtillon.

Le IIIᵉ bataillon se porte à la droite du village de Clamart pour occuper la redoute du Moulin.

A peine installé, le régiment reçoit l'ordre de se replier derrière le fort d'Issy et, peu après, de rentrer à Paris par la porte de Versailles.

Le régiment se met en bataille sur la droite de cette porte dans l'intérieur des fortifications. Il était 4 heures du soir. Le général Trochu, gouverneur général, passe devant le front des troupes.

Les francs-tireurs du régiment ont fait à cette affaire quelques pertes.

Un officier tué, M. Lenglin, sous-lieutenant; un officier blessé, M. Cœuré, lieutenant; 3 hommes de troupe tués, 18 blessés, 6 disparus.

Le 19, à 6 heures du soir, le régiment reçoit l'ordre d'aller camper au Champ de Mars, à son ancien emplacement.

Historique du 17ᵉ régiment de marche.

19 septembre.

Le 19 septembre, le 17ᵉ de marche prend les armes à la pointe du jour, longe la lisière du bois de Meudon, en colonne serrée par division, et prend sa place de bataille à hauteur de la ferme de Trivaux. Trois compagnies et les pelotons de francs-tireurs, déployés en tirailleurs, couvrent le régiment. Les francs-tireurs face à la Garenne de Villacoublay, les autres compagnies face au carrefour de Petit-Bicestre. Sous un feu très vif de mousqueterie et d'artillerie, la colonne se déploie, les francs-tireurs enlèvent à la baïonnette la Garenne de Villacoublay et rejettent l'ennemi sur le hameau du même nom. Le régiment, pris de flanc par des batteries postées au Sud de Villacoublay, est obligé d'appuyer au bois de Meudon. Un escadron de cavalerie ennemie se dispose à charger ses bataillons éprouvés par le feu de l'artillerie. Les francs-tireurs arrêtent la charge.

La retraite est ordonnée ; le IIe bataillon bat en retraite à découvert sur le plateau entre la route de Versailles et le bois de Meudon ; le Ier et le IVe opèrent leur mouvement sous bois. Le régiment se reforme sur les pentes du plateau de Châtillon à la plâtrière B où il avait campé deux jours auparavant et y reste en réserve pendant le reste de l'action.

Au combat de Châtillon, les pertes du 17e de marche furent de : 1 officier tué, 3 officiers blessés et 155 hommes tués, blessés ou disparus.

Le 19 au soir, le régiment rentre à Paris et campe au Champ de Mars.

Historique du 18e régiment de marche.

19 septembre.

Le 19, toute la division prit les armes à 3 heures du matin et se forma en colonne serrée par division ; elle se mit ensuite en marche sur le plateau et dans la direction de Petit-Bicestre, dans le but de tomber sur le flanc de l'ennemi qui défilait sur la route de Choisy-le-Roi à Versailles.

A 6 heures du matin, la division arriva en face du bois de Bièvres-Verrières. Nos éclaireurs ayant signalé la présence de l'ennemi, on se couvrit de tirailleurs sur le front et le flanc gauche de la colonne ; le feu devint bientôt très vif entre ces tirailleurs et ceux de l'ennemi. Grand nombre de balles venaient tomber dans l'intérieur de la colonne ; notre artillerie ouvrit le feu de manière à fouiller de ses obus le bois qui était devant nous ; de leur côté, les Prussiens renforcèrent leurs lignes de tirailleurs et firent avancer leurs batteries.

La colonne, complètement à découvert et exposée à un feu violent d'artillerie et de mousqueterie, fut déployée et le 18e, débordant vers la droite, vint s'appuyer au bois de Meudon vers lequel l'ennemi dirigea bientôt des forces considérables.

Ce bois fut occupé par le Ier bataillon renforcé par trois compagnies du 11e, avec mission d'en défendre l'approche et de s'opposer au mouvement tournant tenté par les Prussiens ; mais, pendant ce temps, l'ennemi opérait sur le flanc gauche des troupes restées sur le plateau et les attaquait de front avec vivacité. Ces troupes reculèrent dans la direction de Châtillon ; la position de la droite devenait critique ; le 18e dut suivre le mouvement de retraite. Ce mouvement s'opéra lentement en suivant la lisière du bois, de manière à protéger toujours le flanc droit des défenseurs du plateau et en se dirigeant vers le bivouac de la nuit où les sacs avaient été laissés par ordre, le matin. Ces sacs furent repris et, d'après les ordres de M. le général commandant la division, le régiment alla se former en arrière de la route de Clamart à Châtillon, au point de ralliement de la division.

Les pertes de cette journée furent d'un officier blessé grièvement, tombé entre les mains de l'ennemi et mort des suites de ses blessures.

Hommes de troupe tués : 5 ; blessés, 15 ; disparus, 20.

Le même jour, le régiment rentra à Paris et passa la nuit au Champ de Mars.

Historique de la 17e batterie du 6e régiment d'artillerie.

19 septembre.

A 4 h. 30 du matin, la batterie reçoit l'ordre de marcher ; elle ouvre le feu à 6 h. 15.

La ligne de bataille est à peu près parallèle à la route de Versailles que suit l'ennemi.

Les ailes d'infanterie s'appuient aux bois qui bordent le plateau.

Au centre, l'artillerie divisionnaire ; derrière, à 500 mètres, la cavalerie et plus loin l'artillerie de réserve.

La batterie est placée vers la droite du centre, elle tire sur le Petit-Bicestre à 1,000 mètres environ. Il règne tout le temps dans son tir ainsi que dans celui des autres batteries une grande incertitude due à l'obscurité du brouillard et surtout à l'absence de projectiles percutants.

Le tir de l'ennemi est aussi assez incertain. Ses balles, nombreuses mais tirées de trop loin, produisent très peu d'effet. A 9 heures, l'artillerie à droite du centre se voit forcée à la retraite par la déroute de l'aile droite. A 9 h. 30, la batterie suit, d'abord au trot puis peu de temps après au pas, le mouvement de retraite ainsi que l'artillerie divisionnaire.

La division traverse le plateau sans s'y arrêter et va s'établir à côté du fort de Vanves.

Historique de la 16ᵉ compagnie de sapeurs du 2ᵉ régiment du génie.

19 septembre.

Au point du jour, la 1ʳᵉ section de la 16ᵉ compagnie est mise à la disposition de M. le colonel commandant le génie du 14ᵉ corps pour travailler à la mise en défense de la redoute ; elle travaille d'abord à la pose des palissades de gorge. Vers 9 heures du matin, l'artillerie ennemie ouvre son feu sur la redoute ; la section est employée à la création d'une traverse pour protéger l'artillerie de l'ouvrage, de plates-formes destinées à recevoir de nouvelles pièces et à l'achèvement rapide du saillant de gauche encore incomplet.

Vers 1 heure de l'après-midi, une panique ayant eu lieu, les défenseurs qui garnissaient les crêtes de la droite de l'ouvrage ont abandonné leurs créneaux. Les sapeurs qui travaillaient encore à la traverse demandée par l'artillerie, située vers le milieu des crêtes, ont commencé à céder en partie à ce mouvement, mais la très grande majorité d'entre eux, contenue par la voix de leurs officiers, sont restés fermes à leur poste ou y sont immédiatement revenus. On leur a donné ordre de prendre leurs fusils et de garnir les créneaux de la droite. Grâce à leur attitude, le mouvement de débâcle ne s'est point propagé et, grâce au feu parfaitement nourri des défenseurs de la gauche et des sapeurs à droite, les mitrailleuses et les autres pièces d'artillerie ont pu être attelées, mises en retraite ; l'infanterie réunie en arrière de la redoute a pu se retirer en bon ordre et les pièces formant l'armement fixe de l'ouvrage être enclouées. Les sapeurs ne se sont retirés que les derniers après en avoir reçu l'ordre réitéré du général commandant en chef les 13ᵉ et 14ᵉ corps.

La section s'est ralliée à Vanves et a couché le soir à Paris (Champ de Mars).

Historique du 4ᵉ zouaves.

19 septembre.

Le 19 septembre, le général Ducrot essaya d'arrêter la marche de l'ennemi sur Versailles. Les zouaves furent placés à Trivaux et sur le chemin qui va de Trivaux à la Patte-d'Oie. De 6 heures du matin à midi, cette troupe, composée en majeure partie de très jeunes soldats sans officiers, sans cadres, fit pourtant bonne contenance sous une pluie d'obus et de balles. Vers midi, ayant vu toutes les troupes qui étaient à sa droite se replier vers Châtillon, apercevant des colonnes prussiennes qui se jetaient entre elle et Meudon, craignant d'être complètement coupée, elle dut abandonner le chemin de Trivaux à la

Patte-d'Oie et essayer par un changement de front en arrière sur sa gauche de faire face à Meudon, défendant ainsi le flanc gauche de l'armée. Ce mouvement, fait sous le feu de l'ennemi avec des troupes très jeunes, ne put s'achever sans désordre; adossés au bois de Clamart, les zouaves se trouvèrent en peu de temps si disséminés qu'ils durent battre en retraite et essayer de se reformer sous les feux du fort d'Issy. Vers 4 heures du soir, ils regagnaient Meudon que le Gouverneur faisait évacuer le soir même. Les zouaves rentrèrent pour un moment dans Paris.

Historique du VIIe bataillon de la Garde nationale mobile de la Seine.

19 septembre.

Le 19 septembre, avant la pointe du jour, nous descendons dans la plaine; le 13e et le 14e corps sont réunis sous le commandement en chef du général Ducrot. Notre division est formée en colonne par bataillons en masse à demi-distance le long du bois de Clamart, le flanc droit de la colonne appuyé au bois et la tête de colonne à hauteur de la ferme de Trivaux.

La 7e compagnie, sous les ordres du lieutenant de Gontaut, est envoyée fouiller et occuper un petit bois à droite de cette ferme.

Notre artillerie, placée dans la plaine à notre gauche, engage le combat. La 1re compagnie, sous les ordres du capitaine de Rivoire, est envoyée contre un poste ennemi qui occupe une tuilerie de l'autre côté de la plaine et qui tiraille sur nous (elle a 2 hommes blessés). Le bataillon, traversant la plaine derrière les pièces en batterie, se porte comme soutien de cette compagnie, essuie un feu assez vif, débusque le poste de la tuilerie, l'occupe et continue à tirailler contre le poste qui se retire et les tirailleurs ennemis qui l'entourent.

Le bataillon ayant ordre de M. le général Ducrot de garder cette position, s'y maintient jusqu'au moment où la droite de nos lignes ayant cédé, nous recevons l'ordre de suivre le mouvement général de retraite sur Châtillon. M. le général Ducrot passe à côté du bataillon se repliant dans le meilleur ordre sur une route enfilée par le feu de l'ennemi et veut bien lui témoigner sa satisfaction pour sa bonne tenue.....

Le bataillon, suivant toujours le mouvement général de retraite, traverse Châtillon sans pouvoir y reprendre ses sacs et ses bagages qui se trouvent ainsi abandonnés et perdus.

Rentrant à Paris par la porte de Montrouge, il se rend à la caserne de Latour-Maubourg.

L'ordre est donné de rompre les rangs et de se présenter le lendemain pour procéder aux élections et recevoir de nouvelles instructions.

c) Opérations et mouvements.

Le général de Caussade au général Ducrot.

Clichy, 22 septembre.

J'ai l'honneur de vous rendre compte des faits relatifs à la 1re division du 14e corps d'armée dans la journée du 19 septembre.

La division, diminuée du 15e de marche, détaché au Plessis-Picquet, et de l'artillerie, placée sous les ordres du général Boissonnet, forma suivant vos ordres l'échelon de droite, en une seule colonne, sans sacs, appuyant son flanc droit au bois de Meudon.

La ferme de Trivaux, gardée pendant la nuit par une grand'garde, fut occupée dès le commencement de la marche, ainsi que le carrefour à la sortie du bois, par le second régiment de la 1re brigade (16e de marche). Peu après, le VIIe bataillon de la garde mobile de la Seine fut porté et arrêté à gauche sur une chaussée venant de Meudon, entre le bois et la route de Chevreuse.

Je reçus l'ordre alors de porter la 2e brigade, en passant entre les deux fermes de Trivaux et de Porte de Trivaux, dans la plaine qui regarde la route de Chevreuse à gauche et le parc de la Garenne à droite et près d'un bouquet d'arbres isolé.

Les tirailleurs et la colonne elle-même y furent accueillis par un feu nourri de tireurs invisibles, bien embusqués, ainsi que leurs soutiens, dans des maisons, bois et clôtures près de la route, et que ni les feux de nos tirailleurs ni les obus de l'artillerie ne parvinrent à déloger. Les deux régiments furent obligés de déployer leurs colonnes et le 17e fut porté plus à droite, face au parc, pour ne pas doubler le 18e et pour se relier à droite au bois et à une propriété dite Porte de Verrières.

Le feu fut soutenu assez longtemps dans cette situation. Mais l'ennemi, qui évidemment était gardé de tous côtés et en force sur les deux routes aboutissant à Versailles, arrivait en ligne à chaque instant plus nombreux et plus étendu. Les troupes placées à notre droite se trouvaient refoulées dans le bois et menacées d'être tournées. Des batteries à grande portée tiraient du plateau qui s'élève entre Bièvres et Villacoublay, et leurs projectiles dépassaient de beaucoup notre position. La retraite commença et s'effectua sans désordre sur la position de Trivaux et, de là, par le bord du bois jusqu'au campement du matin.

Là, suivant vos ordres, on reprit les sacs (hors un bataillon qui s'égara dans le bois) et, après la retraite de l'artillerie, la division fut ralliée en arrière de la redoute de Châtillon, entre Clamart, que je fis occuper, et Châtillon.

Je restai environ une heure et demie dans cette position. Mon chef d'état-major, que j'envoyai prendre vos ordres, revint sans avoir pu savoir où était l'état-major général.

Pendant ce temps, on voyait que notre droite était complètement découverte et pouvait être tournée par Meudon dans la mauvaise position de Clamart. A gauche, la route de Châtillon était encombrée jusqu'à Paris d'une longue colonne en retraite qu'on m'assurait comprendre toute la gauche, la cavalerie et toute l'artillerie. Le feu de la redoute s'arrêta lui-même.

Persuadé alors que tout le monde s'était retiré, que j'étais sans appui devant et sur les côtés, voulant éviter une retraite en débandade qui pourrait entraîner une panique intérieure, je fis replier la division entre les forts d'Issy et de Vanves. Plus tard, ne voyant plus personne au delà des forts, et ne pensant pouvoir rien faire d'utile dans cette position, m'étant assuré que la gauche rentrait par la porte de Châtillon, je fis rentrer en bon ordre dans Paris. On borda les remparts, suivant l'ordre de M. le Général gouverneur, à qui je rendis compte de ce que je pouvais savoir.

Le 15ᵉ de marche, avec une compagnie et demie de chasseurs à pied, avait été posté, le 18, au Plessis-Picquet, et y avait pris une bonne position défensive. Trois reconnaissances ennemies furent repoussées dans la soirée, dans la nuit et le 19 à 6 heures du matin.

Le même jour, à 8 heures, la position fut attaquée plus sérieusement et un avant-poste dut se replier. A 1 heure, attaque très forte appuyée d'une batterie. Le régiment se retira en ordre vers 2 heures, par Fontenay-aux-Roses sur Vanves, l'arrière-garde composée des chasseurs à pied et des sections de volontaires soutenant la retraite et essuyant un feu assez vif jusqu'à Fontenay.

La section du génie, commandée par le chef de bataillon Houbigant, restée au travail dans la redoute de Châtillon, y a continué ses travaux sous le feu des batteries ennemies jusqu'à l'évacuation de l'ouvrage.

Pendant le combat, les jeunes troupes qui composent la 1ʳᵉ division, et qui voyaient le feu pour la première fois, ont fait bonne contenance. Les officiers ont fait preuve de vigueur et d'intelligence et ont montré qu'ils avaient acquis la confiance de leur troupe.....

Les pertes de la division s'élèvent à 16 tués, dont 2 officiers; 168 blessés, dont 7 officiers, et 120 disparus, dont 1 officier.

Rapport du lieutenant Schultz, du 4ᵉ bataillon de chasseurs à pied (8ᵉ compagnie), au général de la Charrière.

Clichy-la-Garenne, 21 septembre.

Le 18 au matin, M. le lieutenant-colonel du 37ᵉ de ligne m'établit au Plessis-Picquet, dans une propriété appartenant à M. Gaillard, pharmacien, rue Lepelletier, 9, à Paris. J'étais à l'extrême gauche et en avant de la 1ʳᵉ brigade.

La section de chasseurs, commandée par un lieutenant, se composait d'une soixantaine d'hommes, 2 sous-officiers, 2 clairons et 4 caporaux.

On adjoignit aux chasseurs trois sections de francs-tireurs, tirées des 10ᵉ, 14ᵉ et 26ᵉ régiments d'infanterie.

Chacune de ces sections, composée de 20 hommes, était sous les ordres d'un officier, d'un sergent et de 2 caporaux.

Étant le plus ancien de grade, je pris la direction de la défense.

A gauche de la propriété se trouvait un ravin boisé, en avant le bois de Verrières, à droite une plaine couverte de champs de pommes de terre.

La propriété se compose d'une maison d'habitation, d'une tour crénelée solidement construite, dont je fis mon observatoire, de hangars, d'un grenier et d'une petite maison occupée par la concierge.

Le poste avait pour mission d'observer le débouché du bois de Verrières et de soutenir la gauche de la 1ʳᵉ brigade. Le mur d'enceinte portait des créneaux sur sa face gauche. J'y échelonnai les détachements des régiments d'infanterie. Je fis percer des meurtrières sur la face de droite et j'y établis des chasseurs.

En avant, du côté du bois, il n'y avait qu'un fossé pour défense. Je fis abattre quelques arbres que j'établis en arrière du fossé pour masquer mes tirailleurs.

Je choisis une quinzaine de tireurs qui devaient monter sur la tour. Le reste des chasseurs forma la réserve que je devais porter au point nécessaire.

Ma défense fut établie vers le soir.

M. le général Ducrot, commandant en chef, visita le poste vers le soir et m'enjoignit de placer des embuscades vers le bois. Je partis avec une dizaine de chasseurs et 5 sous-officiers afin de reconnaître mon terrain et le faire reconnaître à chaque chef d'embuscade.

Je poussai ma reconnaissance jusqu'au bois de Verrières, à l'intersection des routes d'Étampes et de Sceaux.

A l'entrée des bois, nous fûmes accueillis par la fusillade. M. le général Ducrot n'eut que le temps de se retirer.

Je poussai de l'avant avec mes chasseurs et, à la croisée des deux routes, au milieu des abatis, se trouvait un tonnelet de bière à moitié vide. Un verre à côté indiquait que les buveurs de bière avaient quitté précipitamment. A côté de la route se trouve une auberge. Je la fouillai et la trouvai pillée, mais vide de pillards.

Vers les 6 heures, 5 Bavarois sortirent du bois et marchèrent vers la brigade. Arrivés à une centaine de pas du bois, ils s'arrêtèrent, parurent examiner le terrain et se couchèrent. Je cachai tout mon monde, fis placer les tireurs sur la tour, derrière les créneaux, et me dissimulai moi-même derrière un créneau avec ma lunette.

Au bout de quelques instants, les Bavarois se remirent en marche et cinq autres tirailleurs débouchèrent du bois avec les mêmes précautions.

Il sortit ainsi cinq ou six groupes, puis les groupes furent de 10 hommes, de 20 et, le long du bois, s'échelonnèrent des pelotons.

Je laissai avancer tout ce monde, attendant, pour commencer mon feu, qu'il se fut placé entre la brigade et moi. Malheureusement le poste de la brigade tira trop tôt. Les Bavarois se retirèrent et je fis commencer le feu. Il en tomba sept que je retrouvai à la même place le lendemain matin. Ils étaient étendus du côté de mon poste. Ce sont donc mes tireurs qui les ont décrochés.

Sachant la forêt occupée, je m'abstins de placer des embuscades qui pouvaient se faire enlever.

Pendant toute la nuit, on circula dans le bois. On cherchait à me surprendre. Je fis commencer le feu chaque fois que le bruit se rapprochait.

Au matin, j'aperçus un poste d'infanterie à la sortie du bois. Quelques uhlans étaient en avant à 800 ou 900 mètres de moi. Je fis tirer : deux cavaliers tombèrent et le reste rentra sous bois.

Pendant la reconnaissance que fit la brigade, je vis des uhlans courir vers notre gauche.

Quand l'armée se fut retirée, les Bavarois sortirent de la forêt en grandes lignes de tirailleurs. Ils appuyaient trop vers notre droite pour nous permettre de tirer.

Pendant que je suivais la marche des Bavarois, les factionnaires établis sur la tour me signalèrent des pièces d'artillerie à ma gauche, au pied du ravin. Je fis tirer à 1,000 mètres, puis, au moyen de hausses en bois, à 1,500 mètres. Mes balles ne portaient point. En un clin d'œil, il arriva trois boulets dans la tour, que je fis évacuer.

J'essayai de tirer derrière le mur d'enceinte; je n'obtins aucun résultat. Le canon tonnait toujours. Des pièces se plaçaient à ma gauche pour me prendre en flanc quand je me replierais.

Les Bavarois avançaient à droite; à gauche, s'ébranlait une colonne d'infanterie. Je pris le parti de me replier sur la brigade.

Je réunis mon détachement devant la grille, ayant assez de peine à tenir mon monde sous la main. J'y parvins néanmoins. A chaque éclaircie, l'artillerie prussienne tirait sur mon détachement.

Avant de rejoindre la brigade, il me fallut faire tout le tour de l'enceinte, en essuyant le feu des batteries prussiennes. Je ne sais par quel hasard je n'ai perdu personne.

A mon arrivée dans l'enceinte, on me mit à la disposition de M. le commandant Grévy, du 26e, et je servis de réserve.

Quand on battit en retraite, ma section couvrit le défilé de la brigade. Elle se déploya en tirailleurs et s'établit sur les bords du chemin creux par lequel défilait l'armée.

La brigade achevait à peine son mouvement que les tirailleurs ennemis débouchaient du bois. J'essuyai leur feu à 200 mètres environ. Les balles tombaient à nos côtés sans nous atteindre. Les chasseurs répondirent par un feu nourri.

La retraite opérée, les chasseurs se retirèrent, s'arrêtant derrière chaque buisson, se couchant à défaut d'abri afin d'envoyer encore une balle. C'était plaisir de les voir. Je perdis deux hommes seulement.

En arrivant au pied des hauteurs où se trouvait la batterie de mitrailleuses, les hommes se séparèrent. Les uns prirent au plus court par la gauche, les autres contournèrent le coteau par la droite.

La section se reforma sur la hauteur. Il me manquait huit hommes, dont six rejoignirent à Paris. Les deux autres sont apparemment blessés ou tués.

A notre entrée à Paris, M. le général Ducrot daigna me féliciter de la belle conduite de mes hommes pendant la retraite de la brigade.

Le lieutenant-colonel Méric, commandant le 3e zouaves, au général Ducrot.

Paris, 23 septembre.

J'ai l'honneur de vous adresser un rapport sur l'affaire du 19 septembre.

Me conformant à la dépêche reçue la veille, j'arrivai à la ferme de Trivaux à 6 heures du matin, ayant subi un retard par suite d'obstacles qui se trouvaient sur la route et que je n'avais pu prévoir; des cartouches furent distribuées à ma troupe sur le champ de bataille....

Aussitôt après cette opération, un capitaine d'état-major fut chargé de me conduire au point que je devais occuper; ma troupe fut placée en tirailleurs dans les bois, entre le pavillon de Trivaux et la mare qui se trouve en arrière de la porte de Verrières.

Pendant que j'opérais ce mouvement, le 3e zouaves marchait en tête et était suivi par le 1er et le 2e zouaves; quelques obus vinrent tomber sur la queue de la colonne et y jetèrent le désordre. 600 hommes environ, en grande partie du 1er et du 2e zouaves et en très petit nombre du 3e zouaves, se débandèrent en se jetant dans les bois. Les officiers, indignés de cette lâcheté, firent tous leurs efforts pour rallier leur troupe; ils remirent le bon ordre dans les rangs, mais environ 600 hommes avaient fui et allaient se répandre dans Paris.

En examinant la composition de ces trois régiments de zouaves, il est facile de comprendre que les officiers ont dû être impuissants pour rallier les fuyards.

	Officiers.	Hommes.
1er régiment	6	876
2e —	5	600
3e —	18	550

Les hommes des 1er et 2e zouaves étaient en grande partie des recrues venant d'Afrique; ils avaient peu de sous-officiers et le nombre des officiers était tout à fait insuffisant pour que la troupe fût bien commandée.

Dans la position que j'occupais, j'avais des troupes d'infanterie à ma gauche, à ma droite et devant moi; je ne pouvais donc pas prendre part à l'action. Lorsque les troupes se sont ralliées vers la gauche, j'ai pensé que le moment d'agir était venu et que je devais protéger ce mouvement. Des tirailleurs ont été placés, abrités derrière un fossé, en avant du bois; ils ont tenu par leur feu l'ennemi à distance. Lorsque les troupes d'infanterie de ligne ont eu fini leur mouvement et que je ne voyais rien à ma gauche, j'ai opéré mon mouvement de retraite.

Pendant ce mouvement, ma troupe a supporté un feu très vif d'artillerie et *a été forcée* de descendre dans le bois. La colonne a été coupée par des fuyards des régiments de ligne, de sorte que la queue a perdu la trace de la tête. La tête de la colonne s'est dirigée vers Issy; la queue, plus vivement attaquée par l'ennemi, s'est arrêtée pour lui faire face. L'ennemi est descendu jusqu'à l'étang de Chalais.

Cette fraction, tournée par sa droite, essaya de tenir sur le côté Est de l'avenue de Trivaux. Débordée par sa droite, elle se replia à travers le bois de Clamart en opposant des tirailleurs aux efforts de l'ennemi et se dirigea vers Issy pour rejoindre la tête de colonne où elle supposait qu'elle devait se trouver.

Ne recevant pas d'ordres, la colonne s'est portée à Meudon qu'elle occupait la veille et où elle espérait pouvoir arrêter l'ennemi.

Des positions défensives ont été prises sous la direction du commandant du château. A 7 heures, le commandant du fort a ordonné l'évacuation et les zouaves se sont ralliés à Paris.

Le Chef de bataillon commandant le 2e régiment de zouaves à X...

Paris, 21 septembre.

Il m'a été impossible de faire hier le rapport que vous m'aviez demandé; j'ai dû céder à la fatigue et à la souffrance occasionnées par l'état du bras et de la main droits. Aujourd'hui, j'ai pu le faire, ayant eu recours à une main étrangère, et je m'empresse de vous l'adresser.

Vous m'avez offert de me servir d'intermédiaire pour faire connaître au général Trochu la situation vraie des *ramassis* de zouaves que nous avons été appelés à présenter à l'ennemi ; je vous envoie ci-joint quelques notes que je vous prie de vouloir bien remettre au Gouverneur de Paris afin qu'il sache bien que les zouaves, dont la conduite a été si justement blâmée hier, n'ont rien de commun que l'uniforme avec les héroïques soldats dont ils ont eu la prétention de prendre la place depuis le désastre de Sedan, et combien il serait injuste de confondre dans la même réprobation les héros de Reichshoffen et de Sedan et les bandes indisciplinées et sans cœur que nous avions reçu la difficile mission d'organiser et de conduire au feu.

Notes sur l'état actuel des troupes appartenant aux divers régiments de zouaves de la ligne.

Les 1er et 2e régiments de zouaves ayant été faits prisonniers à Sedan, on a voulu utiliser les nombreux engagés volontaires que les dépôts de ces corps avaient reçus depuis le commencement de la guerre et reconstituer, s'il était possible, ces régiments. 1,100 hommes environ avaient été envoyés par la portion centrale du 1er zouaves sous la conduite d'un capitaine à titre auxiliaire et de deux sous-lieutenants. Deux ou trois sous-officiers et quelques rares caporaux accompagnaient ce détachement qui fut concentré le 10 à Saint-Cloud. D'un autre côté, un premier envoi de 300 hommes, sous la conduite d'un sous-lieutenant, puis un second envoi de 200 hommes sous la conduite d'un simple zouave investi, pour la circonstance, des fonctions de sergent, avaient été faits par le dépôt du 2e régiment de zouaves. Ces deux détachements furent mis le 10 sous les ordres du capitaine Prévault, qui avait été blessé à Reichshoffen et, étant échappé aux mains des Prussiens, avait été dirigé sur les hôpitaux de Paris.

Les zouaves du 1er régiment étaient arrivés avec leurs armes et leur campement, mais sans sacs ; les zouaves du 2e avaient des sacs mais n'avaient ni armes ni munitions. Il fallut donc pourvoir les uns et les autres de ce qui leur manquait. La plus grande activité fut déployée par les officiers chargés de la tâche difficile d'organiser ces détachements. En quelques jours, ce qui manquait fut touché et distribué, mais la question la plus importante, celle de l'organisation, présentait comme solution des difficultés presque insurmontables. Il fallait organiser les compagnies, créer la comptabilité, discipliner et instruire ; les cadres manquaient et les éléments voulus pour les créer faisaient absolument défaut. Les hommes dont se composaient les détachements étaient ou de jeunes conscrits ou des engagés volontaires, jeunes et vieux, qui avaient pris du service pour la durée de la guerre. Beaucoup de ces vieux engagés n'avaient connu l'Algérie que sous la tenue du condamné aux travaux publics ou du pionnier de discipline ; beaucoup d'autres, plus jeunes, ignoraient complètement la discipline ou même avaient conservé le souvenir des désordres des grands ateliers. Dès les premiers jours, les officiers furent frappés et péniblement affligés de cet état de choses ; ils ne rencontraient partout que la plus grande mauvaise volonté dans l'exécution des ordres donnés ; aucune solidarité ne semblait exister entre les membres du corps qui leur était confié ; pas le moindre sentiment de la discipline et de l'esprit militaire ; un esprit tout d'égoïsme, de pillage et de vagabondage semblait, au contraire, animer tous ces misérables qui n'avaient pas hésité à endosser l'uniforme des zouaves sans se rendre compte des devoirs élevés que cet uniforme impose. Les événements forcèrent à réunir dans les mêmes lieux ces fractions gangrenées qui s'excitèrent en quelque sorte au mal et, profitant de la difficulté qu'éprouvaient leurs chefs, trop peu nombreux, à surveiller leur conduite, se livrèrent à toutes sortes d'excès et de désordres. Puis, des mouvements imposés par les circonstances entravèrent l'œuvre déjà si pénible de l'organisation ; enfin, mais en face de l'ennemi, ils prouvèrent combien étaient fondés les sentiments de défiance qu'ils avaient inspirés à leurs chefs sur leur courage et leur énergie.

Il serait souverainement injuste de faire rejaillir sur les illustres soldats qui sont tombés à Reichshoffen et à Sedan l'épithète de lâches qu'ont méritée quelques malheureux, mauvais citoyens hier, aujourd'hui détestables soldats. Le passé des régiments de zouaves est assez brillant ; les zouaves ont été, en toutes circonstances, assez prodigues de leur sang pour pouvoir se dispenser aujourd'hui de protester contre la conduite de ceux qui ont déshonoré leur uniforme. Des régiments qui, comme le 2ᵉ zouaves, ont laissé sur le champ de bataille de Reichshoffen 47 officiers et 1,100 hommes, qui, comme le 3ᵉ, ont perdu dans la même affaire 43 de leurs chefs et 800 des leurs, qui ont exécuté les brillantes charges à la baïonnette de la fin de la bataille du 6 août et soutenu la lutte depuis 7 heures du matin jusqu'à 6 h. 30 du soir, n'ont point à redouter le jugement de leurs contemporains. Ils veulent seulement qu'on sache bien que ceux qui ont fui dans la matinée du 19 n'étaient point des leurs, que ce n'étaient que des soldats improvisés et que, pour mériter l'estime qu'inspire généralement l'uniforme des zouaves et avoir le courage et l'énergie de ces vaillantes troupes, il ne suffit pas d'en porter la tenue.

Le chef de bataillon du génie Lévy au général Ducrot.

Fort de Montrouge, 24 septembre.

Conformément à votre demande du 22 septembre, j'ai l'honneur de vous rendre compte des faits qui m'ont forcé, le 19 au soir, à me replier du château de Meudon sur Paris, avec les troupes qui s'y trouvaient ou que j'y ai réunies.

Vous m'aviez fait envoyer dans la journée du 18 courant un régiment de zouaves d'environ 2,000 hommes et le bataillon de la garde mobile d'Ille-et-Vilaine d'environ 1,200 hommes. Les zouaves occupèrent dans cette journée même l'ouvrage de la Capsulerie et plusieurs avant-postes à la lisière de la forêt de Meudon ; ceux de la Patte-d'Oie, de Trivaux et de Grange Dame Rose eurent dans la journée et dans la soirée des engagements avec quelques uhlans ; ces deux derniers postes furent même obligés de se replier sur ceux en arrière.

Le 18 au soir, vous envoyâtes l'ordre au régiment de zouaves de se trouver le 19 au matin, à 5 h. 30, au poste de Trivaux pour appuyer le mouvement offensif que vous comptiez faire contre l'ennemi, et à moi d'assurer, avec la 2ᵉ compagnie de dépôt du 49ᵉ de ligne et deux compagnies de mobiles, la garde des ouvrages de Meudon, employant le reste, c'est-à-dire 800 hommes, à occuper la ligne des bois jusque vers la ferme de Trivaux. Après avoir pris en ce point vos ordres, je me mis en mesure de placer les avant-postes du bataillon de mobiles ; j'en avais déjà installé deux, et j'organisais le troisième, alors que l'on entendait déjà sur le plateau supérieur un vif engagement d'infanterie et d'artillerie, lorsque des bandes de zouaves et d'autres corps en déroute vinrent mettre la panique et porter le désordre parmi les mobiles.

Les avant-postes que j'avais placés furent complètement abandonnés, malgré, je dois le dire, la fermeté de quelques officiers du bataillon de mobiles, et c'est avec grand'peine qu'aidé surtout d'un capitaine de ce bataillon je parvins à rassembler les fuyards sous les murs du parc de Chalais.

La déroute avait été telle que je ne pouvais songer à faire reprendre les avant-postes; nous n'étions d'ailleurs plus en nombre pour les occuper. Je ralliai donc tout ce monde en ordre et les ramenai au château qu'avaient aussi rejoint des hommes de divers corps. Je leur fis occuper le mur de clôture, que j'avais fait créneler, et les parapets des ouvrages des terrasses haute et basse. Je plaçai quelques avant-postes pour éclairer les abords du château ; mais les mobiles étaient tellement démoralisés qu'il fut difficile de les maintenir dans ces positions.

Nous fûmes peu inquiétés pendant la journée, mais comme nous pouvions facilement nous rendre compte des diverses péripéties de l'engagement, nous pûmes nous convaincre vers 2 heures que nos troupes avaient été obligées de se replier en abandonnant le plateau, et que l'ennemi, maître en partie des bois de Clamart, l'était complètement de ceux de Meudon et par conséquent de la route de Sèvres. J'envoyai d'une part une reconnaissance du côté du pont de Sèvres, de l'autre une seconde, pour le cas où je serais obligé de me replier, sur la route des Moulineaux. La première revint en me rendant compte que le pont de Sèvres était coupé et que des uhlans étaient venus reconnaître la position ; l'autre me fit savoir que la route était libre.

Les engagements dans les bois de Clamart paraissaient cependant s'accentuer ; des tirailleurs prussiens m'étaient signalés du côté du Val-Fleury ; l'ennemi paraissait en force sur les hauteurs de Trivaux et disposé même à y établir une batterie ; d'ailleurs on m'avait appris que la plus grande partie de nos troupes s'était depuis longtemps repliée sur Paris ; à 6 heures, je me décidai à profiter du télégraphe électrique qui relie le château au Palais-Royal pour envoyer à M. le gouverneur de Paris la dépêche suivante : « Peu de monde revenu de la bataille, pas de vivres, pas d'artillerie ; chance d'être tournés ; que faire ? » à laquelle, après divers pourparlers tendant à s'assurer que la dépêche n'était pas envoyée par l'ennemi, il m'a été répondu par ordre de me replier sur Paris.

Parti en bon ordre du château de Meudon à 7 heures du soir avec une colonne composée de 800 zouaves environ, commandés par le commandant Prévault, 200 de la 2ᵉ compagnie de dépôt du 49ᵉ de ligne et 400 gardes mobiles du bataillon d'Ille-et-Vilaine et quelques hommes de divers corps, j'arrivai à Vaugirard vers 9 heures et fus dirigé sur l'École militaire. Nous ne fûmes aucunement inquiétés par l'ennemi pendant cette route : l'avant-garde était formée par les zouaves et l'arrière-garde par la 2ᵉ compagnie du 49ᵉ de ligne.

Nous avons eu dans cette journée 10 gardes mobiles blessés..... et aussi 2 hommes de la 2ᵉ compagnie du 49ᵉ de ligne. Nous avons été obligés de laisser au château de Meudon 3 blessés aux soins du cantinier, les sacs des zouaves qui ne sont pas revenus de l'engagement, une partie du matériel de nos travaux (la plus grande ayant été expédiée le matin sur Paris), les cantines et effets des officiers et 14 grandes tentes appartenant à la 2ᵉ compagnie du 49ᵉ de ligne.....

2ᵉ DIVISION.

a) Journaux de marche.

Historique du 6ᵉ bataillon de chasseurs (7ᵉ compagnie mobilisée).

19 septembre.

Le 19, à 4 heures du matin, marche du 14ᵉ corps sur Clamart. Rencontre des Prussiens vers 6 heures. Avant que le combat ne s'engage, la compagnie est déployée en tirailleurs à gauche des batteries et en avant de la droite de sa brigade. A 8 h. 30, retraite sur le plateau. La compagnie postée avec l'artillerie. Défense du plateau jusqu'à 2 heures (soir).

Retraite ordonnée sur Paris. Rentrée et campée sur le Champ de Mars à 8 heures.

Historique du 9ᵉ bataillon de chasseurs (7ᵉ compagnie).

19 septembre.

Le 19, à 4 heures du matin, jour de la bataille, départ du corps d'armée du plateau pour se porter à la rencontre des Prussiens marchant sur Versailles ; la compagnie fut employée au début de l'action comme soutien de la ligne des tirailleurs placée à la gauche des batteries et en avant de la brigade Bocher. Retour sur le plateau suivant un ordre de retraite ; la compagnie, chargée de protéger l'artillerie, resta sous le feu de l'artillerie prussienne de 9 heures du matin à 1 h. 30 de l'après-midi. A 3 heures, retraite sur le fort de Montrouge et rentrée à Paris (Champ de Mars) à 7 heures du soir.

Historique du 19ᵉ régiment de marche.

19 septembre.

A 5 h. 30 du matin, le régiment se met en marche vers les deux flancs de la route de Paris à Versailles ; il forme la tête de colonne du centre. Après le combat d'artillerie, il est lancé sur Petit-Bicestre et engage le feu à 8 heures ; se voyant tourné presque complètement par l'ennemi, il doit battre en retraite sous une pluie de balles et d'obus, laissant sur le terrain 5 officiers, dont le lieutenant-colonel, et 131 hommes. Les officiers blessés sont au nombre de 6 et les soldats au nombre de 110. Le résultat total de la journée, tant en tués qu'en blessés et disparus, est de 11 officiers et 241 hommes. . . . .

Le régiment est rassemblé le soir au Champ de Mars sur le terrain qu'il a occupé quelques jours auparavant.

Historique du 20ᵉ régiment de marche.

19 septembre.

A 5 heures du matin, il (le régiment) reçoit l'ordre de se diriger sur Plessis-Picquet, en suivant à travers champs une ligne parallèle à la grand'route qui, partant de Châtillon, va rejoindre celle de Choisy-le-Roi à Versailles. Les haltes sont fréquentes ; le régiment reste ainsi exposé, sans cependant avoir à en souffrir, au feu de l'artillerie ennemie dirigé principalement sur la droite de la route occupée par l'artillerie et la cavalerie. Arrivé à hauteur de la Briqueterie, près des bois de la Garenne et à une très courte distance de Plessis-Picquet, le 20ᵉ de marche reçoit l'ordre du général Bocher, son chef de brigade, de battre immédiatement en retraite. Le mouvement s'exécute avec le plus grand ordre jusqu'à l'endroit où le régiment avait bivouaqué la nuit précédente et où il avait laissé ses sacs. A ce moment, un certain désordre règne dans la troupe qui, cependant, est ralliée au pied du village de Châtillon et conduite, d'après les ordres du général de division, en arrière du fort de Vanves où elle arrive à 11 heures. Toute la journée est employée à faire différents mouvements qui, à 7 heures du soir, ramènent de nouveau le régiment à l'emplacement qu'il occupait à 11 heures. Une heure après, il reçoit l'ordre d'aller camper au Champ de Mars.

Un homme a été tué dans cette journée.

Historique de la 17ᵉ batterie du 8ᵉ régiment d'artillerie.

19 septembre.

La section de gauche a soutenu la retraite de l'artillerie qui défendait le plateau.

La batterie est rentrée au Champ de Mars le 19 au soir.

Historique de la 17ᵉ batterie du 13ᵉ régiment d'artillerie.

19 septembre.

La batterie prend part à l'affaire de Châtillon. Elle tire de 6 heures du matin à 5 heures du soir. La batterie tire environ 1,000 coups et, deux fois dans la journée, elle est désignée pour soutenir la retraite.

Pertes de la journée : 6 hommes blessés, 12 chevaux tués.

Historique du IVᵉ bataillon de la garde nationale mobile d'Ile-et-Villaine.

19 septembre.

De grand matin, nous assistons à un mouvement considérable de troupes. Le général Ducrot, qui commande en chef les 13ᵉ et 14ᵉ corps, se prépare à couper aux Prussiens la route de Versailles. Le général d'Hugues (14ᵉ corps), sous les ordres duquel nous étions placés, nous poste, avec deux compagnies d'infanterie, dans la redoute en construction, avec mission de la défendre. Vers 6 heures du matin, le combat s'engage vers Plessis-Picquet, entre les bois de Verrières et ceux de Meudon.

De fortes batteries prussiennes forcent nos troupes à abandonner ce plateau et à se réfugier sous le canon de la redoute.

L'effort de l'ennemi se porte alors vers notre gauche dans la vallée de Sceaux sur laquelle nous n'avons pas de vues, mais il laisse deux batteries pour contrebattre notre artillerie qui se composait de sept pièces de 12, deux de 4 et deux mitrailleuses.

Ce combat d'artillerie dura jusqu'à 1 h. 30 environ, pas une de nos pièces ne fut atteinte et plusieurs fois les batteries prussiennes furent réduites au silence. Le général Ducrot arriva vers cette heure au milieu de nous et prévint le commandant que les Prussiens venaient de s'emparer de Bagneux dont les hauteurs tournaient l'ouvrage de Châtillon par la gorge, qu'en conséquence notre position, devenue intenable, allait être évacuée et que nous aurions à battre en retraite sur Vanves. L'artillerie avait épuisé ses munitions; les pièces légères durent quitter précipitamment la redoute; les autres étaient enclouées et jetées bas du parapet; les batteries ennemies se rapprochaient; un fort bataillon bavarois, qui s'avançait sur le saillant de gauche en couvrant l'ouvrage d'un feu nourri, prenait à dos la plus forte partie du bataillon qui garnissait le flanc droit.

Nous battîmes en retraite sur le fort de Vanves vers 2 heures; le général fut obligé de répéter formellement cet ordre à ceux de nos hommes qui, rangés sur la face attaquée, prétendaient continuer à tirailler avec l'ennemi.

Le soir, à 6 heures, nous rentrions dans nos cantonnements de la Chaussée d'Antin et, le lendemain, le Gouverneur affichait dans tout Paris la mise à l'ordre de l'armée de celle de nos compagnies qui avait, la dernière, évacué la redoute.

Nos pertes étaient minimes : nous avions 3 morts, 6 blessés, 8 ou 10 prisonniers.

c) Opérations et mouvements.

Rapport du général d'Hugues sur le combat du 19 septembre.

Conformément aux ordres que j'avais reçus, la 2º division du 14º corps a quitté le 19, à la pointe du jour (5 heures), le bivouac qu'elle occupait depuis la veille au soir sur le plateau de Châtillon.

Les différents corps qui la composent descendirent sur le plateau en suivant la route de Châtillon à Petit-Bicestre, en colonne par division, les régiments dans leur ordre de bataille : 19º, 20º, 21º et 22º de marche. En tête marchaient les compagnies de francs-tireurs formées sur l'ordre de M. le général Renault, au moyen de soldats de bonne volonté pris dans chaque bataillon. Ces compagnies détachaient quelques éclaireurs en avant et chaque division se gardait sur sa gauche par des flanqueurs.

Les deux compagnies de chasseurs à pied servaient de soutien à l'artillerie momentanément détachée de la division.

Je fis conserver cet ordre à mes troupes jusqu'à hauteur du ravin qui se trouve en avant de la route de Plessis-Picquet. Là, je fis arrêter ma tête de colonne et serrer les divisions à demi-distance, de manière à les abriter le plus possible dans le ravin, en attendant des instructions qui devaient résulter des mouvements de la droite où un feu d'artillerie assez nourri était engagé depuis près d'une demi-heure. Il était environ 6 h. 30 du matin.

Bientôt, je reçus l'ordre de porter un bataillon en avant et de débusquer l'ennemi de la ferme de Petit-Bicestre, en m'appuyant sur un groupe de maisons situé un peu en avant et qui n'était pas occupé.

En arrivant devant les bois qui nous cachaient les maisons de Petit-Bicestre, nos tirailleurs furent accueillis par un feu de mousqueterie assez vif ; ils n'en continuèrent pas moins à avancer et franchirent les premiers bois suivis du bataillon de soutien (Iᵉʳ du 19ᵉ de marche).

A ce moment, la division d'infanterie de droite ayant été refoulée, je reçus l'ordre de battre en retraite.

Je fis aussitôt arrêter la marche des éclaireurs et commencer le mouvement de retraite par la gauche.

Le feu de l'ennemi était alors des plus nourris, et le 19ᵉ régiment de marche, qui dut le subir pendant quelques instants de pied ferme, éprouva des pertes sérieuses.

Le lieutenant-colonel de Colasseau, commandant le régiment, le chef de bataillon Collio, M. Fauveau, son capitaine adjudant-major, furent atteints, ainsi que plusieurs autres officiers, en maintenant leurs hommes et en leur donnant le plus bel exemple.

Grâce à la bonne tenue de ce régiment, le mouvement de retraite s'exécuta dans un ordre parfait et la division regagna lentement le plateau, laissant la route de Châtillon à gauche libre pour l'artillerie et la cavalerie.

Elle ne fut nullement inquiétée dans sa retraite et aucun tirailleur ennemi ne franchit le bois pour nous suivre.

En arrivant sur le plateau, je voulus faire reprendre aux brigades l'emplacement qu'elles avaient occupé pendant la nuit et où les hommes avaient laissé leurs sacs. Mais, comme cette position était trop exposée au feu de l'ennemi que l'on voyait distinctement établir ses batteries au coin du bois en avant de Fontenay, je donnais l'ordre aux divers corps de s'abriter dans les ravins qui se trouvent à gauche et en arrière de la redoute. En même temps, je prescrivis au 22ᵉ de marche, conformément aux ordres reçus, d'entrer dans la redoute qu'il devait concourir à défendre. Cet ordre ne put être exécuté. Le colonel et un bataillon à peu près furent seuls reçus dans l'ouvrage ; les autres en furent repoussés par le commandant du fort lui-même qui craignait l'encombrement de défenseurs trop nombreux.

Malheureusement, les issues qui permettent de descendre du plateau dans les ravins ne sont pas très nombreuses et sont fort étroites. Le mouvement commandé ne put donc s'exécuter que très lentement et une grande partie des troupes étaient encore massée sur le plateau, lorsqu'y arrivèrent les premiers obus de l'ennemi.

Il en résulta naturellement un grand désordre. Les hommes qui, pour la plupart, voyaient le feu pour la première fois, précipitant leur mouvement vers le ravin et coupés à chaque instant par la retraite du train et de l'artillerie, perdirent leurs rangs.

Les officiers, d'ailleurs trop peu nombreux, furent impuissants à maintenir les soldats sous leurs ordres qui se débandèrent et gagnèrent en désordre les ravins et le village.

Je pus cependant, en peu de temps, reformer ma division en bas de Châtillon, dans les rues qui s'étendent de l'église à la route de Vanves, et je fis demander des ordres à M. le Général commandant en chef qui me prescrivit de m'établir à gauche de Châtillon et dans le village même, de manière à protéger, si besoin était, sa ligne de retraite sur les forts.

Cet ordre avait déjà reçu un commencement d'exécution et ma tête de colonne prenait ses positions pour garder les issues de Châtillon, du côté de Fontenay, lorsque je dus, par suite d'un ordre nouveau, arrêter ma marche et me retirer en arrière du fort de Vanves.

Ce mouvement s'exécuta dans un ordre parfait et, vers 11 heures du matin, la division se trouvait établie presque tout entière en en arrière de la route stratégique faisant face au fort de Vanves, à la disposition de M. le général Renault qui était sur les lieux.

Il y manquait cependant les deux compagnies de chasseurs à pied qui, ayant campé la veille en avant du plateau, avaient gardé leur emplacement et y restèrent jusqu'à l'évacuation du fort. Le IIIe bataillon du 19e de marche (capitaine Viel) resta posté derrière les murs crénelés situés en avant de la redoute où il tint jusqu'à la fin de la journée.

Enfin, un bataillon et demi du 22e de marche restait à la défense de la redoute. M. le général Paturel, commandant la 2e brigade, était lui-même demeuré au fort avec cette fraction du 22e.

La 2e division occupait encore cette position près du fort de Vanves vers 3 heures, lorsque le général commandant le 14e corps donna lui-même l'ordre de se reporter en avant et de prendre position à droite et à gauche de la route de Châtillon pour protéger la retraite des défenseurs du fort, menacés par suite de l'évacuation définitive du plateau et des positions de Fontenay et de Bagneux.

Au moment où cet ordre s'exécutait, l'artillerie descendait à fond de train de Châtillon sur Paris. M. le général Renault s'efforça en vain d'arrêter les fuyards et fit établir rapidement la division perpendiculairement à la route de Châtillon. La 1re brigade, sous les ordres du général Bocher, s'étendait jusqu'à la grande usine qui se trouve à gauche du village. Une heure plus tard, l'évacuation de la redoute était terminée. De nouveaux ordres me firent replier ma division en arrière du fort de Vanves. Je la portai un peu en arrière pour l'abriter derrière les premières maisons du village, dans le cas possible où l'ennemi aurait ouvert son feu sur le fort.

Vers 5 h. 30, elle fut reportée en avant et reprit immédiatement, sous la protection du fort, la position qu'elle occupait le matin. Deux heures après, elle rentrait à Paris au complet, à l'exception de quelques traînards et de très petits détachements qui avaient fait fausse route, et vint s'établir à 11 heures du soir dans son bivouac au Champ de Mars.

Rapport du général Bocher sur le combat de Châtillon.

(Sans date.)

Le 19 au matin, la 1re brigade de la 2e division, composée des 19e et 20e régiments de marche, prenait la droite de la division et se portait en position, en colonne par division, à droite et à gauche de la route de Versailles et sur cette route; le feu de l'artillerie s'ouvrait; la brigade fut ramenée tout entière sur le côté gauche de cette route et se ploya en colonne par division à demi-distance ayant en avant d'elle et dans les bois : 1° les francs-tireurs de la brigade; 2° à la gauche de ceux-ci, deux compagnies de chasseurs à pied ; 3° sur son flanc gauche une ligne de flanqueurs.

Elle resta quelque temps dans cette position puis reçut l'ordre de s'approcher des bois situés à gauche de quelques maisons placées sur la route de Versailles et de les enlever; en ce moment, quelque désordre se manifesta : le feu de la mousqueterie était ouvert sur l'ennemi et déjà une compagnie de la garde mobile, installée dans les maisons, commençait sa retraite ainsi qu'une partie des francs-tireurs. Il en résulta que la tête de la colonne (Ier bataillon du 19e de marche) fut exposée à un feu de mousqueterie assez vif et sans pouvoir y répondre, l'ennemi étant caché et une partie du bois en avant de lui étant occupée par des francs-tireurs.

Ce feu occasionna quelques pertes; le lieutenant-colonel de Colasseau, le chef de bataillon Collio et son capitaine adjudant-major, capitaine Fauveau, furent blessés ainsi que plusieurs sous-officiers, en s'efforçant de maintenir leurs hommes et en leur donnant le plus bel exemple.

Plusieurs hommes furent tués ou blessés en ce moment mais en très petit nombre.

Devant ce feu, auquel on ne pouvait répondre et qui eut pu faire beaucoup de mal dans une colonne profonde, la brigade fit un mouvement à gauche et se plaça en arrière du bois où elle cessait d'être en vue. Elle s'apprêtait à l'enlever quand arriva l'ordre de se mettre en retraite.

Celle-ci fut commencée aussitôt et s'exécuta dans l'ordre le plus parfait, la brigade marchant sur deux colonnes, dégageant le terrain nu, à gauche de la route, qui pouvait être battu par l'artillerie de la redoute et appuyant sa droite aux bois et ravins de Plessis-Picquet. Deux bataillons restaient en arrière pour soutenir la retraite et rallier les francs-tireurs et chasseurs à pied. Ce mouvement s'exécuta sans précipitation et sans être trop sérieusement inquiété par l'ennemi. Cependant, on eut encore là quelques blessés et parmi ceux-ci environ 10 officiers du 19e de marche.

Vers 9 heures, la brigade tout entière était réunie sur l'emplacement où elle avait passé la nuit et en avant de la redoute.

Les hommes reprenaient leurs sacs et s'y formaient dans le plus grand ordre. A cet instant, on voyait distinctement l'artillerie ennemie cherchant à s'établir au coin du petit mur qui, à l'extrémité du bois de M. Hachette, forme un saillant dominant à bonne portée et le plateau en avant de la redoute et la redoute elle-même. Il était évident qu'aux premiers coups de cette artillerie tombant dans cette masse d'hommes un grand désordre se produirait. Le général de brigade demanda alors au général de division de dégager ce plateau encombré et de se porter avec sa brigade en arrière du moulin de Crouÿ et à gauche de la redoute. Cet ordre ayant été obtenu, la brigade commença son mouvement et déjà son premier bataillon se formait sur la pente face à la redoute et à l'abri des projectiles quand arrivèrent sur le plateau les premiers obus de l'ennemi.

Alors, commença un désordre inexprimable et qu'il avait été bien facile de prévoir. L'infanterie, l'artillerie, le train, etc., se précipitèrent dans les ravins qui séparent la redoute du village de Châtillon et de Fontenay-aux-Roses. La plupart de ces fuyards laissaient leurs sacs sur le plateau ou les jetaient dans leur fuite. Beaucoup même jetaient leurs fusils ; les voitures de l'armée, les mulets du train au galop ajoutaient au désordre.

Heureusement, la 1re brigade qui avait commencé son mouvement avant l'ouverture du feu et qui avait eu le temps de prendre ses sacs put échapper en partie à ce désordre. La plupart des hommes restèrent dans le rang et la brigade fut bientôt constituée presque en entier en avant de Châtillon, s'étendant de la grand'route à la place de l'Église et prête à occuper Fontenay s'il était abandonné ou à se porter en avant sur la redoute. A ce moment, elle était ainsi formée :

Les deux compagnies de chasseurs à pied, qui avaient campé la veille en avant du plateau de la redoute, avaient gardé leur emplacement et y restèrent jusqu'à l'évacuation du fort, en soutien de l'artillerie ;

Le IIIe bataillon du 19e de marche (58e de ligne, capitaine Viel) restait posté en arrière le mur (sic) de la redoute. Il y tenait également jusqu'à la fin de la journée.

Ordre fut donné bientôt de se replier dans la direction du fort de Vanves. Le mouvement fut exécuté dans le plus grand ordre et, vers 3 heures, la 1re brigade, à l'exception des chasseurs à pied et du IIe bataillon du 19e, restés en avant de la redoute, ainsi que beaucoup d'hommes d'autres corps étaient établis, sous les ordres du général Renault, en arrière du fort. On venait de prescrire d'étudier les routes se dirigeant sur Paris, quand arriva l'ordre de se reporter en avant et de marcher dans la direction de Châtillon pour protéger la retraite et couvrir la grande route de Paris.

A peine la division arrivait-elle dans cette position qu'une nouvelle panique se manifesta ; sur la route, des voitures d'artillerie et du train descendaient à fond de train, dans le plus grand désordre, de Châtillon sur Paris. Des fantassins s'efforçaient de les suivre.

Le général Renault, l'épée à la main, tenta vainement d'abord de les rallier. Il ne put y parvenir que pour les derniers de ces fuyards. Pendant ce temps, les troupes de la division s'étaient établies perpendiculairement à la route faisant face à Châtillon et portant leur gauche à la grande usine, celle-ci appuyée par une des batteries divisionnaires (mitrailleuses) et couverte en avant par de nombreux tirailleurs embusqués dans les carrières.

Ces dispositions avaient dû être prises en raison du récit des fuyards qui racontaient que l'ennemi avançait par Fontenay et occupait déjà Châtillon.

Sur de nouveaux ordres, la brigade se replia en arrière sur l'alignement du fort de Montrouge et de Vanves; elle y était établie depuis près d'une heure quand elle reçut l'ordre de venir de nouveau se former derrière le fort de Vanves où elle se trouvait *au complet* vers 5 h. 30 du soir. Deux heures après, elle rentrait dans Paris et s'installait au Champ de Mars. A 11 heures, le bivouac était formé pour les deux régiments et les chasseurs à pied, à l'exception des traînards et de quelques petites fractions qui avaient fait fausse route et qui rejoignaient dans la nuit ou le lendemain.

Rapport du lieutenant-colonel Barbe, commandant le 22ᵉ régiment de marche, sur le combat de Châtillon.

Neuilly, 21 septembre.

En ce qui touche le combat de Châtillon qui a eu lieu hier 19 septembre 1870, je ne m'étendrai point sur les dispositions prises et mises à exécution la veille au soir et le matin, ni sur l'attaque du matin qui s'est passée sous vos yeux et à laquelle, du reste, le régiment n'a pas été appelé à prendre part, les francs-tireurs exceptés.

En rentrant aux anciens emplacements sur le plateau de la redoute, j'ai reçu de votre part et de M. le chef d'état-major de la division, l'ordre d'entrer dans l'ouvrage avec tout le régiment, en faisant par le flanc gauche. Cet ordre m'a été donné au moment où l'on venait de reprendre les sacs et j'en ai fait immédiatement commencer l'exécution.

Mais, pendant cette exécution, quelques obus prussiens sont venus éclater tout près des troupes massées sur la droite du 22ᵉ de marche. Des chevaux d'artillerie, effrayés par ces obus, ont renversé une voiture à laquelle ils étaient attelés. De jeunes soldats des troupes susdites, non moins effrayés peut-être que les chevaux, ont, en quelque sorte, pris la fuite en traversant ou en suivant la route de l'ouvrage et mon régiment s'est trouvé de suite coupé et en partie entraîné dans cette espèce de déroute. Pour comble de malheur, ma tête de colonne a dû forcer l'entrée de l'ouvrage pour y pénétrer et les hommes, ayant entendu dire qu'il y avait assez de défenseurs et qu'ils ne pourraient pas y être abrités des projectiles prussiens, il est devenu difficile, sinon impossible, d'y faire rester les hommes qui y étaient entrés.

Pour mon compte particulier, j'étais resté sur le terrain pour activer le mouvement et je me suis, de ma personne, rendu à l'ouvrage un peu en avant de mon IIe bataillon qui me suivait, conduit par son chef, sans presque aucune distance du IIIe, et je me suis trouvé moi-même coupé par le mouvement de l'artillerie et par les jeunes soldats précités, puis, en arrivant à l'entrée de l'ouvrage, j'y ai trouvé un sous-officier placé là pour en interdire l'accès.

Voyant beaucoup d'hommes s'en aller par le chemin que nous avions suivi pour arriver sur le plateau de Châtillon et apercevant beaucoup de mes numéros parmi ces hommes, je me suis porté à eux pour tâcher d'arrêter le mouvement et de rassembler les miens. J'ai trouvé mes chefs de bataillon avec une poignée d'hommes chacun qu'ils avaient, aidés de leurs officiers, réussi à arrêter.

J'ai dit à ces messieurs de tâcher de rallier leurs hommes pour contribuer à garder la position et que j'allais prendre vos ordres. Les chefs des Ier et IIIe bataillons qui n'avaient presque personne ont dû aller assez loin pour ramasser leur monde. Celui du Ier bataillon n'en a trouvé que sous le fort de Vanves avec environ 300 hommes du IIe bataillon, rassemblés par le capitaine Noël; il voulait remonter sur le plateau avec tout ce monde, mais il a été retenu par M. le général d'Hugues.

Le chef du IIIe bataillon a rassemblé la plus grande partie de son monde à Châtillon, en bas de nos positions, et a essayé de remonter avec, mais tout cela lui a demandé du temps, et, pendant qu'il remontait, il a vu le mouvement de retraite de l'artillerie arriver jusqu'à lui et un chef d'escadrons qui lui a dit qu'il était inutile d'essayer d'aller plus loin. Il est alors revenu à Paris, au Champ de Mars, avec son monde en bon ordre.

Je me suis porté rapidement à l'ouvrage pour vous rendre compte de cette déplorable situation et prendre vos ordres, mais je n'ai pas eu la bonne chance de vous rencontrer. J'ai trouvé un autre général qu'on m'a dit être M. le général Ducrot, auquel j'ai dit qu'on avait refusé l'entrée de l'ouvrage à mon régiment et demandé ce que je pouvais faire avec la poignée d'hommes que j'avais encore à ma disposition. M. le général Ducrot m'a dit de tâcher de l'empêcher d'être tourné par la droite et par la gauche en arrière.

Je suis retourné très vite sur les lieux où le commandant du IIe bataillon avait pu déjà arrêter quelques autres de ses hommes ou les y ramener. Je l'ai empêché d'aller plus loin pour l'exécution de l'ordre du général et il a gardé un coin de position en arrière, à droite de l'ouvrage, avec une partie de ses officiers jusqu'au moment de la retraite.

Des hommes du 72e et du 76e sont allés jusque dans Paris et ont été renvoyés le soir sous le fort de Vanves où j'ai trouvé, à 6 heures du soir et réunis à peu près au complet, le Ier et le IIe bataillons et je les ai ramenés à Paris en suivant le mouvement de la division avant-hier au soir.

Les francs-tireurs ont été engagés pendant le combat du matin, mais ils n'ont opéré ni sous mes yeux ni sous les yeux de leur chef de bataillon, et je me borne à vous transmettre ci-joint les rapports de leurs officiers dont l'un, M. le lieutenant Lacronique, a été blessé.

Pendant l'affaire d'hier, il a été perdu les armes, munitions, effets et vivres de campagne ci-après, savoir :

Armement : 3 fusils, 6 sabres-baïonnettes, 1 jeu d'accessoires ;

Munitions : 990 cartouches à balles ;

Habillement : 3 capotes, 1 bonnet de police, 6 grands équipements complets avec poches à cartouches ;

Campement : 8 grands bidons, 6 gamelles, 10 marmites, 1 moulin à café, 2 hachettes, 4 petits bidons avec courroies, 26 tentes-abri avec accessoires, 20 couvre-pieds ;

Petit équipement : 69 havresacs avec leur contenu ;

Vivres : 134 rations de lard de réserve, 510 rations de riz de réserve, 510 rations de sel de réserve, 614 rations de sucre et café de réserve.

Indépendamment de M. Lacronique, cité comme blessé, il y en a encore eu un autre : c'est un homme de la 3e compagnie du 1er bataillon. Jusqu'à présent, le nombre des disparus est de 8, mais il manquait encore 30 hommes à l'appel de ce matin.

On n'est pas encore très complètement débrouillé dans les compagnies, à cause du mouvement d'hier, mais néanmoins, les chiffres qui précèdent ne subiront pas de modifications notoires.....

La plupart des pertes qui précèdent proviennent bien un peu, il faut l'avouer, de la faute des hommes.

3e DIVISION.

a) Journaux de marche.

Historique de la 7e compagnie du 12e bataillon de chasseurs.

19 septembre.

Le 19 septembre, elle (la compagnie) assiste au combat qui a lieu sur les positions de Châtillon à Bagneux et auquel elle n'a pu prendre que peu de part, l'ordre d'évacuer la position ayant été donné à toute la division très peu de temps après que l'action eût été engagée à la gauche de la ligne (Bagneux). C'est à peine si les hommes ont pu tirer quelques coups de fusil. Il n'y a eu ni blessés ni tués pendant l'affaire et dans la retraite. Le même jour, elle est campée en arrière du fort de Montrouge, entre ce fort et le mur d'enceinte. Elle quitte cette position pendant la nuit et arrive au Champ de Mars le 20.

Historique de la 7ᵉ compagnie du 14ᵉ bataillon de chasseurs.

19 septembre.

Le 19 septembre, la compagnie occupe la tranchée qu'elle vient de construire, lorsque, à 9 heures du matin environ, nos positions sont attaquées par l'ennemi ; après une fusillade qui a duré à peu près trois quarts d'heure, dans laquelle elle n'a pas un seul blessé, elle reçoit l'ordre de battre en retraite, ordre que le capitaine se fait répéter trois fois, ne pouvant le comprendre et craignant un malentendu. La compagnie quitte ses tranchées et bat en retraite pour regagner les hauteurs. Dans ce mouvement, elle subit les pertes suivantes : ...1 tué et 8 blessés.....

Le même jour, la compagnie est campée en arrière du fort de Montrouge, entre ce fort et le mur d'enceinte. Elle quitte cette position pendant la nuit et arrive au Champ de Mars le 20 septembre.

Historique du 23ᵉ régiment de marche.

19 septembre.

Le régiment occupe, durant le combat de Châtillon, des positions formidables que l'ennemi ne juge pas devoir attaquer ; le moral de nos troupes est très bon et ce n'est qu'à regret qu'elles reçoivent l'ordre de se replier.

Quelques obus éclatant au milieu des bataillons n'amènent aucun désordre à la retraite.

La brigade (Avril de l'Enclos) vient prendre une deuxième position de bataille ; le 23ᵉ de marche est placé en première ligne entre les forts de Montrouge et de Vanves, les bataillons déployés. Le régiment ne reste que quelques heures dans cette position ; il vient ensuite s'établir militairement dans le village de Montrouge, puis l'ordre arrive de se replier et de rentrer dans Paris à 10 heures du soir. Ce mouvement s'exécute à l'heure indiquée et le régiment vient camper dans les Champs-Élysées où il passe la nuit sur les trottoirs.

Historique du 24ᵉ régiment de marche.

19 septembre.

Le 19 au matin, les Prussiens attaquent les hauteurs de Châtillon ; quelques obus éclatent dans Fontenay, mais le IIIᵉ bataillon attend l'attaque sérieuse lorsque, vers les 11 heures du matin, lui arrive l'ordre de battre rapidement en retraite.

Surpris de cet ordre, le bataillon rallie ses petits postes et obéit avec regret, ne sachant point que les hauteurs de Châtillon, mollement défendues, ont découvert son flanc droit et facilité un mouvement tournant.

L'ordre de retraite est exécuté en même temps par le Ier bataillon puis par le IIe qui a déjà engagé une vive fusillade avec les Prussiens massés dans Bourg-la-Reine. Seule de tout le IIe bataillon, la 6e compagnie, qui n'avait point sans doute entendu l'avis de retraite, apporté cependant par un officier d'état-major, reste dans la tranchée par ordre de son chef. A ce moment, les Prussiens sortent de Bourg-la-Reine, dessinant leur attaque de droite et la 6e compagnie dirige sur eux un feu nourri de mousqueterie, mais, sur l'ordre formel de battre en retraite, apporté de nouveau au milieu des balles par M. le capitaine d'état-major Chambert, la compagnie se replie précipitamment, laissant dans la tranchée une partie de ses sacs et quelques blessés.

La retraite du 24e, opérée avec le plus grand calme et sans être inquiétée, sous la protection du fort de Montrouge, se continue jusqu'en arrière de ce fort et, après avoir bivouaqué jusqu'à 11 heures du soir sur les glacis de l'enceinte, le régiment qui avait déjà établi une compagnie de grand'garde (la 1re du IIIe bataillon) vers le chemin de fer, dans la direction d'Arcueil, rentre dans Paris et passe la nuit sur l'avenue des Champs-Élysées, près de la place de la Concorde.

Historique du 26e régiment de marche.

19 septembre.

Départ de Bagneux à 4 heures du matin. Arrivée à la redoute de Châtillon à 6 h. 30.

Le IIe bataillon se place dans la redoute encore inachevée; le Ier bataillon à droite, dans les tranchées, dominant la vallée de Clamart, face au bois du même nom. Le IIIe bataillon se place à gauche de la redoute, les compagnies à droite dans des tranchées, la gauche à l'abri derrière des haies ou dans des tranchées improvisées.

Le combat de Châtillon a pour but de surprendre l'ennemi pendant la marche de flanc qu'il exécute sur la route de Choisy-le-Roi à Versailles. Une division bavaroise couvre le flanc droit de cette marche et c'est contre elle que se livre le combat. Le régiment est chargé de la défense de la redoute.

Jusqu'à 10 heures, on s'occupe à réparer les tranchées, compléter les défenses accessoires de la redoute. A ce moment, les divisions qui ont commencé l'attaque se replient et les obus commencent à tomber sur le parapet de la redoute.

Le II⁰ bataillon occupe les banquettes, le I⁰ʳ bataillon évacue une portion des tranchées et vient se placer derrière un petit bois à droite de la redoute. Les trois compagnies de gauche occupent seules encore les tranchées. L'attaque semble venir de gauche ; c'est ce qui détermine ce mouvement du I⁰ʳ bataillon. Le III⁰ bataillon n'a fait aucun mouvement ; sa gauche couvre les abords de Fontenay-aux-Roses, la droite a engagé un feu de tirailleurs avec l'ennemi placé dans un bois à 800 mètres en avant.

Vers 2 heures, après un moment de répit, l'attaque devient plus vive et semble vouloir nous tourner par les villages de Fontenay et de Châtillon.

Les hommes du I⁰ʳ bataillon sont employés par l'artillerie à la mise en batterie de quelques pièces tirant sur le plateau de Clamart, mais celles-ci sont prises de flanc et bientôt démontées.

Le bataillon qui était dans la redoute, le II⁰, soutenu par une section seulement des mobiles d'Ille-et-Vilaine, commence le feu à 2 heures. Menacé d'être tourné, car la redoute inachevée n'était pas fermée, le général Ducrot donne lui-même à ce bataillon l'ordre de battre en retraite en abandonnant ses sacs. Il était 3 h. 30.

Vers 4 heures, le commandant Neltner, du I⁰ʳ bataillon, informé de l'évacuation de la redoute, donne aussi l'ordre de battre en retraite. La 1ʳᵉ compagnie s'égare dans les bois et se trouve séparée du bataillon avec une trentaine d'hommes de différentes compagnies.

Le capitaine Coignet, commandant le III⁰ bataillon, informé par son adjudant-major, M. Delisle, de l'évacuation de la redoute, fait replier son bataillon.

Le I⁰ʳ bataillon se retire en bon ordre, s'arrêtant de temps à autre pour faire face à l'ennemi en cas de poursuite de sa part. A 5 heures, il arrive sous le fort de Vanves où le général Ducrot félicite le commandant Neltner de la bonne tenue de son bataillon. A 7 heures, il reçoit l'ordre de rentrer dans Paris avec les autres régiments qui se trouvaient là. Il bivouaque sur l'avenue d'Orléans. La 1ʳᵉ compagnie avait pris le chemin de fer de ceinture à Montrouge et s'était rendue à la caserne de Reuilly.

Le II⁰ bataillon se dirige aussi sur le fort de Vanves où il arrive vers 4 heures. Là, il prend le chemin de fer à Montrouge et se rend à la caserne de Reuilly.

Le III⁰ bataillon s'est aussi rallié sur le fort de Vanves ; à 7 heures, il rentre dans Paris et va bivouaquer sur l'avenue d'Orléans.

Par suite de la dispersion des trois bataillons, le régiment ne put pas être sous les ordres directs de son colonel qui même le perdit complètement de vue.

Historique de la 17ᵉ batterie du 12ᵉ régiment d'artillerie.

19 septembre.

Nous assistons en spectateurs à une partie du combat de Châtillon et, vers 2 heures de l'après-midi, nous recevons l'ordre d'abandonner la position. Nous nous replions derrière le fort de Montrouge. A 11 heures du soir, nous recevons l'ordre de rentrer dans Paris. Nous passons la nuit au Champ de Mars.

c) Opérations et mouvements.

Le général de Maussion au Gouverneur de Paris (D. T.).

Montrouge, 19 septembre, 2 h. 40 soir.

Conformément aux ordres du général commandant en chef, j'ai effectué ma retraite en évacuant Bagneux et Fontenay. Mes troupes sont placées maintenant entre le fort de Montrouge et la ville. Je loge, 193, route d'Orléans.

Rapport du général de Maussion sur la journée du 19 septembre.

Boulogne, 23 septembre.

Chargé par M. le général commandant en chef les 13ᵉ et 14ᵉ corps d'armée d'occuper le village de Bagneux pour couvrir la gauche d'une position prise sur le plateau de Clamart, je disposai les troupes de la 3ᵉ division d'infanterie de la manière ci-après :

Fontenay-aux-Roses était occupé par un bataillon du 24ᵉ de marche et par un du 23ᵉ, ce dernier fournissant la réserve ;

La chaussée qui relie Fontenay-aux-Roses à Bagneux et les terrasses de Bagneux, ayant vue sur le ravin, par un bataillon du 23ᵉ de marche ;

Le dernier bataillon du 23ᵉ, au centre de Bagneux, formait réserve.

Sur la partie avancée de l'éperon se trouvait l'artillerie battant Sceaux et Bourg-la-Reine. A droite de l'éperon, faisant face à Châtillon, se trouvait une batterie de 4 pièces et 2 mitrailleuses, dont les feux étaient dirigés vers Fontenay et en avant de Châtillon.

L'artillerie était protégée en avant par des caponnières, faites à mi-côte, dans lesquelles s'étaient placées les deux compagnies de chasseurs à pied.

Une forte tranchée-abri, à la gauche de l'éperon, descendant presque perpendiculairement à la route d'Orléans, occupée par un bataillon du 24ᵉ de marche, formait la gauche de ma première ligne.

Le IIIe bataillon du 24e, déployé sur la crête de la position et couvert par des vignes, servait d'appui à ma gauche.

La 2e brigade, réduite au 25e de marche, était en bataille, la droite appuyée à Bagneux, la gauche dans la direction du fort de Montrouge, de manière à s'opposer à tout mouvement tournant qu'aurait pu faire l'ennemi en cherchant à m'aborder par le ravin de la Bièvre.

D'après mes ordres, le génie avait détruit un pont traversant le chemin de Sceaux, en avant de la gauche des tranchées-abris occupées par le 24e. Telles étaient mes dispositions de combat au moment de l'attaque, vers 10 h. 30 du matin. Le feu avait presque cessé à Châtillon. Apparurent alors des troupes d'infanterie qui ne tardèrent pas à engager le feu avec mon extrême gauche et qui couvrirent bientôt de tirailleurs le versant s'étendant de Sceaux à Bourg-la-Reine.

L'artillerie arriva peu après, et la nôtre commençait son feu, lorsqu'un officier d'état-major, le capitaine Fayette, m'apporta verbalement l'ordre de me replier derrière le fort de Montrouge.

Malgré le regret de quitter des positions solidement organisées et que mes troupes paraissaient fort disposées à défendre, je crus devoir me conformer à l'ordre que je recevais et j'exécutai ce mouvement avec la plus grande régularité, couvert par le 25e de marche, qui avait fait un changement de direction à droite pour se placer parallèlement à l'ennemi.

Ma retraite se continua ainsi jusqu'en arrière du fort de Montrouge, qui nous protégea de la manière la plus efficace en dirigeant son feu sur le village de Bourg-la-Reine que l'ennemi occupait en force. Des obus heureusement dirigés y causèrent même un très grand désordre que j'ai pu constater par moi-même.

J'ai été assez satisfait de l'attitude de la division pour le lui exprimer le soir même dans l'ordre du jour ci-après :

« Quels que soient les résultats de la journée, le général veut témoigner à la division sa satisfaction sur son attitude devant l'ennemi. Bien que composée en grande partie de jeunes soldats, elle a été, par son calme et la régularité de ses mouvements, à hauteur des vieilles troupes et nul doute que si elle n'eût été obligée de se conformer au mouvement général de retraite, elle n'eût fait payer cher à l'ennemi les positions qu'il venait lui disputer. Le général se réserve de mettre à l'ordre du jour les noms de ceux qui se sont le plus distingués et se borne aujourd'hui à signaler l'artillerie, les deux compagnies de chasseurs à pied et les compagnies du 24e de marche qui occupaient la grande tranchée-abri. »

Le 26e de marche partit d'après vos ordres à 4 h. 30 du matin de Bagneux pour aller occuper la redoute de Clamart. Vous avez bien voulu exprimer à MM. les chefs de bataillon de ce régiment votre satisfaction sur la manière dont ils s'étaient acquittés de leur mission et vous avez pu juger par vous-même des services rendus par la demi-batterie de mitrailleuses de M. le capitaine de Grandchamp.

Rapport du général commandant la 1re brigade de la 3e division sur la journée du 19 septembre.

Montrouge, 19 septembre.

J'ai l'honneur de vous rendre compte qu'aujourd'hui, 19 septembre, les troupes de la brigade occupant les positions assignées dès la veille, en avant du village de Bagneux, ont eu à repousser des attaques faites par les troupes prussiennes.

Le 23e régiment de marche occupant la position à l'entrée de Fontenay-aux-Roses, abrité par ses tranchées, n'a eu aucune attaque à repousser et a essuyé seulement le feu de quelques obus qui n'ont fait aucun mal.

Les 12e et 14e bataillons de chasseurs à pied, placés dans les tranchées-abris en avant de l'artillerie, ont répondu avec avantage au feu de la mousqueterie ennemie et soutenu vigoureusement la retraite de l'artillerie qu'ils étaient chargés de protéger.

Le 24e régiment de marche a eu, pendant toute la journée, son IIe bataillon engagé ; ce bataillon, couvert par les tranchées-abris, a soutenu un feu très vif de mousqueterie avec l'ennemi embusqué dans les maisons du village de Bourg-la-Reine, cherchant à plusieurs reprises à prendre des positions en avant.

La retraite s'est effectuée en bon ordre sous la conduite de M. Bidot, son chef de bataillon.

Les soldats ont fait, dans cette occasion, une bonne contenance qui fait bien augurer pour l'avenir.

Rapport du Lieutenant-Colonel commandant le 26e régiment de marche sur le combat du 19 septembre.

Camp du Bois de Boulogne, 21 septembre.

Par suite des ordres de M. le général de division commandant la 3e division d'infanterie du 14e corps d'armée, les trois bataillons du régiment, sous les ordres du lieutenant-colonel commandant, sont partis du campement de Montrouge à 4 h. 30 du matin et sont arrivés à la redoute vers 6 heures. M. le colonel Corbin, directeur des travaux de fortification, répartit les trois bataillons de la façon suivante : le Ier, commandé par M. le chef de bataillon Neltner, fut placé à droite de la redoute, appuyant sa gauche à un mur crénelé et sa droite à une sorte d'épaulement en terre au delà d'un chemin creux qui longeait la droite de la position ; mais, vers 9 heures, un colonel d'artillerie, présumant un mouvement de l'ennemi vers la droite de la position occupée par la droite du bataillon, vint lui demander des travailleurs pour établir une batterie, quand l'épaulement fut terminé avec l'aide de l'artillerie. Les Prussiens, de leur côté, avaient construit une batterie située dans les bois en face et, vers 2 h. 30, ils la démasquèrent avant celle des Français : il s'engagea alors un feu réciproque d'artillerie auquel ce bataillon ne prit pas part en tirant. Les hommes, bien abrités, n'éprouvaient aucune perte et ne purent même tirer sur l'infanterie ennemie qui attaquait vers la gauche et le centre. Vers 3 heures, le feu cessa dans la redoute ; la batterie qui tirait près de nous se retira ; c'est alors que, voyant le feu cesser à peu près partout, le Ier bataillon suivit le mouvement de retraite qui s'opérait et il redescendit en bon ordre dans la plaine de Vanves, où il retrouva le général Ducrot qui lui assigna provisoirement sa place sur les glacis du fort de Vanves.

Le IIe bataillon entra en entier dans la redoute pour fournir des travailleurs et la défendre au besoin ; il fournit de suite 300 travailleurs qui, secondés par les soldats du génie, continuèrent les travaux de terrassement de l'intérieur jusqu'au moment où, vers 10 heures, commença la canonnade de l'ennemi ; alors, les soldats travailleurs reprirent leurs armes. Le combat eut lieu d'abord dans les bois, puis il se rapprocha de la forteresse ; pendant ce temps, la troupe ne tirait pas ; malgré le grand nombre de projectiles lancés contre la redoute, les hommes restèrent calmes et attendirent sans crainte le moment de tirer. Ce ne fut que plus tard que le signal leur fut donné par M. le général Ducrot, commandant en chef ; alors le IIe bataillon d'une part et les gardes mobiles d'Ille-et-Vilaine de l'autre, tirèrent sur l'infanterie ennemie qui s'approchait. Cette fusillade cessa vers 3 h. 30, lorsque le général en chef ordonna de se retirer par la gauche. Cet ordre avait déjà été donné une première fois par un officier d'ordonnance, mais les hommes animés étaient retournés aux créneaux pour tirer encore. Le IIe bataillon battit donc en retraite sous un feu très vif de l'ennemi, ce qui força les hommes à sortir très précipitamment de la redoute et les empêcha de reprendre leurs sacs qui avaient été déposés dans divers endroits au commencement du travail, afin de ne pas gêner la circulation et le chef de bataillon affirme qu'il n'a pas été possible d'en être autrement, en raison du feu très vif de l'ennemi qui était sur le point de pénétrer dans la redoute. Ce bataillon a quitté la redoute vers 4 heures, à peu près en même temps que le dernier peloton du IVe bataillon de garde mobile cité plus haut. La retraite a dû être si précipitée que les compagnies du bataillon étant sorties successivement, elles ont pris des chemins différents pour quitter la position, ce qui fait que, longtemps après, M. Méda, chef de ce bataillon, aidé de son adjudant-major, purent le réunir en partie et se rendirent avec les deux fractions à la caserne de Reuilly.

Le IIIe bataillon, commandé par M. le capitaine Coigniet, le plus ancien, fut placé dès son arrivée à environ 700 mètres à gauche de la redoute sur la crête du plateau dominant la plaine de Clamart et un peu en avant d'une batterie qu'on était en train de construire et d'armer ; après avoir disposé ses hommes sur le versant de ce plateau, il fit immédiatement creuser une tranchée pour les abriter ; le bataillon n'a pas eu besoin de faire feu en ce moment, parce que la batterie qu'il gardait faisait un feu très vif sur les batteries ennemies établies à environ 1,500 mètres dans le village au Sud du plateau ; vers 3 h. 15, alors qu'un feu très vif s'engage de la redoute, l'artillerie qu'il défendait se retira. Le colonel, commandant cette artillerie, recommanda au chef de bataillon de défendre la position avec ses hommes ; il fit alors monter la moitié de ses hommes dans la batterie abandonnée et les plaça derrière les ouvrages pour les protéger ; il fit renforcer ses deux ailes par une compagnie du 56e et une de chasseurs à pied qui s'étaient ralliées au bataillon alors que leurs corps avaient quitté le plateau depuis déjà quelque temps. Vers 3 h. 30, le capitaine Coigniet vit distinctement plusieurs batteries ennemies prendre position sur le plateau, à environ 1 kilomètre en avant de la redoute, puis de l'infanterie ennemie sortant du bois de Clamart et qui se formait de même, mais plus en avant et sur notre gauche. La redoute avait cessé son feu depuis une demi-heure et ne voyant plus aucune mission à remplir, il prit ses dispositions pour battre en retraite, mais, avant de partir, il fit faire feu par les compagnies qui apercevaient distinctement l'ennemi, puis il descendit par le plateau et il se dirigea en bon ordre vers le fort de Vanves : il était alors 4 h. 15. Tels sont les déclarations et les renseignements recueillis sur les faits relatifs aux mouvements et aux opérations de guerre faites par les trois bataillons du corps, et que je confirme par mon témoignage.

Rapport du capitaine Michon, commandant le génie de la 3e division du 14e corps.

24 septembre.

Arrivés le 17 à Bagneux avec la division, les officiers du génie et la section du génie de la 16e compagnie du 3e régiment avaient organisé défensivement le village en crénelant les murs des jardins, barricadant les rues et abattant les arbres qui gênaient les vues de l'artillerie dans le ravin entre Fontenay-aux-Roses et Sceaux. On avait fait sauter le 18 un pont au-dessus du chemin de fer de Sceaux sur une petite route conduisant de la route d'Orléans sur le flanc gauche des positions défensives de Bagneux. On avait, en outre, commencé les travaux de mines nécessaires pour faire sauter le pont de la route d'Orléans au-dessus du chemin de fer de Sceaux. M. le capitaine Dorp était chargé spécialement des travaux de mine. Aucune démonstration de l'ennemi ne l'avait inquiété le 18.

Le 19 au matin, le capitaine Dorp continue le travail du pont de la route d'Orléans. Malgré le feu de quelques tirailleurs ennemis embusqués au village de Bourg-la-Reine, les chambres à poudre pratiquées dans les quatre pieds-droits de la pile centrale étaient prêtes vers 10 heures du matin. Sur un ordre de M. le général de division, on commença le chargement des fourneaux. Deux étaient prêts lorsque l'ordre de faire sauter sur l'heure, motivé par la vivacité de l'attaque du côté de Châtillon, arriva au commandant du génie qui alla de sa personne hâter l'achèvement du travail de bourrage. Le feu fut mis mais la moitié seulement du pont s'écroula ; un des pieds-droits avait résisté : le bourrage, fait un peu précipitamment sans doute, en était la cause. Laissant alors le capitaine Dorp et ses sapeurs près du pont, le commandant du génie se porta en toute hâte à son parc, à Bagneux, pour y chercher de nouveaux sacs à poudre. Déjà le feu ennemi avait augmenté et il semblait qu'il fallait s'attendre à une attaque sérieuse de ce côté. En arrivant à Bagneux, le commandant du génie apprit d'un capitaine de l'état-major de la division que la partie de la section de la compagnie du génie, laissée à la défense de Bagneux, sous les ordres de M. le lieutenant de Montigny, avec mission de diriger le mouvement des voitures de section et d'outils de réserve, prêtes à se porter où le besoin s'en ferait sentir, avait reçu l'ordre de se retirer derrière le fort de Montrouge.

Le commandant du génie, pensant qu'on avait seulement voulu mettre à l'abri les voitures et réserves, courut à la recherche de la petite colonne de génie qu'il rejoignit près des glacis du fort. Il fit sortir de la colonne la voiture chargée des poudres et en fit remplir des sacs à terre que des sapeurs devaient porter rapidement au pont. A ce moment, M. le chef d'état-major l'informa que toutes les troupes avaient reçu l'ordre de la retraite et qu'il ne devait pas songer à retourner au pont. M. le général de division, qu'il vit presque à ce moment, ne voulant non plus lui permettre cette tentative, le commandant du génie rejoignit la compagnie derrière le fort de Montrouge, où ne tarda pas à le rejoindre le capitaine Dorp et ses travailleurs qui, malgré une vive fusillade et des obus lancés par une batterie ennemie enfilant la route d'Orléans, avaient opéré leur retraite sans accident. Le capitaine Dorp avait eu à se louer spécialement du sang-froid du sapeur Roux et du maître-ouvrier Barsagol dans l'accomplissement de sa mission.

CAVALERIE.

a) Journaux de marche.

Journal de marche de la brigade de Bernis.

19 septembre.

La brigade, composée du 2e régiment de marche de cuirassiers, du 1er régiment de gendarmerie et du régiment de marche de cavalerie mixte, en tout quatorze escadrons, monte à cheval à 4 h. 30 du matin, forme six colonnes, les deux extrêmes de quatre, les autres de deux escadrons serrés en masse, ayant chacune derrière elle deux batteries d'artillerie en colonne par demi-batteries qu'elles masquent.

Elle se porte en avant dans cet ordre, occupant la plaine dans toute sa largeur, la droite au bois de Meudon où se trouve la division de Caussade, sa gauche à la route du Petit-Bicestre que couvre la division d'Hugues, précédée d'un bataillon de la garde nationale mobile de la Seine (commandant de Bonneuil).

Ceux-ci engagent la fusillade avec des Prussiens qui tirent du Petit-Bicestre et de l'extrémité du bois de Verrières qui avoisine ce groupe de maisons.

On aperçoit à ce moment, à travers le brouillard, une colonne de cavalerie ennemie qui se replie aux premiers coups de feu.

Une batterie d'artillerie soutenue par deux escadrons du régiment de cavalerie mixte, chasseurs et guides, sous les ordres du commandant Sève, vient prendre position à droite et à gauche de la ferme dite Porte de Trivaux.

La batterie tire sur le Petit-Bicestre; en même temps, une ligne de tirailleurs de la division de Caussade couvre en avant l'espace compris entre la Porte de Trivaux et la Porte de Verrières.

L'artillerie prussienne répond à notre artillerie; des tirailleurs sont opposés aux nôtres; nos batteries se portant successivement à hauteur de la première sont bientôt toutes en ligne et l'engagement devient général dans toute la largeur de la plaine que nous avons devant nous.

Pendant ce temps, les colonnes de la brigade, sans avoir la place pour se déployer, restent en position pour protéger l'artillerie contre toute attaque possible d'une cavalerie ennemie, et supportent durant toute l'action avec un calme et un courage des plus remarquables d'abord le feu de mousqueterie, ensuite celui de l'artillerie prussienne dont les projectiles, dépassant la nôtre, viennent en grand nombre éclater dans leurs rangs.....

Le général Ducrot donne l'ordre de rentrer au camp et il charge le général commandant la brigade de cavalerie de couvrir ce mouvement, de concert avec l'artillerie. Celui-ci déploie alors le 1er régiment de gendarmerie et le régiment de marche de cuirassiers sur une seule ligne en arrière de l'artillerie à laquelle il prescrit de commencer sa retraite par échelons ; la cavalerie exécute ensuite le même mouvement par demi-régiment.

Ce mouvement alternatif est continué au pas et avec le plus grand ordre, malgré le feu de l'ennemi qui tue et blesse des hommes et des chevaux jusqu'à la redoute de Châtillon devant laquelle le dernier échelon de l'artillerie et de la cavalerie (deux escadrons du régiment de cuirassiers) restent en position quelque temps encore, après que toute l'infanterie est rentrée dans les lignes afin de lui donner le temps de bien s'y établir.

Cette attitude de la brigade de cavalerie où se trouvaient un grand nombre d'hommes qui n'avaient jamais vu le feu, des recrues et des chevaux non dressés est remarquée ; le général Ducrot ainsi que les généraux Renault, de Caussade et d'Hugues lui en adressent des félicitations.

La brigade va s'établir auprès du fort de Montrouge et bientôt après reçoit l'ordre de rentrer à Paris.

Sa marche à travers les rues de Paris se fait dans un ordre parfait. Le régiment de gendarmerie s'établit dans le Palais de l'Industrie, deux escadrons du régiment de cuirassiers au quartier de Grenelle, les deux autres escadrons de ce régiment et le régiment de marche mixte au bivouac sur le Cours-la-Reine......

Historique du 2e régiment de cuirassiers de marche.

19 septembre.

Le régiment monte à cheval à 4 h. 30 du matin et va se former en bataille sur le terrain reconnu la veille. Il a pour mission de protéger l'artillerie dont il soutient la retraite. Il prend part au combat de Châtillon, formé en échelons par demi-régiment. Le dernier échelon ne quitte le lieu du combat que lorsque toute l'infanterie a pu se retirer. Nos batteries tirent par-dessus nos têtes. Le régiment se replie sur Paris, repassant sur le plateau, s'arrêtant pendant une heure à Montrouge, et arrive à Paris vers midi. Deux escadrons vont s'établir au quartier de Grenelle, les deux autres au bivouac du Cours-la-Reine.

Historique du 16e régiment de dragons.

19 septembre.

A 4 heures du matin, le régiment monte à cheval sans sonneries avec la brigade; déployé en première ligne dans la plaine en avant de la redoute de Châtillon, il appuie sa droite au bois de Meudon et se maintient à hauteur du centre de la division de Caussade qui longe ces bois; l'artillerie marche entre les lignes de la cavalerie. A 500 mètres de la ferme de la porte de Trivaux, où les tirailleurs d'infanterie ouvrent le feu, le régiment est ployé en colonne serrée; les deux premiers escadrons, sous les ordres du commandant Sève, et les deux derniers escadrons, commandés par le lieutenant-colonel de Lanauze, couvrent à droite et à gauche les batteries qui se portent en avant pour se mettre en position. L'artillerie ennemie ne répond à la nôtre qu'au bout de vingt minutes, mais bientôt son feu acquiert une grande intensité. Le régiment, favorisé par la disposition du terrain, n'est pas sérieusement atteint. Vers 10 heures, l'ennemi menace de nous déborder par nos deux ailes; l'artillerie et la cavalerie qui lui sert de soutien restent seules en position. A 10 h. 30, la retraite est ordonnée; elle s'effectue au pas, par échelons et par demi-régiment. La brigade est dirigée vers le fort de Montrouge en longeant la redoute de Châtillon, où les projectiles ennemis commencent à arriver; après une station d'une heure sur les glacis du fort, elle rentre à Paris et est établie au bivouac au Cours-la-Reine.

Le lieutenant-colonel transmet au régiment les félicitations du général commandant en chef et du général de brigade pour sa brillante attitude et sa solidité au feu.

c) Opérations et mouvements.

Le général de Bernis au général Ducrot.

Camp de Vincennes, 24 septembre.

Le 19 septembre, à 4 h. 30 du matin, la brigade de cavalerie que je commande, composée du régiment de marche de cavalerie mixte, du régiment de gendarmerie à cheval et du 2e régiment de cuirassiers de marche, monta à cheval et se porta au delà de la redoute de Châtillon, sur la droite de la route du Petit-Bicestre. Elle se forma, ainsi qu'il avait été prescrit, en six colonnes de deux escadrons serrés en masse, ayant chacune derrière elle deux batteries d'artillerie, qu'elles étaient destinées à masquer.

A la pointe du jour, la brigade occupait, dans cet ordre, toute la plaine entre la route du Petit-Bicestre et le bois de Meudon. Elle se porta aussitôt en avant, flanquée à droite par la 1re division d'infanterie qui la précédait de 500 ou 600 mètres, et, à gauche, par la 2e division, dont une fraction occupait le Plessis-Picquet.

A 400 ou 500 mètres de la petite ferme de Trivaux, le général Ducrot donna l'ordre de faire avancer sur la droite et sur la gauche de cette ferme une batterie qui s'y rendit aussitôt, accompagnée par deux escadrons (chasseurs et guides) du régiment mixte.

A peine cette batterie était-elle en position, qu'elle fut, ainsi que les deux escadrons, accueillie par un feu assez vif de mousqueterie. Immédiatement, une compagnie de gardes nationaux mobiles se porta en tirailleurs sur les maisons de la route en avant du Petit-Bicestre.

Les autres batteries, sur l'ordre du général en chef, se portaient successivement à hauteur de la première et fouillèrent à coups de canon le Petit-Bicestre. Pendant ce temps, les cinq colonnes de cavalerie restaient en position un peu en arrière de la ferme, sans avoir de place pour se déployer.

Les Prussiens répondirent à notre feu par une canonnade assez nourrie; quelques obus éclataient au milieu du régiment de gendarmerie et dans un escadron de carabiniers et nous tuèrent ou blessèrent 10 ou 12 hommes et autant de chevaux. Le lieutenant-colonel du régiment de gendarmerie, un lieutenant du même régiment, un officier de carabiniers, entre autres, furent atteints. Les cavaliers supportèrent avec beaucoup de calme cette canonnade qui dura assez longtemps.

Le général en chef donna l'ordre de rentrer au camp; il chargea la cavalerie de soutenir ce mouvement avec l'artillerie. Les gendarmes et le 2ᵉ cuirassiers furent alors déployés sur une seule ligne en arrière de l'artillerie qui commença sa retraite par échelons. La cavalerie exécuta ce même mouvement par demi-régiment; le mouvement alternatif fut continué avec le plus grand ordre et au pas, malgré le feu de l'ennemi qui nous tua ou blessa encore quelques hommes et quelques chevaux, jusqu'auprès de la redoute de Châtillon où le dernier échelon de l'artillerie et celui de la cavalerie restèrent en position jusqu'à ce que toute l'infanterie fût rentrée dans nos lignes.

Je reçus alors l'ordre du général en chef d'aller m'établir dans les environs du fort de Montrouge. Je fis former ma brigade par quatre et m'y rendis, en passant par notre bivouac de la nuit où nous reprîmes les chevaux de main et les hommes à pied qui y étaient restés.

J'étais installé à ce nouveau bivouac depuis peu de temps lorsque je reçus l'ordre de rentrer à Paris.

La marche à travers les rues de Paris s'est faite par quatre, dans un ordre parfait.

Le bivouac de ma brigade fut établi au Cours-la-Reine et au Palais de l'Industrie, sauf deux escadrons qui furent casernés au quartier de Grenelle.

J'ai été extrêmement satisfait de l'attitude pleine de calme et de sang-froid des troupes de ma brigade sous le feu de l'ennemi. La plupart des cavaliers voyaient le feu pour la première fois et montaient de jeunes chevaux non dressés.

Je vous prie d'accueillir avec intérêt les mémoires de proposition que je joins à ce rapport. Ceux qui en sont l'objet sont dignes des récompenses que je demande pour eux, autant par leurs services antérieurs que par les qualités qui les ont signalés à mon attention dans la journée du 19 septembre.

ARTILLERIE.
a) Journaux de marche.

Historique de la 13e *batterie du* 19e *régiment d'artillerie.*

19 septembre.

Dans la matinée du 19, elle (la batterie) alla se placer sur le plateau de Châtillon où, après avoir essuyé quelques coups de feu de cavaliers ennemis protégés par le brouillard, elle se mit en batterie, sa droite appuyée à la ferme de Trivaux. A 7 heures, elle tire les premiers coups de canon qui aient été tirés dans la journée et ouvre un feu nourri et prolongé sur les batteries ennemies postées dans les environs de Petit-Bicestre, de Villacoublay et de la Gareune ; elle eut, dans cette affaire, 3 hommes blessés et plusieurs autres contusionnés, 6 chevaux de selle et 4 chevaux de trait tués ou disparus, et une pièce démontée qui put d'ailleurs être emmenée ; le capitaine Becler eut son cheval tué sous lui ; le lieutenant Besson fut, quelques jours après, l'objet d'une citation par suite du courage et du sang-froid dont il avait fait preuve en manœuvrant seul avec un homme une pièce dont les servants avaient été dispersés. A 9 h. 30, la batterie recevait l'ordre de se replier, avec les autres batteries de la réserve, sous la protection de la redoute, et de là à Montrouge. A 1 heure, elle remontait se placer à la gauche de la redoute de Châtillon, puis, lorsque celle-ci dut être évacuée, elle reçut l'ordre de rentrer dans Paris.

c) Opérations et mouvements.

Le général Boissonnet, commandant l'artillerie du 14e *corps, au général Ducrot.*

Porte Maillot, 23 septembre.

J'ai l'honneur de vous adresser mon rapport sur la part que l'artillerie du 14e corps d'armée a prise à l'*affaire du 19 septembre.*

Le rôle des batteries ayant varié selon qu'elles appartenaient à la réserve ou aux divisions, je fais la même distinction en le résumant.

Batteries de la réserve placées sous le commandement du lieutenant-colonel Villiers. — Les deux batteries à cheval (capitaines Bocquenet et Bécler, sous les ordres du commandant Villate) qui avaient pris part le 18 à une reconnaissance et tiré quelques coups de canon, ont encore été engagées les premières au combat du 19. Après avoir ouvert vigoureusement le feu, elles l'ont soutenu pendant toute la durée de l'action qui a eu lieu sur le plateau de Châtillon, et se sont trouvées alors, par leur position sur la droite où se concentrait le feu de l'ennemi, les plus exposées à ses coups. A partir de l'attaque de la redoute, ces deux batteries ont été placées à droite de la position, sur un plateau un peu défilé, afin d'abriter les chevaux autant que possible en dehors des vues de l'ennemi. Leur tir néanmoins n'a pas cessé et elles ont continué toute la journée à participer à l'action.

Les deux batteries de 12 (capitaines Dethorey et de Chalain, sous les ordres du commandant Warnesson, batteries mixtes) ont également pris une part très honorable à l'action du matin; mais c'est particulièrement sur la butte du Moulin (ou plateau du Télégraphe) qu'elles se sont rendues utiles avec leurs pièces d'un plus fort calibre. C'est dans cette position que tous les officiers et les hommes ont montré leur solidité et fait noblement leur devoir dans le feu qu'ils y ont soutenu pendant six heures.

Enfin, les deux batteries de 4 montées (capitaines Froment et Bajau, sous les ordres du commandant Cavalier), qui étaient restées le matin à peu près en dehors de l'action sur le plateau de Châtillon où elles ont eu pourtant deux hommes et deux chevaux blessés, ont pris position l'après-midi sur la droite, à côté des deux batteries à cheval, et ont ainsi concouru activement à la défense de la redoute.

Au moment de la retraite, deux des servants d'une pièce ayant été blessés et le maréchal des logis, chef de pièce, ayant été tué, cette pièce de 4 démontée est restée sur le terrain malgré les efforts du chef de section pour la faire enlever.

Batteries de 12 venues de Paris dans la nuit du 18 au 19 septembre (capitaines Le Sage et Buloz). — Ces deux batteries, venues de Paris dans la nuit du 18 au 19 septembre, n'ont pas participé à l'action du matin mais ont pris une part très brillante à la défense de la redoute et du Télégraphe. Quatre pièces de ces batteries, sous les ordres de M. le capitaine Le Sage, sont restées pendant près de six heures de temps inébranlables sur la butte du Moulin, sous le feu très vif et très précis de l'ennemi. M. le lieutenant Deport y a été assez grièvement blessé à l'épaule. Les huit autres pièces, sous les ordres de M. le capitaine Buloz, ont également montré dans la redoute une très grande solidité. A la fin de la journée, huit pièces des deux batteries ont dû être enclouées, M. le général en chef ayant donné l'ordre de les garder jusqu'au dernier moment et de les enclouer dès que la position ne serait plus tenable. Cette mesure était nécessaire à cause du temps qu'il aurait fallu pour les retirer des épaulements où le temps avait manqué pour préparer des rampes convenables.

Batteries divisionnaires de la 1re division (capitaines Deschamps, Jenny et Perrault, sous les ordres de M. le commandant Mathieu). — Les batteries divisionnaires de la 1re division ont pris part au combat du matin sur le plateau de Châtillon. L'une d'elles (capitaine Perrault, 17e batterie du 4e régiment), tirant des canons à balles, a contribué de la manière la plus brillante et la plus énergique à la défense de la redoute. Un de ses officiers, M. le lieutenant Costa, a été blessé le matin à la cuisse droite d'un éclat d'obus qui a nécessité son entrée à l'ambulance.

Batteries divisionnaires de la 2e division (capitaines Dassonville, Lapaque et Ladvocat, sous les ordres du commandant Viguier). — Les troupes d'artillerie de cette division se sont remarquablement conduites. Leur rôle, grâce à l'énergie et au sang-froid de tous les officiers et de M. le commandant Viguier en particulier, a été des plus importants, tant dans la défense du plateau de Châtillon que dans celle de la position retranchée.

Batteries divisionnaires de la 3e division (capitaines Schaller, Courtois et Pinel de Grandchamp, sous les ordres du commandant de Miribel). — L'artillerie de la 3e division, placée à la position de Bagneux qui a été évacuée de bonne heure, n'a pris qu'une faible part à la défense de cette position, mais la moitié de la batterie du capitaine de Grandchamp, tirant des canons à balles dans la redoute de Châtillon, a concouru brillamment à la défense de cette redoute.

15e compagnie bis du 1er régiment du train d'artillerie. — Outre les batteries d'artillerie, je dois encore citer avec éloge la 15e compagnie bis du train d'artillerie qui a été chargée de diriger sur les batteries, pendant le combat, les caissons destinés à renouveler leur approvisionnement. Cette opération exécutée sous le feu a été faite avec sang-froid et intelligence.

En résumé, mon Général, l'action de l'artillerie a été la suivante :

Elle a d'abord cherché, dans la sortie offensive, à déloger l'ennemi des bois qui se trouvaient en avant sur la gauche, ensuite à contre-battre les batteries que l'ennemi a dirigées sur les troupes composant la sortie, puis à soutenir la retraite de ces troupes par une retraite en échelons, faite avec beaucoup de calme et de sang-froid, enfin à défendre la redoute et ses abords.

Lorsque nos troupes se sont repliées sur la redoute, l'artillerie a ouvert son feu sur de fortes batteries ennemies, établies dans des bouquets d'arbres à 1,300 ou 1,400 mètres en avant de nos positions et faisant un feu très nourri. Dès l'abord, le tir a été parfaitement réglé et les coups ont été d'une grande précision. Grâce à la justesse du tir pendant un temps assez prolongé, la position de l'ennemi ne devait plus être tenable. Nous avons dû lui causer des pertes énormes. Ce qui le prouve, c'est que son feu se ralentissait sensiblement et qu'il a dû le cesser et se retirer à environ 600 mètres en arrière sur la lisière d'un bois, à l'abri d'une maison. Nos coups, immédiatement dirigés sur ce point ont mis le feu à la maison, en ont délogé l'ennemi en peu de temps et l'ont poursuivi pendant toute sa retraite sur une route se dirigeant vers le Sud-Ouest jusqu'à ce qu'il eût établi les pièces qui lui restaient dans un petit ravin à droite de la route et à environ 2,700 mètres de nous. Son feu qui était alors devenu très lent était dirigé sur des bois où se trouvaient embusqués nos tirailleurs et nous ne recevions plus de notre côté que de rares projectiles. Nous avons une troisième fois éteint le feu de cette batterie.

Notre artillerie a alors ralenti considérablement son feu et nous ne tirions que sur quelques groupes d'infanterie qui se faisaient voir au coin d'un bois entouré de murs. Ces fantassins, descendant le long du mur, se sont montrés dans un bouquet d'arbres à l'extrémité d'un étang situé à environ 500 ou 600 mètres de nos batteries. Quelques coups de boîtes à mitraille les ont en fait déloger.

A cet instant, des forces nombreuses ennemies ont paru sur notre droite et notre tir, composé de boîtes à mitraille et d'obus à balles, dirigé aussitôt sur ce point, leur a causé des pertes sérieuses.

Au moment ou nos troupes ont dû se replier sur Paris, M. le capitaine Le Sage, de la 18ᵉ batterie mixte du 3ᵉ régiment d'artillerie, chargé de protéger la retraite sur la gauche de la position, continua avec calme son feu à la butte du Moulin (ou plateau du Télégraphe) et, par ses quatre derniers coups (trois obus à balles et un obus ordinaire), tirés avec une précision remarquable, a dû faire beaucoup de mal aux troupes qui venaient s'établir sur le plateau, en haut du ravin partant de la route de Clamart. En même temps, à droite de la position, M. le capitaine Lapaque, de la 17ᵉ batterie du 13ᵉ régiment d'artillerie, s'est également retiré avec beaucoup de calme et au pas, prêt à faire feu encore pour soutenir la retraite de ce côté.

La très grande majorité des hommes de troupe et surtout des sous-officiers et brigadiers a fait preuve de beaucoup de courage et de sang-froid ; le silence et le calme qu'ils conservaient leur permettaient d'exécuter immédiatement les ordres qui leur étaient donnés et le pointage s'exécutait, pour ainsi dire, avec autant de précision que dans un polygone. Quant aux officiers, leur conduite ne saurait être trop louée ; c'est à l'excellence de leur attitude qu'a été due, en grande partie la bonne tenue au feu de leurs troupes et le résultat obtenu est d'autant plus méritoire de leur part que les batteries sont de nouvelle formation et qu'elles sont toutes incomplètes en officiers. Quatre de ces batteries ne comptent encore que deux officiers au lieu de quatre.

Grâce à l'excellence des positions prises en vertu de vos ordres et à l'activité de notre feu, nos pertes ont été relativement assez minimes ; elles se résument ainsi : 60 hommes et 101 chevaux atteints par le feu de l'ennemi ou disparus, savoir :

Pour les hommes : 3 officiers blessés, 5 hommes tués, 45 blessés et 7 disparus ;

Pour les chevaux : 90 tués ou laissés sur le terrain pour fractures de membres et 11 blessés plus légèrement.

En raison également de l'excellence de la position et des travaux exécutés pour protéger les batteries, le matériel a également peu souffert ; un affût et deux caissons seulement ont été brisés par le feu de l'ennemi.

Le tir de la journée a été d'environ 11,000 coups.

J'ai l'honneur de vous adresser ci-joint, mon Général, l'état des propositions pour l'avancement, la Légion d'honneur et la Médaille militaire que vous avez bien voulu me demander. Si la liste vous paraissait trop étendue, je m'excuserais en vous exposant, mon Général, que le nombre de ceux qui se sont fait remarquer a été réellement très grand et que la précipitation avec laquelle les batteries de nouvelle formation ont été organisées a exigé des officiers et des sous-officiers qui les commandent plus de zèle et de dévouement pour leur donner de l'ensemble et de la solidité.

Relevé par batterie des pertes en hommes éprouvées par l'artillerie du 14e corps d'armée dans le combat du 19 septembre.

Porte Maillot, 28 septembre.

NOMS DES RÉGIMENTS.	NUMÉROS DES BATTERIES.	NUMÉROS DES DIVISIONS.	OFFICIERS BLESSÉS.	HOMMES DE TROUPE TUÉS.	HOMMES DE TROUPE BLESSÉS.	HOMMES DE TROUPE DISPARUS.	OBSERVATIONS.
4e régiment	17e	1re division	»	1	5	3	Nota. — Les chiffres totaux de ce tableau diffèrent quelque peu de ceux qui ont été donnés dans le rapport du 23 septembre d'après les vérifications qui ont été faites ultérieurement.
6e —	17e		1	»	2	»	
7e —	17e		»	»	1	»	
1er du train	14e bis		»	»	»	»	
8e —	17e	2e division	»	»	2	»	
11e —	17e		»	»	1	»	
13e du train	5e bis		»	»	6	3	
9e —	17e	3e division	»	»	1	»	
12e —	17e		»	»	»	»	
Garde montée	11e		»	1	1	»	
2e régiment du train	15e bis		»	1	3	»	
3e —	8e mixte		»	»	4	»	
2e —	13e principale		»	1	1	»	
3e —	17e mixte		»	1	2	1	
2e —	13e ter	Réserve	1	1	»	»	
3e —	18e mixte		»	»	3	»	
2e —	13e quater		»	»	6	»	
14e —	17e		»	»	2	»	
15e —	47e		»	1	6	»	
18e —	43e		»	»	4	1	
19e —	13e		»	»	4	»	
TOTAUX			1	5	50	8	

État récapitulatif des chevaux tués, blessés ou disparus dans les batteries de l'artillerie du 14ᵉ corps d'armée dans la journée du 19 septembre 1870.

Porte Maillot, le 29 septembre 1870.

NOMS DES RÉGIMENTS.	NUMÉROS DES BATTERIES.	NUMÉROS DES DIVISIONS.	TUÉS			BLESSÉS			DISPARUS			CHEVAUX MANQUANT par suite des pertes			OBSERVATIONS.
			d'officiers.	de selle.	de trait.	d'officiers.	de selle.	de trait.	d'officiers.	de selle.	de trait.	d'officiers.	de selle.	de trait.	
4ᵉ régiment........	17ᵉ........	1ʳᵉ division.	»	»	10	»	»	»	»	»	»	»	»	10	NOTA. — Les chiffres totaux de ce tableau diffèrent quelque peu de ceux qui ont été donnés dans le rapport du 23 septembre d'après les vérifications qui ont été faites ultérieurement.
6ᵉ........	17ᵉ........		»	»	»	»	»	»	»	»	»	»	»	»	
7ᵉ........	17ᵉ bis....		»	»	»	»	»	»	»	»	»	»	»	»	
1ᵉʳ du train..	14ᵉ bis....		»	1	3	»	»	2	»	»	2	»	»	7	
8ᵉ........	17ᵉ........		»	2	4	»	»	3	»	»	1	»	2	4	
11ᵉ........	17ᵉ........	2ᵉ division.	»	»	»	»	»	3	»	3	2	»	5	6	
13ᵉ du train..	5ᵉ bis......		»	»	»	»	»	»	»	»	»	»	»	»	
2ᵉ........	17ᵉ........		»	»	»	»	»	»	»	»	»	»	»	»	
9ᵉ........	17ᵉ........		»	»	»	»	»	2	»	»	»	»	»	»	
12ᵉ........	17ᵉ........	3ᵉ division.	»	»	»	»	»	5	»	»	»	»	»	10	
Garde montée.	11ᵉ........		»	»	»	»	»	10	»	»	6	»	»	10	
2ᵉ régiment du train.	15ᵉ bis....		»	»	»	»	»	»	»	»	»	»	»	»	
3ᵉ........	8ᵉ mixte...	Réserve...	»	»	4	»	»	»	»	»	»	»	»	»	
2ᵉ du train..	13ᵉ principale		»	»	»	»	»	»	»	1	»	»	1	4	
3ᵉ........	17ᵉ mixte..		»	2	14	»	»	1	»	1	1	»	1	4	
2ᵉ du train..	13ᵉ ter.....		»	»	»	»	»	6	»	»	»	»	2	6	
3ᵉ........	18ᵉ mixte..		1	2	»	»	»	»	1	2	»	2	3	6	
2ᵉ du train..	13ᵉ quater..		1	5	3	»	6	»	1	1	1	2	3	3	
14ᵉ........	17ᵉ........		»	»	»	»	»	»	»	»	»	»	1	»	
15ᵉ........	17ᵉ........		»	»	»	»	»	»	»	»	»	»	»	»	
18ᵉ........	13ᵉ........		»	»	»	»	»	»	»	»	»	»	»	»	
19ᵉ........	13ᵉ........		»	»	»	»	»	»	»	»	»	»	»	»	
		TOTAUX....	2	12	39	»	7	29	2	8	12	4	27	80	

GÉNIE.

Rapport du colonel Corbin, commandant le génie du 14ᵉ corps, sur l'affaire de Châtillon.

Quartier général de la Porte Maillot, 24 septembre.

Conformément à votre dépêche en date du 22 septembre courant, j'ai l'honneur de vous adresser mon rapport sur les faits de la défense du fort de Clamart lors du combat du 19 septembre courant.

Investi d'après vos ordres du commandement des troupes qui devaient concourir à la défense du plateau dont la redoute était le centre, j'ai disposé les bataillons du 26ᵉ régiment de marche dans l'ordre suivant. Le 1ᵉʳ bataillon, appuyant sa gauche au mur crénelé du cimetière en avant de la redoute, s'est développé sur le sommet des pentes descendant vers Clamart, se masquant dans des abris improvisés ou dans les fourrés boisés. Le IIᵉ bataillon a été placé dans le fort, et le IIIᵉ a été disposé sur les bords du plateau à gauche, surveillant le fond des ravins qui vont à la Bièvre et les postes en avant de Fontenay. Le bataillon de gardes mobiles d'Ille-et-Vilaine a été également disposé dans l'intérieur du fort, sur le flanc droit et la gorge.

L'artillerie, composée de huit pièces de 12 et de trois mitrailleuses, était disposée sur la grande face, de manière à bien battre tout le plateau en avant. Enfin, les troupes du génie de la 1ʳᵉ division et un petit détachement de douze sapeurs appartenant au quartier général concouraient également à l'exécution des travaux inachevés les plus pressants, puis à la défense en faisant le coup de feu au moment de l'attaque.

J'avais, pour me seconder dans l'exécution des travaux indispensables, le commandant Perrin, mon chef d'état-major; M. Houbigant, commandant le génie de la 1ʳᵉ division; MM. les capitaines Soulé, de Saint-Vincent et Rothmann et le lieutenant Couchet, ces deux derniers faisant partie de la 16ᵉ compagnie de sapeurs du 2ᵉ régiment du génie.

On profita du mouvement offensif en avant pour compléter le parapet dans ses lacunes principales, organiser des créneaux en sacs à terre, de nouvelles embrasures sur le flanc gauche, établir des plates-formes à la prussienne ainsi que des traverses en gabions sur la grande face de l'ouvrage et continuer la fermeture de la gorge à l'aide de palissades. Ces travaux furent continués et achevés sous le feu de l'ennemi, et aussitôt leur achèvement, les sapeurs de la compagnie Rothmann saisirent résolument leur fusil pour emboucher les créneaux devant eux. Le feu fut ainsi engagé sur tout le développement de la face principale et bien entretenu par l'artillerie et la mousqueterie. Votre présence dans l'intérieur de l'ouvrage pendant la durée de la lutte vous a mis à même, mon Général, d'apprécier les actes de chacun. La mousqueterie de l'ennemi ne nous fit que peu de mal. Ses obus, tombant presque tous en arrière de la gorge de l'ouvrage, ne nous en firent pas davantage. Un garde mobile blessé au bras, M. le capitaine de Saint-Vincent contusionné au pied, et le sapeur Hubert blessé à la tête sont les seules victimes qui m'aient été signalées.

Le mouvement de retraite des deux ailes du corps d'armée ayant découvert la position de la redoute de Clamart et, d'un autre côté, l'eau qui l'alimentait ayant été coupée par l'ennemi, il devenait prudent de procéder à son évacuation. Il était environ 1 heure de l'après-midi quand, d'après vos ordres, M. le capitaine de Saint-Vincent, qui avait tout préparé à l'avance, encloua lui-même les pièces de 12 placées sur la grande face. Les trois mitrailleuses furent descendues dans le terre-plein et immédiatement emmenées par leurs avant-trains.

L'enclouage des pièces fut le signal d'une panique fâcheuse qui donna à l'évacuation l'aspect d'une déroute. Mais c'est un motif pour moi de vous signaler ce qui ne vous a pas échappé : les derniers défenseurs restés dans l'ouvrage étaient quelques gardes mobiles et la majeure partie du détachement de sapeurs du capitaine Rothmann. Ce ne fut que sur votre insistance que ces hommes, continuant leur feu à la vue de leurs officiers, se décidèrent à la retraite. Je n'ai malheureusement pas les mêmes éloges à donner au petit détachement de sapeurs de la réserve à qui j'avais confié la garde de l'entrée du fort et qui s'est laissé entraîner par le flot sans attendre mes ordres, à l'exception de deux hommes qui n'ont cessé de faire preuve d'énergie. A part ce détachement, tout le personnel du génie, officiers et soldats, a noblement fait son devoir.....

FORTS.

a) **Commandement supérieur de Saint-Denis.**

Journal de défense du commandement supérieur de Saint-Denis.

19 septembre.

Effectif disponible : 18,001 hommes.

Les grand'gardes n°s 1 et 2 composées des V° et VI° demi-bataillons du 28° régiment de marche avec deux demi-bataillons d'infanterie de soutien à Villetaneuse et à Stains signalent, dès 6 heures du matin, quelques colonnes de cavalerie venant de la direction de Gonesse, avec lesquelles les sentinelles avancées échangent quelques coups de feu. Au moment de relever les petits postes de la butte Pinçon, on aperçoit des têtes de colonnes d'infanterie ennemie; d'autres colonnes sont signalées en même temps du côté de Sarcelles et du Barrage, ainsi que du côté d'Enghien.

Après un combat assèz vif contre des forces nombreuses, les grand'-gardes se replient en bon ordre, protégées par une ligne de tirailleurs.

L'ennemi tourne rapidement la butte Pinçon par la droite et par la gauche et s'empare des villages de Villetaneuse et Pierrefitte.

A midi, cinq compagnies du 28ᵉ de marche sous les ordres du commandant de Boisdenemetz viennent soutenir la retraite. Une ligne de tirailleurs, appuyée sur le chemin de fer et divers obstacles de terrain, arrête la marche de l'ennemi. Ce combat de tirailleurs se continue jusqu'à 4 heures de l'après-midi.

A ce moment, la place tire quelques coups de canon sur la maison des carrières au pied de la butte Pinçon et en débusque l'ennemi.

Pertes de la journée.

Le 65ᵉ de ligne : 1 sergent tué.
Le 68ᵉ de ligne : 1 blessé, 9 disparus.
Le 28ᵉ de marche : 1 tué, 19 blessés, 3 disparus.
Le 75ᵉ de ligne : 4 blessés, 6 disparus.
Le 91ᵉ de ligne : 1 disparu.

Arrivée des IIᵉ et IIIᵉ bataillons de la garde mobile à l'effectif de 1,400 hommes. A la suite de l'attaque de la journée, le général prend les dispositions suivantes pour la défense de la place et la surveillance de ses abords.

Ordre n° 9 du Général commandant supérieur de Saint-Denis.

19 septembre.

Fort de la Briche.

Faire cesser le feu; garder des vues sur les positions où on peut croire que l'ennemi se trouve et ne tirer qu'à coup sûr et sur des masses.

Faire fournir par la garnison du fort le poste de l'avancée composé d'une compagnie d'infanterie dont le tiers sera sur la banquette, le tiers en réserve et le dernier tiers complètement en repos.

Faire placer pour la garde de la défense intérieure du fort une compagnie du IIᵉ demi-bataillon du 18ᵉ mobile dont les sentinelles seront réparties sur le développement de la ligne de feu. Jusqu'à nouvel ordre, ce service sera permanent. Le travail devra continuer sans relâche. Rendre compte exactement sur la situation de ce qui aurait manqué au service commandé pour les vingt-quatre heures.

Le poste de l'avancée établira dans le jour de petits avant-postes qui se couvriront des accidents du terrain ou par des abris artificiels dans un rayon de 500 à 600 mètres. Ces avant-postes rentreront à la nuit. Ils se relieront, à gauche, avec ceux qui seront fournis par le Ier demi-bataillon d'infanterie de Saint-Denis, et à droite, à ceux qui seront fournis par le Ier demi-bataillon du 18e.

Double-Couronne et Saint-Denis.

Le Ier demi-bataillon d'infanterie de Saint-Denis ira s'établir, comme casernement définitif, dans les grands établissements existants sur son poste de combat, et le service des gardes et postes avancés sera fourni journellement par une compagnie qui occupera par différents postes les débouchés de la ligne de défense comprise entre le chemin de fer et la Seine. L'attention sera appelée particulièrement sur la possibilité de passer entre les pompes à feu et la Seine en ayant de l'eau à mi-corps ; on devra établir en outre un poste sur bateaux fixes au milieu de la Seine à la même hauteur. Ce poste de quatre hommes et un caporal ne sera que de nuit. Le bateau sera établi par les soins du génie. La compagnie de garde fournira en outre quelques avant-postes à 500 ou 600 mètres en avant, qui se couvriront au moyen d'accidents du terrain ou par des abris artificiels. Ils s'appuieront sur leur gauche à la Seine, et se relieront sur leur droite avec ceux fournis par la garnison du fort de la Briche. Une compagnie sera de piquet de vingt-quatre heures, le reste complètement au repos fournissant les travailleurs qui seront demandés.

Ier demi-bataillon du 18e mobile. — La défense de la portion de la ligne confiée au Ier demi-bataillon du 18e mobile sera fournie journellement (service de vingt-quatre heures) par une compagnie de ce demi-bataillon, dont les sentinelles seront disposées sur la banquette. Une demi-section d'une autre compagnie fournira de jour des avant-postes se couvrant par des accidents naturels de terrain ou par des abris artificiels à 500 ou 600 mètres en avant et qui se relieront à gauche avec ceux fournis par la garnison du fort de la Briche, à droite avec ceux fournis par le IIIe demi-bataillon d'infanterie de Saint-Denis. Une autre compagnie sera de piquet pour les vingt-quatre heures. Le reste complètement au repos fournissant les travailleurs.

IIe demi-bataillon d'infanterie de Saint-Denis. — Ce demi-bataillon fournira un service de vingt-quatre heures d'une compagnie qui disposera ses sentinelles du pont du chemin de fer à l'entrée de la gorge de la Double-Couronne, une compagnie de piquet de vingt-quatre heures, le reste au repos. Le chef de ce demi-bataillon reconnaîtra dans les maisons ou usines, le plus près possible de son poste de combat, un casernement sûr et à l'abri des projectiles pour y établir d'une manière permanente sa troupe.

Ier demi-bataillon du 10ᵉ mobile. — Une compagnie de ce demi-bataillon fournira le service de vingt-quatre heures pour la garde et la défense du développement intérieur de l'ouvrage compris entre le point de gauche de la gorge et la route de Calais. Ses sentinelles seront disposées sur la banquette. Une compagnie de piquet de vingt-quatre heures. Le reste au repos fournissant les travailleurs qui seront demandés.

IIIᵉ demi-bataillon d'infanterie de Saint-Denis (réserve de gauche de la Double-Couronne). — Une compagnie de ce demi-bataillon fournira le service de vingt-quatre heures dans l'avancée du pont-levis de la route du Havre et la moitié du poste de l'avancée de la route de Calais qui détacheront des avant-postes à 500 ou 600 mètres, se couvrant par des accidents naturels de terrain ou par des abris artificiels, se reliant à gauche avec ceux de même nature fournis par le Iᵉʳ demi-bataillon du 18ᵉ mobile, à droite à ceux fournis par le IIᵉ demi-bataillon du 10ᵉ mobile. Une compagnie de piquet de vingt-quatre heures; le reste au repos fournissant les travailleurs.

VIIIᵉ demi-bataillon du 28ᵉ de marche — Une compagnie de ce demi-bataillon fournira le service de vingt-quatre heures pour la garde et la défense de la ligne de feu, entre la route de Paris et l'extrémité droite de la gorge de l'ouvrage. Ses sentinelles seront disposées sur la banquette. Une compagnie de piquet; la troisième au repos fournissant les travailleurs.

IIᵉ demi-bataillon du 10ᵉ mobile. — Une compagnie de ce demi-bataillon fournira le service de vingt-quatre heures à l'avancée de la route de Gonesse et la moitié du poste de l'avancée de la route de Calais. Une demi-section d'une autre compagnie fournira des avant-postes qui se couvriront à 500 ou 600 mètres en avant par des accidents de terrain naturels ou des abris artificiels, se reliant à gauche avec ceux de même nature fournis par le IIIᵉ demi-bataillon d'infanterie de Saint-Denis, et s'appuyant à droite aux inondations. Une compagnie de piquet de vingt-quatre heures; le reste au repos fournissant les travailleurs.

XIIIᵉ bataillon de mobiles. — Deux compagnies fourniront le service de vingt-quatre heures pour la garde et la défense du développement de la ligne de feu comprise entre l'extrémité droite de la Double-Couronne et le chemin de Marville. Les sentinelles seront disposées sur la banquette. Deux compagnies de piquet; le reste au repos et fournissant les travailleurs.

Iᵉʳ demi-bataillon du 17ᵉ mobile. — Ce demi-bataillon fournira un service de vingt-quatre heures d'une compagnie et demie pour la garde et la défense de la ligne de feu comprise entre le chemin de Marville à gauche et le fossé du fort de l'Est à droite, y compris le poste du moulin Basset et celui de la route de Bondy; une demi-compagnie de piquet; le reste au repos et fournissant les travailleurs.

II⁰ demi-bataillon du 17⁰ mobile. — Ce demi-bataillon fournira, pour le service de vingt-quatre heures, une compagnie et demie pour la garde et la défense du développement de la ligne de feu comprise entre le fort de l'Est à gauche et le canal à droite, y compris les postes du Rû de Montfort et celui de la route d'Aubervilliers; une demi-compagnie de piquet; le reste au repos et fournissant les travailleurs.

VII⁰ demi-bataillon du 28⁰ de marche. — Ce demi-bataillon fournira une compagnie à l'avancée du fort de l'Est. Cette compagnie fournira des avant-postes à 500 ou 600 mètres en avant, qui se couvriront par les accidents naturels de terrain ou par des abris artificiels, s'appuyant sur les inondations et se reliant à droite avec les postes de gauche du village d'Aubervilliers. Une compagnie de piquet, l'autre au repos et fournissant des travailleurs.

Réserve des six demi-bataillons du 28⁰ de marche. — La réserve fournira tous les postes intérieurs de la ville : prisons, magasins, quartier général, etc.; un bataillon de piquet (service de vingt-quatre heures); le reste au repos et fournissant les travailleurs.

Le service d'avant-postes commencera au point du jour et rentrera à la nuit. Le détachement de Gennevilliers et celui d'Aubervilliers recevront directement leurs instructions, dont je vous enverrai les doubles. Je renouvelle l'ordre formel de faire accompagner les corvées de travailleurs par les officiers des compagnies, qui devront surveiller leurs hommes pendant le travail et les ramener dans les casernements en bon ordre. Les endroits d'approvisionnement pour le renouvellement des cartouches seront indiqués demain aux différents chefs de corps, ainsi que les communications de la ville avec le fort de la Briche, et en outre de la ville à la Double-Couronne, à gauche de la route de Paris.

Fort de l'Est.

Le commandant supérieur du fort de l'Est est prévenu qu'à partir de demain le service de l'avancée du fort sera fait par des troupes prises en dehors de sa garnison, ainsi que celui des avant-postes. Il organisera la garde et la surveillance du développement de sa ligne de feu et le service de piquet, le reste fournissant les travailleurs, de telle sorte que les hommes aient deux nuits de repos sur trois.

Le général renouvelle l'ordre exprimé de ne correspondre en quoi que ce soit directement avec le Gouverneur de Paris, tout devant passer par le général commandant supérieur, sauf les cas très urgents, pour lesquels on devra me rendre compte en même temps immédiatement.

Fort d'Aubervilliers.

Le service des grand'gardes devra cesser; il sera remplacé par un service de vingt-quatre heures dans les chemins couverts palissadés, composé de deux compagnies qui fourniront en même temps de petits avant-postes à 500 ou 600 mètres en avant, se couvrant par des accidents de terrain naturels ou par des abris artificiels, qui sortiront à la pointe du jour et rentreront à la nuit. Vous réglerez le service de la garde et de la surveillance, le développement de la ligne de feu, ainsi que celui du piquet, de manière que les hommes aient deux nuits de repos sur trois. Je vous enverrai, à partir de demain, 4 cavaliers qui seront relevés toutes les vingt-quatre heures, pour que vous puissiez correspondre avec moi et me prévenir immédiatement de tout événement, en même temps que, vu l'éloignement, je vous autorise à le faire directement au Gouverneur.

XIIe bataillon de la garde mobile. — L'ennemi paraît vouloir nous inquiéter en avant de notre front : redoublez de surveillance. Je vous enverrai, probablement demain matin, un bataillon de gardes mobiles de renfort, celui qui était au Mont-Valérien. Organisez, dès maintenant, votre service de la manière suivante (si je vous envoie du renfort, vous le doublerez partout) : le tiers de votre force sur le développement de votre ligne de défense (service de vingt-quatre heures), veillant bien pendant la nuit; le deuxième tiers, de piquet, au repos, mais prêt à marcher; le reste au repos complet mais faisant les corvées. Dans le jour, le premier tiers, qui aura besoin de moins de sentinelles sur le développement, fournira en avant des petits postes se couvrant à 500 ou 600 mètres par des accidents naturels de terrain ou par des abris artificiels, se reliant à gauche avec ceux du VIIe demi-bataillon du 28e régiment de marche et à droite avec ceux fournis par le fort d'Aubervilliers. Les petits postes sortiront au point du jour et rentreront à la nuit. Je vous enverrai, à partir de demain, 4 cavaliers (service de vingt-quatre heures) pour me tenir immédiatement au courant de tout ce qui se passera d'important dans votre commandement.

Journal de l'artillerie de la Double-Couronne.

17 septembre. — Pour être en mesure de repousser une attaque de nuit de la part de l'ennemi, le soir, à 8 heures, toutes les dispositions ont été prises. Les canonniers de la 23e batterie d'artillerie de marine, après avoir été placés aux postes qui leur ont été assignés à chaque pièce, ont ensuite campé dans le bastion. Une sentinelle a été placée sur chaque face et flanc du bastion.

18 septembre. — Mêmes dispositions. Six charges placées près de chaque pièce.

19 septembre. — L'ennemi s'est montré vers midi du côté du village de Pierrefitte; nos avant-postes ont aussitôt commencé une fusillade très vive en se repliant sous la protection du fort. A 1 heure de l'après-midi, l'ennemi se répandant dans la plaine et sur les hauteurs de la butte Pinçon, le fort de la Double-Couronne a commencé son feu et a pu, par la précision de son tir, empêcher une assez forte colonne prussienne d'occuper le moulin de Pierrefitte; elle a dû se replier sur le village de ce nom et sur celui de Villetaneuse. 23 coups ont été tirés (à intervalles) de 1 heure à 4 heures, heure à laquelle M. le général de division commandant la place de Saint-Denis a ordonné de cesser le feu. L'ennemi n'a pas montré d'artillerie. Ses forces me sont inconnues jusqu'à présent.

Les travaux de batterie ont été repris ce soir 6 heures. A 9 heures, une canonnade se fit entendre dans la direction de Noisy-le-Sec. Une grande surveillance a été ordonnée tout en continuant les travaux.

Au moment où je termine ce rapport (minuit), le plus grand calme règne aux abords du fort; on aperçoit des feux dans les bois de Deuil et de Pierrefitte et en arrière de Villetaneuse.

Le Lieutenant-Colonel commandant supérieur du fort de l'Est au Gouverneur de Paris (D. T.).

Fort de l'Est, 19 septembre, 9 heures matin. Expédiée à 9 h. 35 matin.

J'ai des nouvelles de la grand'garde. Ce sont les postes avancés des trois compagnies mobilisées, 16e, 25e, 73e de ligne qui ont tiré cette nuit sur des groupes de uhlans qui venaient caracoler à une faible distance d'eux (1). On entend de temps à autre quelques coups de feu dans la même direction. Dans l'après-midi d'hier soir, trois soldats du 73e de ligne qui, sans doute, s'étaient éloignés de leur poste pour marauder, ont été faits prisonniers.

Le Gouverneur de Paris au général de Bellemare (D. T.).

Paris, 19 septembre, 11 h. 30 matin. Expédiée à 1 heure soir (n° 34237).

Il a fallu absolument faire sortir la garde mobile qui tient garnison

---

(1) Ces trois compagnies constituaient la grand'garde de La Courneuve.

au Mont-Valérien. Je vous l'envoie à Saint-Denis. Vous l'emploierez comme vous voudrez et, en particulier, peut-être à la batterie Saint-Ouen. Elle arrivera probablement ce soir. Les événements sont graves du côté de Châtillon. Veillez bien.

Le Gouverneur de Paris à M. Cuvillier, employé des télégraphes à la mairie de Saint-Ouen (D. T.).

Paris, 19 septembre.

Faites sauter sans retard le pont de Saint-Ouen. Rendez compte.

Le général de Bellemare au Gouverneur de Paris (D. T.).

Saint-Denis, 19 septembre, 12 h. 45 soir. Expédiée à 1 heure soir.

L'ennemi fait une démonstration sérieuse et en forces autour de Saint-Denis. Je fais replier mes grand'gardes et je l'attends.

Le Commandant du fort d'Aubervilliers au Gouverneur de Paris (D. T.).

Fort d'Aubervilliers, 19 septembre, 1 h. 55 soir. Expédiée à 2 h. 10 soir.

De fortes colonnes passent depuis 9 h. 30, se dirigeant du côté du fort de l'Est, venant du côté de Noisy. En ce moment, à 3,000 mètres, se trouve une forte colonne arrêtée. Les canonniers du fort sont à leurs pièces. La garnison du fort est insuffisante pour faire une sortie.

Le Chef d'état-major du Gouverneur de Paris au général de Bellemare (D. T.).

Paris, 19 septembre, 2 h. 45 soir. Expédiée à 3 h. 25 soir.

Le commandant d'Aubervilliers fait savoir que deux fortes colonnes passent depuis 9 h. 30, se dirigeant du côté du fort de l'Est, venant du côté de Noisy ; en ce moment, à 3,000 mètres d'Aubervilliers, se trouve une forte colonne arrêtée.

M. Cuvillier, employé des télégraphes, au Gouverneur de Paris (D. T.).

Saint-Denis, 19 septembre, 3 h. 10 soir. Expédiée à 3 h. 30 soir.

Premier pont de Saint-Ouen sauté à 1 h. 30, le second à 2 heures ; tous deux complètement détruits ; aucun accident.

Le Commandant du fort de la Briche au Gouverneur de Paris (D. T.).

Fort de la Briche, 19 septembre, 3 h. 30 soir. Expédiée à 3 h. 40 soir.

Vos prescriptions seront suivies. Nous sommes à notre poste. Chacun fait son devoir. Le feu de tirailleurs continue. L'artillerie tire très peu.

Le Commandant du fort d'Aubervilliers au Gouverneur de Paris (D. T.)

Aubervilliers, 19 septembre, 3 h. 50 soir. Expédiée à 4 h. 30 soir.

Les colonnes signalées marchent de Blancménil à Bonneuil.
Ce village doit être occupé. Infanterie massée en avant de l'artillerie, suivant la même route, marche sur Bonneuil.

Le Général de Bellemare au Gouverneur de Paris (D. T.).

Saint-Denis, 19 septembre, 6 h. 45 soir.

L'ennemi s'est montré en assez grand nombre, cavalerie et infanterie, en avant de nous sur les hauteurs de Pierrefitte. Les grand'gardes ont été refoulées et sont rentrées en bon ordre dans l'enceinte, laissant quelques morts et ramenant 24 blessés. Nous avons fusillé leurs positions avec le canon et, pour le moment, tout est tranquille.

Le Gouverneur de Paris au général de Bellemare (D. T.).

Paris, 19 septembre, 7 h. 30 soir. Expédiée à 7 h. 50 soir.

Avez-vous enfin pu réussir à avoir vos pièces de marine en batterie? L'affaire de Châtillon est mauvaise. Gardez-vous bien.

Le capitaine Anceaux, du 75e, au Colonel commandant la place de Saint-Denis.

20 septembre.

Hier, 19 septembre, la compagnie, étant de grand'garde au château de Villetaneuse sous les ordres du capitaine du 68e, a été attaquée par des troupes d'infanterie prussienne de beaucoup supérieures en nombre. La 1re section, placée en tirailleurs sous mes ordres à gauche de la route, a été peu inquiétée; elle a seulement arrêté un mouvement tournant de l'ennemi qui, voyant son but manqué, s'est contenté d'échanger de loin avec nous quelques coups de feu qui n'ont atteint personne.

La 2ᵉ section, d'abord restée dans le château et ensuite séparée de moi par la compagnie du 68ᵉ, était placée sous le commandement de M. de Christen, sous-lieutenant. Elle a eu à soutenir pendant près de deux heures un vif feu de mousqueterie ; ayant à traverser dans sa retraite des fossés remplis d'eau, elle s'est vue, en partie du moins, obligée de déposer ses sacs ; vingt-deux des hommes de la section sont revenus sans sacs, mais personne n'a abandonné ni son fusil ni ses cartouches.

J'ai le regret de vous annoncer que dix des hommes de cette section ont été atteints par le feu de l'ennemi ; six n'ont pas reparu ; quatre sont revenus ou ont été rapportés blessés, l'un à l'oreille, le deuxième à l'épaule, les deux autres à la jambe. Ces pertes ont été surtout subies au passage d'un ruisseau profond où les sacs que nous avions ordre de prendre ont beaucoup gêné les hommes. Je pense, mon Colonel, qu'à l'avenir il serait bon de ne pas les prendre pour ce genre de service.

L'ennemi, de son côté, a dû subir des pertes sensibles, car beaucoup d'anciens soldats ont tiré à couvert à 300 et même à 200 mètres.

Je dois vous signaler la conduite d'un jeune soldat nommé Latour, qui, attaqué par un officier prussien à cheval, a essuyé six coups de revolver dont deux ont atteint sa visière, un a passé entre deux doigts, un autre à travers sa capote : aucun ne l'a blessé. Aussi l'officier prussien a payé cher son audace. Atteint en pleine poitrine par la balle de Latour presqu'à bout portant, il est tombé raide mort, et son cadavre, retenu par un pied dans l'étrier, a été traîné par le cheval qui, plus tard, a été tué aussi.

Aujourd'hui, l'ennemi ayant abandonné le château de Villetaneuse, quelques sacs ont été rapportés et un blessé, le nommé Lagorce, a été, dit-on, ramené en ville.

Le nombre des cartouches brûlées dans la journée d'hier a été d'environ 10 par homme en moyenne ; il en reste donc encore environ 80 par homme.

Le Lieutenant-Colonel commandant le 28ᵉ régiment de marche au général de Bellemare.

Saint-Denis, 20 septembre.

J'ai l'honneur de vous rendre compte des événements survenus pendant la journée d'hier, 19 septembre.

Les Vᵉ et VIᵉ demi-bataillons étaient de grand'garde, le Vᵉ à Villetaneuse et le VIᵉ à Stains, sous le commandement de M. Jamais, chef de bataillon, qui avait en outre deux demi-bataillons d'infanterie de ligne placés également, l'un à Villetaneuse et l'autre à Stains.

Dès 6 heures du matin, on signalait quelques colonnes de cavalerie se dirigeant de Gonesse vers l'Ouest. La plus rapprochée, de 600 hommes au plus, reçut quelques coups de fusil et perdit plusieurs cavaliers.

De la position de Stains et du moulin, on ne voyait rien, mais quand on voulut relever les petits postes de la butte Pinçon, on aperçut les têtes de colonnes d'infanterie qui s'avançaient. Ces petits postes se replièrent alors sur le poste principal de la butte Pinçon qui tint très longtemps. D'autres colonnes descendaient en même temps du côté de Sarcelles et du Barrage et du côté d'Enghien.

Les grand'gardes, protégées par des lignes de tirailleurs, durent alors se replier devant le grand nombre.

L'ennemi occupa rapidement Villetaneuse et Pierrefitte et gagna les deux châteaux du même nom à droite et à gauche de la route de Calais. Quelques éclaireurs restés isolés et appartenant tant aux troupes sous les ordres de M. le commandant Jamais qu'aux mobiles et aux francs-tireurs tinrent les derniers.

La garde de Stains, menacée sur sa gauche et qui occupait encore ses positions, se replia par la route de la Double-Couronne. Le commandant Jamais, qui avait reçu de M. le général l'ordre de tenir le plus longtemps possible, trouva la grand'garde de Pierrefitte dans les deux petites maisons blanches, sous le canon des remparts, et dans les arbres abattus. L'ennemi était installé dans les deux châteaux et dans les maisons ou jardins, à 400 ou 500 mètres du chemin de fer; bon nombre se tenaient dans les vignes et cultures; une sorte d'observatoire paraissait établi à la maison (dite maison blanche) que l'on aperçoit en deçà des carrières; des cavaliers allaient et venaient de ce point vers les deux châteaux.

A ce moment, il pouvait être midi; M. le commandant de Bois-denemetz que j'avais envoyé au secours des grand'gardes avec quatre compagnies sortait de la place et déployait une compagnie de grenadiers dans les champs à droite de la route et une compagnie de zouaves sur la gauche, vers le chemin de fer.

Secondé dans son mouvement par ce secours, M. le commandant Jamais appuya la majeure partie de sa grand'garde sur un talus qui relie les champs avec la route à droite et à gauche. Les grenadiers arrivant à hauteur à travers les vignes, la marche des tirailleurs ennemis se trouva arrêtée.

Le mur du château de Pierrefitte était garni de Prussiens, mais leur feu n'arrivait pas jusqu'à nos lignes; seuls, les maisons ou jardins placés à 400 ou 500 mètres au delà du chemin de fer permirent à l'ennemi d'opposer résistance à notre retour offensif. Quelques groupes de tirailleurs furent alors embusqués derrière les arbres et les murs du pont, mais cette position, étant trop en vue, dut être abandonnée. En quelques instants, un caporal y fut tué et deux hommes blessés.

Les tirailleurs se replièrent alors sur le talus dont il est parlé plus haut, reliant cette ligne avec celle du chemin de fer, où furent déployés les zouaves, face au château de Villetaneuse. Nos efforts durent se borner à tirailler avec l'ennemi déployé dans les vignes, tout en modérant notre feu. Un détachement de gardes mobiles et de volontaires animés d'un certain élan voulurent (sic), malgré les ordres, se reporter au pont, mais le feu de l'ennemi, qui leur blessa deux ou trois hommes, les força de se replier.

La situation resta la même jusque vers 4 heures de l'après-midi ; à ce moment, un coup de canon habilement dirigé délogea le poste d'observation prussien. Devant nous, les efforts des ennemis se trouvaient paralysés. Quelques-uns de nos hommes, enhardis par leur silence, dépassèrent la voie du chemin de fer sur la droite de la route, en échangeant quelques coups de feu et trouvèrent deux cadavres prussiens dont ils rapportèrent les armes.

Un garde mobile eut, à cet endroit, son fusil brisé et reçut une blessure au bras gauche.

M. le commandant Jamais arrêta alors ces tentatives individuelles qui pouvaient causer des pertes sans résultats avantageux ; il se maintint en position jusqu'à 5 h. 30, heure à laquelle il reçut l'ordre de rentrer peu à peu, ce qui s'accomplit sans événement.

En résumé, le résultat de la journée a été très satisfaisant ; l'ennemi, qui ne s'attendait pas sans doute à rencontrer une résistance aussi sérieuse, a dû se retirer en voyant l'inutilité de ses efforts et sa tentative a complètement échoué.

La fermeté des troupes a été admirable ; chacun, officiers comme soldats, a bravement fait son devoir.

Un détachement de mobiles et de francs-tireurs qui a pris part à l'action a fait preuve également du plus grand courage.

Nos pertes, qui s'élèvent à 1 tué, 19 blessés, 3 disparus, sont relativement peu élevées, et malgré que je ne puisse préciser d'une manière certaine celles de l'ennemi, il est certain qu'elles sont considérables.

Rapport du capitaine Lamorlette, commandant le IIe demi-bataillon.

Saint-Denis, 20 septembre.

Le 19, le IIe demi-bataillon de la garnison de Saint-Denis, commandé par le capitaine Lamorlette, est parti à 8 h. 30 pour aller renforcer les grand'gardes d'Épinay, du château de Villetaneuse et de la butte Pinçon.

Ces grand'gardes étaient reliées par de petits postes et des postes avancés. La compagnie du 65e a été placée en avant d'Épinay; le 68e occupait Villetaneuse et le 75e la butte Pinçon.

Les postes d'Épinay et de Villetaneuse étaient à peine renforcés qu'un bon nombre d'ennemis attaquait la butte Pinçon : le 75e a eu, dès son arrivée, à prendre part à la lutte ; mais, bientôt, toute cette grand'garde a battu en retraite.

Le capitaine Gossin, des voltigeurs de la Garde, avec sa compagnie et le lieutenant Perrier, du 68e, avec une section, se sont déployés en tirailleurs pour soutenir la retraite.

Le capitaine Lamorlette, du 68e, s'est à son tour déployé avec la section qui lui restait et une compagnie de garde mobile.

Mais, après une vive résistance, les compagnies de réserve ont dû se replier les unes sur la route de Pierrefitte, d'où elles ont continué le feu, les autres sur la route de Villetaneuse.

Dans cette affaire, le 65e a perdu un sergent; le 68e a laissé 10 hommes blessés sur le terrain, 50 sacs environ et une grande partie du campement que les hommes avaient été obligés de déposer pour franchir plus facilement un ruisseau ; deux hommes contusionnés seulement sont rentrés avec la compagnie.

A la fin de la journée, ce demi-bataillon est venu prendre sa place de combat entre le bastion 5 et le chemin de fer.

Le Lieutenant-Colonel Sentupéry, commandant supérieur du fort de l'Est, au général de Bellemare.

Fort de l'Est, 19 septembre.

J'ai l'honneur de vous rendre compte des événements survenus pendant la grand'garde du 18 au 19 septembre.

Cette grand'garde, fournie par les trois compagnies des 16e, 25e et 73e de ligne stationnées au fort de l'Est, est partie hier matin du fort à 8 h. 30 sous le commandement de M. le capitaine Paulet, du 25e de ligne.

Conformément à vos ordres, mon Général, cette grand'garde a établi son poste principal à la Courneuve. La compagnie du 16e de ligne a fourni ce poste.

La compagnie du 73e de ligne a été placée au croisé de la route de Dugny et de celle du Bourget et la compagnie du 25e au croisement de chemins qui se trouve sur le chemin de la Courneuve au Bourget, à environ 1 kilomètre de la Courneuve.

Tous ces postes étaient placés vers 10 h. 30 du matin. A 11 heures, quelques uhlans se présentèrent en vue du poste avancé du 25ᵉ de ligne placé à l'extrême droite. Le capitaine commandant cette compagnie envoya le fourrier et 2 hommes en reconnaissance. Ils aperçurent, dans le village du Bourget, 8 uhlans sur lesquels ils firent feu; un des uhlans fut tué par le fourrier.

Quelque temps après, entre 12 h. 30 et 1 heure de l'après-midi, M. Henry, lieutenant au 73ᵉ de ligne, se porta en avant des sentinelles avancées placées au pont de la Molette dans le but de gravir une légère éminence d'où la vue s'étend au loin. Cet officier était accompagné d'un soldat porteur de son fusil; à peine étaient-ils arrivés au point où ils voulaient parvenir qu'ils aperçurent 4 uhlans cheminant d'abord sur la route de Dugny au Bourget et s'approchant d'eux ensuite dans le but de les envelopper probablement.

M. le lieutenant Henry tira cinq coups de fusil contre les uhlans et en blessa un; tous prirent la fuite au grand galop dans la direction de Dugny. Cet officier se replia sur son poste et apprit là que trois hommes avaient enfreint la consigne et étaient allés sans armes à Dugny dans l'espoir d'y trouver des vivres et du vin et devaient être entre les mains des Prussiens, selon toute probabilité. Des renseignements recueillis plus tard vinrent confirmer cette supposition, comme j'aurai l'honneur de vous le faire connaître plus loin.

M. le lieutenant Henry avait à peine eu le temps de rejoindre sa troupe que 10 uhlans se montrèrent dans le chemin de Dugny au Bourget, et s'avancèrent sur le poste du pont de la Molette. Cet officier entendit très distinctement le commandement de : *Vorwärts* (en avant) et une recommandation faite à haute voix, en allemand, de tirer sur le chef car il entendit le mot : *Hauptmann* (capitaine) et, au même instant, deux balles sifflèrent à ses oreilles. Il avait fait déployer ses hommes en tirailleurs et fit feu sur l'ennemi qui disparut sur Dugny; un uhlan fut blessé à cette fusillade. Ce sont les seuls ennemis auxquels le 73ᵉ ait eu affaire pendant la grand'garde.

Les uhlans, appuyés sur Dugny, cherchèrent à plusieurs reprises à s'avancer sur l'avant-garde n° 2, fournie par la garnison de Saint-Denis, mais ils furent reçus par un feu vif et bien nourri qui leur fit tourner bride. Ils ont dû perdre quelques hommes de ce côté; la grand'-garde a vu des hommes tomber de cheval après les coups de feu.

Le capitaine commandant la compagnie du 73ᵉ, M. Bonifas, fit conserver à la moitié de sa compagnie la position en tirailleurs, s'appuyant à gauche sur le Crould et se reliant à droite au 25ᵉ, vers le Bourget.

Vers 4 heures, deux paysans et une vieille femme traversèrent la ligne de tirailleurs du 73ᵉ et dirent aux officiers de cette compagnie qu'ils avaient vu les trois hommes de leur régiment faits prisonniers et que l'un d'eux avait été réquisitionné pour les conduire avec sa voiture au camp prussien. Il ajouta qu'il avait trouvé, avec les Prussiens, un homme qu'il connaissait, nommé X..., et, lui ayant demandé comment il se faisait qu'il se trouvait en pareil lieu, cet individu lui dit qu'il avait été arrêté par les Prussiens.

Le nommé X... est Alsacien ou se dit tel ; il a tenu conversation en allemand avec les Prussiens pendant tout le trajet de Dugny à leur camp situé à environ 2 lieues au delà, d'après le dire du paysan. Il y a tout lieu de croire que cet homme est un espion aposté à Dugny pour renseigner l'ennemi sur la force et la composition de nos grand'-gardes.

Voici les renseignements recueillis sur son compte : X..., dit Z..., travaillant aux entrepôts généraux de la rue de Flandre (Villette); son chef d'équipe se nomme Lefranc.

L'homme qui donnait ces renseignements ajouta que les uhlans étaient au nombre de 25 à Dugny et environ 400 à leur camp établi dans la direction de Roissy. D'après le dire des officiers du 73e, le chiffre de 25 paraît exact pour Dugny.

Dans la nuit, une fusillade très vive éclata sur la droite du 25e de ligne et sur toute la ligne occupée par le 16e à la Courneuve, en même temps que quelques coups de feu partaient du côté de l'ennemi entre Dugny et le Bourget.

C'était le résultat d'une fausse alerte. Deux chevaux de lanciers, échappés du piquet, s'étaient dirigés à fond de train sur la Courneuve ; l'officier commandant le poste placé à l'entrée crut avoir affaire aux uhlans et cria : « Halte-là ! qui vive ! » et, ne recevant aucune réponse, fit faire feu. Il tirait ainsi dans le dos des hommes du 25e et du 73e placés devant lui.

Les hommes du 73e durent se replier en arrière et appuyer fortement à droite pour gagner le village de la Courneuve, conformément à l'ordre reçu. Le 73e croyait avoir devant lui une troupe de cavaliers très nombreuse d'après le rapport des vedettes. Il se replia donc sur la Courneuve, se posta derrière les palissades dans lesquelles des créneaux avaient été percés et en sortit à la pointe du jour pour reprendre sa position. Il n'y a eu aucun accident à regretter dans cette bagarre.

Ce matin, de nouveaux coups de feu se firent entendre sur la droite de la grand'garde. C'était le poste du 25e, placé à l'extrême droite, qui a été presque continuellement engagé avec les éclaireurs ennemis. Il lui a tué 13 hommes, 2 chevaux et blessé plusieurs hommes. La compagnie du 25e n'a eu ni mort, ni blessé.

Entre 11 h. 30 et midi, les compagnies de la grand'garde ont aperçu sur la colline qui passe derrière Dugny et en avant de Garges une colonne composée de cavalerie et d'infanterie et qu'elles ont cru appartenir à la garnison de Saint-Denis, d'après le sens de sa marche. Les vedettes ont vu également une colonne de cavalerie ennemie forte, disent-elles, de deux régiments — mais ce chiffre me paraît exagéré — et se dirigeant sur le bois placé en arrière de Dugny à 1 kilomètre. Cette colonne paraissait venir de Roissy.

Ce renseignement coïnciderait assez avec celui donné hier par le paysan qui a conduit les prisonniers du 73º de ligne.

Avant de clore mon rapport, je me permettrai, mon Général, de vous soumettre une proposition.

La plaine qui s'étend entre la Courneuve et Dugny et le Bourget est complètement dépourvue d'arbres, de buissons; par conséquent, les grand'gardes qui s'y trouvent y sont entièrement à découvert.

Ne serait-il pas préférable de les rapprocher en les appuyant entièrement sur la Courneuve, d'où elles pourraient se replier sous la protection du feu des forts?

De plus, l'emplacement indiqué le long de la Molette pour y placer des petits postes est très désavantageux, car il est dans un fond. Les hommes sont dominés par l'ennemi placé à Dugny et ne peuvent rien voir.

Historique du XIIIe bataillon de la garde nationale mobile de la Seine.

19 septembre.

A 10 heures du matin, des troupes de ligne viennent nous relever. Le capitaine Bousquet, commandant la grand'garde, indique à ses successeurs les positions occupées par les avant-postes français.

Au moment où la compagnie occupant le château, venant d'être relevée, se trouvait sur la route prête à regagner Saint-Denis et attendait la réunion des avant-postes, une vive fusillade éclate sur la droite; la 2e compagnie était attaquée au moment où elle venait retrouver la partie principale du corps.

Ne recevant pas d'ordres du capitaine de la ligne, le capitaine Bousquet se porte en avant pour tâcher de rallier la 2e compagnie commandée par le lieutenant Le Franc et il se fait précéder par des tirailleurs commandés par le lieutenant Roussel qui, peu de temps après, était rejoint par la 5e compagnie.

Leurs efforts pour rejoindre la 2e furent impuissants; attaqués vivement, ils se replient vers le château, rejoints alors par la 1re compagnie, capitaine Soustrot, pensant sûrement s'appuyer sur le détachement de ligne qui avait déjà évacué le château sans prévenir. La colonne ennemie s'avançant de plus en plus et en forces supérieures, la 5e et la 1re furent obligées de battre en retraite en tirailleurs sur un parti de cavaliers ennemis qui les tournait dans le but de les rejeter vers la colonne d'infanterie qui les menaçait sur la droite.

Pertes : 1 tué, 3 blessés, 3 disparus.

Les hommes hésitent et paraissent se débander; les officiers ont beaucoup de peine à les maintenir.

Ces compagnies ne rejoignirent le reste du détachement que sur la route de Pierrefitte au moment de rentrer à Saint-Denis.

Le même soir, on prit la garde des remparts depuis la Double-Couronne jusqu'au chemin de Marville.

Rapport de l'Officier supérieur (XIIIe bataillon de mobiles), commandand les grand'gardes du 18 au 19 septembre.

Saint-Denis, 19 septembre.

Les différents postes ont été établis sur les emplacements prescrits par l'ordre. Toutes les précautions ordonnées ont été prises.

Des uhlans, par groupes de 6, 8 et 12, ont été vus dans la vallée sur le chemin conduisant de Groslay à Montmagny. Ils se sont retirés aux quelques coups de feu tirés sur eux par les postes occupant le versant gauche de la butte Pinçon. On nous a signalé un groupe de 300 cavaliers qui occupe, selon toute probabilité, Groslay.

On a cru en entendre pendant la nuit du côté de Villetaneuse; des coups de feu ont été tirés sans donner aucun résultat.

Quatre individus d'assez mauvais aloi et étrangers ont été conduits au château de Villetaneuse, au capitaine commandant les cinq compagnies du XIIIe bataillon qui les conduira à la place.

Au total, rien de nouveau; personne de blessé.

Les hommes ne font pas encore, et surtout la nuit, convenablement leur service. L'officier supérieur de jour, dans ses rondes de nuit, a eu plusieurs fois à le remarquer. Au XIIIe bataillon de la garde nationale mobile, il a fait des observations pressantes à ce sujet.

Rapport du Capitaine commandant la grand'garde du fort d'Aubervilliers du 18 au 19 septembre (IIe demi-bataillon d'infanterie).

Fort d'Aubervilliers, 19 septembre.

Le 55e de ligne occupait du Bourget jusqu'au château Ladoucette; le 43e de ligne le village de Drancy, la ferme et la route perpendiculaire au carrefour ou quatre chemins, et le 20e de ligne étendait sa droite jusqu'au moulin de la Folie.

Vu l'approche successivement répétée de pelotons de uhlans, les postes avancés ont été augmentés afin de repousser les insultes.

Le détachement du 55e de ligne, à l'abri derrière le canal de l'Ourcq, a échangé plusieurs coups de fusil, 75 environ; 8 uhlans et 10 chevaux ont été atteints, quelques-uns mortellement.

Le 43e et le 20e ont tiraillé aussi, surtout ce matin, sur le peloton qui précédait une colonne d'au moins 800 hommes d'infanterie.

Quelques tirailleurs du 43e ont chassé un détachement de uhlans d'une ferme à proximité du poste avancé et dans laquelle on voyait de la lumière pour la première fois.

Cent cartouches ont été brûlées; deux ennemis ont été atteints visiblement, la colonne se tenant dans les bois (sic); le 20e a brûlé 50 cartouches et favorisé une reconnaissance de francs-tireurs.

Le chef de la grand'garde a fait créneler les murs de la ferme de Drancy, différents postes, placer des claies et des herses sur les chemins et répandre une grande quantité de tessons de bouteilles.

Rapport du capitaine Broussier, de la 3e compagnie du XVIe bataillon de mobiles de la Seine, au Lieutenant-Colonel commandant supérieur du fort de l'Est, sur la grand'garde du 19 au 20 septembre.

Fort de l'Est, 20 septembre.

J'ai l'honneur de vous rendre compte des opérations de la grand'garde du fort de l'Est confiée à mon commandement du 19 au 20 septembre et composée de la 2e section de la 1re compagnie et des 2e, 3e et 4e compagnies, environ 500 hommes.

Parti du fort de l'Est, le 19, vers 11 heures du matin, j'arrivai à la Courneuve (point principal de ma grand'garde) à 11 h. 30. Sur ce point dont je pris la direction, conformément aux instructions données et d'où je pouvais facilement surveiller tous les postes de la position, je gardai environ un tiers de mon détachement, la 2e compagnie, capitaine Gilment, plus la 2e section de la 1re compagnie, lieutenant Odelin, que j'envoyai sur la droite occuper les abords de la chaussée du chemin de fer de Soissons, dans une maison entourée de murs crénelés.

En avant, à 200 mètres un peu à gauche et au croisé de la route de Dugny et de celle du Bourget, j'envoyai la 4e compagnie, capitaine Bertora, avec mission de détacher trois petits postes : le premier vers le Crould à gauche, le deuxième au centre sur le pont de la Molette qui a été détruit et enfin le troisième à droite, sur le ruisseau de la Molette ; tous ces postes se reliant entre eux.

En avant, à 1 kilomètre à droite, au croisement des chemins qui se trouve sur celui de la Courneuve, je plaçai la 3e compagnie, lieutenant Caise, avec un petit poste avancé à gauche sur la Molette ; un deuxième au centre à environ 150 mètres du Bourget, près le château de Villetaneuse (sic), et enfin un troisième à droite à la station du Bourget, sur le chemin de fer de Soissons.

Je recommandai particulièrement à chacun des chefs de poste de faire explorer avec soin le terrain situé en avant des villages de Stains, Dugny et du Bourget, ces villages m'étant signalés comme abritant des partis ennemis.

Le fait était vrai pour les deux premiers, mais le Bourget ne fut réellement occupé que pendant la nuit.

De midi à 6 heures du soir, aucun fait remarquable ne mérite d'être signalé; cependant les vedettes du piquet de lanciers qui m'avait été adjoint me signalèrent la présence de quelques cavaliers prussiens qui ne cherchèrent pas même à s'approcher de nos avant-postes. Je m'en assurai en faisant une visite de tous les postes à 4 heures de l'après-midi.

Vers 7 heures du soir, une troupe d'infanterie assez nombreuse dont j'aperçus seulement scintiller les baïonnettes au soleil, traversa le village de Stains qu'elle a dû occuper ensuite.

A la même heure, un régiment d'infanterie ennemie s'avança sur la gauche de la 3ᵉ compagnie, mais cette colonne se dispersa presque aussitôt dans les environs du Bourget. A cette heure commençait la canonnade des forts de Romainville et de Noisy.

Je fis organiser les lignes de factionnaires de façon à relier les postes avancés à leur compagnie et à ma réserve, afin de pouvoir correspondre avec eux. Je fis personnellement une ronde vers 11 heures du soir pour m'assurer que les sentinelles faisaient vigilance et étaient doublées. Les feux électriques du fort de Romainville qui éclairaient de temps en temps la plaine permirent de signaler la présence de quelques vedettes prussiennes en avant du front de la position.

Persuadé qu'une attaque pourrait avoir lieu au lever du jour, les dispositions furent prises en conséquence par toutes les compagnies qui, dès 4 heures du matin, se préparèrent à recevoir énergiquement l'ennemi en occupant les positions les plus favorables à la défense.

Mes prévisions se réalisèrent en partie, car, à 6 heures du matin, les petits postes avancés de la 3ᵉ compagnie, sergents Alexandre et Gaudrey, étaient attaqués par un peloton d'infanterie déployé en tirailleurs et soutenu par quelques cavaliers. Ces deux sous-officiers y répondirent par un feu de tirailleurs à genou et couché qui permit à la compagnie de se déployer et de prendre part au combat; mais, plusieurs compagnies d'infanterie prussienne étant venues se joindre à la première, le lieutenant fit sonner le ralliement qui s'effectua en bon ordre sur le poste principal de la Courneuve.

Pendant ce temps, je rappelai la 4ᵉ compagnie qui se rallia immédiatement et je fis occuper fortement les abords de la ligne du chemin de fer de Soissons que l'ennemi tentait de vouloir prendre.

D'après les ordres verbaux que j'avais reçus la veille de M. le capitaine d'état-major et l'ordre formel de M. le général commandant supérieur, je me repliai en bon ordre vers 8 heures du matin avec le demi-bataillon que j'avais eu l'honneur de commander.

Je me plais à constater que j'ai été parfaitement secondé par MM. les officiers, sous-officiers et gardes mobiles, qui tous n'ont cessé un seul instant de se multiplier afin d'assurer l'exécution des ordres qui leur étaient transmis.....

Rapport sur la reconnaissance faite par le Capitaine commandant le 1er escadron du 1er régiment de marche de lanciers.

Saint-Denis, 19 septembre.

Sorti par la route du Havre, j'ai traversé le village d'Épinay où se trouvaient encore nos avant-postes; l'ennemi n'était pas signalé du côté d'Enghien, mais j'ai appris par des renseignements qu'il était aux prises avec nos grand'gardes du côté de Montmagny.

Je me suis dirigé immédiatement sur ce point; la fusillade était engagée, nos avant-postes se repliaient sur toute la ligne de Montmagny à Villetaneuse et jusque vers Pierrefitte.

La hauteur située derrière Villetaneuse se couvrait de troupes ennemies en quantité assez considérable, mais d'une évaluation difficile.

A partir du village d'Épinay, j'avais composé mon avant-garde de 12 hommes et d'un sous-officier qui, déployés en tirailleurs, ont poussé jusqu'à Montmagny occupé par un escadron de chasseurs prussiens flanqué d'infanterie.

Quelques coups de feu ayant été échangés, nos éclaireurs ont repoussé les chasseurs ennemis jusque dans le village. Un de nos chevaux, en ce moment, s'est renversé dans un fossé d'où il a été impossible de le retirer.

Pour ne pas le laisser aux mains de l'ennemi, le cavalier qui le montait lui a, par mon ordre, cassé la tête d'un coup de pistolet. Ce cavalier a pu se replier derrière nous.

Les avant-postes quittant leurs positions et se repliant sur les forts, ma reconnaissance a été naturellement interrompue; je n'ai pas voulu toutefois rentrer à Saint-Denis sans m'être mis à la disposition du capitaine d'état-major qui dirigeait l'infanterie.

L'attitude des officiers et de la troupe sous mes ordres a été pleine de sang-froid; je n'ai eu que des félicitations à adresser.

L'escadron se composait de 5 officiers et de 100 cavaliers.

Rapport du sous-lieutenant Roy, du 1ᵉʳ régiment de marche de lanciers, au colonel Berthois, commandant ce régiment, sur la grand'garde du 19 au 20 septembre.

J'ai l'honneur de vous rendre compte, qu'en exécution de l'ordre reçu, je suis parti hier à 11 heures de Saint-Denis pour fournir des vedettes aux deux grand'gardes de la Courneuve et de Bobigny. J'envoyai mon maréchal des logis avec 11 hommes à cette dernière. A la Courneuve, mes vedettes placées me signalèrent de suite un grand mouvement de troupes à Dugny. Nous reconnûmes que le village était occupé par des hussards rouges et des dragons blancs ; leurs vedettes, de temps à autre, s'approchaient des nôtres à environ 500 mètres.

L'infanterie prussienne se trouvait en avant de Dugny ; elle était couchée dans les champs.

Vers 5 h. 30 du soir, une colonne d'infanterie s'achemina sur la route, se dirigeant sur Stains; elle mit environ 25 minutes à défiler; elle avait avec elle des voitures dont nous ne pûmes reconnaître la nature.

A la tombée de la nuit, je fais replier mes vedettes, et, vers 10 heures du soir, la compagnie de gardes mobiles avec laquelle je me trouvais tira sur quelques uhlans.

Ce matin, à 6 heures, le poste de la station du Bourget fut attaqué par de l'infanterie bien supérieure en nombre et appuyée par des uhlans. Toute la grand'garde regagna alors la Courneuve où elle attendit l'ordre de se replier. Le détachement de 12 cavaliers que j'avais envoyé à Bobigny se retira hier à 11 heures du soir sur le fort d'Aubervilliers et a rejoint Saint-Denis quelques instants après moi.

Historique du 28ᵉ régiment de marche.

19 septembre.

Dès le matin, les postes avancés aperçoivent quelques colonnes de cavalerie se dirigeant de Gonesse vers l'Ouest. L'une d'elles, passant à portée de fusil du poste de la butte Pinçon, reçoit une fusillade qui lui jette bas quelques cavaliers et la force à s'éloigner. A 10 heures, au moment de relever les gardes, on n'apercevait pas encore l'ennemi en force. Une demi-heure après, ses têtes de colonnes se montrèrent sur les pentes Nord de la butte Pinçon, venant de plusieurs points différents. Les petits postes se replièrent sur le poste principal qui résista quelque temps, mais fut forcé de se retirer devant le grand nombre des ennemis. Les grand'gardes principales du château de Villetaneuse et de Pierrefitte, menacées bientôt sur leurs flancs, durent continuer le mouvement de retraite. La nouvelle de ces événements parvint à Saint-Denis vers midi. Le commandant Jamais, de service de jour, reçut l'ordre d'aller rendre compte au général commandant supérieur et de prendre ses ordres. Le général prescrivit de faire tenir au dehors tant qu'il serait possible. Le commandant Jamais alla prendre le commandement des grand'gardes et rencontra en chemin le commandant de Boisdenemetz qui, sur l'ordre du lieutenant-colonel, était sorti avec quatre compagnies.

En ce moment, les deux grand'gardes, dont il vient d'être parlé, étaient repliées sous le canon de la place dans les deux petites maisonnettes qui se trouvent à environ 300 mètres de l'enceinte. La grand'garde de Stains, restée d'abord isolée en plaine, était rentrée par le faubourg. L'ennemi occupait Villetaneuse et le château, Pierrefitte, son château et les jardins qui longent la route de Calais, et dans l'intervalle, une maison au bord de la route qui suit le pied de la butte Pinçon ; dans cette maison, un état-major s'était établi et, à chaque instant, des estafettes en sortaient ou y arrivaient de toutes les directions.

Le commandant Jamais tenta aussitôt de reporter en avant les troupes repliées qui se composaient de soldats du 28e, de gardes mobiles et de francs-tireurs. En même temps, le commandant de Boidenemetz envoyait dans les cultures à droite la 1re compagnie du Ier bataillon, capitaine Verluyten, puis, un peu après, une compagnie de zouaves le long du chemin de fer de Soissons, face au château de Villetaneuse.

Le mouvement en avant fut rapide jusqu'à un chemin descendant en talus, en plaine de chaque côté de la route (*sic*). Les tirailleurs ennemis durent s'arrêter et s'abriter. Le mur du château de Pierrefitte était garni de Prussiens, mais leurs balles arrivaient à peine. Après un temps d'arrêt, le commandant Jamais voulut reprendre possession du pont au-dessus du chemin de fer, en abritant ses tirailleurs tant derrière les arbres que derrière les murs de ce pont. Mais cette position était trop élevée ; en un instant, un caporal y fut tué et deux hommes blessés. Comme il était d'ailleurs impossible, sans un effort considérable et des troupes nombreuses, de continuer la marche pour reprendre les enclos des jardins qui ne s'arrêtent qu'au village même, le commandant fit reprendre la ligne, plus en arrière, des deux talus dont on a parlé plus haut, se reliant à gauche au chemin de fer et appuyée à droite par la compagnie Verluyten, établie en tirailleurs dans les cultures. Il fit en même temps prévenir à Saint-Denis de l'état des choses, tout en faisant modérer le feu de manière seulement à contenir les tirailleurs ennemis.

Quelques gardes mobiles et francs-tireurs, animés d'un certain élan, voulurent, malgré les ordres, se porter en avant ; mais le feu de l'ennemi, qui leur blessa immédiatement trois hommes, les fit rentrer dans la ligne.

Vers ce moment, un Prussien déboucha sur le pont, s'avança, la crosse en l'air vers nous. On le prit généralement, grâce à la couleur de son uniforme, pour un franc-tireur resté derrière qui aurait réussi à s'échapper des mains de l'ennemi, quand, arrivé à environ 60 pas, il fit feu sur nous et s'en retourna. Aussitôt, cinquante coups de fusil partirent vers lui, mais il put disparaître derrière le pont sans accident apparent. Le feu de l'ennemi s'étant considérablement ralenti, trois ou quatre hommes passèrent le chemin de fer sur la droite et se portèrent vers la route au delà du pont. L'un d'eux, le zouave Charlier, aperçut un Prussien assis sur un arbre renversé et le tua. C'était probablement celui qui était venu nous braver et qui était blessé grièvement. Son cadavre fut rapporté avec quelques trophées restés sur place qui témoignaient de l'efficacité de notre tir.

Pendant ce temps, le fort de la Double-Couronne, qui avait tiré quelques coups de canon, réussit à envoyer un obus au milieu de la maison qui paraissait un observatoire où se tenait un état-major. Aussitôt, une vingtaine d'hommes en sortirent et disparurent. La position de notre ligne fut maintenue jusqu'à 5 heures 30. A ce moment, le commandant Jamais reçut l'ordre de rentrer aussi peu ostensiblement que possible, ce qui s'accomplit sans événements. La grand'garde d'Épinay, restée complètement isolée et quoique non inquiétée encore, rentra à 6 heures.

En résumé, malgré la retraite rapide à laquelle les grand'gardes on été forcées par le grand nombre des ennemis, la journée a été satisfaisante en raison de la résistance qui a été opposée à l'ennemi dès que cela a été possible, résistance qui l'a fait rester à distance considérable de l'enceinte; d'autre part, nos troupes ont su, après un mouvement forcé de recul, regagner du terrain sur un ennemi accoutumé depuis quelque temps au succès. L'effet moral de ces quelques heures de combat fut considérable. Les quelques gardes mobiles et francs-tireurs mêlés à l'action ont montré aussi beaucoup de sang-froid et d'ardeur.

Nos pertes s'élèvent dans toute la journée à 2 morts, 15 blessés, 4 disparus.

Elles sont relativement peu élevées et quoique on ne puisse préciser celles de l'ennemi, on peut affirmer, d'après les hommes qu'on a vu tomber en plaine et les armes qu'on a trouvées, qu'elles sont considérables.

b) Forts de l'Ouest.

Le Commandant du fort de Montretout au Gouverneur de Paris (D. T.).

Mont-Valérien, 19 septembre, 4 h. 20 matin. Expédiée à 4 h. 30.

En prévision de la retraite indiquée pour le Mont-Valérien, je vais faire diriger sur une maison de Boulogne les approvisionnements de vivres déposés dans la caserne de Saint-Cloud, lorsqu'il va faire jour, en employant les habitants, et, si je ne puis sauver ceux du fort de Montretout, je les détruirai en partant, si c'est possible, n'ayant pas de transports.

Le Gouverneur de Paris au colonel Gras, 84, rue Saint-Dominique, à Paris (D. T.).

Paris, 19 septembre (n° 276).

Venez ici le plus tôt possible.

Le Gouverneur de Paris au Commandant du fort de Montretout (D. T.).

Paris, 19 septembre (n° 277).

Les ponts de Billancourt, de Sèvres et de Saint-Cloud vont sauter.
Quand vous serez obligé de battre en retraite vers le Mont-Valérien, établissez-vous entre le fort et le pont de Suresnes pour protéger quelque temps les communications. Accusez réception.

Le colonel Gras au capitaine du génie Hertz, à Boulogne.

Paris, 19 septembre.

Employé Évrard parti pour Billancourt. Vous recevrez bientôt des ordres pour ce pont et Sèvres et Saint-Cloud. Préparez tout immédiatement pour les autres ponts. Envoyez chercher ce qui peut vous manquer par la voiture de M. Évrard. Faites toujours connaître l'endroit où les dépêches doivent vous être adressées.

Je reste auprès du Gouverneur. Envoyez vos dépêches à son adresse.

Le Gouverneur de Paris au capitaine du génie Hertz, à Boulogne (D. T.).

Paris, 19 septembre (n° 282).

Faites sauter immédiatement les trois ponts de Sèvres, Saint-Cloud, Billancourt.

Le Gouverneur de Paris au Commandant du Mont-Valérien (D. T.).

Paris, 19 septembre, 10 h. 55 matin (n° 288).

Je décide que les bataillons de la garde mobile de la Seine qui sont au Mont-Valérien vont se diriger immédiatement sur Saint-Denis où ils seront à la disposition du général de Bellemare que je préviens.

Je vous envoie pour les remplacer deux bataillons de garde mobile de province.

Vous me préviendrez quand le mouvement sera fait.

L'artillerie de la mobile reste dans le fort.

Le Gouverneur de Paris à MM. Guasco et Aubiniers, avenue de Neuilly, 209 (D. T.).

Paris, 19 septembre (n° 290).

Faites sauter sans retard le pont de Courbevoie. Rendez compte.

Le Gouverneur de Paris à MM. Rousset et Thiériot, employés du télégraphe au pont d'Asnières (D. T.).

Paris, 19 septembre (n° 291).

Faites sauter sans retard les ponts d'Asnières et de Clichy. Rendez compte.

Le Gouverneur de Paris au capitaine du génie Hertz, à Boulogne (D. T.).

Paris, 19 septembre, 11 h. 10 matin (n° 293).

Le gouverneur prescrit de détruire sans retard les ponts de Clichy, Saint-Ouen, Asnières, Courbevoie, outre les ponts de Saint-Cloud, Sèvres et Billancourt. Des dépêches directes ont été envoyées aux employés. Veillez à l'exécution si c'est possible.

Le Préfet de police au Commandant de l'artillerie du Mont-Valérien (D. T.).

Paris, 19 septembre, 11 h. 20 matin. Expédiée à 12 h. 35.

Je vous ai fait expédier deux bons bataillons bretons. Ils se rendent par pont Neuilly. Avisez colonel Porion ; préparez départ des autres ; procédez prudemment. Bretons sont armés chassepots.

Le Gouverneur de Paris au général Corréard.

Paris, 19 septembre.

Deux bataillons de la Loire-Inférieure ou de la Vendée, si les autres sont de garde, devront être dirigés immédiatement sur le Mont-Valérien pour y tenir garnison. Ils emportent 200 cartouches par homme et tous leurs effets. Ils passeront par le pont de Neuilly. Faire exécuter cet ordre avec la plus grande urgence.

Le Commandant supérieur du Mont-Valérien au Gouverneur de Paris (D. T.).

Mont-Valérien, 19 septembre, midi 10. Expédiée à 1 heure soir.

Reçu la dépêche relative au mouvement des deux bataillons de la mobile pour Saint-Denis.

Faut-il les faire partir avant l'arrivée des deux bataillons de province ?

Nous resterions plus de 1,500 hommes.

Le Gouverneur de Paris au capitaine Hertz, à Boulogne (D. T.).

Paris, 19 septembre (n° 297).

Tâchez de faire sauter complètement le pont de Sèvres.

Le Gouverneur de Paris au Commandant du Mont-Valérien (D. T.).

Paris, 19 septembre (n° 299).

Faites partir de suite les deux bataillons de la mobile pour Saint-Denis.

L'employé Evrard au colonel Gras (D. T.).

Boulogne, 19 septembre, 1 h. 35 soir.

Nous avons essayé de faire sauter par groupes d'abord, puis isolément, les deux fourneaux du pont de Sèvres et les trois ponts de Saint-Cloud qui n'avaient pas sauté. Nous n'avons obtenu aucun résultat. Conducteurs cependant en bon état. Capitaine Hertz parti pour Suresnes. Il serait urgent de prendre d'autres mesures.

J'attends ici vos ordres.

Je crois les amorces ou les poudres mauvaises.

Le Gouverneur de Paris au Commandant du Mont-Valérien (D. T.).

Paris, 19 septembre, 2 h. 5 soir (n° 300).

Faites retirer la garnison de Montretout; elle pourra encore s'écouler sur Paris; sinon gardez-la au Mont-Valérien.

Le commandant de Montretout avait, du reste, été laissé libre du moment où il devait opérer sa retraite et il avait des ordres à cet égard.

Le Maire d'Asnières au Gouverneur de Paris (D. T.).

Asnières, 19 septembre, 2 h. 15 soir.

De grâce, faire savoir s'il est vrai que les ponts de Clichy et d'Asnières vont être détruits; à quelle heure? Réponse attendue avec impatience.

Le capitaine du génie Hertz au Gouverneur de Paris (D. T.).

Clichy-la-Garenne, 19 septembre, 4 heures soir.

La compagnie du chemin de fer s'oppose encore à la destruction du pont d'Asnières (chemin de fer). D'un autre côté, on prétend qu'il y a contre-ordre pour ceux d'Asnières (route) et Clichy. J'attends une réponse à Asnières.

Le pont de Courbevoie est sauté depuis 2 heures, celui de Saint-Ouen depuis 1 h. 30.

Le Commandant supérieur du Mont-Valérien au Gouverneur de Paris (D. T.).

Mont-Valérien, 19 septembre, 4 h. 52 soir. Expédiée à 5 h. 5 soir.

La garde nationale de Suresnes nous prévient qu'elle va se replier sur Paris.

Le pont est prêt à sauter. Faut-il le faire garder? Nous attendons une réponse immédiate.

Le capitaine du génie Hertz au Gouverneur de Paris (D. T.).

Saint-Ouen, 19 septembre, 5 h. 10 soir.

Pont d'Asnières route sauté à 4 h. 45.

Le Commandant du 6ᵉ secteur au Gouverneur de Paris (D. T.).

Paris (Avenue Raphaël), 19 septembre, 5 h. 50 soir. Expédiée à 7 h. 25 soir (nº 34300).

Il est urgent de faire sauter les ponts de Saint-Cloud, Sèvres et Billancourt avant la nuit. Je n'ai pu mettre à leur tête qu'une compagnie de gendarmerie à pied qui forcément se repliera avant la nuit. Il me faudrait au moins 1,000 hommes de bonne troupe et une batterie ou une demi-batterie à chaque pont pour s'opposer à une tentative sérieuse de l'ennemi.

J'ai renvoyé au général de Linières les troupes de soutien qu'il m'avait envoyées ; je pense que mon service est assuré pour la nuit, mais il m'est impossible de mettre du monde dans les ouvrages de contre-approche. Tout ce que je puis faire sera de bien garder les portes.

Le Gouverneur de Paris au colonel Gras, au pont de Saint-Cloud (D. T.).

Paris, 19 septembre (nº 310).

Je viens de donner au général d'artillerie Guiod l'ordre de vous envoyer de suite des poudres.

Le Commandant du 6ᵉ secteur au Gouverneur de Paris (D. T.).

Paris (Avenue Raphaël), 19 septembre, 7 h. 50 soir. Expédiée à 8 h. 35 soir (nº 34344).

Le pont de Saint-Cloud a bien sauté. J'ai ordonné à la compagnie de gendarmerie à pied de se replier sur le pont de Sèvres qui n'a pas encore sauté, et qui est gardé par une autre compagnie. Elles se replieront toutes les deux sur Paris, dès que l'opération aura réussi.

Je ne suis pas encore informé que le pont de Billancourt est sauté.

Les gendarmes déclarent que des uhlans étaient à Saint-Cloud.

Demain, je ferai faire une forte reconnaissance dans le bois de Boulogne avec la batterie d'artillerie.

Le service est assuré pour la nuit.

J'ai à chaque pièce un approvisionnement de 150 coups ; la mitraille, le 12 et le 24 manquent encore.

Le Commandant supérieur du Mont-Valérien au Gouverneur de Paris (D. T.).

Mont-Valérien, 19 septembre, 10 h. 20 soir. Expédiée à 10 h. 22 soir.

Deux bataillons de mobiles de la Loire-Inférieure sont au fort depuis 7 heures, environ 1,300 hommes ; la garnison de Montretout s'est repliée sur Paris.

Historique du VIe bataillon de la garde nationale mobile de la Seine.

19 septembre.

Des partis de cavalerie ennemie étant signalés à Garches et aux environs, les compagnies du bataillon furent envoyées en reconnaissance. La 7e compagnie, en grand'garde depuis la veille, et la 6e compagnie aperçurent seules des coureurs sur lesquels elles ouvrirent le feu, mais sans efficacité, en raison de la grande distance qu'ils conservaient.

L'évacuation de Montretout fut décidée par le général en chef. Le bataillon couvrit la retraite, emmenant tous ses bagages, vivres et munitions, ainsi que les provisions enfermées dans la redoute. Il arriva le même soir à 9 heures au jardin des Tuileries.

c) Forts du Sud.

Journal de siège du fort d'Issy (Résumé historique).

19 septembre.

Dès 7 heures du matin, les premiers fuyards de l'aile droite de l'armée française arrivaient au fort d'Issy qui refusait de les recevoir. A 9 heures du matin, toutes les troupes qui occupaient les bois et les hauteurs à Meudon et en avant de Clamart avaient abandonné leurs positions. Rien ne peut excuser ce mouvement de retraite aussi précipité. Il n'y avait pas eu, sur ce point, même un semblant de résistance. Dès le premier coup de canon, nos soldats se retirèrent en désordre et vinrent chercher un abri en arrière du fort d'Issy. Très peu parmi ces soldats qui quittaient ainsi le champ de bataille avaient tiré un coup de fusil. La position aurait pu cependant être défendue. Le terrain offrait des positions avantageuses pour mettre l'infanterie à l'abri des coups de l'ennemi. Plusieurs bonnes routes assuraient les moyens de retraite dans le cas où l'effort de l'ennemi aurait été assez énergique pour nous forcer à abandonner la position, et, dans ce cas, si, continuant son mouvement en avant il avait voulu inquiéter la retraite, il aurait été obligé de s'avancer jusqu'au sommet des pentes du côté de Paris. Alors, l'artillerie du fort l'aurait forcé de se retirer en lui faisant éprouver des pertes sérieuses. L'ennemi n'osa pas, même en présence d'un succès aussi facile, s'avancer de ce côté. Pendant toute cette journée, le commandant du génie Lévy, qui dirigeait depuis quelque temps les travaux de défense que nous avions commencés sur ces hauteurs, resta à Meudon, sans être inquiété.

Le centre de l'armée française occupait le plateau de Châtillon. A l'extérieur de ce plateau, du côté de Paris, on avait eu le temps de construire une grande redoute.

Il avait été décidé dès le commencement de la guerre qu'on construirait sur ce point un fort fermé. Ce fort devait se composer d'un grand cavalier sur lequel on placerait l'artillerie et auquel on adosserait des casemates qu'il couvrirait, destinées à loger la garnison et les vivres. Pour loger les poudres on devait construire à l'extrémité des flancs de ce cavalier deux magasins pouvant contenir 2,000,000 de kilogrammes de poudre chacun. Tout autour du fort, il devait y avoir un parapet de terre et, en avant, un fossé. Les travaux avaient été immédiatement entrepris et afin d'obtenir rapidement un ouvrage susceptible d'être défendu, on avait mis autant d'ouvriers que possible à creuser le fossé et à masser le parapet immédiatement en arrière du fossé. C'est ainsi qu'on était arrivé à avoir le 16 septembre une redoute assez forte.

A cette époque, l'état d'avancement des travaux était le suivant :

Le périmètre de la redoute était formé par un fossé et un parapet continus. Le parapet des faces et des flancs avait au moins 4 mètres de hauteur et 4 mètres d'épaisseur au sommet. Le parapet de la gorge était beaucoup moins fort ; c'était une simple levée de terre de $2^m,50$ de hauteur moyenne et de 2 mètres d'épaisseur. Les fossés avaient, sur tout le développement, faces, flancs et gorge, 3 mètres de profondeur au-dessous du terrain naturel et 7 mètres de largeur.

Les terre-pleins des faces et des flancs avaient, sur une grande partie, 6 mètres de largeur (partout où on avait décidé quelques jours avant qu'on mettrait de l'artillerie). Le reste des parapets avait une banquette pour l'infanterie.

Aux deux saillants formés par la rencontre des faces et des flancs, on avait construit dans le fossé des blockhaus en charpente pour flanquer ces fossés. Ces blockhaus et les descentes blindées qui y conduisaient de l'intérieur de l'ouvrage étaient terminés.

Dans tous les fossés, il existait une palissade. Cette palissade s'appuyait aux blockhaus des saillants de manière à être flanquée en avant et en arrière par les défenseurs des blockhaus.

Les maçonneries du magasin à poudre de gauche étaient complètement terminées (fondations, pieds-droits et voûtes).

Les maçonneries du magasin à poudre de droite étaient élevées jusqu'à deux assises de moellons au-dessus de la naissance de la voûte. On avait couvert ce magasin avec des rails de chemins de fer.

Les maçonneries des casemates étaient entreprises sur tout leur développement. Les murs étaient arrivés à une hauteur de $1^m,25$ environ. Quatre casemates étaient couvertes avec des rails de chemins de fer à la hauteur du plancher de l'étage.

On avait mis en place, sur le terre-plein des faces, 6 pièces de siège au moins.

L'intérieur de la redoute était bien encombré encore de matériaux, mais on avait pu, dans les deux derniers jours, disposer ces matériaux de manière à ne pas trop gêner la défense.

Les troupes qui occupaient le plateau se replièrent sur la redoute quand notre droite eut abandonné sa position. L'aile gauche de l'armée française occupait les villages de Bagneux et de Fontenay-aux-Roses.

La position n'était certainement pas désespérée. La déroute de l'aile droite ne la compromettait pas trop. Si l'ennemi avait voulu profiter de cette déroute pour tourner notre centre, il aurait été obligé de circuler sur les pentes des hauteurs en avant du fort et à très bonne portée de notre artillerie. Le fort remplaçait donc le point d'appui perdu. Ce nouveau point d'appui était plus arrière; il ne pouvait se mouvoir et ne pouvait pas, par conséquent, se prêter facilement à un retour offensif, mais enfin, il empêchait tout mouvement tournant de ce côté et assurait une retraite en cas de revers. C'était encore beaucoup.

Le feu qui s'était un peu ralenti recommença à être très vif vers 11 heures du matin. L'ennemi débouchant sur les parties découvertes du plateau, en arrière de Plessis-Picquet, attaquait notre centre. Pendant ce temps, son aile droite essayait de marcher sur les villages de Bagneux et de Fontenay-aux-Roses.

Sur le plateau de Châtillon, le feu de notre artillerie força les Allemands à reculer, mais ils faisaient des progrès du côté de Bagneux.

Le ravin de Fontenay-aux-Roses est très mal vu par le fort de Montrouge. L'artillerie du plateau ne pouvait rien contre l'ennemi avançant dans ce ravin. On ne pouvait compter pour défendre cette position que sur les troupes qui occupaient les villages qui, elles, étaient exposées à l'artillerie ennemie placée sur les hauteurs de Sceaux et du Plessis-Picquet.

A 1 heure, le général Ducrot, craignant que l'ennemi, s'avançant sur notre gauche, ne parvint à couper la route qui conduit du plateau de Châtillon à Paris qui était sa principale ligne de retraite, ordonna de se replier sur Paris.

Cette retraite fut peu inquiétée. A 4 heures du soir, tout était terminé; on n'entendait plus ni coups de canon, ni coups de fusil. Le plateau de Châtillon paraissait désert. Nous n'avions pas vu un seul ennemi de notre côté. Le fort n'avait pas eu l'occasion de tirer un seul coup de canon.

Nous avions abandonné sur le plateau notre artillerie de siège qu'on avait encloué et quelques approvisionnements. Ce n'est que le lendemain matin, au jour naissant, que nous vîmes du fort l'ennemi s'avancer sur la redoute. On essaya d'inquiéter ce mouvement par notre feu. Il riposta par deux coups de canon dont les projectiles n'arrivèrent pas jusqu'au fort.

Dans cette journée, nous avions perdu les hauteurs de Meudon qu'on ne pouvait pas espérer de défendre plus longtemps et le plateau de Châtillon, si dangereux pour les forts de Vanves et d'Issy.

Nous pensons que le plateau de Châtillon aurait pu être conservé ce jour-là. Il ne pouvait pas être tourné par la droite comme nous l'avons dit plus haut. L'occupation de Bagneux, de Fontenay-aux-Roses, du ravin de Fontenay était difficile et dangereuse, mais en admettant que l'ennemi nous eût délogé de ces positions pour tourner le plateau au lieu de l'attaquer de front, il était alors forcé de s'avancer sur les pentes du village de Châtillon qui sont battues à très bonne portée par les forts de Vanves et de Montrouge. Certainement, la position pouvait paraître dangereuse, mais nous croyons qu'elle n'était pas désespérée. L'importance capitale de cette position devait, selon nous, engager à la défendre jusqu'à la dernière extrémité.

Si le 19 septembre, après un combat plus meurtrier que celui qui eut lieu, nous avions conservé le plateau de Châtillon, il est très probable que l'ennemi ne nous aurait pas trop inquiétés pendant les quelques jours qui lui étaient nécessaires pour réunir des forces considérables. Pendant ces quelques jours, nous aurions pu perfectionner nos travaux de défense, en créer de nouveaux en faisant quelques tranchées et de petits épaulements pour l'artillerie de campagne. Il y aurait certainement eu une autre bataille de Châtillon, mais celle-là, nous l'aurions livrée dans de bonnes conditions, sur un terrain bien connu des troupes, avec quelques travaux défensifs de plus, et surtout avec des troupes dont le moral aurait été relevé par le premier succès obtenu en conservant une position attaquée.

Si nous avions été forcés d'évacuer le plateau, malgré une défense prolongée jusqu'à la dernière limite, nous aurions eu un plus grand nombre de tués et de blessés, c'est la conséquence forcée de toute lutte, mais nos pertes matérielles n'auraient pas été beaucoup plus considérables et certainement l'effet moral sur l'armée française n'aurait pas été plus mauvais.

Nous avions beaucoup de chances pour rester maîtres du plateau en continuant la lutte. L'attaque de l'ennemi ne nous a pas paru faite avec assez de vigueur et d'entrain pour assurer son succès. Il paraissait en douter un peu. Ce qui nous confirme dans cette opinion, c'est que ce n'est que le lendemain qu'il a osé venir prendre possession du terrain abandonné et qu'il l'a fait avec une certaine hésitation.

L'effet moral produit sur notre garnison du fort d'Issy par la bataille de Châtillon fut très mauvais. Nous ne pouvons savoir ce qui serait arrivé si l'ennemi, profitant de la retraite de l'armée française, avait couronné vers 3 heures du soir, avec de l'artillerie de campagne, les hauteurs de Châtillon et de Clamart, et avait engagé la lutte avec nous. Nous avons dit quelle était la position matérielle du fort ce jour-là. Il est probable que nous aurions eu rapidement un assez grand nombre de pièces démontées; quelques accidents graves se seraient produits. Nous n'osons pas dire que les quelques officiers énergiques et dévoués qui se trouvaient là, secondés par les très rares bons soldats de la garnison, auraient pu empêcher une panique entraînant l'abandon du fort. Nous pouvons affirmer que les personnes dont nous venons de parler auraient fait les plus grands efforts et auraient lutté jusqu'au sacrifice complet de leur existence mais, nous le répétons, nous n'oserions pas affirmer que ce sacrifice eut pu empêcher l'abandon du fort par la presque totalité de la garnison.

Les Prussiens victorieux n'osèrent pas tenter le moindre effort. Ils nous laissèrent complètement tranquilles et se contentèrent de nous observer par des petits postes et des sentinelles.

d) Forts occupés par la marine.

Journal de siège du fort de Romainville.

19 septembre.

A ce jour, la garnison du fort se compose :

Du Ier bataillon de marins, fort de 975 hommes : commandant Salmon, capitaine de frégate ;

D'un bataillon d'infanterie de marine, fort de 819 hommes, commandé par le chef de bataillon Bargone ;

Bombardiers d'artillerie de marine : 13 hommes, commandés par M. Vaillant, lieutenant d'artillerie ;

Une compagnie du génie, commandée par M. Capron, capitaine ;

Le génie est commandé par M. le lieutenant-colonel Hamel ; M. le chef de bataillon Robardy, commandant de la place.

Dans la journée, les avant-postes français se replient peu à peu ; l'ennemi prend position à plus de 5,000 mètres et, vers la droite, vient occuper Bondy. A 5 h. 45, l'amiral Saisset signale de faire branle-bas de combat et d'incendier la maison jaune de Bondy. Nous tirons à 4,200 mètres, les trois pièces de 30 surtout, dans cette direction. Peu d'obus éclatent. A 8 heures, l'amiral signale de tirer des bombes de 27 à toutes distances. Les mèches trop courtes, les bombes éclatent à mi-distance.

Journal de siège du fort de Noisy.

19 septembre.

A 5 h. 30 du soir, l'ennemi ayant paru en assez grand nombre aux environs de la commune de Bondy et sur la lisière de la forêt, M. le contre-amiral commandant supérieur des forts de l'Est ayant reçu des ordres à ce sujet, a ordonné de commencer le feu sur les points ci-dessus indiqués. A cet effet, les batteries des bastions n° 1 et 2, ainsi que les pièces de la courtine entre ces deux bastions ont envoyé une soixantaine d'obus y compris quelques-uns tirés par le bastion 4 et une dizaine de moins gros calibre par les pièces volantes de l'ouvrage à cornes de ce côté. L'ennemi s'est retiré aussitôt sans répondre. Quelques maisons ont été brûlées. La place a cessé le feu à 6 h. 30.

A 8 heures, pour inquiéter l'ennemi, des bombes ont été tirées par intervalles, puis des obusiers ont aussi fait feu de temps en temps, toujours dans la direction de Bondy et du bois, sans réponse de la part des Prussiens.

A 9 h. 30, tout feu a cessé. La nuit a été calme.

Journal de siège du fort de Rosny.

19 septembre.

L'armement du fort se compose de 81 pièces divisées ainsi qu'il suit :
1° Sur les bastions et courtines, 58, savoir :

    10 pièces de 30 de marine rayées ;
    7 canons rayés de 24 de place ;
    3 canons-obusiers de 22 lisse ;
    12 canons de 16 lisse ;
    4 canons-obusiers de 16 lisse ;
    6 canons rayés de 12 de place ;
    9 canons rayés de 12 de siège ;
    2 mortiers de 27 centimètres ;
    4 mortiers de 22 centimètres ;
    1 canon-obusier de 12 lisse.

2° Dans les batteries des casemates :
    4 canons-obusiers de 12 lisse.

3° Dans la couronne :
  6 canons de 4 de campagne ;
  6 obusiers de 12 lisse.

Il reste en plus : 8 mortiers de 15 centimètres à placer suivant les besoins.

L'effectif du personnel au 19 septembre est de :
  797 marins ;
  803 hommes d'infanterie de marine ;
  52 hommes du génie ;
  19 hommes d'artillerie de marine.

En plus, un capitaine de place, un portier-consigne et un garde d'artillerie avec un capitaine d'artillerie en résidence, et deux employés du télégraphe.

Travaux. — Entrepris depuis quelque temps, les travaux sont terminés sur les bastions et courtines. A l'intérieur, il reste à construire des pare-éclats et à prendre des dispositions pour blinder les anciennes poudrières, les casernes, casemates, etc. Dans la couronne, la nature du terrain a présenté de grands obstacles, mais les travaux nécessaires sont en voie d'achèvement ; les chemins couverts sont palissadés. On travaille aussi à établir des torpilles dans l'ouvrage avancé et sur les glacis. Ce travail marche lentement et est fait par la garnison.

Approvisionnements. — Les approvisionnements en poudre et munitions sont suffisants. Deux cents coups par pièce sont préparés et disposés, partie dans les poudrières des bastions et le reste dans les poudrières de la cour, courtine 1-2.

En vivres, l'approvisionnement demandé comme réserve est au complet, et les livraisons sont faites régulièrement.

Eau. — Les environs de Rosny sont à peu près dépourvus d'eau ; il existe au fort une citerne contenant 272,000 litres d'eau ; un entrepreneur renouvelle l'eau consommée chaque jour.

Trois bataillons des mobiles des Côtes-du-Nord sont cantonnés aux environs du fort. L'un occupe le village de Rosny dont les rues sont barricadées, un autre est campé entre le fort et le château de Montreau, dont le parc est occupé par le IIIe bataillon. Ces bataillons envoient leurs grand'gardes sur la ligne du chemin de fer de Mulhouse et gardent les approches du fort.

Journée du 19 septembre. — On aperçoit quelques soldats prussiens sur la lisière du bois du Raincy.

5 h. 10 soir. — Noisy signale : branle-bas de combat.

5 h. 40. — Noisy signale : incendier maison jaune, brûler village Bondy.

6 h. 40. — Signal de cesser le feu.

On a tiré avec des pièces de marine et des canons rayés de 24, la distance à la maison jaune est de 4,000 mètres, et environ 3,500 pour Bondy. Le tir n'a pas eu une grande efficacité. Le signal a été exécuté par Romainville, Noisy et nous.

7 h. 55. — Signal de Noisy : lancer à toutes distances neuf bombes du plus fort calibre à 8 heures du soir. Exécuté le signal fait aussi pour les autres forts. Les plates-formes des mortiers se sont affaissées.

Dans la nuit, des mobiles placés dans la tranchée qui relie le château de Montreau à notre chemin couvert ont tiré plusieurs coups de fusil sans aucun motif, sous l'influence d'une panique inexplicable.

Journal de siège du fort de Montrouge.

19 septembre.

Journal du 19 septembre. — Vers 9 heures, nous ouvrons le feu sur Bourg-la-Reine où les Prussiens sont établis, d'après la demande du général de Maussion qui occupe Bagneux. Nous ne tirons que quelques obus de 16 centimètres rayé de la marine, de 24 et de 12.

Plus tard, le même général nous prescrit d'activer notre feu pour couvrir sa retraite ; nous voyons en effet le mouvement en arrière de ses troupes se dessiner.

A 1 heure 15, M. Delamarre, lieutenant d'état-major, aide de camp du général Ducrot, est venu nous prescrire de tirer sur Bagneux où, selon lui, il ne devait plus y avoir personne ; voyant que nous avions en vue quelques francs-tireurs dans la direction même de Bagneux, j'ai fait tirer plus à gauche.

A 2 h. 30, le général de Maussion est venu dans le fort et m'a confirmé l'assurance que Bagneux était évacué. Néanmoins, je me suis borné à faire tirer sur une position en arrière et à gauche du village, laquelle me semblait propice à l'établissement d'une batterie ennemie; elle se trouvait à 1,800 mètres. Quelques instants après, nous avons vu les routes aboutissant aux forts de Vanves et de Montrouge couvertes de troupes françaises battant en retraite, une de ces routes traversait le village même de Bagneux.

A 2 h. 45, un général passant devant le fort a annoncé que Châtillon était évacué. Je me disposais à faire tirer dans cette direction, lorsqu'un gendarme est venu me dire qu'un bataillon de ligne tenait encore à Fontenay-aux-Roses. J'ai fait alors interrompre le feu, que nous avons repris plus tard pour tirer quelques obus sur les hauteurs de Châtillon où les Prussiens commençaient à se montrer. La fumée de tas de fumier incendiés par les francs-tireurs en se retirant nous gêna beaucoup. Nous cessons le feu à 4 h. 20.

La nuit s'écoule fort tranquillement; on entend seulement, vers 10 heures du soir, une fusillade très vive du côté de Villejuif et de la redoute des Hautes-Bruyères. A 7 heures du matin, nous envoyons une compagnie de tirailleurs pour fouiller le terrain jusqu'à 700 mètres du fort : elle ne rencontre rien.

Munitions consommées le 19.

	Obus.	Gargousses.	Étoupilles.
Canons de 24 rayé de place	38	38	40
— de 12 —	12	12	16
— de 12 rayé de siège	5	5	5
— de 16 lisse	1	1	1
— de 16 rayé de la marine	23	23	23
Total	79	79	85

Délivré pour une batterie de 12 rayé de campagne, 268 obus de 12.

SECTEURS.

Journal de siège du 6e *secteur (Passy).*

19 septembre.

Le 19 septembre, le corps de Ducrot abandonnait la redoute de Châtillon et sa droite rentrait en désordre sous les feux des forts de Montrouge, Vanves et Issy.

Dans la nuit du 19 au 20 et au point du jour, des zouaves, fuyards du corps Ducrot, avec d'autres troupes, passèrent la Seine et rentrèrent à la débandade par les portes du 6e secteur.

Ce fut une panique et une partie des troupes de service au 6e secteur, entre autres une compagnie d'un bataillon de gardes mobiles de la Côte-d'Or, de garde à la porte Dauphine, s'enfuyait en s'écriant : « Nous n'avons pas de cartouches; on nous trahit ! » Cette mauvaise troupe fut ramenée à son poste par l'amiral de Langle, par son chef d'état-major, M. Denne, et par son aide de camp, M. Sapiéha, qui s'étaient empressés de se porter sur les remparts pour aviser à ce que chacun fût à son poste de combat. La garde nationale, de service aux remparts, se montra assez calme.

A gauche, dès le matin, le général Trochu avait envoyé de grands renforts de mobiles de l'Aube, des Côtes-du-Nord, d'Ille-et-Vilaine, un régiment de forestiers, et un bataillon de la garde républicaine à pied et à cheval, ainsi que de l'artillerie montée de l'ex-Garde; toutes ces forces s'étaient portées au pont de Saint-Cloud.

A 5 heures du matin de ce même jour, le pont de Billancourt avait sauté.

. . . .

Les deux ponts de Sèvres et de Saint-Cloud étaient défendus depuis le 13 par la garde nationale de Sèvres, celle de Boulogne, la compagnie franche des tirailleurs de la Seine et des détachements de gendarmerie. Cette troupe, ainsi que des reconnaissances opérées tout le long de la Seine dans la soirée du 19 étaient aux ordres de l'amiral. L'ennemi s'étant présenté au pont de Sèvres, la garde nationale de cette ville (commandant d'Ardelle) et la compagnie de carabiniers du 39º de Boulogne défendirent le passage en se couvrant promptement par une barricade à la tête du pont sur la rive droite.....

Les piles des ponts de Sèvres et de Saint-Cloud, attachées à la rive droite de la Seine, minées depuis quelques jours, ne furent entièrement démolies que le 23.

Journal de siège du 7ᵉ secteur (Grenelle).

19 septembre.

Au jour, un combat est engagé en avant de la redoute de Châtillon; un grand nombre de fuyards se présentent aux portes du secteur; on les rassemble par détachements pour les conduire à l'École militaire. Des précautions sont prises pour fermer les portes et occuper les points faibles des remparts. Le service des remparts est confié aux troupes, au lieu et place de la garde nationale.

A 7 heures du soir, le commandant du génie Lévy arrive de Meudon avec 1,200 hommes qu'il a pu rallier.

Journal de siège du 8ᵉ secteur (Montparnasse).

19 septembre.

Très beau temps. A 1 heure du matin, un factionnaire placé près de la porte d'Orléans décharge son fusil et crie : « Aux armes ! » On bat la générale. Cette panique se calme bientôt. Dès 8 heures du matin, de nombreux fuyards se précipitent dans la ville. On entend la canonnade et la fusillade en avant des forts de Vanves et d'Issy. L'amiral prend des mesures énergiques pour arrêter ces soldats débandés, dont la plupart n'ont pas tiré un coup de fusil.

A 9 heures, une division de cavalerie rentre en assez bon ordre. Le Gouverneur de Paris télégraphie : « Tout le monde à son poste et à son devoir ». L'amiral fait distribuer trois paquets de cartouches par homme.

Des travaux de fortification intérieure sont commencés, en dehors de l'action du génie, sur le plateau de Montsouris et sous la direction de M. l'architecte Gennerat.

Cette fièvre de retranchements et de barricades inutiles tient à une double cause : le besoin d'employer les nombreux ouvriers occupés jusque-là aux travaux de défense de Meudon, Sèvres, précipitamment abandonnés à la suite du malheureux combat de ce jour, et l'impression de panique produite par ce combat lui-même.

A 7 heures du soir, le 14e corps rentre dans Paris par la porte du 8e secteur. Le défilé dure jusqu'à 9 h. 30. M. Garnier va en reconnaissance jusqu'au fort de Vanves pour s'assurer qu'il ne reste pas de traînards au dehors. La division Blanchard est mise en réserve en arrière de l'enceinte. Le général Vinoy prend le commandement des fortifications de la rive gauche.

RENSEIGNEMENTS

Le contre-amiral Saisset au Gouverneur de Paris (D. T.).

Fort de Noisy, 19 septembre, 6 h. 40 matin. Expédiée à 8 h. 55 matin (n° 48254).

Pendant la nuit, tous les avant-postes se sont successivement repliés en dedans du remblai du chemin de fer de ceinture.

Sur l'extrême droite, de nombreux coups de fusil ont été tirés par les éclaireurs de la Seine, signalant par piétons des détachements ennemis au commandant de Rosny vers Avron et Villemomble.

Plusieurs tentatives par des individus, pour tâter les factionnaires des ouvrages avancés, en gravissant les talus, sans répondre aux qui vive ! Ils sont reçus à coups de fusil isolés. On veille très bien partout. Les timoniers de veille distinguent très bien, au-dessus de Bondy et vers Villemomble, les feux des bivouacs ou de repère des uhlans. Ce sont des grilles à écran, chauffées au coke, dont la lumière paraît de couleur électrique, qui sont placées presque au ras du sol et qui leur servent pour s'avancer et revenir sûrement pendant la nuit au point de départ et se chauffer.

Je reporte les avant-postes en avant, vers Bondy et Villemomble, et je prescris de continuer les travaux d'abatis du bois d'Avron sur l'extrémité du plateau qui nous contrebat, sous la protection de détachements armés.

Le Général commandant supérieur de Vincennes au Gouverneur de Paris (D. T.).

Vincennes, 19 septembre, 7 h. 40 matin. Expédiée à 7 h. 50 matin.

Nuit calme; rien à signaler ce matin; on veille partout.

Le contre-amiral Saisset au Gouverneur de Paris (D. T.).

Noisy, 19 septembre, 9 h. 35 matin. Expédiée à 10 h. 5 matin.

Le IIIe bataillon, 1er régiment d'éclaireurs, commandant Poubzac, se replie sur Noisy. Un sous-officier tué cette nuit aux avant-postes, dans les bois d'Avron. Au jour, fait une reconnaissance sur les versants; rien vu; replié sur les autres bataillons du 1er régiment d'éclaireurs à Noisy. Les renseignements parvenus indiquent la présence d'une colonne d'infanterie ennemie à Ville-Evrart et un poste de uhlans à Villemomble.

Le Commandant supérieur du 6e secteur au Gouverneur de Paris (D. T.).

Paris (Avenue Raphaël), 19 septembre, 10 h. 30 matin. Expédiée à 11 h. 35 matin.

La garde nationale de Sèvres et Chaville a soutenu des engagements sur le pont de Sèvres. Les tentatives faites sur le pont n'ont pas été heureuses de la part de l'ennemi, qui s'est replié sur Sèvres où il avait 700 à 800 hommes. La compagnie de Sèvres a perdu un tambour dans la ville. Le commandant de Sèvres rapporte qu'un engagement très sérieux a eu lieu sur la hauteur de Sèvres, dans le bois de Meudon et dans la plaine Grange Dame Rose. Nos zouaves auraient perdu 1,500 hommes en faisant éprouver à l'ennemi une perte considérable, qui se monterait à environ 4,000 hommes. L'ennemi paraît s'emparer des hauteurs de Sèvres, où on construit deux forts. Ils sont encore sur la rive gauche. J'envoie de suite le bataillon de gendarmerie et les deux bataillons de mobiles défendre les ponts, de façon à assurer la retraite de nos troupes, et il serait à désirer que l'on fît sauter les ponts immédiatement après cette retraite.

Le Commandant du fort de Romainville au contre-amiral Saisset, à Noisy (D. T.).

Romainville, 19 septembre, 10 h. 40 matin. Expédiée à 11 h. 40.

Enseigne de vaisseau revient de service éclaireur; à 6 heures engagement vers Stains, ennemi repoussé; la nuit dernière cavaliers prussiens venus à Bobigny repoussés par une compagnie du 20ᵉ. Chevaux pris par les Prussiens près Bobigny; à 8 heures coups de feu nombreux à Bondy.

Le Commandant du fort de Montretout au Gouverneur de Paris (D. T.).

Boulogne, 19 septembre, 10 h. 50 matin. Expédiée à 11 h. 37.

L'ennemi n'est pas encore en vue. Depuis 6 h. 30 du matin, il y a un engagement très vif du côté de Meudon. Les ouvriers civils ont presque tous abandonné les travaux de Montretout, au bruit de l'engagement ci-dessus. Je profite de tous les moyens pour diriger sur Boulogne tous nos vivres de réserve. J'espère avoir bientôt terminé cette opération. J'ai fait choisir pour les loger un local abrité des feux de la rive gauche de la Seine, afin qu'on puisse les retirer facilement de Paris, s'il y a lieu.

Le même au même (D. T.).

Mont-Valérien, 19 septembre, 10 h. 50 matin. Expédiée à 11 h. 10 matin.

Si je suis obligé de battre en retraite, je le ferai aussi lentement que possible.

Le contre-amiral Saisset au Gouverneur de Paris (D. T.).

Noisy, 19 septembre, 11 heures matin. Expédiée à 11 h. 22 matin.

10 h. 30 du matin : une forte colonne d'infanterie ennemie fait son entrée dans Bondy; nous la voyons.
Je mets aux pièces.

Le Maire de Poissy au Ministre de la Guerre (D. T).

Poissy, 19 septembre, 11 h. 38 matin.

Rien de changé à la position des Prussiens sur la rive droite de la Seine, en face de Poissy. L'ennemi est plutôt moins nombreux qu'on ne le disait hier mais il reçoit des renforts et en attend encore. Ils disent attendre leurs pontonniers qui seraient à Pontoise. Ils ont jeté à l'eau les fusils de la garde nationale.

Le Commandant supérieur du fort de Nogent au Gouverneur de Paris (D. T.).

Fort de Nogent, 19 septembre, 11 h. 40 matin. Expédiée à 12 h. 10 soir.

Une colonne ennemie, descendue des hauteurs de Villiers-sur-Marne, vient de descendre à Brie-sur-Marne. Tout le monde est à son poste. Je dirige une reconnaissance de 200 hommes vers le pont de Brie.

Le Commandant du fort de Romainville au contre-amiral Saisset, à Noisy (D. T.).

Romainville, 12 h. 33 soir. Expédiée à 1 h. 20 soir (n° 48366).

Convoi considérable et troupes marchent vers l'Ouest à grande distance dans la direction de Gonesse.

Le Commandant supérieur du fort de Nogent au Gouverneur de Paris (D. T.).

Fort de Nogent, 19 septembre, 1 h. 6 soir. Expédiée à 1 h. 25 soir.

Vu 300 ou 400 uhlans à Neuilly-sur-Marne. Renseignement donné par M. Jardin, intendant de la baronne de Bonardy. 3,000 ou 4,000 cavalerie, infanterie, campés dans les bois de la Maison-Blanche, sur la rive gauche de la Marne, au-dessus et dans Brie 300 ou 400 fantassins. Beaucoup de marches et contremarches. Rien encore ne me paraît sérieux.

Le Commandant du fort de Montretout au Gouverneur de Paris (D. T.).

Mont-Valérien, 19 septembre, 1 h. 24 soir. Expédiée à 1 h. 50 soir.

L'ennemi serait à Sèvres et près de Garches d'après gens du pays; il est même tout près. Presque tous les vivres de réserve ont été envoyés à Boulogne, rue de Tilly, 3, et il faudrait que vous fassiez aviser l'intendance pour qu'elle les fasse retirer. Le pont de Saint-Cloud a sauté ce matin à 11 heures et, comme les travaux du fort ne sont pas terminés, que les ouvriers civils sont partis et que l'artillerie et la réserve des cartouches Chassepot n'arrivent pas, Montretout ne doit pas être conservé quand même. Il me semble qu'il voudrait mieux évacuer de suite en concentrant la garnison au Mont-Valérien à cause des difficultés que présenterait la retraite si l'ennemi était nombreux. Prière de me fixer.

Le Commandant supérieur du fort de Nogent au Gouverneur de Paris (D. T.).

Fort de Nogent, 19 septembre, 3 h. 15 soir. Expédiée à 3 h. 35 soir.

Environ 400 hommes d'infanterie prussienne descendent des hauteurs de Villiers-sur-Marne et vont se trouver aux prises avec 300 hommes de ma garnison au pont de Brie-sur-Marne. L'ennemi semble espérer des renforts; je ne crois pas devoir envoyer un plus fort détachement de ma garnison, la mobile étant un peu désorganisée par son élection.

P.-S. — Environ 1,000 Prussiens arrivent pour renforcer.

Le Colonel commandant le fort de Charenton au Gouverneur de Paris (D. T.).

Fort de Charenton, 19 septembre, 3 h. 40 soir. Expédiée à 4 h. 25 soir (n° 48385).

L'ennemi m'a été signalé ce matin comme occupant Maisons-Alfort et Créteil. A 10 heures, j'ai fait partir en reconnaissance une compagnie d'infanterie prédédée d'un détachement de francs-tireurs, avec ordre de fouiller le premier village et de pousser jusqu'à Créteil pour reconnaître la position de l'ennemi et ses forces. Maisons n'est pas occupé, mais l'ennemi a pris position à Créteil, entre la route de Bâle et la Marne, près du cimetière, à hauteur du pont. Une mitrailleuse gardée par un poste d'infanterie prussienne a été aperçue, après un échange de quelques coups de fusil, les éclaireurs et une section d'infanterie de notre côté et le poste ennemi dont la force n'a pu être évaluée.

L'ennemi a eu, dans cet engagement de peu d'importance, deux hommes tués et un blessé. De notre côté, ni tué ni blessé. Deux fusils, un casque et une veste ont été pris à l'ennemi. Le capitaine Lavigne, qui s'était mis à la tête des éclaireurs, a parfaitement dirigé cette reconnaissance et il s'est replié conformément aux ordres qu'il avait reçu, sans engager de combat sérieux avec l'ennemi.

Le Commandant du fort de Montretout au Gouverneur de Paris (D. T.).

Montretout, 19 septembre, 3 h. 45 soir. Expédiée à 5 h. 10 soir.

Cet après-midi vers 2 heures deux reconnaissances d'une quinzaine de uhlans se sont montrées aux abords de Montretout et ont été mises en fuite par la garde mobile qui a échangé bon nombre de coups de fusil.

Le génie a tout à fait suspendu ses travaux et son personnel s'est replié sur Paris cet après-midi.

Le Commandant du fort de Romainville au contre-amiral Saisset, à Noisy (D. T.).

Romainville, 19 septembre, 4 heures soir. Expédiée à 5 h. 35 soir (n° 48387).

A 4 heures, une ligne de cavalerie du N.-N.-E. 1/2 E. au Nord semble campée à l'E. 1/2 N. Un groupe cavalerie ou artillerie sur une hauteur, environ 3,000 hommes d'infanterie, s'avancent vers Aubervilliers au N.-E. 1/4 N. Un autre groupe peu nombreux d'infanterie à droite du précédent.

Le Commandant de Romainville au contre-amiral Saisset, à Noisy (D. T.).

Romainville, 19 septembre, 4 h. 30 soir. Expédiée à 6 h. 35 soir (n° 48393).

Les troupes supposées infanterie sont de la cavalerie qui doit être française, puisque les voitures et paysans ne se dérangent pas.

Le Commandant supérieur du fort de Nogent au Gouverneur de Paris (D. T.).

Fort de Nogent, 19 septembre, 5 h. 20 soir. Expédiée à 6 h. 35 soir (n° 48394).

Le détachement en reconnaissance est rentré. Un mobile blessé. Il y a à Brie, environ 800 hommes, dont 200 de cavalerie. Ils ont des petits postes tout le long de la Marne, jusqu'à Gravelle. Les troupes de Brie cherchent à rétablir le pont à l'aide de quelques bateaux.

De fortes reconnaissances, à 1,000 ou 1,500 mètres de la rive gauche de la Marne, ont sillonné le pays pendant une partie de la journée. Il me paraît urgent d'occuper la rive droite de la Marne, vis-à-vis Brie.

Les élections interrompues vont reprendre.

Le Commandant du fort de Nogent au Gouverneur de Paris (D. T.).

Fort de Nogent, 19 septembre, 7 heures soir. Expédiée à 7 h. 15 soir.

Un moment j'ai cru que l'incendie de Brie-sur-Marne était un accident; maintenant c'est bien l'ennemi qui brûle un innocent village.

Le commandant du 2e secteur au Gouverneur de Paris (D. T.).

Paris (rue Haxo), 19 septembre, 8 h. 5 soir. Expédiée à 9 heures soir.

Une reconnaissance poussée jusqu'au delà de Romainville rapporte que le fort de Noisy-le-Sec, puis celui de Romainville tiraient à partir de 6 heures sur le village de Noisy, qu'on disait occupé par l'ennemi. Le feu a cessé vers 7 heures.

Le capitaine-commandant Thomas Anquetil, des francs-tireurs des Lilas, au général Trochu.

Paris, 19 septembre, 10 heures soir.

L'ennemi, paraîtrait-il, occupait les bois du Raincy et Montfermeil, peu d'instants après notre battue (18 septembre à 9 heures).

Aujourd'hui 19, j'ai fait partir à 6 heures du matin un détachement commandé par le lieutenant Mascret avec mission d'éclairer le même terrain. Il devait rallier un second détachement commandé par le sous-lieutenant Lebesley, ce qui a eu lieu, mais sur un point moins éloigné, les lieux ayant été occupés par l'ennemi.

Le lieutenant Mascret a rencontré une patrouille volante de 3 uhlans, en avant du pont de Gagny, et les a blessés, ainsi que leurs chevaux, comme l'attestent les traces de sang aperçues le long de la route jusqu'au pont de Gagny.

Après sa jonction avec le sous-lieutenant Lebesley, le lieutenant Mascret s'est replié sur Rosny, où je dois le rejoindre demain matin, avec le reste de la compagnie, environ 25 hommes.

P.-S. — Mes hommes, qui couchent au quartier, depuis le 13 du courant, n'ont encore obtenu que dix bottes de paille pour 55 francs-tireurs !!!

Le Commandant supérieur du Mont-Valérien au Gouverneur de Paris (D. T.).

Mont-Valérien, 19 septembre, 10 h. 23 soir. Expédiée le 20 à 12 h. 15 matin (n° 48431).

La garde nationale de Rueil a prévenu que des éclaireurs ennemis sont venus ; deux ont été tués, un autre blessé. Les bois des hauteurs commencent à être occupés. Nous attendons du nouveau demain au jour. Nos nouveaux mobiles sont arrivés à la nuit ; toutes les recommandations ont été faites pour prévenir le tumulte et les paniques en cas d'alerte de nuit. Le reste de la garnison veille. Près de 1,500 hommes connaissent bien le fort et ce qu'ils ont à faire.

Le contre-amiral Saisset au Gouverneur de Paris (D. T.).

Noisy, 19 septembre, 10 h. 25 soir. Expédiée à 10 h. 50 soir.

A 10 heures du soir. — Tant que le jour a duré, l'armée ennemie a continué son mouvement sur notre droite, vers Avron, à 2,000 mètres de distance du fort de Noisy, en occupant successivement le village de Bondy et les bouquets de bois qui limitent la plaine. Des groupes de cavaliers, s'enhardissant de plus en plus, suivis de pelotons d'infanterie, sont venus vers 6 heures jusqu'au pont du chemin de fer, à 1,600 mètres de la redoute de la Boissière, ayant établi leur observatoire dans la maison isolée jaune, placée au coin du parc limité par un grand mur, dans la plaine, à 2,000 mètres de notre fort.

J'ai dû les arrêter en ouvrant le feu de deux pièces de marine de 16 centimètres par fort. Aux premiers coups, la cavalerie s'est repliée rapidement sur la lisière des bois, à 3,000 mètres de distance. L'infanterie a rétrogradé, en prononçant son mouvement vers notre droite. J'ai cessé le feu. A 8 heures, j'ai lancé quelques bombes à 2,800 mètres.

A 9 heures, vive fusillade vers le fort de Nogent, et plus tard quelques coups de canon sur notre droite. L'ennemi n'a pas répondu de ses batteries campées sur le bord du plateau du parc de Raincy, à 4,000 mètres.

Le Commandant supérieur du fort de Nogent au Gouverneur de Paris (D. T.).

Fort de Nogent, 19 septembre, 10 h. 43 soir. Expédiée le 20 à 12 h. 20 matin (n° 48433).

L'incendie de Brie-sur-Marne continue. L'ennemi travaille à préparer un passage ; j'ai envoyé deux obus dans la direction du pont ; mesures prises en cas d'attaque. Bonne garde sur toute la ligne.

PARIS. — IMPRIMERIE R. CHAPELOT ET Cⁱᵉ, 2, RUE CHRISTINE.

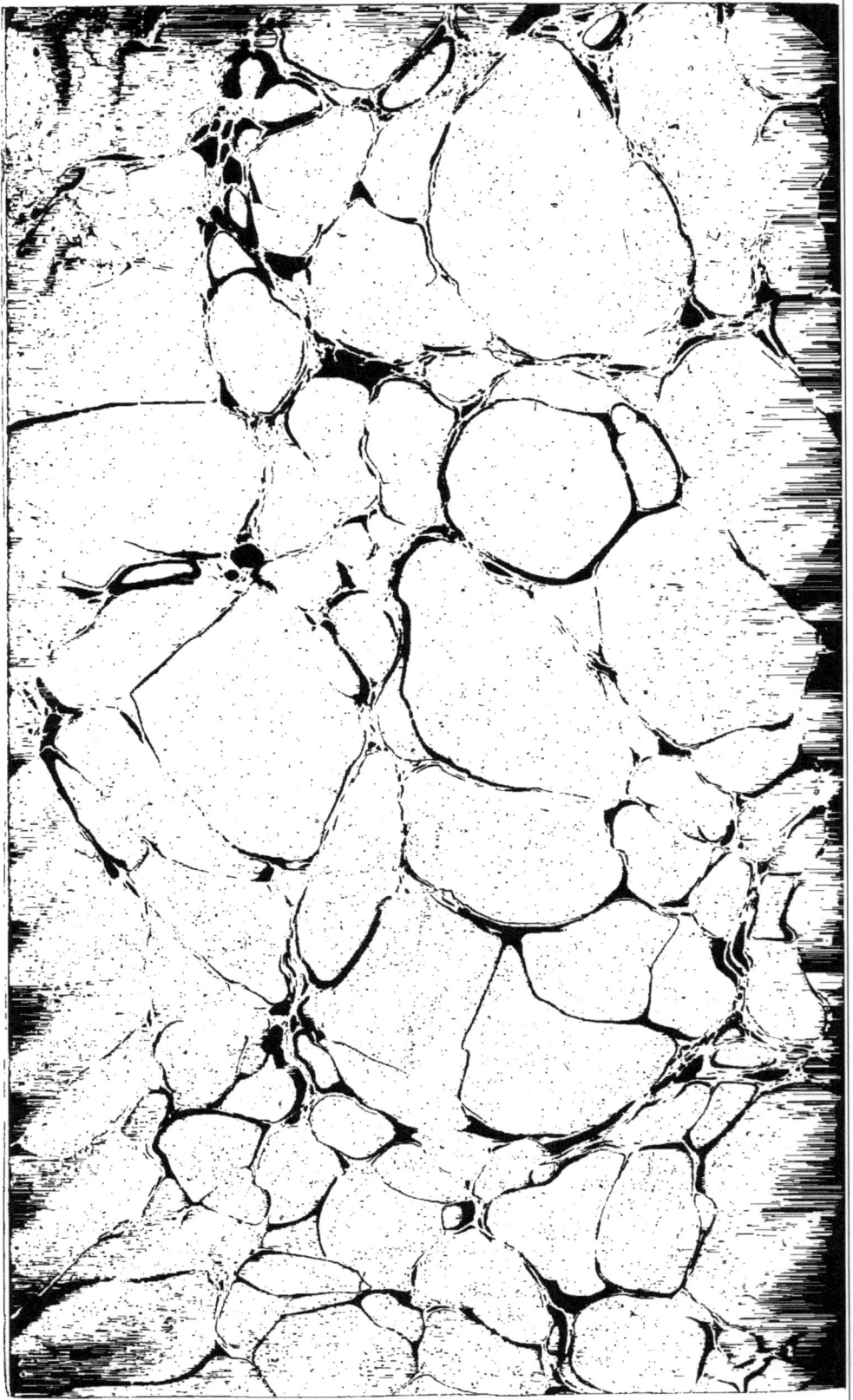

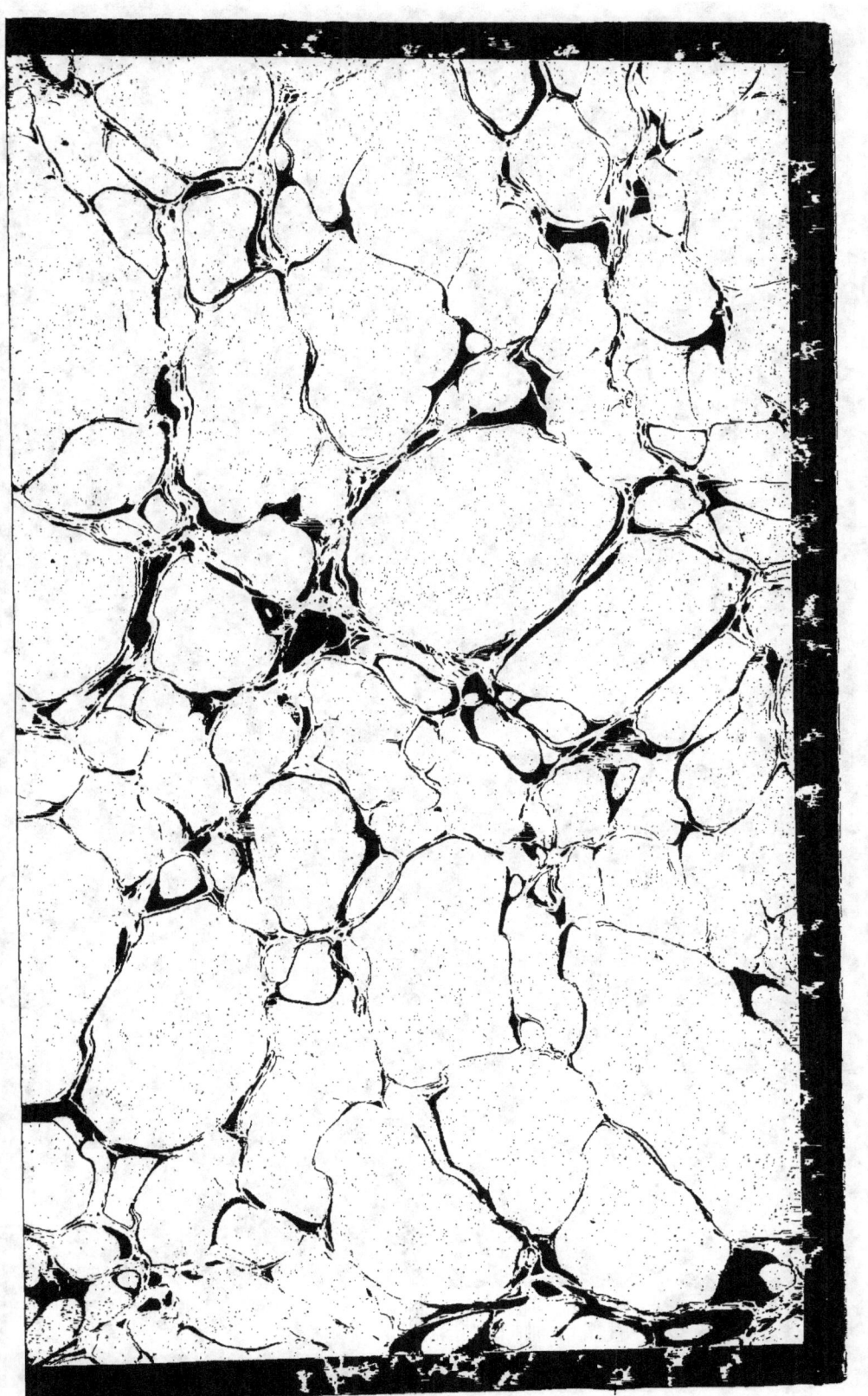

www.ingramcontent.com/pod-product-compliance
Lightning Source LLC
Chambersburg PA
CBHW070615230426
43670CB00010B/1530